汉语作为外语教学丛书

汉语作为第二语言的习得与教学

Learning and Teaching Chinese as a Second Language

温晓虹　著

图书在版编目(CIP)数据

汉语作为第二语言的习得与教学/温晓虹著. —北京：北京大学出版社，2012.11
（汉语作为外语教学丛书）
ISBN 978-7-301-21446-6

Ⅰ.①汉… Ⅱ.①温… Ⅲ.①对外汉语教学—教学研究 Ⅳ.①H195.1

中国版本图书馆 CIP 数据核字(2012)第 245973 号

书　　　名：汉语作为第二语言的习得与教学
著作责任者：温晓虹　著
责 任 编 辑：周　鹂
标 准 书 号：ISBN 978-7-301-21446-6/H · 3162
出 版 发 行：北京大学出版社
地　　　址：北京市海淀区成府路 205 号　100871
网　　　址：http://www.pup.cn
电 子 邮 箱：zpup@pup.pku.edu.cn
电　　　话：邮购部 62752015　发行部 62750672　编辑部 62752028
　　　　　　出版部 62754962
印 刷 者：北京虎彩文化传播有限公司
经 销 者：新华书店
　　　　　　730 毫米×980 毫米　16 开本　24.75 印张　395 千字
　　　　　　2012 年 11 月第 1 版　2020 年 12 月第 3 次印刷
定　　　价：58.00 元

未经许可，不得以任何方式复制或抄袭本书之部分或全部内容。
版权所有，侵权必究　　举报电话：010—62752024
　　　　　　　　　　　电子邮箱：fd@pup.pku.edu.cn

前　言

　　本书的目的是将汉语作为第二语言或外语①的习得研究与汉语教学结合起来，旨在突出研究性与实用性。本书对第二语言习得理论做了分析性的介绍，并用实证研究的方法探讨汉语的语法、语用、字词习得以及学习者个体因素对汉语学习的作用。建立在理论研究的基础上，本书提出以学生为中心，以理解为基础，以意义学习为途径，诱导启发学生在互动中进行汉语学习的教学理念。本书的读者对象为对外汉语教师、研究生、高年级本科生，也可以用于师资培训。全书分八章二十九节，章节之间的内容联系紧密，但每一节也可自成一体，便于单独使用。与作者之前出版的《汉语作为外语的习得研究：理论基础与课堂实践》（北京大学出版社，2008）相比，本书的架构和内容有所不同。本书更为系统化，每一章都包括对不同理论研究的介绍与分析，并佐有实证调查。但两本书都注重把理论和实证研究与教学实践结合起来（Research-based instruction），对教学具有指导和启示作用。

　　第一章"语言习得理论概述"展现第二语言习得研究在不同阶段的理论发展。既介绍了以行为主义心理学为理论基础的对比分析法，又讨论了普遍语法理论和认知心理学对第二语言习得的描述和解释，其中分析了中介语理论的起源与发展、第二语言的石化现象和语言学习的临界期、偏误分析理论及其局限性、不同框架下的语言习得理论及其在研究中出现的证据与反证据等。

　　第二章"语言的输入与输出"涵盖语言的习得过程，讨论学习者在输入信息处理时的注意、加工、理解、吸收、储存、提取、运用的步骤与程序。

---

　　① 第二语言习得（Second Language Acquisition）是一个颇为广义的概念，本书在进行理论讨论和文献回顾时，根据现有的文献，同时考虑与已有理论提法统一，采用"第二语言习得"的说法。汉语作为第二语言（Chinese as a Second Language）指长期在汉语环境下的学习，如大部分的华裔和长期在说汉语国家学习汉语的学生。汉语作为外语（Chinese as a Foreign Language）指在非汉语环境下的学习，如大部分在美国学习汉语的学生。

本章讨论监控模式的五个理论假说，特别探讨了输入假说、习得和学习假说的重要意义和局限性。此外，对第二语言习得理论模式的探讨包括一些重要的概念，比如注意/察觉到的语言输入、可理解的和已理解的语言输入、语言的内化吸收、内隐的语言知识/中介语系统的形成、语言的输出。特别是对输入假说和输出假说理论及其有争议之处做了重点分析与讨论。

第三章以认知科学为理论框架，探讨第二语言习得研究，解释第二语言习得的心理过程。第一节介绍竞争模式，讨论其理论框架与背景。在此基础上展示笔者对句子理解策略的一项调查，并讨论这一研究结果对教学的启示。第二节围绕多元发展模式的理论框架进行分析，包括语言可加工性理论及语言可教性假说。第三节介绍运作原则，讨论"内在化模式"与二语习得的运作原则，并以笔者的"把"字句习得研究为例，通过实证调查展现一对一运作原则是如何体现在"把"字句的习得中的。

第四章"汉语语法习得研究"是本书最长的一章。这不仅因为语言习得研究的主要目的就是分析语言原则的制约对语法的形成所产生的作用，而且因为汉语语法的习得研究成果较为丰厚。这一章从助词到量词，从疑问句到"把"字句，对六个语法项目的习得研究进行讨论。此章总结了汉语语法习得研究的六项特点：(1) 以研究习得的过程为导向，描写学习者内在心理机制的作用，如习得某一语言现象时所用的学习策略与认知过程。(2) 探讨语言迁移的问题。造成迁移的原因是多方面的，迁移的条件是什么呢？调查包括母语和目的语之间的差别、语言的共性和标记性、汉语的特征等。(3) 注重实证研究，在现有的理论模式基础上进行求证，对现有理论进行验证和补充。(4) 在一定的理论框架下从事研究。如在普遍语法的指导下，或在认知科学的基础上，亦或是以某一理论模式为研究背景，表现出不同的研究视角。(5) 研究方法基本上采用定性和定量分析两大类。(6) 语法习得研究的重点放在汉语独特的语法特征上，所研究的项目往往是有标记性的，是学习的难点。第四章以对汉语语法习得研究之进展所做的小结与反思结束。

作为一种独特的文字系统，汉字学习给母语为拼音文字的学习者带来了较大的挑战。学习者的第一步就是识别汉字，而这并非易事。对汉字信息的加工包括字形的辨别、语音的提取、字义的通达。汉字的识别过程就是正确映射这三者之间的关系，读者把储存在大脑内的信息知识与视觉输入的文字信息进行匹配。字义的通达涉及各种因素,如学习者对字的熟悉程度,字本身所具有的语音、语义信息的规则性和一致性,以及字的笔画、结构形式的复杂程度等。第五章首先讨论汉字认知的影响因素和这方面的研究,其次展现笔者对以英语为母语的学习者认读汉字加工策略的一项调查,最后分析性地介绍当前不同的阅读模式和汉语阅读策略的研究,并讨论培养阅读策略和提高阅读能力的一些具体的教学措施。

掌握了词汇和语法不等于能恰当地使用语言。语言的使用受目的语的社会、文化、交际方式的制约。违背这些制约不仅语言运用受阻,就是说话人的意图也会让人误解。第六章首先讨论语用习得研究中的几个概念,如交际能力、语用能力、语用语言、社会语用、言语行为,以及中介语的语用学研究。此章所讨论的语用习得研究可分为四类:(1)描述性地对语用学习难点做出总结;(2)对比汉语学习者在表达和理解语用意义时与母语使用者之间的不同;(3)对实施言语行为的能力进行探讨,如请求、拒绝、道歉;(4)讨论语用教学对语用习得的效益作用,重点在于调查第二语言语用能力的发展和语用知识的获得过程。之后展现笔者对不同水平学习者"请求"言语行为的调查,并讨论语用研究对教学的启示。

成人在语言学习成果上显示出较大的差异,有的能够达到接近甚至相当于本族语者的水平,但更多的学习者在达到中级水平时就停滞不前了。造成外语学习结果不同的原因是什么呢?第七章探讨语言学习者的情感、动机、焦虑等因素。这些因素的生成与发展受到个人心理、背景、社会、文化、家庭、学习和教学环境等各方面的影响。揭示、界定汉语学习者的情感动机因素与其他因素之间的关系是一项重要的研究任务。本章首先综合讨论学习态度动机研究的发展,从以 Gardner 为代表的第二语言学习动机研究开始到 20 世纪 90 年代以来以 Dörnyei 为代表的外语学习动机研究,探讨二语和外语学习动机研究的不同理论框架。建立在研究模式的基础上,展示对学习者汉语水平和种族背景与学习态度及动机之间关系的调查,以及这种关系对汉语学习过程的影响。本章第三节分析外语焦虑及其研究结果对课堂教学的启示。

语言习得理论研究的目的不仅在于揭示和阐明语言学习过程中的各种现象,增加我们对学习者如何学习语言的综合认识与全面了解,而且在于提供教学指导或启示,提高教学理念的正确性和方法技巧的有效性。本书的每一章都试图把理论研究与汉语教学紧密结合起来，而在第八章，这种结合的重点放在教学途径、方式方法上。第一节"听说互动的教学理论与方法"回顾工作记忆的"语音环"假说和 Baddeley 的工作记忆模式、语言的分解处理过程和图式理论，进而把这些理论运用于听说、理解教学中。第二节讨论任务型教学在汉语教学中的运用，首先指出任务型教学的六个特点，以及任务的组成与程序、任务的内容与实现过程，然后分析任务型教学的理论基础，最后提出如何帮助学生主动学习，提出积极互动的教学策略。第三节讨论汉语教学面临的挑战与应对策略，指出学生背景和学习目的的多元性给教学提出了更多、更高的要求。教师的理念要不断地更新，教学必须多样化；各教学机构必须互相衔接、资源同享；教学路子必须拓宽，使之丰富多彩、博采众长。

目 录

第一章 语言习得理论概述 …………………………………………… 1

第一节 早期的第二语言习得研究 ………………………………… 2
一、对比分析法 ……………………………………………… 2
二、中介语理论 ……………………………………………… 3
三、石化现象与临界期/敏感期理论 ……………………… 6

第二节 偏误分析与纠正偏误效益的研究 ……………………… 8
一、偏误分析 ………………………………………………… 8
二、纠正偏误效益的研究 …………………………………… 11
三、纠正偏误在教学中的运用 ……………………………… 15
四、偏误分析的局限性 ……………………………………… 18

第三节 不同视角的语言习得理论概述 ………………………… 19
一、语言学和普遍语法理论 ………………………………… 20
二、认知心理语言学 ………………………………………… 28
※ 思考讨论题 ……………………………………………… 34

第二章 语言的输入与输出 …………………………………………… 35

第一节 监控模式 ………………………………………………… 36
一、监控模式的五个理论假说 ……………………………… 36
二、监控模式简评 …………………………………………… 42

第二节 输入假说与输出假说 …………………………………… 43
一、第二语言习得的理论研究模式 ………………………… 43
二、输入假说 ………………………………………………… 46
三、输出假说 ………………………………………………… 48

第三节 教学输入与学习者的语言输出 ………………………… 51
一、第二语言输入与输出的转变过程 ……………………… 52

二、如何促使语言输入转变为语言吸收 …………………… 54
三、强化性的语言输出 …………………………………………… 57
※ 思考讨论题 …………………………………………………… 62

第三章 第二语言习得的研究模式 ………………………… 63
第一节 竞争模式 …………………………………………………… 64
一、竞争模式的理论框架与研究 …………………………………… 64
二、对非母语汉语学习者的句子理解策略的调查 ………………… 66
三、竞争模式对教学的启示及对它的评价 ………………………… 71
第二节 多元发展模式 ……………………………………………… 73
一、多元发展模式的理论框架与研究 ……………………………… 73
二、汉语语序习得顺序的调查 ……………………………………… 76
三、语言可加工性理论 ……………………………………………… 81
四、语言可教性假说 ………………………………………………… 89
第三节 运作原则 …………………………………………………… 91
一、"内在化模式"与运作原则 ……………………………………… 91
二、"把"字句习得中一对一运作原则的体现 …………………… 93
※ 思考讨论题 …………………………………………………… 97

第四章 汉语语法习得研究 ………………………………… 98
第一节 "零代词"与主述题结构的习得 …………………………… 99
一、"零代词"的习得研究 …………………………………………… 99
二、主述题存现句的习得研究 ……………………………………… 103
第二节 "把"字句的习得研究 ……………………………………… 108
一、文献回顾 ………………………………………………………… 108
二、位移"把"字句的实验调查 …………………………………… 114
三、"把"字句习得研究小结 ……………………………………… 124
第三节 否定句的习得研究 ………………………………………… 128
一、汉语"不"和"没"及差异比较的否定结构习得研究 ……… 129
二、汉语否定句的习得中是否存在母语迁移现象 ……………… 132

第四节　疑问句的习得研究 ………………………………… 134
　一、汉语一般疑问句的习得研究 …………………………… 134
　二、汉语特殊疑问句的习得中是否存在母语迁移现象 …… 135
第五节　体标记的习得研究 ………………………………… 139
　一、汉语助词"了" ………………………………………… 139
　二、"了"的习得研究 ……………………………………… 141
　三、体标记"了""着""过"的习得研究 ………………… 148
　四、体标记习得研究小结 …………………………………… 152
第六节　量词的习得研究 …………………………………… 153
　一、表形状量词的习得研究 ………………………………… 154
　二、表形状量词的习得策略分析 …………………………… 154
第七节　汉语语法习得研究小结 …………………………… 157
　一、汉语语法习得研究的进展 ……………………………… 157
　二、对汉语语法习得研究的反思 …………………………… 158
　※　思考讨论题 ……………………………………………… 161

第五章　字、词与阅读学习 …………………………………… 162

第一节　汉字、词的认知研究 ……………………………… 163
　一、字形因素 ………………………………………………… 163
　二、义符因素 ………………………………………………… 167
　三、声符因素 ………………………………………………… 170
第二节　汉字认知加工的其他影响因素 …………………… 174
　一、规则性 …………………………………………………… 174
　二、字频和复现性 …………………………………………… 175
　三、母语的正字法认知加工技能的影响作用 ……………… 176
　四、语言熟练程度对汉语阅读的语义通达作用 …………… 177
第三节　母语为英语的学习者认读汉字的加工策略 ……… 178
　一、文献回顾 ………………………………………………… 178
　二、母语为英语的学习者认读汉字的加工策略研究 ……… 181
第四节　阅读理解研究与阅读策略的培养 ………………… 191

一、阅读模式和汉语二语阅读策略研究 …………………… 191
　二、培养阅读策略的运用和阅读理解能力 ………………… 195
　　※ 思考讨论题 ………………………………………………… 205

第六章　汉语语用习得研究 ……………………………………… 206
　第一节　语用习得理论研究 ……………………………………… 207
　　一、交际能力与语用能力 ……………………………………… 207
　　二、言语行为理论和中介语的语用研究 ……………………… 209
　第二节　汉语语用习得研究 ……………………………………… 211
　　一、汉语语用学习的难点 ……………………………………… 211
　　二、汉语学习者与母语使用者语用之差异 …………………… 213
　　三、言语行为能力的研究 ……………………………………… 217
　第三节　语用研究对教学的启示 ………………………………… 234
　　一、语用教学的内容 …………………………………………… 235
　　二、语用教学练习的量度与方法 ……………………………… 239
　　※ 思考讨论题 ………………………………………………… 241

第七章　学习者的情感、态度、动机研究 ……………………… 242
　第一节　学习态度、动机研究 …………………………………… 243
　　一、早期以 Gardner 为代表的第二语言学习动机研究 ……… 243
　　二、20 世纪 90 年代以来以 Dörnyei 为代表的外语学习动机研究 … 247
　　三、外语学习动机研究的多元化时代 ………………………… 257
　第二节　汉语学习动机：关于民族背景和汉语水平的研究 …… 265
　　一、文献回顾 …………………………………………………… 266
　　二、研究内容及方法 …………………………………………… 270
　　三、结果分析 …………………………………………………… 273
　　四、讨论 ………………………………………………………… 279
　第三节　外语焦虑因素的研究 …………………………………… 281
　　一、外语焦虑研究 ……………………………………………… 281
　　二、创造一个轻松愉快的汉语语言课堂 ……………………… 286

※ 思考讨论题 …………………………………………………………… 291

第八章　第二语言习得研究对汉语教学的启示 ………………………… 292
　第一节　听说互动的教学理论与方法 ……………………………………… 292
　　一、听说的基础理论研究 ………………………………………………… 293
　　二、理论研究对听说教学的启示 ………………………………………… 298
　　三、听说课的教学计划 …………………………………………………… 301
　　四、听说互动的教学活动设计 …………………………………………… 307
　第二节　任务型教学在汉语教学中的运用 ………………………………… 309
　　一、任务型教学的理论基础 ……………………………………………… 311
　　二、任务型教学与语言习得过程 ………………………………………… 313
　　三、任务的互动 …………………………………………………………… 316
　　四、任务的组成与程序 …………………………………………………… 318
　　五、任务的内容与实现 …………………………………………………… 319
　第三节　汉语教学面临的挑战与应对策略 ………………………………… 322
　　一、挑战的背景 …………………………………………………………… 323
　　二、美国的中文教学面临的挑战 ………………………………………… 327
　　三、应对挑战的策略与思考 ……………………………………………… 333
　　※ 思考讨论题 …………………………………………………………… 343

引用文献（中文） …………………………………………………………… 345
引用文献（英文） …………………………………………………………… 349
索引 ………………………………………………………………………… 380

第一章 语言习得理论概述

语言习得研究旨在了解人们是如何获得语言的。语言习得研究包括描写、解释学习者的习得过程，揭示他们的心理习得机制等内容。虽然这是一个只有几十年历史的年轻学科，但却发展迅速。其中第二语言或外语习得研究的理论基础与假设学说，是在短短的几十年中建立发展起来的。早期的研究重在探讨学习者母语与第二语言之间的关系以及前者对后者的作用与影响。这一阶段产生了建立在行为主义理论之上的"对比分析法"，即把学习者的母语和所学的目的语在语音、语法等方面进行一对一的比较（Contrastive Analysis；Lado，1957）。后来，行为主义理论受到批评，对比分析法也被新的理论研究所代替，中介语理论（Interlanguage；Selinker，1972）出现了。中介语指第二语言学习者在学习的过程中自己建立起来的一套独立的语言体系。Corder（1971）提出的"偏误分析法"（Error Analysis）以其独到的方式对中介语进行描述，开拓了第二语言习得研究的领域。

语言习得研究是一个多角度、跨学科的领域，与其他学科互相渗透，相互影响。语言习得研究建立在对语言本质的认识和对语言运用进行分析的基础上，与心理学、教育学、社会学、人类学等学科有着密切的联系。如果研究者们在这些理论科学方面有分歧，那么他们对语言知识的获得、语言习得能力的提高和语言习得过程的认识就势必会受到影响。比如在分析解释语言知识的构成和语言能力的获得时，用普遍语法理论和用认知心理科学的理论就会有所不同。由于观察角度的差别，各学派对语言、语言习得能力及习得过程等方面的解释出现莫衷一是的情况是很正常的。而从不同的角度对语言习得进行研究是非常必要的。语言习得是一个复杂的过程。用不同的理论基础、在不同的科学框架下来研究可以避免片面性，可以更客观、更全面地了解语言习得现象，做出更科学的解释。

本章分三节介绍第二语言习得研究。第一节介绍早期的第二语言习得研究，包括母语与第二语言之间的关系及前者对后者的作用与影响；第二节讨论偏误分析与纠正偏误效益的研究，用汉语作为外语的习得语料进行探讨，并讨论纠正偏误在教学方面的运用；第三节分析不同的理论对语言习得，包括对第一语言习得所做的描述与解释，如以 Chomsky 的普遍语法理论为基础的语言习得研究，以及以 Piaget 的认知科学理论为基础对习得过程所做的实证性研究。

第一节　早期的第二语言习得研究

早期的第二语言习得研究包括以下几个方面：Lado 的对比分析法 (Contrastive Analysis; Lado, 1957)，Selinker 的中介语理论（Interlanguage; Selinker, 1972)、石化现象（Fossilization; Selinker, 1972) 与临界期/敏感期理论 (Critical/ Sensitive Period; Lenneberg, 1967)。

一、对比分析法

"对比分析法"(Contrastive Analysis) 是 Lado 在 1957 年提出来的。它既是语言教学的理论，也是一种方法。对比分析理论认为，第二语言的学习过程是学习者从母语习惯向目的语习惯逐步迁移的过程。如果我们能够把所教授的目的语和学习者的母语在语音、语法、词汇等方面一一进行对比分析，就能够列出母语和目的语之间的相同与不同之处。相同或相似之处是学习者容易掌握的方面，在学习中会出现正向迁移（Positive Transfer）；不同之处则是学习的难点、教学的重点，在学习中会出现负迁移（Negative Transfer），即学生可能会出错。另外，从学习者母语干扰所提供的证据可说明两种语言系统的相同与不同之处。由此可见，对比分析法不但能够预测偏误，而且能够对偏误做出解释。这是一种什么样的解释呢？是在什么理论框架下、从何种角度、用什么研究方法得到的解释呢？

对比分析法建立在行为主义心理学的理论框架上，对外语教学，包括美国的汉语教学，曾有过相当大的影响。在第二次世界大战及战后的二十年里，由此衍生的"听说法"是语言教学的主流。这一教学法是对以前"语法—翻译教学法"的一个叛逆与进步,因为以前培养的学生把语言作为知识来学习,精通语法却不能与他人交际。"听说法"则在培养学生会话能力方面有了令人瞩目的突破。"听说法"语法教学的顺序是根据学习者母语和目的语的不同,把两种语言中差别大的结构作为重点并按其难易程度进行安排,课堂教学方法则以反复操练和句型训练为主,旨在准确。

但是对比分析法有三项致命的弱点,这使得它在理论和实证研究方面都受到了严峻的挑战。第一,它站在"教"的立场上对两种语言做比较,而不是以学习者为出发点,通过收集分析学习者的语言实际运用来决定教学内容与教学方法。不少研究表明,母语和目的语之间的不同之处并不一定是学习的难点,两种语言的相近之处反而常给学习者带来困扰(如温晓虹,1995;Du,2010;Polio,1995)。全香兰(2004)对汉韩同形词习得偏误进行了分析,研究结果表明,两种语言的差异并不是造成负迁移的条件,以韩语为母语的学生正是由于韩汉字词同形相似(但词性、意义、搭配、用法不同)才造成了母语负迁移。

第二,对比分析法要求进行两种语言之间的对比,但这种对比的可行性受到怀疑。比如在对比时,人们对范畴在句法、语义和语用之间分类划分的一致性就存在着疑问。

第三,对比分析法忽视了学习者的主观能动性、创造力和语言生成能力。由于建立在行为主义心理学的理论基础之上,它把学习看作是接受性的,把学习者看作是被动的,把学习活动看成是机械性地对外界作用所做出的一系列反应。在教与学的关系中,以教为主导,教什么学习者就学什么,练什么学习者就会什么。实证研究(如 Pienemann,1989)告诉我们,教学的输入并不一定能够被学习者所接收,融入他们自己的语言知识系统,更不能保证他们能够在交际中运用课堂上所教的内容。从上边的讨论我们可以看出,对比分析法的研究目的、研究方向、研究内容与手段都与后来的第二语言习得研究有本质上的不同。

二、中介语理论

中介语(Interlanguage)这一崭新的概念是 Selinker 在 1972 年提出的。

这一概念的提出点明了第二语言习得理论的研究方向与内容。在 Selinker 之前，Nemser（1971）发表的论文 "Approximative systems of foreign language learners" 提出：语言习得理论所研究的是学习者自己创造的一种语言，只有把研究的重点放在学习者实际使用的语言上，我们才能够了解语言习得的过程。Corder（1971）、Nemser（1971）和 Selinker（1972）认为，在整个学习过程的不同阶段，学习者所用的语言自成系统，该语言随着他们目的语水平的提高而逐渐向目的语靠近。他们在学习过程中对目的语的语言现象所做的观察、理解、归纳和推论是主观能动的，是独到的。他们的语言系统既独立于母语又独立于目的语，是从母语向目的语过渡的语言变体。由于介于两者之间，因此称之为"中介语"。

Corder（1977）试图从横向和纵向两个方面来描述中介语。横向上，中介语指的是学习者在特定的某一时点构建的语言系统；纵向上，中介语指的是学习者所经历的不同的习得发展过程。Ellis（2003）认为，中介语指学习者一种潜在的第二语言知识系统，在学习的过程中，学习者在不断地、系统地修正、重组这个系统，同时在一定范围内受到普遍语法或心理机制的制约。Gass & Selinker（2008：455）把中介语定义为"非本族人创造的一种语言，即学习者的输出，是可以观察到的语言运用"（"The language produced by a nonnative speaker of a language, i. e., a learner's output."）。Selinker 认为，我们可以观察到的学习者的语言输出是高度结构化的。通过收集、测量、分析学习者的语言表达，我们能够推断出隐性的学习心理过程，从而揭示第二语言习得现象。因此中介语既指语言的输出，即学习者的言语行为或语言表达，又指潜藏在言语行为、语言表达中的心理过程。Selinker（1972）进而提出了五项主要的第二语言习得的认知心理过程。

第一，语言的迁移（Language Transfer）。语言的迁移是指学习者把已知的语法规则转移到目的语的学习中。这是一种有选择的心理过程。如以英语为母语的汉语学习者在初级阶段常常会造出这样的句子："*她是漂亮""*我穿眼镜"。其句式结构与英语等同。从母语向目的语的迁移可能发生在语音（如吴门吉、胡明光，2004）、词汇（如全香兰，2004）、语法（如赵金铭，2002）和篇章（如肖奚强，2001）等各方面。

第二，训练所引导的迁移（Transfer of Training）。训练所引导的迁移指在教学训练中由于输入的误导或学习者的误解而出现的偏误。比如教材中生词的翻译常常产生误导：生词表是以一对一或一对几的形式出现的，它把两种不同语言词汇之间的关系简单化了。对词汇的含义，如果着眼点不同（即概括的方式不同），概括的范围也会随之不同。如汉语的"忙"和英语的"busy"，前者指有很多事做；而后者指某事在手，不能做其他的事。因此汉语习惯称"电话占线"而不是"电话有忙音"（The line is busy.）。事实上，词汇之间的相应对等即使存在，也受到语法、语用、文化色彩等方面不同程度的限制，不能用一种语言（母语）的词汇来套用另一种语言（目的语）的词汇。正如胡明扬（2000：292）所说："不同语言语汇单位之间，除了专有名词和单义的术语以外，基本上不存在简单的对应关系，更不可能是一种'一对一'的关系，而只是一种极其复杂的交互关系。"一方面，语言词汇有着相同之处，因为它反映了客观世界的现象、事物和事物之间的关系，以及意念表达的相通性；另一方面，词汇体现了目的语和母语之间的不同，因为人们在表达时对事物特征的概括方式与标准不一样（胡明扬，2000；Bowerman，1989）。

第三，对语言规则的泛用（Overgeneralization）。对语言规则的泛用是指学习者将同一项规则不正确地应用到所有新的语言内容与环境中。研究表明，泛用现象是人们在学习母语和外语时最常用的策略之一。比如学生会造出这样的动补结构句式："*我来明德后进步进得很快""*我不唱歌得好""*我的腿子疼"等，都是对语言规则的泛用。

第四，第二语言学习策略（Strategies of Second Language Learning）。第二语言学习策略是指学习者常常把目的语简单化或者采用回避手段（Avoidance）。比如，这一情况在"把"字句的习得中是很常见的。母语为英语的汉语学习者在学了两三年中文后，中介语中仍很少出现"把"字句（崔永华，2003；Jin，1994；Wen，2006）。即使他们会用"把"字句，但嫌麻烦（如"把"字句的倒装句式与特有的语用作用），于是选择不用，出现了回避现象；或是在应该用"把"字句的时候使用了比较容易掌握的一般句式，如"*他放三明治在桌子上"。

第五，第二语言交际策略（Strategies of Second Language Communication）。第二语言交际策略主要是指所用的语言交际策略不得体，是学习者自己确定的与当地语言使用者交流的一种方法。比如，学习者只用较容易且起主要交际作用的实词，省略虚词，因此所造的句子像电报一样，如"我去看他，他抽烟，看电视"（意思是：我去看他的时候，他在抽着烟看电视呢）（袁博平，1995）。再如，以手势来代替语言，也属于一种语言交流策略。

在上述五个中介语的来源中，语言规则的泛用、第二语言学习策略和第二语言交际策略都基本属于同一范畴——学习策略。运用这些策略的结果是使目的语的语法规则简单化，从而降低了学习任务的难度。这五个来源相互联系，不仅描写、构成了中介语这一独立的语言体系，而且在不同程度上解释了潜藏的第二语言习得的隐性机制（Underlying Mechanisms）和语言能力。Smith（1994）在回顾了大量的文献后总结了早期中介语理论的三项特点：（1）中介语是一个学习者独立的语言系统；（2）这一语言系统存在着内在的连续性；（3）学习者有一个复杂的、创造性的学习机制。

后期的中介语研究建立在早期中介语理论的基础上，但在研究模式上有了全方位的拓展，比如采用不同的理论模式（认知心理学模式、语言学模式、社会语言学模式、信息处理等，部分模式将在第三章进行讨论分析）对中介语进行研究。

三、石化现象与临界期/敏感期理论

中介语是一个动态的语言系统，有一个逐步靠近目的语的过程。而石化现象（Fossilization）是指在没有完全掌握目的语之前就停滞不前的现象（Fossilization；Selinker，1972；Permanent intermediate system and subsystem；Nemser，1971）。中介语向目的语靠近的理想状态，是学习者不断地调整自己的语言，直到与目的语一样（Native-like proficiency）。但是这样的理想情况较少，约为5%（Singleton，1995）。在第二语言学习的过程中，习得往往会在不同的阶段出现停滞现象。此时不论学习者付出怎样的努力，接受怎样的语言反馈都无济于事。Selinker认为，只有少数的成年人能够像儿童习得第一语言那样，重新激活语言习得机制，习得第二语言。而大部分成年人只能运用一般的认知机制，一种潜在的心理结构（Latent Psychological Structure）。因此，石化现象涉及认知过程或隐性机制（Underlying

Mechanisms)。

造成石化现象的原因是多方面的，一个主要的理论解释来自 Lenneberg（1967）的临界期（Critical Period）学说。根据临界期学说，学习者从什么年龄开始学习语言至关重要。如果在约 11 岁以后才开始学习第二语言，就需要付出大量的努力，不断地练习，而且即使这样也未必能取得完全的成功。Lenneberg 是从人脑生物机制分工不同的角度来解释石化现象的。他认为，如果左半脑在青春期，即约 11 岁以后受到损害便会严重影响语言能力的发展，尤其是说写能力和句法结构的组织能力。在约 11 岁以前，由于脑部神经的分工还未完成，左右半脑思维功能的分工仍是机动灵活的。如果在约 11 岁以前左半脑受到损害，语言能力则自然地从左半脑移到右半脑。这样语言习得不会受得妨碍。基于这个学说，Lenneberg（1967）提出了 11 岁左右为掌握语言的临界期。在此以前，儿童能够毫不费力地学会语言；在此以后，语言学习就变得困难了。

Lenneberg 用三方面的证据来支持他的临界期学说。第一，在外语学习方面，尽管绝大多数人在约 11 岁以后都能学会外语，但他们学习语言的过程与儿童有本质上的区别。第二方面的证据是患失语症的病人。Lenneberg（1967）发现，这些患者的左半脑均受到损坏，而右半脑又没有句法结构和生成句子的语言能力，因此这些患者不能说话或书写。即使有时能表达，他们的语言也是零碎散乱的，且无句法结构和语法规则。第三个证据是在恶劣的社会语言条件下丧失语言能力的患者。比如美国加利福尼亚州的吉妮从两岁到 12 岁一直被父亲关在一间黑壁柜里，与世隔绝。当 13 岁被人们发现时，她已失去了语言能力。尽管后来受到专门的语言训练，但她组织句子、运用语法规则的能力却一直没有得到很好的发展（Curtiss，1981）。

学者们对于 Lenneberg（1967）的临界期观点争论颇为激烈，对这方面的评论，可参见 DeKeyser（2006）。Krashen（1973）分析了 Lenneberg（1967）失语患者的语言数据后提出，尽管 Lenneberg 认为左右脑思维分工于 12 岁才完成，但他从同样的语料数据中所得出的结论却是儿童到 5 岁时就已完成了这一过程。此外，一些语言习得研究者所做的实验说明，在自然的语言环境中，如果儿童在五六岁以前开始学习第二语言，他们说第二语言就可以**丝毫没有口音**。如果 6 岁以后开始在自然的目的语环境中学习，那么语言发音就往往会有一定的口音。年龄越大，口音越重（如 Long，1990；Schachter，1996；Singleton，1995；Weber-Fox & Neville，1996）。这些实验不但说明年龄是一个关键因素，而且不同的语言层面（如语音、语法、词汇等）有不同的临界期。

尽管临界期学说受到质疑，但学者们仍然在一定程度上认为，大脑的分工所造成的语言学习的临界期，仍不失为解释成年人无法像儿童一样掌握语言的一种理论。争议在于：临界期学说是否是对石化现象的唯一解释？一些学者（如 Eubank & Gregg，1999；Long，1990）认为，年龄确实是学习语言的一个关键因素，但临界期的提法趋于偏激，因此提出了用习得语言的敏感期（Sensitive Period）的说法来代替临界期的说法。第二语言的习得是一个非常复杂的过程，除了脑力、认知、心理等方面外，通过语言运用所获得的语言技能有显著的社会性、交际性，因此也受到学习者个体因素的直接影响，如对目的语文化的认同，学习语言的态度与动机，学习者的年龄、个性、学习策略、认知特点等，这些都与第二语言习得的石化现象有关。

第二节　偏误分析与纠正偏误效益的研究

一、偏误分析

Corder 1971 年提出的偏误分析理论（Error Analysis）奠定了最初的第二语言习得研究的理论基础与研究方法。偏误指学习者在过渡性语言能力下所出现的语言错误，反映了学习者中介语所处的状态。偏误为第二语言习得研究提供了一个窗口，从中我们可以描述、解释中介语的语言现象，学习者的认知机制和在不同阶段的学习过程。

将中介语的偏误进行收集、鉴别、归类、分析有助于我们了解中介语的发展规律与语言交际的各种策略。偏误的出现有很多原因，如句子主题化（Sentence Topicalization），即句首是主题而不是主语。一般来说，句子的结构可如汉语由主题和评论两大部分组成，也可如英语由主语和谓语构成。Fuller & Gundel（1987）调查了主题—评论（主述题）结构在第二语言习得中的发展情况。他们抽样的母语既有主题高度突出的语言，如汉语、日语和韩语，也有相对主题不太突出的语言，如阿拉伯语、波斯语和西班牙语。Fuller & Gundel 比较了这些英语学习者和英语为本族语的人的口头叙述。结果表明，不论英语学习者的母语是不是主题突出的语言，他们都比英语为本族语的人使用了更多的主述题的句子。Fuller & Gundel（1987：15）认为："英语中介语作为一个整体，比英语有着明显的主题突出特征。"Duff（1990）在对学英语的中国人进行调查后指出，许多学习者采用了实用策略和交际策略，把英语句子主题化、简单化了。

偏误的原因往往不是单一的，同一种偏误可以有若干不同的原因。我们应该在给偏误进行分类的基础上，从多个角度对偏误产生的原因做出解释。如果只是在语法规则和语言特点上进行分析，可以说明偏误表面上产生的原因，却很难解释心理机制和认知运作的过程。比如下列例句（语料来自 Jin, 1994；Polio, 1995；Wen, 1995a, 2008）：

(1) *有三十五本中文书在这个图书馆。
(2) *我的家有妈妈、爸爸、弟弟和我。
(3) *他不喜欢听他妈妈。
(4) *三本法文词典在那个图书馆。
(5) *我六点起来，我念了一个钟头，然后我去教室，我八点上课。
(6) *他开自行车，自行车，他……走了。
(7) *来明德以后，我不胖。
(8) *我想我进步进得不错。
(9) *以前他喝了很多酒，现在他不喝酒。
(10) *以前他喝很多酒了，现在他不喝酒。
(11) *我没有去过什么地方都。
(12) *我想做什么都。
(13) *别扔这些菜在水。

我们可以从三个方面来分析这些句子。

1. 受母语的迁移与学习者造句能力的限制

母语的迁移存在于句法、语义、文化等方面。例句 1—3 是母语为英语的学习者把英语直译为中文的结果。尽管例句1是主述结构，但其语序与英文相同。例句2的语序也深受英文文化的影响，如排列家庭成员时，"妈妈"是第一位，而"我"则放在最后，中文并不是这种排列法。

例句4、5属于语言种类的迁移。中文句式的一个特点是主述结构。中文句子的主题往往位于句首。从语义上来说，主题定指，即是说话者双方都明确的。温晓虹（1995）调查了美国人习得中文存现句的情况，如例句4是一个初级水平的美国学生所造，属主谓结构。温晓虹认为，学习者在低年级时受母语的影响造出的句子虽然语法正确，但缺乏语用价值。

Jin（1994）研究了英文主语突出的特点是否会被迁移到主题突出的目的语中。她调查了代词做句中主语的习得情况，发现母语为英文的学习者会按照一定的规律把主语突出的特点转移到汉语中，如例句5。这种句式的迁移在学习者的汉语水平达到高级阶段时会逐步减少，此时他们能够形成句子主题的概念。Jin的结论是："学习中文这样的主题突出的语言是一个语言类型迁移的过程，在这个过程中，特定的语法结构会被重新分析，并赋予新的意义。"（p.120）Jin认为主语突出这一范畴是可转移的，是母语为英语的中文学习者早期中介语的一个特点。Polio（1995）也调查了美国人学习中文代词的情况。她认为学习者泛用代词的现象并不能表明其母语的迁移。学习者之所以泛用代词造出主谓语结构的句子是受其造句能力的限制（Productive constraints）。换句话说，泛用代词是学习者所用的一种语用手段。如果由于句法和语义的限制必须省略句首代词的话，学习者是能够省略的。但如果是为了表意清楚或出于其他交际目的，他们往往要在句首加上代词。比如用主语位置的代词作为保持讲话流畅的"占位符"（Placeholder；Polio，1995：371），或是在代词后停顿一下来思考句子的行文，如例句6所示。

2. 泛用语法规则或语言功能

学习者在语言学习的初级阶段常常泛用某项语法规则或语言功能。泛用的结果是使语言学习的任务减轻了。在习得第一语言和第二语言时都会出现泛用的情况。例句7—9就是这样。例句7中学习者泛用了否定词"不"。否定词"不"和"没有"的意思一样，但语法功能不同，学习者利用语义线索来造句。例句8则泛用了动词补语句式。例句9、10说明学习者依据上下文来决定一些词的用法，比如初学者泛用表示时间的词来决定是否用"了"（Wen，1995a）。

3. 受语言习得过程的限制

受语言习得过程的限制是学习者出错的另一个缘由。Clahsen（1984）提出，第二语言习得在很大程度上受到人们头脑中处理语言与控制学习过程的种种心理限制。根据不同句型所要求的不同的处理过程，人们对于容易被大脑分门别类、分析鉴别的句型先掌握，而需要经过复杂的处理过程才能习得的句型则后掌握。Clahsen 提出了语言习得的三个过程。他的实验研究说明，最先掌握的语序是与心理语言学习能力相吻合的句子，如"主语—动词—宾语"的语序（SVO）；后掌握的则是经过较复杂的心理语言处理过程的句子，如主从句式。

Pienemann（1987、1989）验证了 Clahsen 的理论。他的实验研究说明，学习者在掌握词序时有一个自然的顺序，先掌握某些简单的语序，再掌握更复杂的语序。换句话说，语言习得按照心理语言处理能力的需要，有一定的先后过程。Wen（2006）调查了中文语序的习得情况及教学对语言习得的影响，说明学习者在语言习得的初级阶段，常会造出大量的"主语—动词—宾语"的句式，如例句 11、12，甚至把"主语—动词—宾语"的词序运用于"把"字句中，如例句 13，这是由于学习者的语言习得还没有达到灵活运用词序的水平。

二、纠正偏误效益的研究

学生出错，老师自然要给予纠正。教师纠正学习者偏误的效益有多大？这一问题在语言习得的理论和教学实践中都有很重要的意义。不论是学习第一语言还是第二语言，学习者都会接触到两种输入。正面输入是学习者所接触的大量的、正确的语言形式以及对学习者语言正确输出的正面反馈。负面输入指负面反馈，即纠正学习者的偏误。对第一语言习得的研究表明，儿童从负面输入，即从纠正反馈中得益甚微。即使儿童收到了纠正反馈也不能理解（Pinker，1989）。在第二语言教学中，老师在课堂上纠错时，通常自信的学习者能够从中受到启发，不再犯类似的错误。在反复地改正同一个学生同样错误的过程中，语言教师很想知道纠正错误对学习者的语言习得到底起多大的效益。

纠正错误的一个传统理论基础是行为主义的刺激—反应学说。在行为主义理论指导下的教学方法强调给学习者明确无误的反馈，并对其错误进行清楚的纠正。这一理论对错误的态度是负面的，甚至是敌视的。Corder (1971) 对偏误的分析研究从学习者的角度出发，观察学习者实际的语言运用，认为偏误是重要的提供习得研究的线索，这从根本上改变了人们对偏误的认识和态度。行为主义的教学理论与教学方法（如对比分析法）也逐渐被一些新的教学理论与方法所代替。

根据 Chomsky 的理论，人类语言的最高形式为普遍语法。普遍语法以若干固定的抽象原则为代表形式，而且是人类生来固有的（Chomsky, 1965; Cook, 1985）。普遍语法帮助学习者建立起一个与普遍语法相吻合的中心语法 (Core Grammar) 以及边缘语法 (Peripheral Grammar)。边缘语法包括某种具体语言的特征，具有语言的特殊性，不为普遍语法所涵盖。儿童的语言中有不少错误，但改正他们的错误却没什么意义，改了也会再犯。儿童凭借着普遍语法，能够不断地纠正自己对语言所做的推理与假设中的不正确之处。

在第二语言教学中，教师需要向学习者提供大量正确的语言输入，以激活普遍语法。普遍语法限制了语言学习者对输入语言规则的假设与推理，使他们重新设定从第一语言到第二语言的参数，从而掌握目的语。因此，改错并不是习得第二语言的必要条件。比如，Schwartz (1993) 认为，第一语言和第二语言习得过程的特点是类似的，可以通过普遍语法的理论来解释。纠正错误和外在的输入不可能影响、限制头脑中的语言模块，因为外在的输入与头脑中的模块没有直接的关系，不可能导致语言参数的重新设置。Schwartz (1993) 的看法代表了这一学派的强势观点。

建立在普遍语法理论的基础上，Krashen (1982) 提出了监控模式 (Monitor Model)。监控模式提出了第二语言习得的五个假设，其中情绪过滤假设 (Affective Filter Hypothesis) 提出要尽量避免改正学习者的错误，因为改错会增加学习者情绪方面的压力。如果学习者情绪不稳定，势必影响他们分析、处理语言信息的能力，造成学习障碍。Terrell (1977) 的自然教学法 (Natural Approach) 在理论上与 Krashen 的调节模式相一致。Terrell 认为，没有任何研究证明改正学习者的错误是学习第二语言的必要条件。即使以最合适的方式改错，也仍然有可能损害学习者的学习动力与学习情绪。Truscott（2007）也认为，第二语言学习者所依赖的是正面输入，负面输入可能损伤学习者的自信心和自尊心，妨碍他们的自由交谈及语言习得。

但有些学者（如 Gass，1997；Long，2007）认为，成年人在学习第二语言时需要改错与教师的反馈，换言之，改错是第二语言习得的一个必要条件。当正面输入已不足以让学习者准确运用语言，或学习者无法从正面输入中获取足够的证据来辨认其中介语与目的语之间的差距时，否定性反馈就显得尤其重要。学习者在互动中通过纠错注意到自己的理解与输入的语言形式之间的差距，才能有意识地对自己的输出加以调节修正（Schmidt，1990、2001）。White（1991）调查了加拿大母语为法语的学习者学习英语的情况。实验目的是检验语法教学的实效性（Form-focused Instruction）。在课堂教学中通过有意识地给学习者改错来验证纠错是否比顺其自然更有效。尽管在法文中可以有"主语—动词—副词—宾语"的语序，英文的语序却只能是"主语—副词—动词—宾语"。White 发现，母语为法语的学习者误认为英语和法语一样，副词可以放在动词与宾语中间，如例句 14 所示：

(14) * Mary takes usually the Metro.（玛丽通常乘坐地铁。）

White 的实验研究抽样为两组学英文的中学生。两组得到不同的教学指导。第一组学生所犯的副词词序错误得到一一纠正，老师还给他们讲解副词的位置、词序问题。第二组学习者在副词词序方面所犯的错误没有得到纠正，老师在讲解时也没有强调副词在不同句式中的词序问题。两组学生都参加了实验前后以及实验中的一系列考试，其中包括老师对学习者进行的不同教学指导后的测验、五个星期后的一次测验，以及一年后的追踪测验。White 的实验结果表明，实验组和控制组的两组学生一开始均从第一语言入手，造出了不少"主语—动词—副词—宾语"的句子。不同的是，得到老师纠正的那组知道英语中不允许出现如例句 14 那样的语序。White 认为，改错可能起到了促进学习者重新设定语言参数的价值（Parameter resetting to the L2 value），有重构第二语言形式的作用。因此，改错可能是习得第二语言的一个必要条件。

White 的实验同时也发现，改错并没有使学习者长时间地、牢固地掌握这一语法概念。虽然在不同的教学指导后马上进行的测验中两组的成绩显著不同，但在五个星期后的测验中，两组成绩的差别就小了很多。

White (1991) 的实验研究说明，改错对中介语语法参数的重新设定是必要的。但她的研究并没有从另一个角度说明不改正学习者的错误，学习者就一定不能意识到自己的错误并改正。继 White (1991) 的实验后，Trahey & White (1993) 又做了一次实验调查，既不改正错误，也不明确地讲解语法，而是提供大量的有关语法内容的语言素材（Input flood），观察是否能使学习者对目的语有清楚的认识，并掌握其语法。他们的抽样仍是加拿大魁北克学英语的中学生。学习者先参加实验前的考试，然后在两个星期内大量接触带副词的句子，这些句子均出现在实际的交际情景中。学习两个星期后，进行实验后的测验，三个星期后又进行跟踪测验。他们的研究结果表明，学习者造出了大量语序正确的句子，但同时也有不少不合语法的"主语—动词—副词—宾语"的句子。因此，单纯给学习者大量有关语法内容的语料（Form-focused input）而不进行明确的语法上的解释与改错，并不能使学习者清楚地认识到"主语—动词—副词—宾语"这一语序是错误的。

Carroll & Swain (1993) 也指出改正学习者的错误对习得语言有积极的作用。他们调查了各种不同的改错形式和习得英语间接宾语之间的关系。他们的实验包括不同的改错条件与方法。根据得到的不同的反馈形式，抽样的学习者分为五组。第一组学生得到了清楚的语法方面的解释；第二组由老师告诉他们所造的句子是否正确；第三组在一出错时就被及时纠正，并被告知正确的句子形式；第四组则被要求仔细思考一下他们的回答是否正确；第五组只收到大量的带有间接宾语的语言素材。实验结果表明，前四组对间接宾语的掌握程度都比第五组好。Carroll & Swain (1993: 358) 认为："成人能够而且实际上也运用了教师所提供的反馈来掌握抽象的语法知识并把这些知识运用到了语言实践中。"

Li (2010) 对近期 22 项教学反馈效果的研究做了总结评论。总体来说，反馈效果能够保持一定的时段，其中显性反馈比隐性反馈（Explicit vs. Implicit feedback）对学习者来说效果更显著，但保持的时段却短一些；而隐性反馈效果保持的时间长一些。不同种类的反馈对第二语言习得有不同的影响。

对改错效益的研究并没有取得一致的结果，达成共识。这不仅仅是由于教学中的一些变量，如学习者的学习动力、情感、语言能力、认知思维方式不同，而且受到反馈的语境情景、反馈的内容与清晰度，以及运用反馈的方式方法等因素的影响（Li，2010）。由于在不同的调查研究中所提供的"反馈"受到受试不同的学习状态的影响，而各个研究的学习状态不同，于是就容易导致不同的结论。另外，一些学者（如 Schwartz & Gubala-Ryzak, 1992）对改错的意义、效率问题一直都有质疑，比如他们对 White（1990）的语料数据又做了分析，认为改错只是帮助学习者掌握了显性的二语知识（Explicit L2 knowledge），并没有对隐性的语法知识（Implicit L2 knowledge）起到根本性的作用。因此在这一过程中，学习者并没有重新构建（Restructuring）他们的中介语。

笔者认为，改错即使只是帮助学习者掌握显性的二语知识，这些显性知识也有可能被提取、转化为隐性语法知识，因此改错仍然为学习者重新构建他们的中介语创造了机会和条件。

三、纠正偏误在教学中的运用

在鼓励学生积极地、最大限度地"生成"语言（Swain，1985），在注重语言的运用时，随之而来的是学习者可能更多地出错。教师应怎样对待学习者的错误，以何种方式改正他们的错误同时不挫伤其学习动力与积极性？我们认为，教师应该有一套改正学习者错误的体系，决定什么时候、怎样最有效地运用此体系。

首先，改错应该采用一种积极鼓励的形式。老师的态度应该是尊重和礼貌的。其次，改错的方式方法应该多样化，以适应学习者不同的语言能力、学习任务、课堂活动的目的。在一个互动的课堂中，互动和协商过程能够较自然、自动地提供反馈，其中使用最多的是"重铸式纠错"（Recast），即隐含性纠正反馈。这种隐性纠正反馈能促进二语习得的过程（Han，2002；Li，2010）。除了"重铸式纠错"方式外，纠正反馈还包括引发式（Elicitation）：教师诱导学生改正自己的语言错误；元语言（Metalinguistic feedback）：对偏误进行语言方面的纠正；澄清（Clarification）：澄清意义协商中的疑点，使得表达与理解清楚无误。而教师具体采用哪种反馈方式，往往取决于学习者的偏误类型、语境与教学情境。

1. 自我纠正和解决问题策略

学生通常有能力自己改正错误，并且也很善于帮助别的同学改正错误。帮助学习者改错的过程也是培养学习者分析问题、解决问题的过程。Lalande（1982）的方法是由教师把错误用一种明确的系统标出来后，让学习者自己改。Lalande 将学习者自己改正与老师改正之间的差别进行了比较，发现学习者自己改正更能锻炼他们分析解决问题的能力。在学习者改正错误的同时，也会直接或间接地得到同学与老师的帮助。

学习者在老师的指导下，可以不断地自我改错。下面是初级中文班课堂上学生在练习"是……的"句型时老师引导学生自我改错的一个例子。重点在于句子的形式并且以交际为内容，在与学习者交流的过程中给学习者创造大量的机会来帮助他们意识到自己的偏误并改正。

(15) 老师：今天你是怎么来学校的？
(16) 学生：我……是……uhhh……
(17) 老师：你是开车还是走路来学校的？
(18) 学生：*我是开车来……
(19) 老师：噢，你是开车来的吗？
(20) 学生：是，我是开车来的。
(21) 老师：我也是开车来的。（问其他同学）你呢？你也是开车来学校的吗？

在例句 17 中，老师给学习者两个选择来帮助学习者完成例句 18 的内容。随着谈话的进行，老师不直接纠正例句 18 的语法错误，而是用一个完整的句式来引导学习者（例句 19）。在这种以语言形式为重点，以交际为手段的环境下，学习者逐渐造出了正确的句子（例句 20）。教师对学习者所说的句子加以肯定（例句 21），并转向别的学习者来巩固此句型。

2. 隐性纠正

用会话的形式向学习者提供正确的语法形式实际上是一种非直接性的改

错。会话的目的在于强调意思，教学重点则在语法句式上。这样学习者才有机会消化、吸取老师所提供的反馈。下面是一位老师与一位中文初学者间的对话：

（22）老师：请说说你的爱好，你会游泳吗？
（23）学生：我会，＊我游泳得不好。
（24）老师：你游泳游得不好，那你唱歌唱得好吗？
（25）学生：我唱歌唱得不好。

在这一会话中，教师没有直接指出学习者的语法错误（例句23），而是提供更多的正确形式（例句24），并用加强语调的教学技巧来诱导学习者发现自己的错误，找到正确的句式。经过反复交谈与替换练习，学习者会逐步认识到自己所造的句子与老师的句式有差别，从而改正自己的错误。

一些学者（Gass & Magnan，1993；Long，1983a、1989）认为，以会话的形式表达意思，学习者可以间接地得到老师的纠正，收到有效的反馈。会话，比如进行语义协商（Negotiation of meaning），旨在传递信息，同时有利于学习者逐渐理解所听到的语法句式，使它成为自己的知识。在语言习得过程中，要让学习者注意到他们所造的句子和目的语之间的差别。以意思为主传递内容、学习者在"懂"的基础上就容易注意到自己造的句子与对方的有什么不同，意识到自己在语法、发音，或语体诸方面的错误。学习者不仅有机会学习句法，而且能学习在怎样的语境下运用这些句法形式。

3. 纠正什么

学习者出的错误是否要一一改正？在改错方式方法方面，教师应该注意哪些问题？大体可以总结为以下五个方面：

（1）可理解性。学习者所出的错误是否妨碍了理解与交际？如果对交际造成了误解，就应及时直接地一一指出。对于不直接影响理解与交际的错误，则可采取间接的方式纠正。

（2）出错的频率。学习者常犯的偏误应一一纠正，偶发的，或属于"说走了嘴"一类的错误则可以不去追究。

（3）照顾每个学习者的不同要求。教师首先要很了解学习者，能够预料出他们对接受改错的不同态度与反应。比如学习安全感比较强的学习者往往欢迎改错，而学习者在心理和情绪上没有安全感时，改错的效果不会很好。

（4）改错的时间是非常重要的。教师要尊重学习者语言发展的不同阶段，适时纠正，不要操之过急，也不应该期待一经纠正，错误就不再出现。Pienemann（1987、1989）的实验研究证明，每学习一个新的语法规则，学习者都需要一定的时间，达到一定的习得阶段才能掌握。如果向学生介绍的语法超过了他们目前的习得水平，即使教师在课堂上做了讲解练习，学生也仍不能习得。换言之，不是教师教什么学生就能够学会什么。对语法结构的习得有一定的次序性与规律性，教学必须适应学习者的习得阶段，必须有一个循序渐进的过程。过急改正学习者某方面的错误，可能会造成事倍功半的结果。

（5）根据教学目的与重点帮助学习者正确理解、掌握教学内容。如果学习者误解了教学内容与教师提供的例句而产生错误，那么应给予足够的重视，一一纠正。在课堂教学中，如果对此种错误不加以纠正就会造成学习者概念上的混乱。特别是当学习者在学习中对某种语言现象进行假设，期望老师证实其假设正确与否时，老师应提供及时的反馈。

除此之外，还可以把纠正错误融合在课堂的活动中，根据活动的目的，提供不同的反馈形式。如果某项活动的目的是练习特定的语言形式，学生要能够从直接和及时的纠正反馈中获得收获。当活动的目的是鼓励学生在一个开放式的交流中表达自己的观点，积极的引导可能是最好的反馈，如例句24，以一种自然交流的形式提供正面的例子。

四、偏误分析的局限性

应该指出，偏误分析研究虽然在它诞生后的近二十年中风靡一时，但由于这一理论在研究范围和研究方法上的局限性，研究者已经不再大量使用了。偏误分析的一个主要缺陷在于它对语言习得的描述和解释不够完整，只观察了学习者犯的偏误而忽略了学习者大量的、无偏误的正面习得。另外，如果学习者采取回避策略（Avoidance），所收集的数据就无法反映这一"不存在"的现象。这样的研究自然也不能描写、解释第二语言习得中的全部内容。这样的研究结果势必带来不可靠性与片面性。但同时也应该指出，偏误分析的一个重要价值在于能通过对偏误的描写、分类、分析而推断、论证学习者的认知策略、心理机制、学习过程。如果偏误分析能够与其他理论和方法相结合，那么它仍不失为研究某些问题的一种工具。

第三节　不同视角的语言习得理论概述

对语言的本质、习得过程的认识直接关系到语言的教学。教学理念的产生、教学大纲的制定、教学方法的选择，无一不与我们对语言的本质、语言习得过程的认识相关联。行为主义科学、生成语言学、认知科学及不同的心理语言学都对语言习得研究提出了不同的看法，创建了不同的理论。行为主义理论曾对心理、智力、语言与教育等方面的研究有着深刻而广泛的影响。行为主义心理语言学认为语言习惯在不断强化（Reinforcement）的过程中养成。因此，语言环境很重要。语言行为和产生语言的环境紧密关联，而且有高度的规律性。在语言学习过程中，学习者的任务是对外界条件做出迅速的反应，进行接受性的学习。这一学派不重视语言能力的研究，因为语言能力属于思维能力的范畴，看不到也不容易测量。

然而，儿童在语言习得过程中表现出的不是保守被动的学习，而是充满了创造力和创新精神的学习。他们能举一反三，把新学的词应用于不同的语法形式，而且这种语法形式出现于不同的句式结构；他们往往会给成人一个惊喜，纳闷孩子是在哪儿听到、学到如此句式的。很可能他们并没有听到过，而是自己创造出来的。儿童的语言创造力使他们能造出无数让成人闻所未闻的句子。比如他们能够造出动词的被动式、双宾语句和使役句，而他们从来没有接触过、听到过这些动词是怎样在这样的句式中运用的。比如被动式："It was bandaided.""How was it shoelanced?"（Clark，1982）；双宾语："Button me the rest.""I said her no."（Bowerman，1983）；使役句："Do you want to see us disappear our heads?"（Bowerman，1987）。强化性的语言学习很难解释这些语言现象。正如Pinker（1989）指出的，第一，儿童说错的时候大人往往不去纠正；第二，即使大人纠正了孩子的偏误，这种纠正也不一定是清楚的。Hirsch-Pasek等（1984）的实验发现，20%的两岁儿童的语法错误被大人重复（即纠正的一种方式），但12%的两岁儿童的正确话语也被大人重复（即鼓励的一种方式)。由此可见,大人的这种强化行为可能误导孩子:大人的重复是纠正呢?还是鼓励呢?第三,即使纠正了儿童的偏误(Negative evidence),而且纠正得很清楚,也还得被儿童所接受。可实际上,家长给孩子提供的清楚的纠正信息不一定会被孩子采纳。第四,纠正儿童的偏误,即使是有用的,也得是必要的,这是习得语言的一个条件。

Baker(1979)总结了大量儿童习得语言的数据后,提出了在语言习得中存在的一个逻辑上自相矛盾的现象(Baker's Paradox)。儿童语言中的偏误往往得不到纠正,而且儿童习得语言绝非只是单纯地模仿成人。此外,语言内部的结构,比如动宾结构,往往是任意的,不受语义、认知方面的限制。在既不被纠正又不纯模仿成人语言,并且语言的内部结构又是抽象的情况下,儿童是如何对所接触的言语进行假设与语法判断的?他们又是怎样纠正自己的偏误的?这些问题被称为语言习得中的逻辑问题。这些逻辑问题在普遍语法理论中找到了答案。

一、语言学和普遍语法理论

1. 语言的本质

在 Chomsky(1965)创导生成语言学以前,语言习得理论和教学方法是建立在 Skinner(1957)行为主义科学的基础上的。这一理论在美国的语言教学,包括汉语教学中影响甚广。行为主义心理学认为语言是一套习惯,语言习得是此习惯的养成。揭示语言行为的模式是刺激—反应理论。人们的话语就是对环境或他人的语言、行动所做的一系列反应。比如孩子学说话时所做的反应正确,大人就会给予肯定与赞扬。对语言行为加以强化,便形成了语言习惯。

Chomsky(1959)全面批判了 Skinner 在《言语行为》一书中所论述的理论,提出了句法的深层结构(Deep Structure)与表层结构(Surface Structure),创造了转换生成语法(Transformational-generative Grammar; Chomsky,1965),使研究的重点从语言的表面结构和言语行为转移到了底层结构这样语言本质性的问题上。这是 Chomsky 早期众多的贡献之一。生成语言学家还进一步提出了语言能力(Linguistic Competence)和语言运用

(Linguistic Performance) 的不同。前者指人的大脑中隐含的知识，而且这些知识以规则的形式出现，如可以把声音与意义联系起来；后者指语言能力的实际运用。语言的运用只是一种行为表现、一种活动。语言学家所关心的并不是人们的语言表现，而是要发现解释语言表现的内在规律，即隐含的语言知识与语言能力。

以 Chomsky 为代表的转换生成语言学家提出了普遍语法理论（Universal Grammar）。这一理论认为，世界上所有的语言都是由抽象、复杂的语言原则（Principles）组成的。这些语言原则制约了句法规则的形式和特征，而且是人类生来具有的（内在论"Innate Theory"或天生论"Nativist Theory"）。有的语言原则有两个或更多的参数（Parameters）。不同的语言有着不同的参数，各种语言之间核心部分的变化就体现在参数值（Parameter Value）的变化上。虽然说话者往往讲不出这些规则是什么，但它们却是语言运用的基础。

语义语言学（如 Katz & Fodor, 1963）对 Chomsky 纯句法结构的语言信息处理学说提出了不同的意见。他们认为，只有把语义包括在句法关系中，才能全面地解释语言本质性的问题。比如"（名词）很生气地推开门"这个句子，并不是任何名词都可以填入，只有代表有生命的动物名词才可填入，否则句子虽然符合语法，却无任何意义。由此可见，句子的意思由语义决定，由句法结构表现出来。Fillmore（1968）和 Chafe（1970）提出了格语法（Case Grammar），认为句子结构是由动词的语义功能及名词与动词的关系决定的；用格的概念能更清楚地表示词与词之间的关系，因而能够更深刻地分析深层结构。格语法仍是生成语法，它试图解释语义对语法结构的影响，即人们是如何判断一个句子是否有意义。Halliday（1978）提出了"功能语法"（Functional Grammar），认为语言功能既可以直接地说明语义功能，又可以提供很精确的句法体系，补他家之不足，从而创立了一种新的模式。

语义语言学家认为，从句法规则上往往不能确定儿童在特定情况下说的话的意思。Bloom（1970）举了一个例子：在两种不同的情况下，孩子会说："妈妈，袜子。"一种是孩子从地上捡起袜子时说的，另一种是妈妈给孩子穿袜子时说的。两句话尽管句法结构一样，意思却不同。前者的意思是"妈妈的袜子"，是所有者和名词的关系；后者是"妈妈给我穿袜子"，是施事者和宾语（受事物）的关系。在分析了大量的儿童语言后，Bloom 指出词序是语义关系的标志，语义是通过句法结构表现出来的。

语义语言学与以 Chomsky 为主导的生成语言学还是有不少共同之处的，如两者都认为语言是由语法规则组成的，语言包括语言能力和语言运用表现两个方面。此外，语义语言学和传统语言学都以转换生成语法为框架，都着重研究语言的普遍性和语言习得的共同性，从而发现语言和语言习得的普遍规律。另一方面，语义学和认知心理学都强调语义的重要性，强调语言的内容和意思先于语言的结构和语言形式。语义学属于语言学的一个分支，其理论基础是生成语义学。认知学属于心理学的一个分支，其理论基础之一是 Piaget 的发展心理学。以 Chomsky 为代表的语言学家对语言本质的认识使心理语言学进入了一个崭新的阶段，同时语言学又从心理学中吸取了实验方法来进行实证方面的研究。

2. 语言习得能力

语言习得能力可以用普遍语法理论进行解释，因为普遍语法不仅仅是一个语言学理论，同时也是语言习得的理论。Chomsky（1965）提出了语言习得的机制 Language Acquisition Device（LAD）。这一先天的语言智力组织存在于人们的大脑中。语言智力组织储藏着如何划分语法成分和句法结构、语言的深层结构和句法迁移规则等语言知识，具有进行语言信息处理的特殊功能。这些存在于人脑中的语言知识就是婴儿在开始学习语言之前所处的"最初语言状态"。在人类所有语言的深层结构中都存在着共同的语言原则，这些语言原则对语法规则和语音规则起着约束的作用。这些内在的语言知识包括所有语言都有的共项。像翅膀使鸟儿可以飞翔一样，语言习得机制（LAD）提供给我们先天的语言习得能力，普遍语法提供给我们语法原则的知识，使我们自然地学会了说话。

确实，儿童在一开始就具有把词汇有规律地收入语法成分的能力，能够自然地把名词与动词分开，把主语与宾语分开（Brown，1973；Slobin，1979、1985）。他们知道名词往往指人物、事物或事情，动词往往指行为或事物之间的关系。而且，词与词之间往往是有规则地联系在一起的（Nelson，1981）。在刚开始说话时，即使仅会说一些单个词语，每个词都受到语法规则的限制，他们说的每个词都可以被认为是一个句式深层结构的直接表达

(Dale，1976)。

在第二语言习得中也有相似的现象。比如学习者是怎样学会语义相仿而句法结构迥然不同的语法结构的呢？如中文中的"推荐"与"建议"，"支持""赞同"与"同意"；英文中的"give"与"donate"等。试看以下例句：

(1a) 我推荐他当大会主席。

(1b) 我建议他当大会主席。

(2a) 我推荐他。

(2b) ＊我建议他。

(3a) 我支持他的意见。

(3b) 我赞同他的意见。

(3c) 我同意他的意见。

(4a) 我支持他。

(4b) ？我赞同他。

(4c) ＊我同意他。

从语义出发，2a 和 2b 没有什么差别，但在语法上 2b 是不能接受的。同样，3a、3b、3c 的语义差别甚小，4a、4b、4c 的意思也相似，但三者语法结构不同。学习者仅凭语义知识和认知概念，并不能区别近义词在句子中的不同句法规则，而且我们无法解释学习者是通过什么样的途径认识到这些近义词在语法上的制约的。学习者是借助固有的句法知识学会不同的语法结构的。

3. 语言习得过程

以 Chomsky 为代表的语言学家在解释语言习得过程时，有很强的结构主义和先验主义的成分，如强调语言能力的内在性（Innateness）与天生性（Nativist Theory），也强调语言规则的自然习得。上文提到，人类语言的最高形式为普遍语法。普遍语法使得学习者建立起了一个与普遍语法相吻合的核心语法（Core Grammar）及边缘语法（Peripheral Grammar）。边缘语法包括某一具体语言的特征，具有某一语言的特殊性，不为普遍语法所涵盖。儿童在具体的语言环境中生活，每时每刻都会接收大量的语言输入。所接触到的语言素材就像导火索一样，唤醒、激活存在于大脑中的语言习得智力组织，使其发生效用。儿童凭借普通语法规则不断地对大量的语言素材做出推理假设，在语言运用中检验其是否正确，使具体的语言系统内在化。语言习得机制的目的就是使语言规则内在化，因为这些规则是理解和产生语言的基础。

以 Chomsky（1981、1995）为首的心理语言学家提出了参数设定理论（Parameter Setting）。人类语言所共有的语言原则和尚未定值的语言参数是我们生来就有的。自然语言之间的差异并非在基本结构上，而是在参数设定的差异上。人类各种语言核心语法部分的相互区别是有限的，局限在参数允许的范围之内。因此我们要学习的内容是语言参数的不同参数值和边缘语法部分。一个婴儿的语言学习过程就是给头脑中固有的语言参数设定价值的过程。一个成年人的语言知识，不但包括各种语言所共有的原则，同时还包括某种语言的不同参数值。某一语言基本语言材料的设定都带着那一语言的参数特征，比如汉语的句式以主述题为结构，主语和宾语可以省略，动词不以时态而以语态的形式出现等。语言习得者所接触的大量语料中都有这种语言的参数特征，观察验证这些特征能促使学习者的语言、语法形式不断地趋于母语（如果是习得第一语言）或目的语（如果是习得第二语言或外语）。从这个意义上来说，语言习得的过程就是参数设定的过程。

对孩子来说，习得一种语言确实是件轻松的事。无论在怎样的语言环境下，无论是多么复杂的语言，儿童习得母语的方式都是自然的。婴儿从一开始就具有对人类声音的辨别能力（Molfese, Molfese & Carrell, 1982）。头几年，在他们身体和智力还不发达的情况下，他们就能顺利地掌握母语。在语言习得过程中，他们借助普遍语法不断地分析所接触的语言，用句法知识对大量输入的语言进行推理假设，并在语言加工和运用中验证他们的假设是否正确。他们习得语言的速度非常快，幼儿从12个月开始学说话，到四五岁时，语言表达能力已经基本上达到了成人的水平。根据天津市卫生局1979年的调查统计报告，中国儿童的词汇增长是飞跃式的：两岁时，词汇量为139，到了3岁就增长为962（转引自桂诗春，2000），而且内容有了明显的增加，不仅仅是名词、动词，还有形容词、副词、介词等。

4. 证据与反证据

归纳起来，以 Chomsky 为代表的心理语言学的主要证据有五点。

第一，人类先天的语言习得机制都一样，因此不同语言的正常儿童习得母语时往往有相同的习得能力、习得过程和较一致的习得时间，如错误地泛用语法规则、主语宾语的次序习得等（Slobin & Bever，1982）。Goldin-Meadow & Feldman（1977）对 6 个耳聋的孩子做了纵向研究，从不同的方面证明：语言能力是独立发展的。这些孩子的父母都有听觉，都不会手势语，也不认为手势语真有用。然而，他们各自的孩子都发明了一种手势语，而且其内容与语言结构都有相似的发展过程。此外，他们手势语的发展过程与语言正常的儿童以及学手势语的聋哑儿童的过程相一致，如先是单词话语（Single word utterances），再是双词话语，然后是句子或更复杂的形式。Goldin-Meadow & Feldman 认为，不论在怎样的环境下，儿童都有某种创造一种自成系统的语言的自然倾向。

第二，儿童出现的偏误也从另一个角度证明了语言习得是建立在语法规则的基础上的，是语言创造性特征的一个反映。假如像行为主义心理学所解释的那样，儿童只是听到什么就说什么，那他们就不会出现"taked""goed""drinked"和"foots"一类的错误。大量不规则动词的正确使用出现在儿童言语的最初级阶段，如"took""brought""went"等形式，规则的动词形式同时也出现了。这些形式是儿童一个一个地从成人的语言中学来的，他们并没有认识到"talked"是由动词的词干和屈折变化"-ed"组成的；他们把"talked""went"的整个形式作为一体运用于他们的言语中（Pinker，1990）。后来他们根据对动词过去式的不全面的观察，概括出一条过去式的规则：加动词后缀"-ed"。于是他们创造性地将这一规则运用于所有的动词，就出现了泛用这一规则的偏误，即把所有的动词规则化，加"-ed"，结果就出现了"taked""goed"等错误形式。在他们习得动词形式的第三个阶段，不规则动词的形式如"took"才开始出现。

第三，当儿童出现语法错误时，往往得不到纠正。父母往往不在意孩子语言形式上的偏误。但过一段时间以后，儿童会自己改正。这些现象说明，儿童很可能是依据了语言习得机制。拿上面的例子来说，儿童是怎样认识到"goed""drinked"是不对的呢？也许是用了普遍语法中一条内在的制约性原则——唯一性原则（Uniqueness Principle），即每个动词不能有一个以上的过去式形式。在认识到"took""brought""went"是过去式时，他们就把"taked""bringed""goed"废弃了（Pinker，1990）。此外，他们的错误是在一定范围内的，受到一定的制约，因此不会出现野语法（Wild Grammar）。

第四，说英语的儿童是如何学会区别同义词在句中不同的句法规则的呢？比如，give（给）和 donate（赠给）、tell（告诉）和 report（报告）、own（占有）和 have（有）、move（移动）和 go（走），儿童仅仅凭借语义知识无法知道这些同义词的语法结构是截然不同的，如 Pinker（1989）：

(5a) John gave a dish to Sam.

(5b) John gave Sam a dish.

(6a) John passed the salami to Fred.

(6b) John passed Fred the salami.

(7a) John told a joke to May.

(7b) John told Mary a joke.

例句 5、6、7 的 a 和 b 都是正确的，但下面的 8b 和 9b 在语法上却是不能接受的。

(8a) John donated a painting to the museum.

(8b) *John donated the museum a painting.

(9a) John reported the accident to the police.

(9b) *John reported the police the accident.

儿童很可能是借助普遍语法中的动词句法知识才学会其语言结构的。

第五，"野孩子"的事例、病例和对双语的习得研究（如 Curtiss, 1977; Jia, Aaronson & Wu, 2002）说明，语言学习有一个临界期（Critical period; Lenneberg, 1967）。在临界期以前，儿童通过左半脑习得语言，如果左半脑在临界期以前没有及时地运用或受到损伤，其功能就会萎缩，语言能力便转移到右半脑。如果在临界期以后开始学习语言，这种左右半脑的语言功能便不能如此灵活地转移。而且，此时左半脑原有的语言习得能力明显地衰退，习得语言也就困难多了。在第二语言习得研究中，即使是对语言临界期持反对意见的学者也同意语言临界期的假说，正如 Hakuta, Bialystok & Wiley（2003：31）所指出的："由于年龄造成的第二语言学习成功率的下降，在这一点上是没有争议的。"

乔氏语言学理论对语言习得的论述也面临着不少挑战。其一，语言习得机制的具体性质是怎样的，其中包含什么样的内容，学习者是怎样对输入的语言材料与语言信息做出判断和推理的等，都是争议甚多的问题。尽管较多心理语言学家接受语言习得能力为人类所有，并且是人类遗传而来的观点，但对它们的理解和认识却不一致。以 Chomsky 为代表的语言学家认为，语言习得能力应该包含语言本质性的知识、基本的语法关系和语法范畴，如语法分类和迁移规则，即语言的共同规律。而另一些学者（如 Bowerman，1989、2000；Bowerman & Brown，2008）则认为，儿童生来并没有什么特别的语法、语义、语音范畴的知识，他们只有把经验和意义组织起来的某些能力，这些能力可以帮助儿童对语言结构形式做出种种假设，并通过实践来选择那些正确的假设。语言习得机制不能直接告诉儿童语言是怎样的，而只能帮助儿童去发现语言是怎样的。

其二，生成语言学认为环境是激活促进语言习得机制的条件，但是儿童习得语言不仅仅是从语言环境中来的。心理语言学家在实验中发现，语言环境所起的作用要比生成语言学家们所假设的大得多。如果儿童所接触的语言素材是单一的，缺乏人与人之间的交际与互动，如仅仅来自电视，那么即使天天看，他们也仍然学不会如何说话（Snow，1977、1999；Sachs & Johnson，1976）。生成语言学低估了语言的社会性，忽略了语言在某些方面约定俗成的特点。

其三，生成语言学家主要通过说本族语的人根据自己的语感判断句子是否合语法（Grammatical Judgment）来调查判断人们头脑中特定语言的语法是怎样受抽象原则的影响而形成的，即研究隐含的语言能力。这种方法叫 Internalized Approach，简称 I-Approach（Chomsky，1986）。他们重视的是学习者的语言能力，而不是语言的运用。但认知科学家认为，语言能力和语言运用是不可分的。他们认为这种方法的问题至少有两个：第一，判断的句子都是孤立的，没有语境的出现，自然不能了解语言的运用情况；第二，缺乏一种实验的方法来详细地说明解释语言的运用与学习的心理过程。

其四，语言临界期的学说有争议（如 Hakuta，Bialystok & Siley，2003）。Curtiss（1981）指出，如果在临界期以前没能习得语言，在临界期以后仍可以掌握许多语义知识。而且到目前为止，并没有具体的数据能证明第二语言的习得能力严重地受到年龄的影响（Chun，1980）。在另一方面，Dennis &

Whitaker（1976）对失语症的病例进行了观察总结，他们指出，失语症患者的年龄越大，恢复语言能力就越困难。但是这并不足以证明青春期就是语言习得的临界期。有些才5岁左右的儿童，如果左半脑受到损害，也会出现语言障碍。

5. 生成语言学与语言教学

就生成语言学与语言教学的关系而言，一些心理语言学家指出，普遍语法的原则存在于人脑中，儿童接触了大量的语言素材后，脑中的普遍语法被激活并发生作用。学习者凭借着普遍语法，随着自然的语言发展过程，掌握某一具体语言的语法规则，习得该语言。既然复杂、抽象的普遍语法并不是从有意识的学习中获取的，自然也不是能教会的。而且普遍语法的具体内容究竟是什么，仍在探讨之中。教师能教的仅仅是所能描写的那一部分。通过给学生大量的语言素材，学生能无意识地学到不能描写的那一部分。从这一点来说，生成语言学与语言教学的关系不是直接的，而是间接的。在这一框架下，在教学中有两个要点：一是大量语言素材的输入，二是对语言运用环境的重视，以保证输入语言的质量与效果。此外，生成语言学有较强的结构主义色彩，因此语言规则和语言结构的学习掌握较受重视。

二、认知心理语言学

1. 语言的本质

认知心理语言学也认为语言具有高度的规则性。与语义语言学一致，认知心理语言学也强调语义的重要性，语言的内容和意思先于语言的结构和形式。认知心理语言学家认为语言反映了认知概念，是语言能力和语言表现的综合。而语言是人类众多表现方法中的一种。语言不包括所有的认知能力。

2. 语言习得能力

以Piaget（1973）为代表的发展心理学认为，语言并不能决定认知能力的发展。语言的习得能力是建立在认知发展的基础上的，因此，语言能力是随着生理、智力、心理的发展成熟而出现和发展的，不是先习得语言，然后用语言来表达周围的世界，而是同步进行、相互作用、相互补充的，是在对周围世界有所认识的基础上,用语言来表达自己的认识的(Bruner,1975; Nelson,1977)。比如儿童的认知能力会经历三个阶段,先有动作,然后是形象,最后是语言。在他们还不能辨别独立存在的实物,还没有象征性的思维时,他们也没有语言。当他们对周围的事物和人物之间的关系有所认识时,就开始说两个词了。他们所谈的都是存在于自己周围的事物和事情,他们用语言来表达对事物的认识(Brown,1973;Clark,1977、2002)。

认知心理语言学与行为主义心理语言学对语言习得能力的认识迥然不同,与生成语言学在理论上也存在着较大的分歧。生成语言学家认为,语言能力与思维认知能力关系甚微;语言能力独立于认知的发展而存在,是先天的;语言学理论只应解释语言能力,没必要解释语言表现的各种因素。而认知心理语言学家认为,语言表现的有限性恰恰给心理语言学的研究提供了极为有用的窗口与数据。儿童的认知能力与成人的认知能力在量与质方面都有差别,因此儿童对世界的认识自然会影响他们的语言表达。儿童的语言不但展示了他们对于语言结构的知识,而且也展现了他们对事物的认识。

发展心理学认为,随着儿童认知能力的提高,对母语的习得也趋于完善。另外,语言和认知的发展有着互动的作用。这一观点与生物进化论的观点是不同的,后者认为语言能力的发展在人类智力的发展之前,语言能力的发展促进了智力的发展。生成语言学家(如 Chomsky)和神经语言学家(如 Lenneberg)认为,语言能力相对地独立于智力能力而存在,因此习得语言的能力和智商没有明显的关系。比如有些痴呆儿童不但有习得语言的能力,而且能习得语言;而许多聋哑儿童在接受学校教育以前并没有正式的语言,但能对事物形成概念,认知能力正常(Lenneberg,1967)。

3. 语言习得过程

认知心理语言学家认为,语言习得的过程是学习者对周围存在的事物和事物之间的关系进行分析、归类、概括,同时用认知能力对所接触的语言素材进行语义上的归类、理解、推理、总结出语法规则的过程;是学习者的认识能力、语言能力和知识水平互动和互助的结果。在习得过程中,语言理解与认知能力互相作用,学习者既会用到属于认知范畴的技能,如分析问题和解决问题的技能,又会用到语言方面的知识。儿童通常用语言来表达他们的思想,他们的语言是在认知发展的基础上,在对周围世界有所认识的基础上习得的。他们的语言直接或间接地反映了他们认识世界的发展过程。

语言的习得是人们的认知概念、语义理解和语言环境互相作用的结果。一个正常的儿童到四五岁时就能掌握本族语的语言系统,但是他运用语言的能力仍然在不断地完善。与此同时,他的认知能力和学习技能也在稳步发展,对身边和周围世界的认识日趋丰富、成熟。语言习得能力得益于认知概念的发展和对周围环境的认识,同时一定的语言习得阶段也会影响认知能力。从这个意义上来说,语言习得的过程是学习者不断地组织完善其语言形式与语言规则的过程(Bowerman,1982)。学习者根据对语言的不完全的观察去归纳某些规则,然后再运用这些规则创造性地使用语言。在这一过程中,他们要对大量输入的语言素材不断地进行推理假设,并在语言运用中验证其正确性。

在习得过程中,学习者要解决映射问题(Mapping Problem)。学习者会用一个词来表现不同的意义。他们在造句时,要把对物体、物体与物体之间的关系、时间、方式等知识映射在词、词尾变化和词序上面。不是学习者的全部语言知识和非语言知识都需要映射,而是根据语言的环境与说话者要表达的意思有选择地把有关的内容映射到语言中,而且映射必须采用不同的语义和语法手段,如词的选择、词序的安排、曲折变化形式、词缀等等。学习者随着不断增长的语言经验与对语言的认识来解决映射问题。

1975年,Chomsky和Piaget就语言习得问题进行了一场辩论。Chomsky认为,儿童认知能力的发展过程无法解释他们语言中语法结构的习得,语言环境也解释不了儿童语言中结构的产生。因此,习得语言的能力,至少是习得语法规则和语言结构的能力是先天的。Piaget反驳了Chomsky的观点,他认为儿童习得复杂语言结构的能力既不是先天的,也不是人为地从学习中获取的。在认知发展过程中,儿童的知识水平,他对周围世界的理解认识,以及他的语言能力这三者互相作用,其结果就是促进了语言的发展与习得。由于探讨问题的立场、角度、方法不尽相同,势必仁者见仁,智者见智。

认知心理语言学和语言习得是20世纪60年代才兴起的一个崭新学科,对语言习得的研究仍在深入,不同的理论仍面临着种种挑战。目前,心理语言学家们可以达成的共识是:

(1) 人类的语言能力具有专门的神经基础,在某一程度上可以说是一种遗传的潜能，而且按照一定的发展阶段性趋向成熟（Slobin，1996）。

（2）大量语言素材的输入和不同的社会语言环境对学习者来说至关重要，它们是语言习得的先决条件或基本条件。

（3）语言习得的过程有高度的规律性，学习者能够不断地归纳语言规则并创造性地使用语言。中国儿童也如此，例如，他们创造性地把草绿色叫做"军色"，把臀部注射叫做"打屁股针"（桂诗春，2000）。中国儿童在习得中泛用规则的现象同样存在。李宇明（1991）总结说，汉族儿童在习得了否定词"不"后，出现了"不要"的泛用，如"不要好"（不好）、"不要想听"（不想听）、"不要疼"（不疼）。

4. 证据与反证据

认知心理语言学的根据主要有以下几点：

第一，儿童一开始用的词汇都指向存在于他们周围的人物和事物，是当时当地的（Here and now；Gentner，1982；Nelson，1977）。儿童首先对周围的事物形成概念，然后用语言表达出来。而且不同语言的儿童在 24 个月以前所习得的词汇大都是名词。Gentner（1982）的实验对象包括中国、日本、德国、英国和土耳其的儿童，这些儿童在 24 个月以前会说的大部分是身边的人物和事物，即名词。这一现象说明，儿童已开始对身边的世界形成概念。Goldin-Meadow 等（1976）的实验证明儿童所理解的词汇量比会运用的词汇量大，幼儿的名词量比动词量大。因为儿童总是首先对周围的物体有所理解，形成概念，然后才能对物体之间的关系有所发现、有所认识，这时才习得动词。

第二，Slobin（1985）和其他心理语言学家（如 Block & Kessel，1980）总结了儿童习得语法词素的规律：儿童在理解了语法词素的基础上，才开始运用这些词素。如他们先懂得"-s"表示名词的复数，然后"-s"才在他们的语言中出现。他们是先有数的概念再掌握名词的单、复数，先有时间的概念再习得动词时态。因此，语言的运用是建立在概念趋于成熟和理解的基础上的。语言、认知和语言运用的社会环境，这三者的互动作用促进了语言的习得。

第三，一些语言学家（如 Bowerman，1982、2000；Sinclair-de-Zwart，

1973)还发现,儿童首先形成认知语义概念,如施事者、受事者,以及施事者与受事者之间的关系,然后才逐渐地产生主语、宾语的语法概念。儿童的早期语法建立在认知语义学的基础上。比如,Greenfield & Smith (1976) 对7到22个月的儿童话语进行研究,总结出他们习得的次序,先是施事者,然后是承受动作的物体(受事物)、地点、所有者、受事者。这些语言功能的次序反映了儿童对事物认知能力的发展。此外,心理语言学家(如Slobin, 1979)指出了语言功能、交际意图与语言表达的关系(Semantic mapping),我们需要从两个方面来考虑儿童说话能力的发展:一是随着儿童年龄的增长,他们的交际意图也随之增加,交际意图的增长是语言发展的来源之一;二是儿童懂得更多的母语结构,能把语义和交际意图映射(Mapping)到更复杂的结构中。

认知心理语言学所面临的反证也不少。首先,有不少实验例证说明语言能力和认知能力很有可能是彼此不相关的。比如Cuitiss (1981) 的例证表明,患有认知综合症的儿童认知能力测验成绩非常低,但他们的语言能力却与正常人一样。另一个例子是美国女孩子吉妮的语言习得过程:她13岁以前被父亲关在壁柜里,与外界隔绝,与语言隔绝。13岁被人发现后,接受了语言训练。虽然她的语义知识和认知能力进步很大,达到了正常人的水平,但句法能力却仍然很低。Cuitiss (1981) 认为,句法与词素能力的发展与认知能力没什么关系,而语义与认知能力的关系却很密切。

认知心理语言学强调学习经验、认识的作用,认为儿童的语言能力是认知经验的总结,是认知能力的反映,但却忽略了语言能力的发展也有力地作用于认知能力的发展。另外,在儿童语言习得的过程中,认识和概念的形成并不总是先于语言的表达。在他们语言习得的某一阶段,语言的发展先于认识的形成(Rice, 1989)。

5. 认知心理语言学与语言教学

认知心理语言学家提倡多元丰富的教学途径,以使学习者能够容易地运用其认知能力来分析归纳所输入的语言素材,组织语法结构,储存语言规则。由于语言知识是按照语义分类的,是有规则地储存的,所以我们在说话书写时才能迅速准确地产出语言进行交际。认知心理语言学对教学的意义可总结为以下三点：

第一，提供给学生的语言输入材料要遵循学生的认知能力与语言水平，要有益于他们的理解与分析。

第二，给学习者创造的语言环境与语言输入要适合他们的习得方式和学习方法。这样学生才可以容易地分析、组织语言素材，总结、储存语言规则，并有效地生成语言、运用语言。

第三，强调认知技能和学习策略的发展与运用。比如：学生应该如何分析、归纳语言材料？对语法规则应该进行怎样的推理？在语言运用中如何加深对语言规则的理解？因此教学环境与教学输入要有目的地锻炼学习者举一反三的能力和归纳推理的学习技能，从而探索、发现、求证语法规则。换句话说，教学就要提供给学习者分析语言素材和大量地运用语言的机会。这样，学习者在学习中始终是积极的，善于思考，善于分析并解决问题。

本节重点分析总结了以普遍语法理论和认知科学为基础的语言习得研究。语言习得，不论是第一语言还是第二语言的习得，都是一个复杂的现象，有着复杂的过程。正如本章开头所指出的，语言习得研究是一个多角度、跨学科的领域。由于各个学派观察角度不一，理论框架不同，便形成了"横看成岭侧成峰"的景象。理论上的争论、研究结果的不同促进了我们对语言与语言习得的认识与理解，让我们用全面的观点，从不同的角度看问题，也激发了我们寻真求实的精神。表1.1把这一节讨论的内容粗略总结如下：

表1.1 语言习得理论总结

	行为主义科学	生成语言学	认知心理语言学
语言的本质	习惯的养成；语言表现、行为	规则性；普遍语法；句法规则；语言能力	规则性；认知语义概念；语言能力和语言表现的综合
语言习得能力	模仿训练的结果；从反馈中学习	语言习得机制；先天固有	认知、语义、环境、知识水平相互作用的结果

(续表)

	行为主义科学	生成语言学	认知心理语言学
语言习得过程/方法	刺激/反应；环境强化；反复练习的结果	激活普遍语法；受语法规则、原则的制约；对语言的假设和证明	认知能力的发展；归纳推理的学习技能；语义关系
研究论证方法	语言行为、习惯的养成	语言习得的逻辑问题；儿童语言习得能力的强劲性；语言习得的普遍过程；语法判断	先有理解，形成概念，再有语言的表达；词汇的"当时当地"性；认知语义概念的发展；对语言运用进行实验研究
对教学的启示	听说法；语言环境的强制性	间接的；以学生为中心，从习得的角度出发；大量的语言输入	多元互动；以学生为中心，适应其学习方式、认知能力；学习技能、策略的发展

思考讨论题

1. 对比分析的理论基础是什么？对比分析有哪些局限性？
2. 偏误分析的理论基础是什么？偏误分析有哪些局限性？
3. 在你看来，对比分析、偏误分析和中介语之间有怎样的关系？
4. 从学习者、语言形式、语言环境等因素出发，分析讨论是什么因素造成了语言习得中的"石化"现象，即对某一语言形式的使用在未能达到目的语的标准时就停滞不前了。"石化"现象与语言发展中的某一相对稳定阶段有什么不同？
5. 回顾一下你的学生（把汉语作为第二语言或外语的学习者）出现的偏误，哪些偏误在你看来是有创见性的（Creative error）？比如泛用了语法规则。请把这些偏误写下来，与其他人分析、讨论。
6. 普遍语法认为，不同的语言含有大量的共同特征。不同语言的中介语是否也会有大量的共性存在？举一些例子来证明你的看法。

第二章 语言的输入与输出

第一章第三节讨论了不同的心理语言学流派对语言习得各个方面的描写与解释及彼此的分歧。这些分歧也表现在对语言输入与输出的认识上。行为主义科学认为，教学的输入可以直接、自然地变为学生的输出。由于只注意可观察的行为活动，行为主义科学忽视了从输入到输出中的一系列心理加工过程，更忽视了这一过程中的能动者——学习者。行为主义学派强调输入，因为输入作为刺激和反馈使学习者有规可循；因此语言的获得主要靠语言的输入和学习者的模仿，以及环境和反馈的清晰度与系统性。

当人们认识到语言习得中的每一个环节、每一项任务都是由学习者自己来完成的，当学习者成为语言习得的主动者以后，习得研究便放到了学习者身上。人们问的第一个问题是：学习者把什么带到了学习任务中？回答是：他们带来的是内在机制（Internal mechanisms）。那么，内在机制是什么呢？生成语言学家认为是语言习得机制和普遍语法。他们认为大量的语言输入是非常必要的，因为大量的输入能够激活习得机制。这样学习者凭借着普遍语法，能对某一具体语言的输入素材不断地做出推理假设，使那种具体的语言系统内在化。

认知心理语言学家则认为，内在机制包括众多的项目：语言信息处理机制、学习策略与交际策略、分析问题与解决问题的能力、心理重新组织机制（Mechanism of mental reorganization）、语言知识与涉世知识等。语言的习得是外在因素（输入）与内在机制之间互动的结果。因此语言的输入至关重要。此外，语言习得势必反映到学习者的语言输出和对语言的运用上。学习者在运用语言时受到句法和语义的制约，同时对自己的语言规则知识进行检验。因此，语言输出既是习得的过程，也是习得结果的体现。

本章分三节，第一节介绍监控模式及其五个理论假说，其中包括可理解输入假说。第二节介绍对第二语言习得过程的研究，着重于对输入假说和输出假说理论的探讨。第三节尝试把语言输入和语言输出的研究理念注入教学实践，讨论如何使教学输入好理解、易吸收，如何帮助学生对输入进行有效的加工处理，帮助他们正确、流利地使用语言。

第一节 监控模式

一、监控模式的五个理论假说

Krashen（1979、1982）发表了监控模式（Monitor Model），提出了监控模式中的五个理论假说，分别是：输入假说（Input Hypothesis）；习得/学习假说（Acquisition / Learning Hypothesis）；监控假说（Monitor Hypothesis）；自然顺序假说（Natural Order Hypothesis）；情感过滤假说（Affective Filter Hypothesis）。这五个理论假说彼此联系，构成了一个有机的整体，使初期的第二语言习得理论从描述性的研究进一步走向解释性的研究，走向了新的高度。每一个假说都带给人们很多的启发，为第二语言习得研究引发出了不同的课题，对后来的理论研究起到了有力的带动作用，特别是输入假说。

1. 输入假说（Input Hypothesis）

输入假说是 Krashen 语言习得理论的核心部分。Krashen 认为，语言的获得建立在理解的基础上，通过吸收可理解的输入信息来获得语言知识。那什么是有意义、可理解的语言输入呢？首先，输入的内容要适合学习者现有的语言水平，既不能太难也不能太易。如果把学习者的水平比作"i"，那么可理解的输入应该是"i+1"，"1"表示比学习者现有的水平略高一些。其次，输入的内容很重要，对学习者来说，应该是既有趣又相关，而且有足够的量，使学习者能够有很多机会把注意力集中在对意义和信息的理解上，对意义进行加工，在无意识中习得语言。在这一过程中，理解是至关重要的，包括听力和阅读理解。在语言习得的开始阶段，由于注意力放在理解上，因此会出现一段无语期（Silent Period）。在这一阶段，学习者只是通过听和读，通过理解来建立自己的语言能力。

2. 习得/学习假说（Acquisition/Learning Hypothesis）

习得是潜意识过程，是注意语言意义的自然交际的结果。习得的语言系统处于左半脑的语言区，用于语言的自动加工，是生成语言的根本。而学习是有目的、有意识的，是由注意语言形式而获得语言知识的。从学习中所获取的语言知识虽然储存在左半脑，却不在语言分析的区域，属于元语言知识性质。这种学习往往要在教学环境下，有教材、有系统地进行。这种语言系统像一个"监察员"，只有在学生需要监控自己的语言形式、产出语言时才会用到（见图2.1）。第二语言的学习常常是以这种途径进行的。

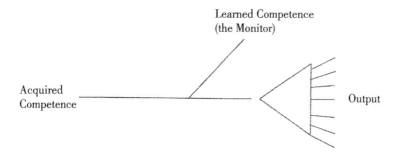

图 2.1　Krashen (1982) 的监控模式

Krashen认为，成年人既通过习得的方式又通过学习的方式来获得第二语言能力。关于成年人采用习得的方式，他的根据有两点：第一，在学习第二语言时，成年人所犯的错误在很大程度上和儿童习得第一语言时所犯的错误相同。这些错误多数由创造性地学习语言、创造性地对语言所做的假说引起。创造性地学习是习得语言的一个重要特征。第二，一些实验研究表明（如 Dulay & Burt, 1977），在学习第二语言时，成年人习得语法的顺序和儿童习得母语的顺序也是一样的。这些证据均表明，第一语言和第二语言的掌握在一定程度上存在着相同之处。Krashen认为，母语不但不影响第二语言的习得，反而可以作为一个语言技能来帮助第二语言的掌握。

3. 监控假说 (Monitor Hypothesis)

Krashen认为，语言习得与语言学习的效果是截然不同的。语言习得系统，即潜意识语言知识，建立起了语言能力；而语言学习系统，即有意识的语言知识，只在运用第二语言时起监控作用。习得/学习假说和监控假说有密切的关系，通过学习获得的知识在头脑中起着监控语言输出的作用，换句话说，从学习中获得的语言知识的功能在于监控输出。在语言学习过程中，调节、检查是成年人常常使用的一种方法。说话者有意识地使用语法规则来纠正、编辑自己的语言。监控可以发生在话语前,也可以在话语中或话语后,使用频率因人而异。这个方法的使用受到三个条件的限制:首先,得有足够的时间来监控;其次,监控的重点是句法结构,即如何说得规范,而不是说话的内容;最后,说话者还要懂得语法规则,知道调节什么,如何调节。

由此,Krashen 认为成年人学习语言与儿童的差别在很大程度上取决于他们是如何运用监控方法的。运用这一方法可能有三种情况。第一是过度使用:说话人语速放慢,表达不流畅,破坏语言思维的正常进行。第二是很少使用:往往发生于学生身处目的语国家,有机会接触自然的语言环境,说话者在改正错误时多凭感觉,自己不太清楚语法规则,其结果是出错的机会可能要多一些。第三是使用适当:说话者的语流是通畅的。由于使用了自动监控的方法,所以出错的机会减少了。

4. 自然顺序假说 (Natural Order Hypothesis)

这一假说认为,人们对语言结构知识的习得是按自然顺序进行的。以 Chomsky 为代表的生成语言学家提出了普遍语法,注重语言习得的共性。心理语言学家们对第一语言和第二语言的习得做了实验性的比较,调查二语习得中相似的现象与共有的规律。尽管儿童与成年人语言习得的结果差别甚大,但还是存在着不少共同之处。比如,儿童与成年人习得英文语素、否定句、疑问句的顺序均有一致性。

在第一语言的习得研究中,Brown (1973) 对三个说英文的儿童做了纵向研究,详细记录了他们对词素、否定句等语法项目的习得过程,是第一语言习得研究中最早的典范。这三个孩子习得屈折词素的速度不一样,他们习得下列词素时的年龄并不相同,但习得的顺序却是一致的(见表 2.1),如先习得不规则动词的过去式,后习得规则动词的过去式。他们似乎遵循了固定的习得顺序。

表 2.1 说英语的儿童习得词素的顺序

习得顺序	习得内容
1	现在进行时的-ing 形式；Present progressive (-ing)
2	in, on
3	规则名词的复数形式；Plural (-s)
4	不规则动词的过去式；Past irregular
5	所有格形式；Possessive (-'s)
6	判断词"是"的非缩写形式；Uncontradictable copula (is, am, are)
7	冠词；Article (a, the)
8	规则动词的过去式；Past regular (-ed)
9	规则动词第三人称的形式；Third person regular (-s)
10	不规则动词第三人称的形式；Third person irregular

继 Brown (1973) 后，从事第二语言习得的研究者也对英语屈折词素习得的顺序进行了调查。如 Dulay & Burt (1974) 对 60 个说西班牙语的儿童和 55 个说汉语的双语儿童（均为 6～8 岁）做了横向研究，让这些儿童做双语句法量表（Bilingual Syntax Measure），来调查语言背景不同的儿童掌握英文语法词素的顺序是否和母语为英语的儿童相似。他们发现，尽管每个人习得语言的速度有差别，语言背景不同，但掌握语法词素的顺序却是一致的，而且与 Brown (1973) 所研究的母语为英语的儿童的习得顺序颇为相似。

儿童如此，成年人的习得顺序是怎样的呢？Beiley, Madden & Krashen (1974) 调查了成年人学习英语语法词素的顺序，抽样为 73 个母语背景不同的在纽约奎因大学英文班学习的成年人。他们用了与 Dulay & Burt (1974) 同样的实验设计和研究方法，实验结果如下：第一，证实了 Dulay & Burt 的实验结果，即不同母语背景的人学习英语语法词素的顺序均是一样的；第二，说明了成年人和儿童习得英语为第二语言语法词素的顺序也是一样的，而且与 Brown (1973) 所研究的儿童习得母语的顺序同样有不少相似之处，比如都是最先掌握现在进行时-ing 的形式。

Larson-Freeman (1976) 在上述研究的基础上对实验做了两项进一步的改

进，一是让受试者完成五个不同的语言任务，二是挑选来自四种不同语言背景的受试者。实验目的仍然是考察英语语法词素的习得顺序。她的实验结果与上述研究的结果基本一致：不同的母语对第二语言（英语）语法词素的习得顺序没有重要影响。另外，不同的学习任务，除了说和模仿以外，读、写均对习得顺序有一定影响。

英语为第一和第二语言否定句的习得考察取得了比较有共识的成果，不少学者（如 Brown，1973；Schumann，1979；Wode，1981）的研究发现，不论是第一语言还是第二语言，英语否定句的习得存在着不少相似之处。比如，英语为母语的儿童最初习得的否定形式往往是把否定词直接放在句首或词首，如："No play baseball""No look"，有时也用不同形式的否定词，如："Not me"。这个阶段也会出现助动词"do"，但总是和否定词连在一起成为"don't"，用法如同一个词，如："I will don't play"。学习者后来才掌握助动词"do"的形式和意义，最后才能习得助动词"do"不同时态的形式，达到形式、用法、功能的统一。

在英语为第二语言的习得中，虽然学习者的母语不同，语言环境不一，但他们习得的顺序却呈现出相似之处（如 Schumann，1979；Hanania，1974）。Schumann（1979）调查了母语为西班牙语的成年人习得英语否定句的情况。最先出现的否定词是"no"，否定形式往往是把否定词直接放在句首（例句1），间或也出现不同形式的否定词"not"（例句2）。然后内在否定句开始发展，否定词"not"或者"don't"出现在句子中，这两个词和"no"作为否定词交替使用。在这一阶段，"don't"作为一个整体使用，而不是两个词"do＋not"的组合（例句3）。学习者继而习得了否定词与动词"be"、助动词或情态词的连用，把否定词置于其后（例句4、5）。在最后一个阶段，他们能够运用否定句的规则，把词序与意思连接起来（例句6），尽管句子中仍会有语法错误。

(1) ＊No understand.
(2) ＊Not today.
(3) ＊I don't saw him.
(4) ＊I'm not old enough.

(5) *I will don't see you tomorrow. (Schumann, 1979)
(6) *I didn't went to Costa Rica. (Schumann, 1979)

Ellis（2003）总结了10项成年人习得英语否定句的实验调查研究（见表2.2）。尽管这些调查中抽样对象的母语背景并不相同，但他们习得否定句的顺序却很相似，且和第一语言的习得顺序相同。

表2.2 英语否定句习得顺序总结

顺序	特征	例句
1	在话语前加否定词"no"或"not"	No you are playing here.
2	在句中（主语和动词中间）加否定词	Mariana not coming today.
3	否定词出现在情态词后	I can't play that one.
4	否定词出现在助动词后	She didn't believe me. He didn't said it.

Krashen认为，自然顺序假说并不要求人们按这种顺序来制定教学大纲。既然语素的习得有一个自然的顺序，学习者有一套建立自己语言系统、语言能力的自然过程，那么语法教学的顺序并不是那么重要，学习者固定的习得顺序并不受教学顺序的影响。

5. 情感过滤假说（Affective Filter Hypothesis）

这个假说认为，第二语言习得的过程还可能受许多情感因素的影响。语言输入必须通过情感过滤才有可能变成语言吸收（Intake）。Krashen认为，影响习得语言的情感因素包括：（1）动力：学生的学习目的是否明确直接影响学习效果。目的明确的学生会以积极的态度投入学习，进步快；反之，则收效甚微。（2）性格：自信而且乐于置身于不熟悉的语言环境中的学习者在学习中进步较快。（3）情感状态：主要指焦虑与情绪。焦虑感较强者，情感屏障高，获得的输入少；反之，则容易得到更多的输入。与儿童相比，成年人的情感过滤比较高，有更多的情感焦虑、波动及自我意识，这就影响了语言信息的理解、吸收与内化。

二、监控模式简评

　　Krashen 把语言的掌握过程分成有意识的学习和无意识的习得，成年人掌握外语不但通过学习，而且也通过习得，这一观点已被广泛接受。他还认为，通过习得和学习的方式建立起来的语法知识储存在大脑不同的部分，起着不同的作用，这一主张也得到了新的研究结果的支持，如大脑不同的部分有着不同的分工。学习者可能学到了某个语言规则，但这并不意味着习得了这一规则。前者属于能说出的元语言知识（Explicit knowledge），后者是抽象的语言知识（Implicit knowledge），有自动的语言加工、生成能力。Wen（2010）调查了具有位移意义的"把"字句的习得情况。三个年级 90 名在美国某所大学学中文的学生及 20 名汉语为本族语的华人参加了实验，进行了两项任务。第一项是根据所给的图画写句子。这一任务调查学习者在没有提示的情况下是否能够造出"把"字句，以及能造出什么样的"把"字句。第二项任务要求参加者做两件事，填空和根据所给的图画用"把"字句造句。这一任务观察学习者在有一定的提示以及有明确的提示的情况下是否能用"把"字句。也就是说，用"填空"来调查学习者对"把"字句的习得情况，用"看图造句"来调查他们的元语言知识。两项任务的语境都要求用"把"字句。调查结果表明，参加者能造出的是最常用的、有处置意义的"把"字句。有的学习者虽然在比较自然的环境中没有造出"把"字句，但在对"把"字句有明确要求的情况下能用"把"字句。这些现象说明，学习者从学习中获得了一定的"把"字句的元语言知识，但这些知识看起来没有自动化，所以在没有提示的情况下他们就不能造出"把"字句。当然，这并不意味着他们以后也不能将所学到的"把"字句知识转化成习得的知识。

　　同时，Krashen 的监控模式也受到了不少尖锐的批评，此处略举四项。

　　（1）Krashen 认为学习和习得是两个毫无关系的过程，通过这两种方法掌握的语言知识是不可互换、不能互相作用的。Krashen 没有提供实验来证明这一观点，也没有提出如何验证，以及判断其互相独立或学习者是否运用了监控模式的方法和标准。Ellis（1994）认为，有意识地学习语言会促进无意识地习得语言，因此学习与习得的过程往往互相作用，互相影响。通过学习掌握的语言知识会起辅助推动作用，使其逐渐自然地转为习得知识。比如在课堂上学到的知识会被自然地运用于社会语言交际中，学习者不断地总结语言知识并创造性地使用语言规律，在一定程度上促进了无意识的学习，使学习变为习得。

（2）习得与学习有时并不容易区分，产生这两个过程的环境不是绝对的，换句话说，在目的语的环境下，也可能有语言学习的过程。

（3）监控模式只是对语言产出的过程做出解释，没有对"理解"这一语言习得的基础做出任何解释。由于理论不具体，操作起来就会有困难。比如输入应该用"i＋1"的公式，但所遇到的第一个问题就是如何确定"i"。

（4）可理解输入，即学习者能够理解输入的信息是语言习得的条件，但是否是唯一的条件呢？因此强势的可理解输入假说有待磋商。正像 Gass & Serlinker（2008）所指出的，只有输入是不够的，因为我们常常不用句法知识，而用语义、词义，甚至涉世知识就能很好地理解不少句子，特别是简单的句子。缺乏句法层面上的理解分析很难有效地促使习得的发生。

第二节　输入假说与输出假说

一、第二语言习得的理论研究模式

首先从宏观的角度来讨论一下第二语言的习得阶段和随之形成的研究框架。语言习得过程是一个由语言输入到输出的过程，输入是手段，输出是目的。如前面 Gass & Serlinker（2008）所指出的，作为一个语言习得理论，只有输入假说可能不全面，而且会忽视学习者的表达练习。可理解的输入是语言习得的一项外在因素。即使学习者能够理解输入的信息，他们还得能够把可理解输入转化成为吸收（Intake），并使之逐渐发展成为内隐的语言系统（Implicit knowledge / Interlanguage system），最后才能达到输出。

图2.2是第二语言习得过程研究的一个理论框架，是 Ellis（1994）根据 Gass（1988）第二语言习得的模式发展而成的。这一框架中的习得过程由5个阶段组成：（1）注意/察觉到的语言输入信息（Noticed / Apperceived input）；（2）理解了的语言输入（Comprehended input）；（3）语言的内化吸收（Intake）；（4）内隐的语言知识/中介语系统的形成（Implicit knowledge / Interlanguage system），应该注意到的是，语言的内化吸收（Intake）会转变为两种形式储存：一种进入内隐的语言知识/中介语系统，另一种以元语言知识储存（Explicit knowledge）；（5）语言输出（Output）。

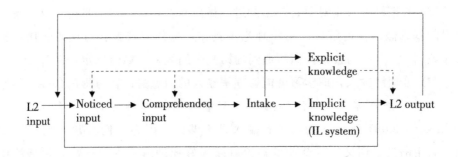

图 2.2　第二语言习得调查研究的理论框架（Ellis, 1994：349）

（1）注意/察觉到的语言输入信息（Noticed / Apperceived input）。我们知道学习者在建立其语法系统时并不可能利用他所接触到的所有的输入。首先要用到的是"注意/察觉到的语言输入"，即能够把注意到的目的语的语言特点与自己已有的语言经验联系起来。为什么有的语言特征会引起学习者的察觉注意，有的则不能呢？Gass & Selinker 认为四个因素起着关键的作用：① 语言出现的频率；② 学习者的背景知识，如语言知识和涉世知识；③ 对输入语言特征的注意力，特别是学习者对自己的语言知识系统和目的语之间所观察到的不同之处的注意；④ 情感因素；如学习者的动机态度、对文化的认同、焦虑情绪的影响等。这四项不一定是相互独立的，它们往往相互作用，相互影响。

（2）理解了的语言输入（Comprehended input）。不是所有的可理解输入都能被学习者察觉注意到，即使注意到的语言输入也不一定都能够转变为理解了的语言输入。在语言交际中，对内容的协商（Negotiation of meaning）及根据学习者的水平对输入所做的调节，如外国人话语（Foreigner Talk）就是考虑到对方的水平而做出的语言程度上的调节（Modification），有助于学习者把注意到的语言输入信息转变为理解了的语言输入。在这一过程中,普遍语法、第一语言和第二语言知识均与输入语言理解的质量相互作用,从而促进对语言输入的高层次的分析加工。

(3) 语言的内化吸收 (Intake)。不是所有理解了的语言输入都可以转化为语言的内化吸收。理解了的输入可能有两个走向:一是在交际中用过即消失,另一种则转化成语言的吸收,最后融入中介语。"语言吸收"是一个语言内化的心理过程,是语言输入和学习者语言系统的中介。理解了的语言输入是否能转化为语言吸收还取决于对输入理解的分析层次。比如语义上的分析不如句法上的分析更深层,更能转化为语言的吸收 (Call, 1985; Farch & Kasper, 1986)。在这一过程中,学习者像一个实验员,把新的语言知识与已有的知识相比较,建立对语法的假说并对假说进行验证,之后决定取舍,或是保留,或进行修正,形成新的、更接近目的语的假说,如此循环而进。

(4) 内隐的语言知识/中介语系统的形成 (Implicit knowledge/Interlanguage system)。只有把语言信息融会贯通后才能转化为学习者隐含的语言知识系统。被吸收的输入也有两个走向。有些语言输入经过加工处理后并未能融入中介语系统,就会以语法项目和规则的形式储存起来,成为显性知识 (Explicit knowledge)。显性知识有可能促使语言吸收的形成,可在语言输出时起监控的作用(如 Krashen 监控模式下的监控假说)。另一些语言知识则被长期吸收,以内隐的形式融入中介语中。

(5) 语言输出 (Output)。语言输出对习得起着积极重要的作用,而且与输入互补,构成语言习得的整个过程。首先,可理解的输出能够用来检验学习者自己对语言所建立的假说。检验的过程则又是一个语言信息处理的过程。其次,输出可以推进在句法层面(而不是像对输入的理解那样往往局限于语义层面)的分析。这样学习者进一步得到了所需要的反馈——或是正面 (Confirmation) 或是负面 (Rejection) 的输入。

输出能够引起学习者对语言形式特征的注意 (Noticing trigger)。在进行有意义的语言表达时,学习者有可能警觉、意识到自己的语言和目的语的差异。语言习得过程是一个不断地对语言形式建立假说,并不断地对假说进行验证、比较、修正,使之接近目的语的过程。学习者表达中的偏误就表明他们在对目的语的形式做出假说。对假说的验证通过不同的方式进行,比如意义协商，说话的双方互相做内容上的澄清（Clarification）、理解上的核实（Conformation）、交际上的修补回应（Modification、Accommodation），互相给予反馈，各自获得对自己的假说进行判断、验证的机会。此外，学习者在进行输出表达时会对语言的形式进行反思、分析，加强自己运用元语言功能（Metalinguistic function）的技能。这样学习者就有机会更多地参与句法认知处理，体会语言结构的特征。

第二语言习得调查研究的理论框架（见图 2.2）提纲挈领地把第二语言习得研究中每个阶段的主要任务摆在了我们面前。这一理论框架建立在第二语言习得过程的基础上，对每一个环节学习者会遇到的情况、学习者建立中介语的内部过程（如对语言信息处理所用的图式与机制）和外部的协助作用（如可理解输入、在交际中有意义成系统的互动与反馈）、学习者的内在因素（如情感、动力、兴趣）和外在因素（如语言环境、社会环境）之间互动的条件与影响，以及认知科学与普遍语法的作用等重要问题做了简明扼要的概括。以下两部分虽然讨论的是第一个和最后一个环节：可理解输入与可理解输出，但内容涉及了第二语言习得研究的整个过程。

二、输入假说

中介语理论提出了"输入"和"内化"等观点，研究者的兴趣在于什么样的输入和什么样的语言信息最能够被学习者理解、吸收，进而"内化"为语言能力。输入是语言习得的外在因素，这一因素有怎样的特点？是否在若干方面可以通过教学或环境来调节以促进习得？Krashen 在 20 世纪 80 年代发表了数篇文章，对监控模式做了进一步的发展，其中一个重要的发展就是输入假说。

1. 输入假说的核心是可理解输入（Comprehensible Input）

对语言没有理解自然谈不上习得，理解是习得的一个首要条件。可理解输入在内容上有信息意义，在形式上以互动交流的方式进行，在程度上"适合"学习者的语言水平，即略微超过一点学习者现有的习得水平：i（现有习得水平）+1（超过的部分），在数量上要给学习者提供充分而广泛的内容。这样的语言输入在质和量以及语言环境上下工夫，从而作为外部条件促使语言习得成为可能。

不少研究表明,操本族语的人在与学习者交际时常常把自己的言语加以调整,于是出现了"保姆式话语"(Caretaker Language)和"外国人话语"(Foreigner Talk,FT)。前者指对习得第一语言的幼儿说话,后者指对学习第二语言的成人说话。当说本族语的人和第二语言学习者交流时,他会有意识或无意识地放慢说话速度,使用简单化的句子结构和词汇,以使学习者理解说话的内容。这样做使得交流能够顺利进行。外语教师在授课或与学生交谈时也有这种情况,如在语速、停顿、重音以及词汇、句法和语篇方面进行调整。下面的例子是在句子结构和词汇方面所做的调整。下面的第一句(1a)是说本族语的人(Native Speak,NS)之间用的,第二句(1b)则是对外国人的话语(FT)(Ellis,1994:255):

(1a) NS: The 747 is a large-sized jet manufactured by Boeing, an American company, with a seating capacity of over 500, arranged on two decks.

(1b) FT: The 747, it is a big jet. It is made by Boeing which is an American company. The seats, they are on two levels. There is a top level and a bottom level.

我们可以看出,1a 和 1b 的不同在于第二句把一个长句裁为四个分句,而且其中两句都以主述题的形式出现。主题前移是外国人话语中的一个重要特征。这一特征在叙述中有(如例句 1a、1b),在对话中也常出现,如例句 2a、2b(Gass & Selinker,2008:263):

(2a) NNS: How have increasing food costs changed your eating habits?

(2b) NS/FT: Oh, rising costs we've cut back on the more expensive things. Gone to cheaper foods.

2. 对汉语作为第二语言教学的启示

在分析了大量的第二语言学习者和操本族语者的对话语料后,Gass & Selinker(2008)提出主述题句式是外国人话语(FT)的一个明显特征。操本族语的人在跟语言学习者谈话时用大量的主述题结构来帮助学习者理解。一些学者（Fuller & Gundel，1987；Givon，1984；Sasaki，1990）认为，在习得第二语言时，不论学习者的母语是怎样的语言，在他们中介语的初级阶段往往存在着一个主题突出的特征。温晓虹（1995）、陈凡凡（2010）调查了典型的主述题结构的汉语存现句的习得。他们的研究表明，最常用的汉语存现句大量地出现在学习的初级阶段，学习者能够较早地习得这一主述题句式。这些研究结果对汉语二语习得和教学都具有启发意义。

汉语本来就是主题突出的语言，如果我们在教学输入中能够把语言的内容用主题突出的方式（如1b、2b）展现给学生，会使输入信息更易接受。这种方法应该有助于提高输入的可理解性。特别是口头交际中，说话者双方用重复、提示、澄清等手段不断地进行语言意义协商（Negotiation of meaning），潜意识地帮助了语言输入的理解加工。

不少教学方法可以给学习者提供理解的空间，比如全身反应法（Total Physical Response；Asher，1982）。学习者听懂后，用行为或表情表现出来，在"做"中理解吸收。这样不但使得学习者把注意力有效地放在理解上，而且通过行为动作减少了焦虑，降低了情感过滤的作用。沉浸式教学（Language Immersion）是另一种注重输入理解与语义交流的教学手段。学习者在目的语的环境中，或在教师所营造的模仿目的语的课堂情景中，接触大量的可理解输入。还应该提到的是任务型教学法（Task-based language instruction；Leaver & Willis，2004），这一方法重视语言互动的真实性、交际的必要性，重视输入的理解与潜意识的学习。

三、输出假说

1. 假说提出的背景

可理解输出假说是 Swain（1985）提出来的。她对在加拿大沉浸式教学（Immersion Program）中学习法语的六年级学生进行了调查。在沉浸式教学环境中，很多课程都用法语教授，应该说学生有大量的机会得到可懂输入。Swain 的调查结果表明，学生虽然在听力和阅读方面的水平得到了较大的提高，但在口语和写作中，特别是在语法的准确性方面与说本族语的人比起来仍有显著差别。Swain 认为，学生之所以达不到目的语的水平是因为他们很少有机会进行大量的表达练习。Allen, Swain, Harley & Cummins (1990) 也观察了沉浸式教学 9—10 年级 9 个班的法语课,发现学生在课堂上的话语基本都属于只言片语,不超过一个单句。而且他们的错误很少得到系统的纠正,在他们的统计中仅有 19% 的语法错误得到了纠正,且纠正的方式方法不到位、不系统。没有给予学生强化性的语言输出机会,没有使他们得到对语言表达的准确的、得体的反馈。

2. 假说的内容

Swain 和别的学者后来发表了一系列的文章,把输出假说不断地具体化。输出假说从心理语言学理解和输出的角度出发,认为学习者需要有一定的"强制性的语言表达"(Pushed output) 机会,来发展他们的语法知识系统。因此第二语言习得,特别是对语法的准确性、对表达的连贯性以及语用的得体性的获得 (Swain, 1985: 249),不仅需要以语义为基础的加工处理(可理解输入),而且需要以语法为基础的加工处理(可理解输出)。可理解输出可以对目的语的结构及语义进行假说与验证,这是语言习得的一个重要部分。在对语言建立假设和验证的过程中,学习者不但能够注意到自己试图表达的内容和能够表达的内容之间的差距,而且有机会意识到自己对某一语言特征所做的假设,并对其加以检验。

这一假说认为,交际中强制性的输出(Pushed outcome)是关键、是过程,可理解输出是目的。当输出对交际的某一方有一定的难度,谈话者没有让对方听明白时,他会继续努力,试着用不同的(正确的)语言形式,同时借助听话者的反馈,来表达正确,使对方明白。这样的过程有助于语言的习得。如果只是鼓励学生发言却对他们的表达不置可否,没有很多的互动与反馈,就不可能引发习得。充其量只能帮助学习者发展一些技能 (Strategies),如非语言交际技能,而不是对语法能力进行培养 (Schmidt, 2001)。一旦能够交际了,学习者就可能认为没有提高语法能力的必要了。相反,在交际中如果学习者遇到困难,沟通不顺利,就会想办法将自己的语言形式不断地从语义到语法进行调节修正 (Modification),包括试用从来没用过的语法形式,以使他人明白。因此强制性的输出不但可以激发学习者交流准确、通畅,而且能够促进他们注意到语言的特征,不断地提高语言表达的准确性。由此可见，强制性的输出与互动假说（The Interaction Hypothesis；Long，1983a、1983b、1985a、1985b）有密切的关系。

　　Swain（1995：128）认为，对输入的理解，常常在语义层次上即可进行，而语言的表达却不是这样。可理解输出激发习得从以语义为基础的认知加工层面提升到以语法为基础的结构组织层面上。因此，输出在语法习得中具有潜在的重要意义。Pica，Holliday，Lewis & Morgenthaler（1989）的实验也发现，在学习者和说本族语的人交谈时，学习者在确认、澄清或修正自己的表达时，不仅仅在语义上，而且在语法上也做出了改正与完善。对于非直接的反馈，如要求学习者澄清或确认交际的意思时，他们必须得修正自己的言语来使他人听懂。这种强制性的语言表达提高了学习者语法的正确度。Nobuyoshi & Ellis（1993）的实验说明，学习者表达强制性的输出时，能够对自己已经习得的语言特征有一个清楚的控制，而且他们的语言准确性有了明显的提高。至于强制性的输出是否有习得新的语言特征的功能还有待进一步的研究。

3. 对输出假说的评价

　　一般认为，输出是学习者把已经学到的进行展现，即学习者积累了一定的语言能力后才能够表达。可理解输出假说打破了这一传统的观念，认为强制性的输出同时也是引起学习者对某些语言特征的注意（Noticing triggering），验证自己对目的语所做的假设，使表达自动化（Developing automaticity）的过程。这一颇有创新的假说需要得到实验证明。到目前为止，还没有实验明确地证明强势的输出假说，即可理解输出是第二语言习得的一项必要条件。强化性的输出存在着不太容易实施的几种情况：（1）在实际的交流中，协商并不非常普遍。如Ellis，Tanaka & Yamazaki（1994）的实验说明，在42个学习者中，只有7个学生在不断地做意义上的协商，其余的学生只是听而没有强制性的输出（p.211）。（2）作为协商结果，学习者确实造出了正确的句子，但这样的情况不太多，不是所有的学生都能做到（如Lyster & Ranta，1997；Nobuyoshi & Ellis，1993；Pica，1988）。（3）在实施中，强制性的输出需要一定的要求。理想的环境是在语言沉浸式项目中或双语的环境下，学习者直接跟操本族语的人或教师谈话。在互动中，学习者收到的反馈要有一定的内容与质量，比如澄清（Clarification requests）、确认（Confirmation requests）能真正引导帮助学习者造出正确的句子。回答澄清性的问题是开放型的，学习者必须自己解决听不清楚的地方，属于强制性的输出（Pica, Holliday, Lewis & Morgenthaler, 1989）。这就要求与学习者交谈的人驾驭谈话，引出学习者正确的语言形式。这一任务对谈话者提出了较高的、专业化的要求。

第三节　教学输入与学习者的语言输出

近二十年来，第二语言习得研究越来越密切地与课堂教学结合，很多学者开始探讨教学如何引导促进学习者的语言习得过程。研究内容涉及：语言习得的基本条件（如 Trahey & White, 1993；White, 1991）；语言输入的内容（如 Gass & Madden, 1985；VanPatten & Sanz, 1995）；语言形式特征如何引起学习者的注意（如 Doughty & Williams, 1998；Long, 1991）；如何使语言输入转变为学习者的语言输出（如 VanPatten, 2003；Swain, 1995）。一系列的理论研究结果为课堂教学带来了新的理念、教学途径与教学方法。

与以前的教学相比，一个实质性的变化是教学理念的不同。以前，师生都把目的语的学习当作一个科目，出发点立足于"教"。至于学习者如何对应教学输入，习得能否产生则成为一种自然想象的"教"的结果：教师教什么学生就学什么，就会什么。新的研究成果和教学理论展现给我们的，是从学习者的角度出发，起点立足于"学"。教不等于学，输入不会自然地变成学习者的输出。教必须从学习者的现有水平、知识背景、学习方式、学习动机和情感出发。教学内容对学习者来说必须是能够理解的，教学活动必须是学习者能够积极参与、互动有效的，只有这样，"教"才有可能对学习者有意义，教学内容才有可能被吸收。这种教学理念给教师提出了不同的要求。教师的任务不仅仅是教语言，更是一个语言环境的策划者、互动教学的组织者。教师必须首先营造一个鼓励学生参与的互动课堂，激发学生积极参与的愿望。学生语言的输出取决于一系列教与学的因素，本节从三个方面探讨语言输入与输出的过程：（1）第二语言输入与输出的转变过程；（2）如何使语言输入（Input）转变为语言吸收（Intake）；（3）强化性的语言输出（Pushed output）。

一、第二语言输入与输出的转变过程

VanPatten (1995)、VanPatten & Sanz (1995) 提出了第二语言习得中语言转变处理过程的模式。此模式包括四个概念三个过程（见表2.3）。

表 2.3 第二语言习得与运用模式 (VanPatten & Sanz, 1995)

Ⅰ	Ⅱ	Ⅲ	
Input →	Intake →	Developing system →	Output
语言输入→	语言吸收 →	学习者中介语的发展系统 →	语言输出

三个过程是：(1) 对语言输入的信息处理（Input processing）；(2) 语言的顺应同化（Accommodation）、重建（Restructuring）；(3) 语言输出中/前的提取（Access）、控制（Control）、调节（Monitoring）。

首先是语言的输入。语言输入指学习者从不同的方面所接触的任何形式的语言素材与信息。这些素材可能是从老师或书本中来的，也可能是从同学、朋友或非正式场合听到、看到的。在本章前两节曾谈到，输入要有两个特点，才有可能对习得有效益：①在教师或跟学习者谈话的人看来，输入是能够被学习者理解的；②对学习者来说，输入的信息中有一些特征引起了他们的察觉与注意，使他们能够在以后的语言接触和信息处理中继续观察、使用，并对自己不断建立的语法体系去粗取精、去伪存真，逐步接近目的语。这些输入的信息是有特点的：出现频率高，学习者能够跟自己已有的知识系统挂起钩来，学习者在语言互动中能注意到自己的认识与输入信息之间的差别，使学习者感兴趣。这样才能迎合学习者，成为习得过程中有价值的信息与内容（Gass，1988；Gass & Selinker, 2008）。

第二，语言的吸收建立在可理解语言输入的基础上，是学习者察觉到、理解了的输入信息。从能够感觉注意到、能够理解并被学习者吸收，这一过程中认知机制与信息处理系统进行了一系列的操作，如在语言输入中意义和语法的映射；对新接触语言特征的比较与分析；用一定的方式解码，理解输入的内容并把信息储存到记忆中；新的理解认识与原有的语言知识（如普遍语法、母语、目的语）产生联系等。语言的吸收建立在这一系列的认知处理过程中

(Schmidt, 1992)。

第三，学习者的语言系统在不断地组合、重建、发展。中介语的发展是一个语言的顺应过程，被理解吸收的语言信息（如语义、语法、语用功能）在普遍语法的作用下，在学习者已有知识与新知识的互动下得到了鉴别与融入。学习者每接受一个新的语言形式和语言功能都会与自己已有的语言系统做比较，用大量的语料对语言现象、语法功能进行假设、分析加工、检验证实，进行肯定、修改，或是抛弃，使新认识到的概念融入自己已有的语言知识中，储存于长期记忆里，不断地重建自己的中介语系统（Ellis, 1994; Gass & Selinker, 2008; McLaughlin, 1990）。

第四，语言的输出是学习和习得的结果。输出建立在对内隐（Implicit）语言知识能够提取、控制的基础上。如果输入信息经过理解、吸收后没有转化为内隐的语言知识系统，就会以语法项目的形式在记忆中储存起来。学习者在语言表达中也会用到这些能够描写的语法项目，使表达正确（Ellis, 1997; Kranshen, 1988; VanPatten, 2004）。

语言的输出既是学习的结果——以口头或笔头的形式展现，又是新的学习的开端。输出是对目的语潜在的假说进行检验的手段。学习者在互动中通过意义协商，借助反馈，对自己中介语的准确性和理解程度进行鉴定，不断地调整修正自己的语言形式，使表达确切得体，使交际准确流畅（Swain, 1985、1995; Swain & Lapkin, 1995）。

VanPatten & Sanz 的语言习得处理模式从理论上解释了语言从向学生输入到学生自己输出的转变过程。这一模式有三个特征：第一，输入的语言素材必须被学习者所理解、接收，在这一过程中学习者要能恰当地映射语言形式和意义之间的关系（Form-meaning mapping）；第二，接收了的内容并不是自动就会变成中介语的体系，而是必须加以消化，进行加工、分解、归类、综合，才能使学习者的中介语系统不断地组合重建；第三，在语言输出前和输出时需要调节，从中介语发展系统中随时提取，以保证输出语言的正确。

传统的教学注重的是语言的输出，即在语言输出时进行大量的练习，以保证学习者产出的语言没有错，如表 2.4 所示。

表 2.4 传统的教学模式

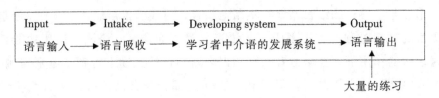

新的教学理念把重点更多地放在如何使教学的输入引起学习者的兴趣和注意上，使语言输入便于学习者吸收，如表 2.5 所示。换句话说，新的教学理念着重于习得的过程，即语言的输入和如何使输入的内容被学习者接收。学习的结果，即学习者语言的产出也很重要，但如果只强调最后一步就为时过晚了。学习者如果不能够对学习的内容进行分析、加工、吸收，即使产出正确的句子也很可能是机械性的。

表 2.5 新理念的教学模式

语言输入 →	语言吸收 →	学习者中介语的发展系统 →	语言输出
引起对语言特征的注意，体现形式与功能的透明度	注意到、理解了双向互动	不断重组语言系统，建立、验证假说	提取、调节、控制
丰富大量的输入适合学习者的特征：习得阶段已有的语言知识学习兴趣方式	强化语言特征意义协商反馈对意义与形式的练习	提供大量的机会	活动组织性强，要求明确

二、如何促使语言输入转变为语言吸收

如何将教学的语言输入转变为学习者的语言吸收？从上节对语言习得理论的讨论中，我们可以总结出三大关键因素：一是在语言输入的内容上下工夫；

二是在输入方式上做努力;三是采取灵活多样的互动形式帮助学习者消化吸收,如为学习者提供交流互动、意义协商的机会,鼓励学习者总是在互动中习得语言,既有自己与学习内容的内在互动,又有学习者与教师或同学的交际互动。

1. 输入的内容

内容要以意义为基础,易理解(Comprehensible input),有选择地提供适合学习者水平的语言形式。Savignon(1983)提出语言的交际应该包括三个方面:理解(Interpretation)、表达(Expression)和意义上的协商沟通(Negotiation of meaning)。理解是前提,有了理解才有信息方面的交换、意思上的表达。易理解的输入内容往往来源于日常生活。因为凡是生活中熟悉的、被学习者形象化和概念化的就容易理解。而且因为是来自学习者熟悉的内容,学习者就会有兴趣,有兴趣就易于理解。比如文化内容往往是语言学习者感兴趣的,那么把学生有兴趣的社交礼节、当代文化热点等搬进教室,教室就成为一个室内小世界、一个容易交流的自然环境。在这种环境下,内容来自学习者的生活经验与交际需要,他们就能有说话的意图,且言之有物。

2. 输入的方式

大量的丰富的信息输入(Input flood)要循序渐进,组织严密(Well-structured input)。输入的内容要进行充分的、从易到难的互动,学习者才能有机会用自己的经验注意到其语言形式的特征。课堂组织方式和对每一个活动的要求都应该是有目的、有组织、精心策划的。首先,教师所提供的输入要醒目,让学生知道整个句子的结构特征和用法,同时用例句让学习者进一步明白并且熟练地掌握。紧接着,教师用交际性的提问和替换的方法进行意义上的协商与语言形式上的再练习,由单句发展为对话,形成一个语境篇章,进一步加强交际的内容和对语言功能的运用。这样的循序渐进可以给学习者众多的机会来理解意思,使他们注意句子的结构特征,意识到其形式和功能的关系。

输入应采用视、听双形式。首先,学习者接收输入的方式不同,有的以听为主,以看为辅;有的以看为主,以听为辅。有的学习者对图片的输入形式情有独钟,有的则过耳不忘。教学中口头和书面的输入应以多种形式来适应学习者不同的学习特点，使他们能够用适合自己的、最有效的方式理解语言内容，注意到语法结构的特征。

教师的非言语（Non-verbal）行为，如手势、动作、表演、图片（或是生词卡片和图片，或使用电脑，以多媒体的方式投射到银幕上）都是很好的输入方式，每节课都需要。其优点是：第一，节省教师解释的时间。在一堂语言课中，教师说得越少就越可以把时间留给学生，使他们有大量的机会说话。第二，提高效率。以手势、动作或图片代替说话可以快速灵活地向学生提供各种语境、情景、提示或句型替换内容。比如在练习、检查学生词汇时用生词卡片，在句型练习时迅速地用手势或图片给学生以提示输入，在做阅读前的导读时首先展现源于学生熟悉的生活内容而且与本课阅读紧密相关的图画，在学生做任务型练习前先展示几张生动的图片，都可以在内容、构思和语境、情景方面给他们以理解上的启发与引导。

3. 互动练习

练习活动应该新颖多样。只有这样才能服务于不同的学习方式，激发学生对语言特征的注意，帮助他们建立假设；对语言分析有高层次的加工处理，检验假设并在语言使用中肯定、修正或否定自己的假设。教师应该用不同的技巧来组织教学情景与语境，以引起学习者对目的语结构的观察，如句型练习与交际对话、个人练习与双人/小组练习、模拟面谈、采访、角色扮演、口头与笔头练习等方式。

输入练习的多样化也表现在组织活动的形式上。不论班级大小，教师都应该能够做到让所有的学习者时时刻刻积极参与。学生与学生之间的互动可根据班级的大小、人数的不同来变换练习方式。其目的是让所有的学习者保持积极的互动。如先进行两人一对的会话练习，然后请几对在班上表演；或是分别请学生上教室前边接受采访，回答其他同学的提问；或是让学生做记者（同时也是被采访者），去采访别的同学，然后在全班汇报；或是请学生做"侦察员"，调查询问别的同学的日程安排；或是让学生猜测出听力或阅读中的人名、地名、事件等；或是给学生设计密切结合语言形式和内容的各种游戏，使他们在"做中学"；或是给学生一些和生活相关的主题与语境，要求学生做任务型活动。不论是很小的对话，还是较大的任务，都要让学生觉得时时有新意，使他们愿意参与语言活动，积极注意输入的素材，并进行加工处理。

由于教师的精心策划组织，提供给学习者多种形式的输入与不同方式的活动，学习者就有可能有兴趣进行互动，做语义上的协商、信息上的交流。每个星期的语言输入形式和输入的练习方式都要与上个星期不一样，同时进行大量的对语言形式的重复练习。由于方式方法灵活多样，师生都会觉得有意思、不枯燥。

三、强化性的语言输出

要使学习者产出的语言准确、得体，需要在各种语言训练方面做出努力。在此提出三点：(1) 教学活动要有高度的组织性，以滚雪球的形式，从典型例句开始，循序渐进，以段落结束。(2) 在不妨碍意思表达、语义协商 (Negotiation of Meaning) 的原则下，对学生输出的要求应尽量明确、具体。(3) 采用任务型的活动来促进学习者积极参与，自觉学习，大量输出。

1. 教学活动要有高度的组织性 (Well-structured)

为成段表达所做的铺垫工作很重要。铺垫除了包括句式结构外，也要考虑可能用到的词汇学生是否熟悉，语境是否容易让学生产生联想，使他们在语用方面表达恰当。交际活动的铺垫往往是从大量练习词汇与句式结构开始的，这样学生在做成段的表达时才能流利、准确。所以一个课堂活动总会由若干个步骤组成，且步步紧跟、环环相扣，前一步为下一步难度更高的语言表达"架桥修路"，引导学生逐步用更复杂的句式进行成段的表达。

2. 对于学生的表达输出，要求应明确具体

在不妨碍意思表达、语义协商的原则下，教师给学生的要求要具体。这些要求往往是针对语言的形式结构提出的，并且应该在给学生布置作业或任务时就交代清楚。这样可以避免学生回避重点或难点句型。即使在"生生互动"语义交流的练习中，教师也可明确地要求学生。

在学生进行交际输出时（如会话或段落篇章表达），对学生的要求应该具体。下面以交际题目"找工作"为例。在学习了语法结构"是……的"和动词后缀"了、过"及句尾"了"句式结构后，让学生写一封找工作的申请信，

申请沃尔玛在北京的一家分店的经理职位。可先给学生一份此工作的广告，对其中个别的生僻词稍做改动。学生在阅读广告后，写一封申请信，对广告中所要求的学历、工作经历、生活经验、兴趣等内容条件一一回复。在对内容有所要求的基础上，教师对语言形式则更要有具体的要求。比如对段落的长度和应运用哪些词汇和句式结构提出明确要求，具体如下：

请根据广告内容，写一封求职申请信，信中最好用到下列句式结构：
(1) 是……的
(2) Subj. V. 过……
(3) Subj. V. (Obj. V) 了 period of time（了）。
(4) Subj. V. 了 period of time（的）N.。
(5) 时间短语：……以前，sentence/……以后，sentence。
(6) 关联词语：虽然……但是……/因为……所以……。

在交际过程中，学习者的语言表达必须准确、清楚、连贯，使别人容易听懂。还以上面"找工作"的练习为例，可在前一天先布置写工作申请信的家庭作业，第二天在课堂上请学生四人一组模拟工作面试，一人申请，三人提问。教师的要求仍然是套用上边的六种语言形式与词语，学生的提问就会包括所要求的六种语言形式，如：

(1) 你是在哪儿上的高中？
(2) 你学中文学了几年了？
(3) 你学中文以前学过什么外语？
(4) 你去过中国吗？
(5) 你是什么时候去的中国？
(6) 你为什么要申请这个工作？
……

3. 输出建立在给学生提供大量的具体引导（Facilitating）的基础上

以写作输出为例。写作是一个综合性的表现技能。写作表达涉及的技巧范围比较广，除了在语言运用方面要求准确、得体、文体一致外，在内容上还要求意思清楚完整、构思有条理、上下文呼应等。众多的技巧既是对学习者能力的挑战,也是对教师提供引导工作的高度要求。教师可根据课堂的教学目的,采用多种形式给学生提供不同的途径与内容,引导学生的想象力和逻辑思维。要深入浅出、循序渐进地使写作输出的困难疏通化解。罗青松(2002、2006)提出了一系列帮助学生写作表达的具体措施,根据不同的内容写不同文体的习作。如组画写故事,根据漫画写评论,根据音像材料(电影片段、录像、记录录音)写作,根据语言材料写作(仿写、改写、回信、内容概述、读后感),根据语言点提示写作(关联词语、句型、引导词语)等。以根据对话写故事为例,首先故事要有主题,有情节波折的内容,这样才能引起学生的兴趣,化解写作输出的难度;第二,要鼓励学生发挥创作力与想象力,学生的输出源于对话却远远超出对话所提供的内容,要引导学生自己进行构思写作;第三,要求应具体明确,特别是对语言形式的要求,应注重句式的结构("保留对话中的画线部分")和表达句式的长度与复杂性("用表示承接关系的关联词语");第四,要练习两个技能(读、写),引导学生意识到读与写在文体上的不同。

4. 任务型的活动,强化性的输出

任务型教学是20世纪80年代兴起的一种强调"做中学"的语言教学方法。所谓任务,实际上就是一个鼓励学生积极地用语言进行交际的手段。其优点有三:第一,在"做中学"的过程中,学习者容易被活动所吸引,会想参与,处于一种积极主动的学习心理状态。第二,在完成任务的过程中,学习者一定要与别的同学接触,或是解释咨询,或是小组活动,他们之间进行的一定是有意义的互动。第三,"任务型"的学习过程为学习者提供了自然地、有意义地运用语言环境和资源的机会。在这一过程中,学习者会调动各种语言和非语言的资源,来解决问题,完成任务。总之,任务型的活动建立在学生的积极参与、体验、独立思考、合作研究、有意义学习的基础上,能给学习者充足的机会对语言进行观察与体验,对语言假设进行验证。

任务型活动的设计组织很重要。首先,要顾及到学习者之间进行的不是单向而是双向的信息交流。双向的信息交流更能激发意义协商(Negotiation of meaning),更接近于真实交际。第二,活动中应体现信息交换的必要性。由于信息交换是必须的,语义协商就会大量地出现于其中(Doughty & Pica,

1986）。第三，应该给学生提供大量的强化性的可理解输出机会。只有通过这样的机会，学习者正在形成的语言能力才能被强制运转起来。

任务型练习的关键在于教师的策划。教师的任务是营造一个可以让学生真实交际的语境与情景。教学活动既可在低年级又可在高年级进行，不同的是，随着语言水平的提高，学生要做的任务也随之复杂起来。比如中文方位的表达法对说英语的学习者来说不容易，原因包括：中文的方位表达词序与英文不同，空间概念从认知角度来讲比较抽象，方位处所的表达常常涉及介词，介词的运用又受制于概念上的表达等。下面是任务型方位表达的练习举例。

（1）发现性的学习。老师告诉学生："老师把二十多样东西（铅笔、纸、笔记本、表、中国邮票、苹果、香蕉、梨……）放在教室里了，你能帮老师找到吗？你找着的每一个东西都要用2～3个方位词来描述它在哪儿，如'这个笔记本在那把椅子的上头、桌子的下面、窗户的旁边'。每个同学最少要找到两样东西，然后向全班汇报你是在哪儿找着的。这是有奖活动：你可以选一样你找到的东西自己留起来。"

（2）识别性的学习。比如："请详细地描述一个大家熟悉的校园楼房（如图书馆、书店），用口述的方式让大家猜猜你说的地方。"同样的练习也可以是描述本市大家都喜欢的一个饭馆的位置、美国一个州的位置、世界上一个国家的位置，请大家猜猜你描述的地方叫什么。

（3）看地图说话。比如："你在新生指南办公室工作，你的主要工作是帮助新生找他们要去的地方，并告诉他们怎么去那儿。"

（4）小组活动。比如："你是一个房屋建筑设计者，请你设计一幢你非常喜欢的房子，并告诉你的同学这幢房子的社区位置和环境，以及房子里每个房间的位置。"

上述四个例子难易程度不同，可循序渐进，也可在同一个课堂同时用于汉语水平程度不同的学习者。另外，在给学生任务时，教师对学生要用到的语言形式结构应提出具体的要求，促使学生的输出不仅包括例句的句式结构，而且句子有一定的长度和复杂性。即使是任务型的活动，教师也应该用不同的教学技巧来组织教学情景与语境，以引起学习者对目的语结构的注意、分析、比较与内化。

5. 用交际情景、任务活动来化解学生程度不齐的难题

高年级课堂上语言输出面临的一个挑战是学生背景不一、程度不齐。这一挑战恰恰反映了真实的语言社区中人际交流的特点：人们的语言水平和交际能力是参差不齐的。教师的任务就是要通过不同的教学活动内容和教学技巧，把课堂变成一个语言交际场所，让不同背景和不同程度的学生因交际任务自然地结合在一起，以互动的方式表演不同的角色。每个学生都有自己的强项，在这种环境下，学生能自然地互助学习。语言的输入不仅仅来自教师和课本，更来自同学、伙伴，这样学到的语言才更鲜活，更有生命力。

对活动的内容和方式进行策划与设定时要顾及学生不同的语言背景，让每个学生都积极地参与起来，让程度高一点的学生仍然觉得有一定的挑战性，程度低一点的学生觉得能跟上且有意思。Shih（2006）介绍了一种任务型教学法：运用综艺节目和辩论的形式，从难度较低的寒暄问好、主持会议、介绍来宾，到难度较高的正式讲演、辩论等，让不同语言水平的学生按照角色的难易程度相配合，各演所长。语言教室转变成一个说中文的小社会，共同的任务活动可以自然而然地把背景和程度不齐的学生融合在一起，给每个学生提供取长补短、各尽所能的机会。

本章从三个方面探讨了语言输入与输出的关系。第一，从理论研究的角度讨论了从语言输入到语言输出的习得过程。实验研究表明，输入的语言素材（Input）必须被学习者所接收（Intake）；即使接收了的内容也并不会自动变成中介语的体系，而是需要有进一步的对输入语言的分解、归类等分析性与综合性的处理。在语言"内化"的基础上，学习者的中介语系统才能够不断地得到重新组合（Restructuring），从而接近目的语。第二，学习者在语言输出前和输出时需要进行调节，以使表达准确、流利。第三，建立在理论研究的基础上，笔者提出了四项教学的关键因素：（1）语言输入的内容：以意义为基础且易理解，有选择地提供适合学习者水平的语言形式；（2）输入方式：有目的、有组织、循序渐进；（3）采取各种互动形式帮助学习者吸收，如为学习者提供大量语义协商的机会，鼓励他们在互动中学习；（4）在语言输出方面，教学活动要有高度的组织性（Well-structured），以滚雪球的形式，从典

型范例开始，循序渐进。对于学生的表达输出要有明确具体的要求。

思考讨论题

1. Krashen 的监控模式提出了五个理论假说（输入假说、习得/学习假说、监控假说、自然顺序假说、情感过滤假说）。你如何看待这五个假说？比如：
   a. 你认为在教学环境下的"学习"和在自然语言环境下的"习得"是否为两种不相容的途径？请用中介语的语料或你的观察来讨论这一问题。
   b. 在你看来，教学（比如语言输入的内容、方式、方法、时间、语境等）对学习者的"习得"能够起到什么样的作用？为什么？
   c. 如果在学习者的中介语中，某个语言形式出现了"石化"现象，教学输入的"i+1"原则应该怎么贯彻？
   d. 情绪情感因素在语言习得过程中是如何进行并如何与认知因素互动的？
2. 语言输入是如何转变为输出的？包括了哪些加工过程？
3. 你怎样看待输入假说和输出假说的关系？
4. 在语言从输入到输出的过程中，教学能够在哪些方面起到促进作用？请举例说明。

第三章　第二语言习得的研究模式

第一章第三节讨论了认知科学和生成语言学对语言习得各方面的描述与解释。本章用认知心理语言学作为理论框架来讨论第二语言习得研究，解释第二语言习得的心理过程（Mental Processes）。这些心理过程包括：在语言运用中认知技能、策略与所建立起来的第二语言知识之间的关系；第二语言语法规则和语言知识是怎样发展起来的；在语言运用中，学习者是怎样使用他们建立起来的语法规则的。一般来说，认知心理语言学认为语言知识跟别的众多类型的知识没有什么区别，语言学习的策略是一般的认知能力和分析问题、解决问题的策略。

目前不论是认知心理语言学还是生成语言学，对复杂的语言习得现象，一个学派只能解释其中的一部分而不是全部。它们之间的分歧决定了它们对语言、语言习得的种种不同看法，也决定了不同的研究途径。但第二语言习得研究有时会两者兼用，事实上它们之间也存在着很多共识。

本章共分三节。第一节介绍竞争模式（Competition Model），讨论其理论框架和研究。在此基础上展现一项汉语作为外语的句子理解策略调查，并讨论其研究结果对教学的启示。第二节围绕多元发展模式的理论框架进行分析，包括语言可加工性理论（Processability Theory）及语言可教性假说（Teachability Hypothesis）。第三节介绍运作原则，讨论"内在化模式"（Nativization Model）与七项第二语言学习者习得的运作原则，然后以"把"字句习得为例，通过实证调查展现一对一运作原则是如何体现在"把"字句的习得中的。

第一节 竞争模式

一、竞争模式的理论框架与研究

本书第二章讨论了语言习得研究的一个基本概念：理解。理解是一个多层面的、复杂的信息处理过程，与语言输入的记忆、内化和提取紧密相关。那么我们是怎么理解句子的呢？Bates & MacWhinneys（1982）提出了竞争模式（Competition Model），认为语言的分析处理过程是一个多种加工线索（Cue）互相趋同（Convergence）或竞争（Competition）的过程，有时每一个线索都会导致对句子的不同处理与理解。各种线索在处理中随时会出现竞争，而对句子的最终解释则取决于这些线索的相对强度。当这些线索最后聚合，即相对强的线索胜过其他线索时，句子理解过程便完成了。

竞争模式在功能主义的框架下从信息加工处理的观点来解释语言的习得。这一模式认为语言的形式与功能是不能分开的，而且形式在交际中受到语言功能的限制与影响。作为一个交互作用模式，它重在研究语言的运用（Language Performance），认为语言习得过程是"形式与功能的映射"（Form-Function Mapping）的过程。因此，这一模式也称为功能主义的处理模式（Functionalist Processing Model）。在第二语言习得领域，学者特别关注第二语言学习者如何把对语言的处理策略从母语向目的语转移，在他们对语言进行输入处理时，如何用语言和认知策略的方法解决句法、语义和语用上的矛盾。

竞争模式建立在人们进行信息处理时语言思维过程具有竞争性这一认识的基础上。它探讨如何加工处理言语，并解释说话者选择某种特殊的方式来表达某种意图的原因。这一语言处理系统采用线索驱动方式自下而上地运行，用四条线索来决定语言要素间的关系：项目、形态标记、语序、韵律。在信息处理和理解的过程中，每条线索都被激活，相互间趋同或竞争。在所有的线索达成一致时，它们会形成聚合，联为一体，如下面例句1的语序和语义线索是一致的。而当线索之间存在矛盾时（如例句2，语义线索："小车"是无生命的，"猴子"是有生命的；语序/句法线索："小车"在主语的位置，"猴子"在宾语的位置),各个线索就会竞争优势的统治地位,相应的,其中一个线索有战胜其他线索的可能。线索取胜的原因,在很大程度上取决于对语言的理解以及感知的难易程度等。

(1) 猴子推小车。
(2) 小车推猴子。

MacWhinneys(1989)指出,语言学习的本质和语言的本质存在着密切的联系。不首先考虑"语言是什么"这个问题,人们就不能合理地回答"语言是如何习得的"。语言结构和语言学习过程完全交织在一起。不同的语言在分配基本语法线索的力度上有着明显的区别。例如,在英语理解中虽然有四种提示线索,但英语为母语的使用者主要靠语序来判定英语中特定语言形式与功能的对应关系。英语中动词前的位置是辨认主语最强的线索;而意大利语中人称、性、数、格、名词和动词的一致性是比语序更强的线索。这说明线索的选择具有相当的语言特殊性。

Liu, Bates & Li(1992)研究了年龄较小时与年龄较大时成为汉英双语使用者的人对句子的理解能力。调查结果显示,年龄较大时才成为汉英双语者的人通常迁移运用以语义(Animacy)为基础的策略来理解英语句子,理解汉语时却迁移了某些英语词序的策略。年龄较小时成为汉英双语使用者的人则比较灵活,表现出各种不同的迁移模式。在总结这一类型的研究时,Gass(1987)指出,在从语义为主导的语言向以句法为主导的语言转化的过程中,学习者至少要经历两个步骤。首先,学习者必须意识到语序概念在目的语中的重要地位。其次,他们才有可能决定目的语的语序。但是从另外一个方向的转化,即从以句法为主的语言向以语义为主的语言转换似乎相对容易一些。Gass(1987:344)提出,在中介语的理解策略中存在着一个普遍的语言理解策略,即语义比句法更占强势的策略(Universal language interpretations strategies with semantics being a stronger one than syntax)。

Sasaki(1994)研究了母语分别是日语和英语的日语学习者对语言的理解处理策略。他的研究表明,说日语的本族人在对日语和英语的理解处理中,都采用相似的词标记的策略,而说英语的本族人则依据英语和日语不同的理解处理策略,对线索进行相应的修正。随着学习者日语熟练程度的提高,他们依赖日语词标记的能力也逐渐增强。Sasaki 修正了 Gass 在句子处理中存在着普遍的语义优势的假说。他认为词汇的语义线索提供了最广泛的可迁移类型。如果第一语言和第二语言不相配的话，语法线索的迁移将受到阻碍，此时，词汇的语义线索会作为替代线索出现，即使它在第一语言中并非最强势。

二、对非母语汉语学习者的句子理解策略的调查

Miao（1981）研究了母语为英语的汉语学习者（CFL）和说汉语的本族语人对汉语句子的理解策略。受试者听到的句子都包含两个名词和一个及物动词，并且以三种可能出现的顺序具体排列为：名—动—名、动—名—名、名—名—动。名词在语义方面可以是有生命的（Animate），也可以是无生命的（Inanimate）。研究结果显示，汉语为母语者更强烈地依靠词汇意义等因素，而不是依靠语序来解释汉语句子。而英语为母语的汉语学习者既依赖语序信息，又依赖词汇语义。在理解现代汉语句子时，英语为母语的汉语学习者迁移了英语中的语序策略，把这一策略迁移到了对汉语的理解处理过程中。

在以前对第二语言所做的研究中，语序的线索不是一个强势的处理策略，所以第二语言学习者把第一语言（意大利语、德语和日语）的处理策略迁移到以英语为目的语的语言学习上。然而 Miao（1981）和 Liu 等（1992）对此的研究得出了不尽相同的结论。他们的研究表明，母语为英语的受试者在理解汉语句子时，把母语中所用的以语序为线索的策略迁移到了对汉语的处理程序中。Miao（1981：109）说："母语为英语的本族人在理解处理汉语时既依靠语序又依靠语义。"Wen（1995b）对母语为英语或汉语的学习者在理解英语和汉语句子时分别采取的处理策略进行调查，对比了个体学习者在第一语言和第二语言之间所采用的输入信息处理策略。

汉语句子的语序是相对灵活和自由的，具体表现为：（1）汉语是一种话题突出的语言。话题通常位于句首，但并不一定就是句子的主语或是施事。因此句子的主语经常可以省略。此外，汉语的主述题结构允许句子的语序有相当的自由度。通常"主—谓—宾"（SVO）的顺序是标准的形式，但是SOV、OVS 和 VOS 的顺序也是可能或者能够被接受的形式。（2）汉语句法结构形式松散，主语的语法范畴并没有被结构完全限定。Li & Thompson

(1981)提出，决定汉语基本语序的因素主要还在意义，是语义因素而不是语法因素决定了动词在主要成分中的排列顺序。例如，汉语与英语的不同是，汉语没有形式主语，其语序依靠意义原则且不能相对独立。(3)鉴定现代汉语的基本语序并不是一件很容易的事情。现代汉语既具有SOV语言的一些特点，又具有SVO语言的某些特征（Li & Thompson, 1981:23）。

由于汉语是话题突出的语言，而且主语的位置又很灵活，所以汉语中语序、话题以及语义线索之间相互作用、相互竞争的状况经常发生。不同的语言使用不同的线索，在汉语句子的语序和语义线索相矛盾时（如例句2），汉语为母语的使用者会采用语义线索将表层主语指派给有生命的名词"猴子"。这说明语义/功能线索在汉语中起到了主要作用，有着重要的地位。

基于上述竞争模式的理论和前人的研究结果，Wen（1995b）提出了四项假设并对它们进行了实验检验：

（1）说英语的本族人（ENSs）在理解处理英语句子时更主要依靠语序线索而不是词汇—语义线索。

（2）说汉语的本族人（CNSs）在解释汉语句子时更主要依靠语义线索而不是语序线索。

（3）母语为英语的汉语学习者（CFL）在解释汉语句子时更主要依靠语序线索而不是语义线索。

（4）母语为汉语的英语学习者（ESL）在解释英语句子时更主要依靠语义线索而不是语序线索。

Wen（1995b）的实验抽样33人。其中22人的母语为英语（ENSs），11人的母语为汉语（CNSs）。在母语为英语的22人中，11人学习汉语一年（CFL low），另外11人学习汉语达到或超过两年（CFL high）。而11位说汉语的本族人都生活在美国，他们学习英语的时间长达8年或更久（ESL）。向受试者所提供的输入是由说英语和说汉语的本族人分别录制的一盘录音带。英语和汉语输入的内容，如句子、词汇、语序和有生命线索，都完全一致。所有的句子都由两个名词和一个动词组成，所不同的是语序和语义（名词是否有生命性：Animacy）。在36个句子中共有14个名词（7个有生命性，7个无生命性）和7个动词。每个句子的语序采用NVN（名—动—名）、VNN（动—名—名）和NNV（名—名—动）三种形式。每个句子都有两个名词，有生命线索则在每句中按照 AI（有生—无生）、IA（无生—有生）、AA（有生—有生）的顺序排列。所有的句子可以分成九类。在英语的形式中，所有的动词都以第三人称单数现在时出现，每个名词前面都有定冠词"the"。

测试在两个不同的时期对受试者单独进行。第一次测试他们的母语情况，第二次测试他们的外语情况。两次的时间间隔超过两周，以避免第一次测试对第二次测试产生后续效应。听完每个句子以后，有 8 秒钟的停顿请受试者回答所听到的句子中的主语或动作的发出者。

实验结果如下：

第一，方差分析（ANOVA）表明，在解释句子时，语言、语序和"有生命"这一线索都在统计意义上有显著的不同。语言×语序的交互作用为 $F(2, 4) = 37.69$，$p < 0.01$；语言×有生命交互作用为 $F(2, 4) = 32.07$，$p < 0.01$；语言×语序×有生命的交互作用为 $F(4, 8) = 4.42$，$p < 0.05$。双项方差分析表明，语序和有生命线索在解释句子时起到显著作用，语序×有生命的交互作用为 $F(2, 2) = 3.88$，$p < 0.05$。

第二，语序。图 3.1 显示了受试者在语序功能中选择第一名词做主语的效应。它说明 ENSs 在处理英语句子时依靠语序线索最多，而 CNSs 在处理汉语句子时依靠语序线索最少，CFL、ESL 的情况则介于上述两种之间。ESL 学习者的理解策略与汉语为第一语言的理解策略很接近，其相近程度要比 CFL 与 ENSs 的理解策略的相近程度高。比起英语的语序理解模式来，中介语采用的理解策略要更接近于汉语的非语序理解模式。

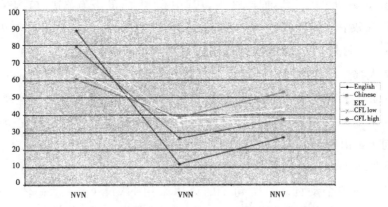

图 3.1　不同语序中选择第一名词做主语的百分率

第三，语义。图 3.2 为选择第一名词为有生命名词的百分比。有生命线索对于 CNSs 作用最大，对 ENSs 作用最小，ESL 和 CFL 两组则介于中间。有生命的语义线索在 CNSs 和 ESL 理解句子时所起到的作用近乎相同，CFL 则有采用有生命语义策略的倾向。他们的数据介于英语组和汉语组之间，这反映出他们一方面受到目的语汉语的影响，另一方面受到第一语言英语的影响。CFL 水平较高的小组使用有生命策略要比水平较低的频繁（尽管他们之间差异不大）。

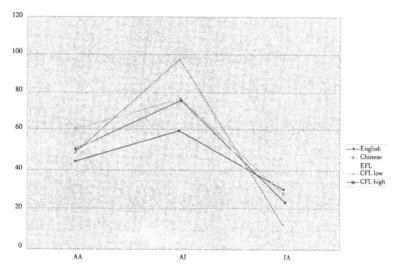

图 3.2　不同语义中选择第一名词为有生命名词的百分率

第四，语序和有生命语义策略的相互作用。一般来说，标准的语序是"名—动—名"（NVN）。表 3.1 反映了第一名词的选择比例中所体现出的语序和有生命语义线索之间的相互关系。首先是 NVN 的语序。在 NVN 语序中，当语义线索为"有生—有生"或者"有生—无生"的顺序时，也就是句法线索与语义线索趋向统一时，在所有受试组中，选择第一名词为主语的频率都是最高的。当句子是"有生—有生"的组合时，CNSs 在理解汉语句子时选择第一名词的比例为 61.36%，是所有受试组中最低的。通过对数据的仔细观察可以发现，CNSs 非常依赖词汇—语义线索。如果两个名词都是有生名词的话，选择较大或较强的有生命名词为主语，即使这个名词处于宾语的位置也没关系。在"无生—动—有生"句子组合中，第一名词经常被 ENSs 提取处理为英语句子的主语（75.00%），而 CNSs 理解处理汉语句子时这样的选择频率是最低的。

表 3.1　语序和有生命的相互作用中对第一名词选择的百分比(%)

语义线索	ENSs	CNSs	ESL	CFL low	CFL high
名—动—名					
有生—有生	82.28	61.36	72.73	95.46	77.50
有生—无生	100.00	100.00	100.00	100.00	100.00
无生—有生	75.00	27.27	22.73	59.04	60.00
动—名—名					
有生—有生	8.33	25.00	22.73	36.37	25.00
有生—无生	23.81	93.18	88.64	56.81	55.00
无生—有生	4.76	0.00	0.00	9.10	0.00
名—名—动					
有生—有生	28.57	56.82	43.18	40.90	42.50
有生—无生	47.62	97.73	84.09	63.63	67.50
无生—有生	4.76	2.27	2.27	6.81	2.50

第五，第一语言和第二语言中的理解处理策略。CNSs 在理解处理汉语句子时依赖词汇—语义线索。不论是标准还是非标准语序，他们经常选择有生命的名词作为句子的主语/施事。例如，当有生命策略和语序在"无生—动—有生"的句式中发生冲突的时候，汉语为本族语者（CNSs）不会考虑词语的位置而选择第二名词。与此相反，英语为本族语者（ENSs）则往往忽视有生命线索而认为语序是最重要的。因此，研究假设 1 和 2 都得到了证明。

ESL 在理解处理英语句子的时候更多依靠有生命语义线索而不是语序线索，这样的结论支持了第 4 个假设。CNSs 和 ESL 在运用理解处理策略之间细微的差别在于，后者能够意识到目的语中语序的重要性，然后努力试图去重视语序线索。参加实验的 ESL 都接受过 8 年以上正式的课堂英语学习并且在美国生活了两年以上。他们的英语水平都很高，但他们的 ESL 理解策略却主要受到他们第一语言汉语的影响，这表明有生命的语义策略是一个很强的制约因素。

和 ESL 不同的是，CFL 使用的策略和他们在理解第一语言英语句子时使用的策略并不十分相似。因此，假设 3 不成立，因为 CFL 学习者表现出更多的介于使用有生命线索和语序线索之间的特征。一方面，CFL 仍然依靠在理解他们第一语言（英语）句子中所使用的语序策略；另一方面，CFL 也意识到语义线索在目的语中的重要性，然后尽可能最大程度地使用有生命线索。尽管 CFL 的汉语水平远不及 ESL 的英语水平，但是 CFL 对目的语理解策略的发展速度要大于 ESL。

研究结论总结为以下三点：

第一，母语为英语的汉语学习者对汉语句子进行理解处理时，能够在很大程度上接近汉语的以语义为主的理解模式，而与此相反的方向则要难得多。母语为汉语的英语学习者也能意识到目的语中语序因素的重要性，但在向目的语接近的过程中所采用的语序策略却不显著。

第二，汉语的词汇—语义策略具有相当的影响力，因而在理解、处理的发展过程中，基于意义的方法成为了一个基本的候补（Default）策略。

第三，个体学习者所表现出的差异是很明显的。不同个体学习者的母语和目的语的理解策略表明：大多数的学习者都有其倾向性的理解策略。许多学习者在理解母语和目的语时使用不同的理解处理策略，但也有不少的学习者没有改变他们在不同语言中使用的处理策略。我们并不知道这个阶段对某策略的优先选择与什么因素有关，年龄可能是一个因素。这方面还需要做更多的研究。

三、竞争模式对教学的启示及对它的评价

1. 对教学的启示

（1）教师要关注、重视学习者不同的学习方式，教学必须给学习者提供学习的灵活性。Miao（1981）指出，儿童依据某一种典型句子模式来理解处理句子，而成年人则不同，他们的大脑中除了储存着一种重要的典型句子模式外，还有若干个不同的句子模式。因此，当句子不符合典型句式的时候，成年人可以通过运用已有的不同模式来理解句子。换句话说，成年人拥有更多的图式结构和灵活性去处理不同的句子。教学必须承认学习者不同的需要，

顺应他们的认知运作过程。

（2）重视对认知技能（如分类、比较、鉴别、归类、总结等）和学习策略的培养训练。无论是像汉语这样以语用/语义为主导的语言还是像英语这样以句法为主导的语言，学习者不仅要分别使用语法和语义的线索，同时还要使用词汇和语义因素的候补策略，这与语言习得的认知心理有直接关系。以词汇/语义为基础的处理策略，反映出一般的认知和信息处理方式。Bowerman（1989）指出，语言的语义组织本身反映出我们知觉和认知组织在深层结构中的固有特征。认知/知觉概念的建立先于其语言形式的习得。在我们把语言形式运用到所指对象时，常常根据分类原则进行自发的归类，这些分类原则通常在自然语言的语义系统中起着重要作用。当句法和语义线索都不明晰时，第二语言学习者倾向于使用普通的认知图式去理解句子。

（3）课堂上的语言输入要强调意义的交流，提高语言形式、意义和功能的透明度，以辅助认知加工处理过程，培养学习者的理解能力。Wen（1995b）也表明，汉语有生命性的语义线索有较强势的迁移。这对习得汉语这样一个语用功能性强、交际实用性强的语言来说，无疑是非常重要的。

2. 对竞争模式的评价

竞争模式作为一项多元的研究方式，不仅开阔了我们的视野，而且促进了我们对语言习得理解过程的进一步了解。但竞争模式也有着很大的局限性。一个很明显的弱点就是该研究只停留在句子的层次上，不但忽视了上下文的语境（在怎样的情况下跟谁说出了什么样的言语），而且忽视了对语言篇章段落的习得分析研究。此外，在研究方法上，竞争模式也有局限性：它不是在言语交谈中获得的自然的语言素材，因此能不能充分反映学习者在实际的语言加工过程中所采用的认知处理策略还值得思考。比如，用有声思维方法（reading protocol）来调查阅读理解的心理过程可能会更丰富一些。当然，竞争模式与有声思维方法的研究目的与前提都是不一样的。

第二节 多元发展模式

一、多元发展模式的理论框架与研究

在中介语发展中，学习者为什么能较早地习得某些语言特征，而另一些特征却迟迟得不到习得呢？不同语言背景的学习者为什么会对某些语法点的习得表现出一致的习得次序？而为什么在同样的语言背景和环境下，学习者的语言发展却常常出现不同？第二语言习得多元发展模式（Multidimentional Model of SLA）所关注的正是这些语言信息的加工运作（Processing operation）及学习者个体差异（Individual variations）对语法习得的影响。多元发展模式的提出者（Meisel, Clahsen & Pienemann, 1981）认为，习得第二语言的过程是一个多元发展的过程。一方面，由于受到语言信息加工机制的限制，语法的习得按照一定的发展顺序（Developmental sequences）进行，既不受环境的影响，也不受学习者个体差异的干扰；另一方面，语言的习得受到学习者社会心理因素的影响，因此表现出个体发展的多样性，如语言发展速度不同。语言的习得有着多元性的特征。

这一模式从心理语言学和认知加工理论的角度，对习得过程和语言处理方式做出描写与解释，讨论学习者的"发展顺序"和"语言变异"等过程。Meisel, Clahsen & Pienemann（1981）对从意大利、西班牙、葡萄牙移民到德国的成年人习得德语的情况做了横向和纵向调查。他们认为，学习第二语言的过程是学习者通过不同的学习阶段构建自身语法的过程。他们的研究均建立在"综合途径"（Integrativist approach）的基础上。"综合途径"（Foder, Bever & Garrett, 1974）假设语言深层结构可看作是介于语言表层形式和抽象的思维语言之间的中间层次。其中语法处理器具有组织协调的功能，把深层结构的标准模型映射在表层形式上。除语法处理器外，这个模式还有一个一般的认知问题处理机制（GPS），允许表层形式和深层结构之间的直接映射。这样，GPS可以绕过语法处理器直接加工处理语法。能够被GPS处理的语言结构和语法规则比较简单，容易学也容易用。句子加工处理模式允许两种不同的、把深层结构装置（Configurations）映射到表层形式的方法：（1）

通过具体的语法加工器在语言层面上的自动加工;(2)通过附加的解决问题的机制 GPS。后者对加工资源的要求低于前者。比如,学习者在一开始用非语言加工机制,表达中会出现不以语法形式为特征的套语语块(Formulas)和单独零散的词汇,而在后来的习得过程中能够逐步运作、构建语法。

语言处理中心理操作过程的复杂性(Psychological complexity)是一个极为重要的因素。而语言结构心理过程的复杂程度取决于在把深层语义结构映射到表层语法形式的处理过程中,重新排列组合(Reordering and rearrangement)的复杂程度。语言处理心理过程的复杂性决定了语言的习得次序,对习得过程起着制约的作用。

Clahsen(1984)认为,在语言思维系统(Mental system)中,那些固有的、制约语言生成的条件能够解释我们所观察到的语序的发展。在语言思维系统中,语言结构被感知、加工、生成。其中,和学习者的语言处理策略基本一致的语言结构较早习得;而需要经过高层处理过程的语言结构则较晚习得。通过对正式和非正式教学环境下德语学习者的调查研究,Clahsen 和他的同事总结了德语第二语言语序发展顺序的五个阶段(见表 3.2)。

表 3.2 德语语序习得的五个阶段(转引自 Pienemann,2003:684)

阶段	规则	形式
X	典型顺序(Canonical order)	主语+动词+宾语(SVO)
X+1	副词前置(Adverb preposing ADV)	副词+主语+动词+宾语(adv SVO)
X+2	动词分离(Verb separation SEP)	X+主语+助动词+宾语+动词(X SVOV)
X+3	倒装(Inversion INV)	X+动词+主语+Y(X VSY)
X+4	动词结尾(V-END)	德语从句中的限定动词要移到句末(comp SOV)

这五个阶段之间有前后的制约性,即后一阶段要建立在前一阶段的基础上,学习者只能循序渐进,不能跳跃。此外,学习者习得进入某一阶段后,仍然会保持以前每个阶段所获得的语序构成的语法能力。语言发展顺序说明,学习者能够有系统地不断克服摆脱某一阶段的信息加工制约(Processing constraints），进入下一个阶段的习得过程。这些制约属于一般的认知范畴，起着左右语言运用能力的作用。

Clahsen（1984）用三项言语信息处理策略来解释多种语序规则的习得顺序和否定词放置规则的习得顺序。

第一项策略是典型顺序策略（Canonical Order Strategy，COS）。典型顺序指的是"主—谓—宾"（SVO）语序。不管第二语言学习者母语的语序如何，他们一开始生成的都是"主—谓—宾"（SVO）这一基本语序。语言处理过程的复杂性表现在对不同层次、深层结构的句型进行重新排列与组合上。由于 SVO 语序的深层和表层形式之间的映射是直接的，不需要对深层材料进行重新组合，所以容易习得。Slobin（1985）指出，在第一语言习得的早期阶段，基本语言组块被拆开打乱的现象并不存在。对句子理解策略的研究结果（Gass，1987；Wen，1995b）显示，尽管学习者的第一语言和他们所学习的外语类型不同，但是学习者都倾向用典型的 SVO 语序和"施事—动词—受事"这样的语义顺序来理解句子。

第二项策略是首尾策略（Initialization-Finalization Strategy，IFS）。如果不是深层结构，首尾的位置可以变换。在学习者感知和记忆时，首尾位置比中间的位置更为醒目，更容易记忆。Slobin（1985：1166）在研究儿童的母语习得时指出，对于一段话语来说，"孩子关注的是最后一个音节，他们把最后一个音节分开记忆，并且在最后一个音节与其所出现的语段之间建立有机的联系"。此外，孩子同样会"注意一段话语的第一个音节，他们也把第一个音节分开记忆，并且在它与其所出现的语段之间建立有机的联系"。

第三项策略是从句策略（Subordinate Clause Strategy，SCS）。对从句的处理与对主句的处理不尽相同。从句中的语序比主句更受限制，更需要经过高级处理过程。

Clahsen（1984）还提出，无论是在理解还是在运用方面，第二语言加工都会受到语言信息处理的制约（processing constraints）。这一概念把语序习得的五个阶段和三个语言处理策略紧密地结合在一起。表 3.3 表明了三者的关系，即学习者在每一不同的语言发展阶段会用到不同的信息处理策略，同时受到信息加工处理的限制。换句话说，这些加工策略的限制，造成了语言发展的阶段性和一定的习得顺序。学习者所用的信息处理策略随着习得进展阶段的逐步升高而进入更高层次（如语言的深层结构与认知的高级技能）。虽然不同语言的习得顺序不一样，但学习者的语言信息处理策略却有着普遍性。多元发展模式通过语言信息处理的制约，对线性的习得阶段和信息加工策略做出了解释，对学习者的习得顺序具有预测作用，并且提供了可检验的理论模式。

表 3.3　信息处理阶段和习得顺序（转引自 Pienemann, 2003: 685）

阶段	规则	信息处理策略
X	典型顺序（Canonical order）	+COS, +SCS
X+1	副词前置（Adverb preposing）	+IFS, +COS, +SCS
X+2	动词分离（Verb separation）	+IFS, -COS, +SCS
X+3	倒装（Inversion）	-IFS, -COS, +SCS
X+4	动词结尾（Verb final）	-IFS, -COS, -SCS

多元发展模式对第二语言习得的解释引发了一系列的二语实证研究，既得到很多学者的认同，也受到不少批评。比如，这一模式对语法的习得解释不够全面。在任何一个习得阶段，学习者在没有任何语法习得机制的帮助下是怎样习得语法的？仅凭言语信息处理策略是否薄弱？Pienemann（2003）认为，多元发展模式的最大弱项是缺少对二语习得加工处理过程的明确描写与解释（Degree of procedural explicitness），他提出了语言可加工性理论和语言的可教性假说。

二、汉语语序习得顺序的调查

Wen（2006）调查了三项汉语语序（从"主—谓—宾"到"主—宾—谓"结构）的习得顺序。这三项语法结构分别是动词补语结构、疑问代词非疑问句和"把"字句，如例句 1—3 所示。这三项语法结构都会出现在初级中文的课程中。

（1）我说中文说得很慢。
（2）我弟弟什么电影都喜欢看。
（3）他们把书都整理好了。

除了句法特征外，上述三项语法结构显示了一些内在的共性与不同。述补结构和"把"字句都强调动作的结果。疑问代词非疑问句和"把"字句都具有语用上的强调功能，表达不同的交际意图。疑问代词非疑问句表示意义上的任指性，而"把"字句强调由于动作的作用给宾语带来的变化。"把"字句中的宾语不但前置，而且说话者和听话者双方都明白宾语的特指性或类属性；同样，疑问代词非疑问句中的宾语也置于动词前，强调宾语意义的整体性或任意性。Wen 的目的是通过这个研究回答下面两个问题：（1）在三项语法结构的习得过程中是否存在着一定的习得顺序？（2）如果存在，是怎样的顺序？

Wen 的抽样为 50 名在美国某大学暑期密集班学习的汉语学习者，其中初、中级水平各 15 名，高级 I 和 II 水平各 10 名。语言水平分班是根据汉语口语水平面试（OPI）和笔试的成绩。到收集语料时为止，所有的受试者在暑期密集班已学习了至少 7 个星期的汉语。研究者在 10 天内对所有受试分别进行了一次个别谈话。其中包括两项任务：（1）回答研究者会话中的提问；（2）看图说话和就图回答问题。所有的谈话都录音并转写成书面形式，以便进行数据整理和统计分析。

1. 研究结果

第一，述补结构的正确率。这一结构在初级水平中就表现出了较高的正确性（64.7%），可以被认为是"首次系统地应用某一结构"（Pienemann, 1987：147）；到中级水平时，使用述补结构的正确率趋于稳定；在高级水平 I 时已得到了全面的巩固，所以，高级水平 I 和 II 之间的差别不太明显。另外，宾语起着重要的作用。没有宾语时（例句 4），正确率相对要高（初级水平的受试者使用述补结构的正确率是 64.7%，中级水平是 78.8%，高级水平 I 和 II 分别是 88.2% 和 94.2%）。然而，当动词有宾语时（例句 5），正确率明显降低（初级水平是 55.6%，中级水平是 69.2%，高级水平 I 和 II 分别是 81.3% 和 93.3%）。上文提到，动词有宾语时，句法形式会有很大的变化，或者要求宾语前置，或者复述动词。收集到的语料表明，初级和中级水平的受试更倾向用复述动词来构成 SVOVC 语序。

（4）在日本的时候玩得很好。

（5）*我玩网球得不错。

第二，疑问代词非疑问句的正确率。在初级水平的语言运用中没有表现出"首次系统地应用某一结构"的特征，正确率只有47.4%；只有在中级水平时才显示出一定的正确运用这一句式的稳定性（64.3%）；到高级水平Ⅰ时得到了进一步的巩固，正确率为78.5%；在高级水平Ⅱ时已全面掌握，正确率高达90%。在所收集的语料中，不定疑问代词词组绝大多数都是句子的宾语。这些宾语或者置于句首或者紧跟主语在动词之前。初级水平受试基本上使用了"主—谓—宾"语序，宾语错误地放在动词之后（例句6—9）。

(6) *我没有去过什么地方都。
(7) *我很喜欢什么都国饭。
(8) *我想做什么都。
(9) *我不喜欢喝什么都酒。

高级水平受试者所造的不定疑问代词的句子表现了语序运用上的灵活性。他们能够注意到疑问代词非疑问句中宾语前置的特点，把宾语置于动词之前。他们的偏误多在副词"都"的位置和补语上（例句10、11）。换言之，造成疑问代词非疑问句难度的因素不仅包括宾语前置的变化，而且也包括副词"都"在句中的位置。

(10) *什么事都没准我。
(11) *什么都地方我还没去过。

第三，"把"字句的正确率。初级水平与中级水平受试者在运用"把"字句时存在着一个很大的差别，正确率为0∶42.8%。从中级水平开始，受试者使用了"把"字句，但运用"把"字句的正确率颇低（42.8%）。只有到了高级水平Ⅰ时，使用率才开始有一定的稳定趋势，运用"把"字句的正确率为54.5%。到高级水平Ⅱ时，受试者对"把"字句的运用得到进一步的提高，正确率达69.2%，首次表现出"系统地应用""把"字句的特征。这意味着受试者在他们达到高级水平Ⅱ之后仍然要继续学习"把"字句。

"把"字句的偏误较多出现在动补结构上。偏误可以归为两类。第一类是句中没有动词补语来表明动作的结果和对宾语的作用。这种偏误说明学习者虽然能够造出"把"字句，但却没有真正理解它的功能，可能以为"把"字结构是简单的宾语提前的句子。第二类偏误集中在动词补语的形式和意义上

(例句 12),其中包括语序错误及误用介词(例句 13)。介词在使用上很灵活,在意义概念上较抽象,反映了操本族语的人和第二语言学习者对空间方位在感观和认知上的不同(Bowerman,1989),所以对介词短语的习得往往有难度。

(12) *别把土豆扔在水。(高级 I 的受试者)

(13) *你不要把这些土豆扔掉在水里。(高级 II 的受试者)

初、中级水平的受试者存在着对"把"字句的回避现象。在收集完语料后,研究者个别询问了初级和中级水平的受试者。当问及是否知道"把"字句和为什么在描述图片和回答问题时不用"把"字句时,一些受试者谈到"把"字句需要变化语序,他们更倾向用最简单的形式。还有的说"把"字句的宾语要前置,比较麻烦。可以看出,受试将"把"字句的使用看成单纯的语言形式的变化,而且可用可不用。这些认识说明他们对为什么用"把"字句,即对"把"字句的语用功能还没有建立起概念。

图 3.3 是受试者运用三项结构的准确率的图像比较。被试者的汉语水平(1—4)用左边的轴表示。初级受试者没有造出任何"把"字句,所以显示为零。

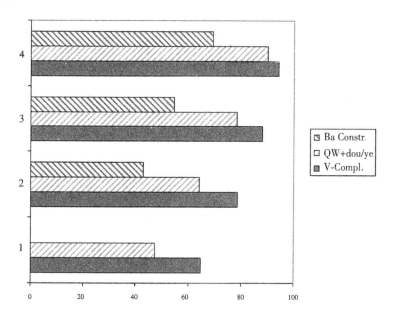

图 3.3 运用三项结构的准确率比较

2. 讨论

研究结果表明，在三种结构中，述补结构最早被习得，"把"字句则最后才被习得。基于这一研究结果，可以这样假设，汉语语序的习得有三个阶段：最初，学习者使用典型的"主—谓—宾"语序。由于述补结构一般符合"主—谓—宾"语序，因此在初级阶段就习得了。当述补结构的动词有宾语时，较低水平的受试者通常使用 SVOV+Compl. 的形式。该形式仍是 SVO 的一种变体，因此比较容易掌握。

下一个阶段是有一定程度的动宾语序变化和调整的阶段。我们再以述补结构为例。如果句子有宾语，那么宾语必须置于动词之前，或者必须重复动词。同样的原则也适用于不定疑问代词非疑问句。如果不定疑问代词在句中充当宾语，就要把它放在动词之前，这样就破坏了"主—谓—宾"的语序，需要语言深层关系的重新组合与动宾语序的重新安排。在这一阶段，由于学生已经接触到大量的非常规语序和分裂动宾成分的输入，他们开始用更为灵活的、非常规的语序来生成句子，如把宾语放在动词之前。

最后的习得阶段是重新安排动宾语序及整个句子的语序。在"把"字句习得中，除了将介词"把"加进主语和动词之间以外，还要把宾语前置，补语要放在动词后，并要叙述完整以表达动词对宾语所产生的作用。学习者不仅要习得宾语位置的灵活性，而且要习得整个句子中表层语串之间语序的灵活性。在这一阶段，学习者能够生成更加复杂的语言形式和功能之间相关联的语序，解决深层结构对表层语序的映射问题。他们要能够在更大的范围内重组深层结构的关系来适应目的语的语言特征。"把"字句的习得正是这样的一个例子。

另外，句法的复杂性还体现在生成句子时所涉及的执行过程（Operational processes）的复杂性。即使述补结构带宾语，运用述补结构仍是相对简单的过程。在这一执行过程中，动词需要重复，以使宾语和补语都能分别紧跟动词。不定疑问代词句式要比述补结构复杂，因为句子的执行过程中所涉及的成分大于动补结构。不定疑问代词宾语除了提升到句首外，还必须有副词"都"与动词连用。而"都"对于说英语的汉语学习者来说并不容易掌握。"把"字句就更复杂了。不论在语言的形式、功能还是语用方面都要求较高的执行过程。

本研究结果支持了 Clahsen（1984、1987）的观点，常规语序策略，即"主—谓—宾"语序策略把语言的深层结构直接地映射到了语言的表层语串。在处理语言材料的形式和功能时比较简单直接，不必涉及和花费很多心理智能，会被学生首先习得。

3. 对教学的启示作用

本实验研究说明，教学指导的适时性在语言习得中扮演着很重要的角色。在这一研究中，四个水平的受试者都接受了课程中对三项结构的一般性教学指导。然而，教学指导对初级阶段的受试习得"把"字句来说几乎没有什么效果。只有在习得了述补结构并掌握了一定语序的灵活运用时，"把"字句才开始习得。也就是说，当学习者的中介语发展到能够分析处理句子倒装时，对"把"字句进行教学指导才是最有效的。教学的导入和学习者的习得阶段相吻合时，才会"雪中送炭"。VanPatten（1991：55）在分析了若干不同的第二语言习得顺序的研究后，做出了这样的总结："对于许多句法的不同特征存在着不同的习得阶段……有些句法特征的习得一定在其他句法的前面。……总而言之，在语法结构的习得上存在着认知和心理语言学的限制作用，课堂教学对这些限制并没有什么作用与效果（尤其是对初级和中级水平的学习者而言）。"

在教与学的过程中，"教"起着辅助、促进的作用，其即时性和适时性非常重要。教学的即时性和适时性是建立在学习者中介语发展的各个阶段上的，习得新的语法项目需要过程。教师应该理解并尊重学习者的学习发展阶段，为学习者提供合适的课程输入和指导，从而帮助他们在"以学生为中心"的教学环境中逐步建立和发展自己的中介语系统。

三、语言可加工性理论

1. 理论框架与内容

Pienemann（1998）提出了语言可加工性理论（Processability Theory），认为在语言发展的任何一个阶段，学习者只能理解和生成那一阶段加工机制操作（Processor）所允许的语言形式。语言可加工性理论建立在 Levelt（1989）通过掌握技能与程序来生成运用语言的基础上，并吸取了 Bresnan（1982、2001）的词汇功能语法理论。词汇功能语法（Lexical Functional Grammar，LFG）是一种多维结构统一语法。"多维"指不同的结构代表不同的规则和运作加工过程；"统一"指语言特征统一的过程保证了句子中不同的成分能够组合在一起。比如例句 1 的概念框架为：动作（V）："交"；施事者（Initiator）："孩子"；接物者（Receipient）："警察"；受事者（Patient）："钱"。

（1）那个小孩把捡到的钱交给了警察。

这个句子有三个句法结构：NP"那个小孩"、VP"交给了警察"、PP"把捡到的钱"。每一个结构又由几个成分组成，如名词短语"那个小孩"由名词"小孩"和其修饰语"那"及修饰语所要求的量词"个"组成。在这一名词结构组合中，概念由语义呈现映射到语法形式上，加工程序的结果形成了名词短语"那个小孩"。动词短语"交给了警察"和介词短语"把捡到的钱"的组合过程也是在词汇的基础上，通过对语义和语法信息的分析加工组合构建起来的。在短语结构的基础上又进行加工处理构建了句子。除了句法结构成分以外，词汇功能语法还包括语法功能的表征（Representation of grammatical functions），其作用是把句子的语法特征和语法成分统一起来，如例句 1，把其中的量词"个"、介词"把"、语法成分如主语"那个小孩"、谓语"交给警察"等组合起来。

词汇功能语法认为，语法建立在词汇的基础上，短语本身有注解、分析及合成的功能。句子的形成来源于词汇的各种特征因素加工后达到的统一。学习者的任务是学习词汇功能语法的结构呈现。这些呈现建立在语法信息交换的心理语言加工过程的分析中。每一层语言加工过程的程序化都会达到一种语言上（如词汇、短语、句法）的统一（Unification）。这一语法包括三部分：(1) 句法成分结构（structure of syntactic constituents，c-structure），用来生成语言的表层结构和各结构之间的关系；(2) 词汇，包括词汇中的语法信息，以用来生成句子；(3) 功能成分的表征（representation of grammatical functions，f-structure），用来把句子语义理解所需要的语法信息组合起来，把句法形式和其底层的短语结构与意义构建起来成为表层的句子。

语法结构的组合是通过语言生成过程的机制中每一项词汇和短语依次的催化激活完成的,而且每一项词汇或短语的加工生成次序为递增,后一项以前一项为前提,整个过程程序化。在语言加工过程程序化中,每一部分(词汇、短语、句子)的连接根据一定的次序进行,一项语法信息和它的组构成分(Constituent)互相交换决定了习得的顺序。那些简单的、不需要较多的心理处理和语言映射的信息资源,那些容易从记忆库中提取的语法程序会被优先习得。因此语言加工处理机制的构造不仅可以帮助我们理解第二语言习得的信息处理过程,而且还可以帮助我们对语法的习得次序做出预测。

语言可加工性理论通过分析语言心理加工过程中产生的普遍处理程序,来研究学习者语法的呈现与发展。这一理论建立在三个前提之上:(1)语法结构加工处理程序相对来说是独立的、自动操作的,这些程序的自动化意味着其过程是无意识的。(2)加工过程的递增性(Process of incremental)。在词汇、语法逐步形成时,概念化的过程也在同时进行,这意味着需要有比较大的语法记忆储存量。当一个处理机制的工作还未完全结束时,下一个处理机制的工作已经开始,这样才能建立起互为一体的言语表层结构。在处理过程中,其中某些成分需要储存在记忆中。(3)处理机制的输出以线性形式出现,在流程中把概念结构映射到语言形式上,如主谓语、人称和数的一致性、语素的意义与形式的结合等。在语言生成加工递增的流程中,具体程序技能如表3.4 所示。

表 3.4 加工处理程序的总层次

(Hierarchy of processing procedures; Pienemann, 1998: 79)

	习得阶段与加工程序	交换层面
5	分句程序(S'-procedure Interphrasal)	短语之间、主句与分句(Interphrasal, Main and subordinate clauses)
4	句子程序(S-procedure Interphrasal)	短语之间(Interphrasal)
3	短语程序(Phrasal procedure Phrasal)	短语(Phrasal)
2	词类分类程序(Category procedure)	词汇(Lexical)
1	词汇(Word/lemma)	无(None)

表 3.4 所代表的是一个普遍的习得层次阶段,而每一阶段都是建立在习得了具体的程序性技能的基础上的。加工处理程序管理某一语言信息在语法结构的各个组成部分中的相互交换。第一阶段为单词和定式的表达。这一阶段没有语言形式上的变异和信息上的交换。语言的意义和形式有着一对一的透明度,独立存在。第二阶段为词汇和定式表达的运用,只要求词类分类程序能够识别出词汇的类型,如英语名词的单复数、动词的不同形式、汉语修饰语后缀"的"或所有格后缀"的"等。第三阶段为短语程序处理阶段。在短语中,短语的各组成部分需要信息上的交换,如名词短语、介词短语、汉语的数量词短语、动补结构。第四阶段为句子程序阶段,即各组成部分的协调处理程序超出了短语而到达了句子的层面,比如汉语的"把"字句、存现句、"被"字句。第五阶段的加工程序超出了单句的范围,是主句和分句之间的层面。不同语法结构的加工处理程序形成了语法习得的前后顺序。

与以加工策略为主的多元发展模式比较,语言可加工性理论在语法的作用、语序的移动和语言的理解与运用方面都有其独到之处。比如,这一理论认为在语法加工时所经历的心理过程的复杂性构成了语言信息加工的复杂性,而不是把某些具体的加工策略与某些语法直接挂钩。此外,该理论将加工因素与词汇功能语法紧密地结合起来,通过心理运作的复杂性来判断语言特征的统一性,重视语法和语素的意义。

2. 汉语形容词后缀"的"的习得研究

我们以汉语形容词和形容词后缀"的"的习得来观察语言可加工性理论的操作过程。汉语形容词和形容词后缀"的"之间没有语法信息上的交换或语法上的一致性要求,因此属于第二阶段:词汇分类程序,即形容词做定语或谓语。而名词短语(形容词+的+名词)则属于短语的处理层次。这是因为当我们生成一个名词短语时,信息的交流在形容词和其所修饰的名词中,名词短语中助词"的"使得形容词后要有名词,把形容词与被修饰的名词联结起来。而形容词做谓词/状态动词时,其句式为简单句,可加工性很小,状态动词的结构概念直接映射到语言形式上,所涉及的是词类分类程序。因此对状态动词的习得应该在名词短语之前。此外,形容词做修饰语的名词短语和状态动词做谓语虽然在加工处理过程中有着不同的程序,但在意义的表达、交际功能方面却是异曲同工的。形容词的这些特征可能会使学习者更倾向于使用状态动词。学习者会先把形容词作为状态动词来分析处理。由于学习者可能会认为这类词是状态动词,因此对形容词的定语习得就会慢下来,对形容词后缀"的"的习得也会慢下来。

汉语形容词在做定语和谓语时常常与形容词后缀"的"连用。比如例句2、3:

(2) 这是一条干净的裙子。(定语)
(3) 裙子是干净的。(谓语)

形容词后缀"的"在例句3"是……的"结构中是不能省略的,但在做定语时,如果形容词是单音节则可省略,如例句4:

(4) 这是(一)条新(的)裙子。

如果用表示程度的副词"很"来修饰单音节形容词,"的"则是不可省略的,如例句5。但也有例外,如果形容词表示数量"多",则"的"可省略,如例句6:

(5) 很新的裙子
(6) 很多(的)裙子

由此可见,形容词后缀"的"的习得取决于形容词。汉语的很多形容词同时也是状态动词(Stative verb)。在没有语境的情况下,很难断定某一形容词的语法属性是定语还是谓语。在有语境的情况下,形容词后可跟形容词后缀"的",而状态动词不用形容词后缀"的",如例句7:

(7) 这条裙子很干净。

再从形容词的交际功能来看,形容词做定语还是谓语对名词的作用和对事物的解释没有太多的不同,都是用来说明名词的状态的,如例句8、9:

(8) 我有一间很大的房间。
(9) 我的房间很大。

形容词后缀"的"的两种语法特征和其交际功能使得我们在研究形容词后缀"的"的习得时会提出两个问题:第一,在学习表征性的词汇(如"干净")时,学习者是否有偏于某一种类别的倾向(如定语形容词或状态动词)?这种倾向性会影响到形容词后缀"的"的习得,对状态动词这一类的倾向则会使形容词后缀"的"的习得慢一些。第二,学习者所进行的分类分析是否受到了形容词和状态动词结构加工处理因素的影响?根据语言可加工性理论学说(Pienemann,1998),如有两个句式结构,不需要很多加工处理资源的结构会首先习得,需要较多加工处理资源的结构会较晚习得。换句话说,如果形容词做定语的名词短语和形容词为状态动词的谓语的加工处理过程不一样的话,学习者会在词汇习得阶段,在结构归类分析中显示出对某一类别的倾向性。他们可能在形容词做定语的名词短语和形容词为状态动词做谓语的习得过程中出现倾向性和变异(Variation)。

Zhang(2004)研究分析了加工处理的制约作用和在习得形容词后缀"的"的分类之间的关系,对语素和句法的习得过程进行了观察与解释。

Zhang(2004)对形容词做定语和做谓语的习得做了纵向跟踪调查。语料来自澳大利亚某所大学中文班一年级的三名学生。数据的处理把做定语的形容词、出现或省略的助词"的"及状态动词都一一查出表明,把所有形容词做定语的名词短语都提取出来进行分布分析(Distributional analysis)。

Zhang(2004)没有采用准确率标准,而采用了出现率标准(Emergence criterion)来检验形容词后缀"的"何时发展成为学习者语法系统的一部分。出现率标准观察某一语言形式最初系统出现的阶段。语言可加工性理论认为,某种语言形式的出现说明在某一习得点,某种技能已原则上被掌握,或某种加工操作原则上已能够基本进行,因此是习得的开端。

两名被试(Kate和Sharon)表现出对状态动词习得的倾向性,同时对形容词做定语及形容词后缀"的"的习得变慢了。首先,她们俩极少在单音节形容词后使用形容词后缀"的";其次,她们较少用形容词做定语的名词短语,特别是双音节或多音节的形容词。虽然她们用了不少"副词+单音节形容词+的+名词"的短语,但"的"在这种语境中都是可省略的,她们都省略掉了。只是到了第29个星期,Sharon的中介语中才正式出现在不同语境用不同形容词,有不同类型的情况。而Kate的形容词后缀"的"在她学习中文第一年的语料中没有出现过。第三个被试(Dave)却不一样。他对形容词后缀"的"的使用出现在四种不同的语境中,而且出现于必用及可用可不用的环境里，因此他的形容词后缀"的"的使用多于省略；而 Sharon 和 Kate 在形容词做定语可用可不用的环境中，都选择了不用。表 3.5 是三名被试使用形容词的实例与类型的出现率。

表 3.5　形容词的实例与类型的出现率

(Token and type of adjectives; Zhang, 2004：457)

形容词"的"的语境	Kate	Sharon	Dave
单音节形容词"的"	1：1	2：2	17：8
单音节形容词"的"省略	16：3	12：6	14：4
多音节形容词"的"	2：2	2：1	9：6
多音节形容词"的"省略	0：0	2：1	0：0
副词单音节形容词"的"	1：1	2：2	12：7
副词单音节形容词"的"省略	1：1	1：1	2：1
"很多的"	0：0	2：1	14：1
"很多的""的"省略	14：1	18：1	0：0
共计	35：7	41：8	68：19

　　三名被试都较早地就习得了形容词为状态动词来做谓语的功能。虽然 Sharon 和 Kate 使用形容词为状态动词来做谓语比 Dave 要早一些，但他们三人对形容词做谓语的使用从总体来说要比做定语的使用频率高得多。Sharon 和 Kate 用了 15 次状态动词，而只用了一次（Kate）和两次（Sharon）定语形容词。相比之下，Dave 用定语形容词和谓语状态动词的频率则比较平衡。表 3.6 比较了做定语的形容词和做谓语的状态动词的使用情况。在做谓语时，三名被试都没有用"的"。这一现象说明学习者对这两种词性的分类有一个清楚的界线。

表 3.6 定语形容词和谓语状态动词的出现率
(Adjective & Vstative output; Zhang, 2004: 461)

被试	形容词：状态动词（类型）	形容词：状态动词（出现频率）	只是形容词	只是状态动词	形容词和状态动词
Kate	7：21	35：56	1	15	6(好、老、漂亮、大、小、很多)
Sharon	8：21	41：62	2	15	6(大、小、好、很多、漂亮、颜色词)
Dave	19：22	68：75	12	15	7(热、好、很多、大、冷、很快、好吃)

Sharon 和 Kate 使用"的"的分布情况证实了学习者首先习得状态动词做谓语的结构，而后习得以形容词做定语的名词短语这一假设。状态动词做谓语属于词汇分类程序，不跟句子中别的成分发生语法关系，不需要很多的信息处理资源。事实上，Sharon 和 Kate 也使用过"的"，特别是名词所有格"的"。她们之所以没有坚持用，除了上述语言可加工性理论的解释外，语言的功能也是一个解释。既然形容词做定语或是做谓语对名词的作用和对事物的解释差别甚微（例句 8、9），那么在功能相同的情况下，学习者用了信息处理资源量度的策略，首选状态动词做谓语的形式。学习者只选用一种形式就可以表达清楚，交际目的就达到了，这样第二种语言形式的出现便姗姗来迟。但并不是所有的学习者都有一样的过程。比如 Dave，他在描述时不断地用短语处理程序，即"形容词＋的＋名词"的结构。另外，他很少省略形容词后缀"的"，即使在可省略的情况下，他也一一不漏都用上。由此可见，他们实际上都用了同一种学习策略，或者是都省略或者是都不省略"的"。结果都是减少了加工处理资源的运用，因为在第二语言系统中语言生成的那一瞬间，他们只依赖一种规则。

表 3.6 说明，大部分的形容词/状态动词往往被学习者分析成状态动词。而且，既做定语形容词又做谓语状态动词（6 个）的比只做谓语状态动词的词少。由于加工处理程序对 Dave 来说没什么压力，所以他用的定语形容词又做

谓语状态动词的频率都差不多,谓语状态动词稍高于定语形容词。

在他们的词汇习得中,形容词的掌握更多的是以状态动词的类型储存到他们的词汇中的。随着他们汉语水平的提高,这些状态动词也有可能在重新分析归类时被加入定语形容词的成分,这时他们会重新构建他们的中介语。由此可见,学习者词汇中的分类分析对形容词后缀"的"的习得非常重要。如果对形容词或定语或谓语的语法功能同时分类,如在 Dave 的学习中,形容词后缀"的"的习得就会超前一些,几乎与谓语状态动词的习得同步。而在词汇习得中,对词汇的分类分析在很大程度上受到语言输出时所需要的加工处理资源的影响。

四、语言可教性假说

Pienemann(1987、1989)调查了德语的语序习得。他所感兴趣的是语言的可教性这一问题,即第二语言自然的习得过程是否受到课堂教学指导的作用与影响?如果是,那是在怎样的条件下发挥作用的?他提出,在自然环境下习得语言的顺序和策略原则与在非自然环境下,即教学环境下的习得大同小异。首先,语法教学是有前提条件的。只有当所教的语言结构接近学习者在自然环境中有能力习得的语言结构时,课堂教学才能对学习者有用,才能促进语言习得。第二,从学习者方面来说,只有当学习者在心理上处于一种就绪状态(Ready for learning)时,才能够接受和掌握课程中所提供的语言形式。正如前两节所讨论的,学习者的语言习得受心理语言学处理能力的限制,必须在前一阶段习得的基础上才能获得下一阶段的进步。第三,教学可以促进语言结构的习得,加快语言能力的发展,但不能改变第二语言习得的顺序。也就是说,教学不能使学习者跳过语言发展的某个阶段而直接进入下一个阶段。第四,即使是在同一个班级,学生的语言发展阶段也并不一致,他们在心理上所处的就绪状态也随之有所不同。

Pienemann(1987)的研究调查课堂教学是否能够影响自然的第二语言语序的习得过程,教学在怎样的条件下能够对语言习得起怎样的作用。调查的语料来自 10 名居住在德国,母语为意大利语的小学生(7~9 岁)。他的研究建立在 ZISA 项目的基础上,主要观察德语语序习得中第二、三、四阶段的五项语法规则的习得过程：①典型语序；②副词的前置；③助词移位；④主谓倒装；⑤动词结尾。本章第二节已对 ZISA 项目的研究做过介绍。这五个阶段的顺序是单一方向的，至上而下，不能有跳跃，也不能反向，而且这种顺序不受学习环境或学习者个体因素的影响与制约。所以出现这样的习得发展顺序和阶段性，是加工策略制约与限制的结果。第二语言习得的发展过程是一个不断修正、摆脱前一阶段加工策略的限制，从而采用更复杂的加工策略进入一个新的习得阶段的过程。

在 Pienemann（1987）的研究设计中，"主谓倒装"的教学输入在学生掌握了"副词前置"但还没有习得"动词分离"的语法结构时进行，目的是检查由于教学的输入，学习者是否能够跳过第三个阶段，即动词分离阶段，直接进入主谓倒装的阶段。判断语法规则的习得不是以形式出现的正确率，而是以"首次系统地应用某一结构"为标准的。他的研究结果显示，同样的教学在不同的学生身上产生了不同的效果，其原因在于学习者个人。正如他所言："显然，我们的研究对象之间最大的差异是他们第二语言习得的阶段不同"(p.153)。比如受试者 Teresa 虽然在没有进入"动词分离"这一阶段就造出了倒装句式，但她的倒装句中 1/3 来自教学例句，属于言语公式化（Speech Formulae, p.149）；2/3 来自模仿教学输入中现成的句子，是教学句型练习后的结果，属于机械性的记忆，而不是真正地掌握了语法规则。另一个受试者 Giovanni 与 Teresa 不同，他已掌握了主谓语的倒装规则，处于语言发展的第四个阶段，只是他使用倒装规则的范围很有限。教学的输入使他扩大了使用倒装规则的范围，比如用于特殊疑问句中。

Pienemann 的结论是，某一语言结构不是在任意的时间内都可以通过教学手段使学习者学会，并构建到其中介语中的。教学效果的影响在某种程度上受到相关的心理处理能力的约束。如果教学指导试图对习得的速度和规则应用的频率起作用，需要一个条件。这一条件就是学习者现有的中介语发展阶段必须接近自然顺序习得中的那一阶段。如果学习者已掌握了某一结构的加工过程，即已做好了习得这一规则的心理加工处理的准备，教学就可以加快学习的进程，促进学习者的语言发展。因此，语言的可教性必须建立在可学性的基础上，随着学习者的习得阶段进行。

第三节 运作原则

一、"内在化模式"与运作原则

本章第一节分析讨论了第二语言习得的竞争模式,竞争模式解释的是学习者理解句子时所运用的策略与认知过程。运作原则(Operating Principles)解释为什么某些语法形式先出现于学习者的中介语中,而某些形式较晚出现。与竞争模式相一致的是,运作原则也非常注重提示的可靠性和有效性(Cue reliability and availability)。在另一方面,与多元发展模式和语言可加工性模式一样,运作原则也认为,容易被学习者注意到而且较容易加工处理的语法特征会首先被习得。运作原则由 Andersen 提出,他在 20 世纪 80 年代发表了一系列文章揭示学习者怎样在言语的互动中建立并不断重建他们的中介语系统。

Andersen(1989)提出的"内在化模式"(Nativization Model)把第二语言习得看作是两个对应的过程:"内在化"(Nativization)过程和"外在化"(Denativization)过程。前者指学习者对语言的输入处理是建立在自己内部对语言系统的认识的基础上的。他们根据自己已有的语言知识,对所接触的语言素材进行假设、分析,从而简化学习任务。内在化发生在语言习得的初级阶段,学习者能学到某种简化了的语言,比如洋泾浜。后者指学习者在后期学习过程中根据"外在标准"来分析检验自己的语言,对语言输入的特征进行推论,使自己的中介语系统顺应"外在标准"(Accommodate to an "external norm")。Andersen 的"内在化"和"外在化"这两个概念并不是互不相关的,而是同一语言的发展过程。学习者中介语发展系统先后经历了个体内在化到外在化标准的转变,语言的习得就是学习者的注意力不断地由内在标准向外在标准过渡的结果。Andersen(1984、1990)提出了"过程、认知运作原则和交际策略"这三项重要的概念。

Andersen 所提出的运作原则在很大程度上受到了 Slobin 语言习得运作原则的影响。Slobin(1985)对不同国家的儿童如何习得第一语言做了一系列的语际共性调查,提出了指导第一语言习得过程的普遍原则,比如听时注意重读音节,把这些音节单独储存,并记住出现时的语境;再比如学习者怎样组织和储存新的语言信息等。Slobin 总结了 40 条这样的原则。Andersen 的第二语言习得运作原则与 Slobin 总结的第一语言的运作原则有不少相同之处，但 Andersen 认为他所提出的运作原则概括性更强，所以每一个原则对应于 Slobin 的一组原则。Andersen (1990) 提出了七项第二语言学习者习得的运作原则，并用这些原则解释中介语的发展过程。具体如下：

(1) 一对一的原则 (One-to-one principle)。中介语系统有这样一个建立过程：深层意义有一个固定的表层形式。

(2) 多功能原则 (Multi-functionality principle)。①输入清楚地表明某一意义可以有多种表达形式，而在中介语中只有一种形式，学习者会去发现那些新形式的分布和它的意义；②中介语中的一种形式只是表达其中的一个意义，而这一意义与输入的形式是吻合的，学习者会去发现输入中语言形式的其他意义。

(3) 正式的决定原则 (Formal determinism principle)。学习者会注意到输入中语言形式和意义之间清楚的、不变的表达关系，但较少注意到其他形式和功能的关系。

(4) 分布偏见原则 (Distributional bias principle)。X 和 Y 都可以在 A 和 B 两种语言环境中出现，但是对 X 和 Y 的分布偏见使得 X 只出现于 A 语境中，Y 只出现于 B 语境中。在习得 X 和 Y 时，会使 X 只出现于 A 语境，Y 只出现于 B 语境中。

(5) 相关原则 (Relevance principle)。两个或两个以上的虚词和实词共用时，虚词对实词的意思来说越有相关性，学习者就越会把这些虚词和实词放在一起。如果学习者发现某个意念在几个地方都有标记的话，只有在与实词的意义最相关的地方才会有第一个标记。

(6) 迁移原则 (Transfer to somewhere principle)。只有当学习者察觉到客观存在的语际共性 (Cross-linguistic similarity) 时，迁移才会发生。作为迁移的结果，中介语中的语法形式和语言结构会持续频繁地发生。

(7) 语言借用原则 (Relexification principle)。当觉察不到第二语言的结构模型时，用第一语言的结构和第二语言的词汇。

Andersen 的内在化模式与他提出的"内在化"和"外在化"第二语言习得过程在很大程度上说明了在语言习得的初期与后期阶段，学习者的中介语不一致的原因。这一模式也解释了学习者是怎样用不同的标准，凭借着对语言输入的观察和理解不断重建自己的中介语系统的。

运作原则也存在着问题,受到了一些学者的批评。首先是这些原则之间常常相互联系而不是独立地存在,这使得检验这些原则变得困难,即使对变量加以控制也不一定能够获得比较有效的检验结果。其次涉及原则的数量与质量,即我们需要多少项原则才能解释语言习得呢?再次,只是把原则排列出来是不够的,更重要的是要解释说明这些原则之间的关系,特别是它们之间重合与冲突的地方。

二、"把"字句习得中一对一运作原则的体现

笔者调查了英语为母语的汉语学习者对"把"字句的习得过程。调查语料来自汉语水平为初、中、高三个年级的 90 名在美国某所大学学中文的学生及 20 名汉语为本族语的华人。引发"把"字句的方式既有图画又有建立在图画上的问题,图文相连,希望引发"把"字句的手段更有效。受试者根据指定的图画进行书面描述。一共有两张图画四个问题:①张先生想请朋友吃蛋糕。他先是切蛋糕。蛋糕切好以后,张先生现在正做什么呢?②—④孩子们正在整理教室。小花和小明已经做了什么了?小红呢?小虎呢?笔者用图画中的语境和情景来引发表示位移意义的"把"字句,如例句 1:

(1) 老张正把蛋糕放进盘子里。

1. 调查结果

出现频率最高的句型是:主语+把 NP+V+介词短语。由"在"构成介词短语,表明动作使宾语处于一定的位置,或动作使宾语发生了位置上的变化。这种变化形于表面,介词短语末尾需要一个处所化标志的方位词"上"或"里"。每个年级使用"主语+把 NP+V+介词短语"的频率都比较高,其中动词"放"和"挂"的出现率最高。初级学习者在动词后所用的介词只有一个形式:"在"。另外,初、中级水平的受试者句末处所化的方位词也只有一个形式:"上",如例句 2。高级水平的受试者在介词和处所化的方位词选择上表现出了不同的形式,但其频率还是比中国人低很多。以对图片 1 的回答为例,既可以用"主语+把 NP+放在盘子+上",又可以用"主语+把 NP+

放进/到/在盘子＋里"来回答（见表3.7中国人的使用数据）。在这种可以选择的情况下，初级受试者统一用了前者，即"主语＋把NP＋放在盘子＋上"。随着汉语水平的提高，他们用后者，即"主语把NP＋放进/到/在盘子＋里"的情况也逐步增多（见表3.7）。

说汉语的本族人所造的句子则表现了动词补语中概念与表达的多样化，不仅有介词短语，也有趋向补语来说明动作的方向，句式为：主语＋把NP＋V＋在/到/入/回＋PL＋上/里。表3.7总结了受试者所造的"把"字句的频率。其中第一种类型（表3.7的第二竖行）的出现率最高，第四种（V＋到/回＋PL＋上）最低。到了高年级时，他们造的"把"字句从单一的"V在方位词上"扩大到趋向补语，处所化方位词也不再是单一的形式，如例句3、4。另外，第二语言学习者，特别是初级学习者，重点似乎在方位词组上，可能把"放在PL上"作为一个语言组块来处理；而说汉语的本族人把重点放在动词的趋向，也就是对"NP"的作用上，用了不同的趋向词如"到""入""回""进"等来说明。

(2) 小虎把花放在桌子上。（所有受试者）
(3) 他/张先生在把蛋糕放到/在盘子里。（个别中级和高级水平受试者）
(4) 这两小孩在把书放回/到书架上。（说汉语的本族人）

表3.7 "把"字句补语中四种不同形式的出现率与百分比

汉语水平	1. V 在 PL 上 (V on PL)	2. V 到/进/入盘子里 (V to/into/in plate)	3. V 在盘子里 (V on plate)	4. V 到/回 PL 上 (V to/return PL)	5.其余
初级	6 100%	0	0	0	
中级	8 80.0%	2 20.0%	0	0	
高级	23 79.3%	2 6.9%	2 6.9%	0	2 6.9%
说汉语的本族人	25 35.2%	8 11.3%	5 7.0%	33 46.5%	

表3.7还显示，不论受试者是初级还是高级水平，出现偏误频率最高的都是丢失处所化方位词，如"上""里"（例句5、6）。初、中、高级组丢失处

所化方位词的百分比分别为 41.2%、29.2%和 31.9%。位移意义的"把"字句中的动词补语往往由若干个成分构成,处所化方位词常常紧跟着处所词居句尾,其意思已在方位处所词中有所表明,所以丢失了也不太妨碍句子的意义以及交际的进行。

(5) *张先生把蛋糕放在盘子。(初级♯3)
(6) *小李把书放在书架。(初级 ♯4)

通过进一步的观察可以发现两点:第一,处所化方位词的丢失与方位处所词在其短语中的语义有密切的关系。当我们的视觉对处所的观察比较单一时,如"在桌子上",处所化方位词的丢失率最低;而当我们的视觉对处所的观察比较多元时,如一本书可在书架上或书架里,一块蛋糕可在盘子上或盘子里时,处所化方位词的丢失率最高。初学者或是用单一的处所化方位词"上"(表 3.7),或缺失(表 3.8)。第二,教学出现频率可能起到一定的作用。介词短语"放在桌子上"一年级第一学期就在教材中出现过,可能在二、三年级的课本中也反复出现过,其出现频率要比"放在盘子上/里"和"放在书架上"高。学习者练习使用"放在桌子上"的机会要比"放在盘子上/里"和"放在书架上"多一些。

表 3.8 缺失处所化方位词的出现率与百分比

汉语水平	盘子∅	书架∅	墙∅	桌子∅
初级	3　30.0%	4　40.0%	2　20.0%	1　10.0%
中级	4　30.8%	6　46.2%	3　23.1%	0　0%
高级	3　20.0%	7　46.7%	4　26.7%	1　6.7%
说汉语的本族人	1	0	0	0

2. 讨论

数据结果表现了两个特点。第一是对动补结构"放在 NP 上"的优先选择。这一句型的出现率最高,也是初级受试者所造的唯一的"把"字句。第二是处所化方位词(如"上""里"等)的丢失现象很普遍。运用 Andersen (1984) 运作原则中的"一对一的语言形式与功能"来解释这一现象,会发现这两个特点同出一辙。某一语言意义功能由某一具体的形式来表达，如果意义功能和形式之间有清楚的一对一的关系，如例句2，补语以一种形式出现。介词短语"在＋地点名词＋上"表达了动作的结果：使受事位于某一地方（如"在盘子上""在书架上""在墙上"）。在这一表达中，语言形式上比较单一，没有异样，每个词的意义也都比较具体。这种一对一的语言形式与功能成为学习者的首选。

然而，在使用趋向补语时，不论是视觉感官还是语言表达都是多元的。确实，对某方位处所上的东西来说，视觉给我们的选择可能是单一的（"在桌子上"），也可能是多元的（"在盘子上"或"在盘子里"），语言的表达也随之复杂起来。从视觉方面来讲，我们既可以把一块蛋糕放在盘子上，又可以放到盘子里，还可以"放进、放入、放回盘子里/中"，关键在于说话者强调的不同。这些表达上的细微差别，可能不容易被二语习得者一下子观察到。Bowerman (1989) 在分析不同语言对空间方位不同的表达后指出，人们的感官直接作用于概念的形成，而概念对语言的表达有着直接的影响，因此不同语言对同一事物的表达不尽相同。比如前面的例句5、6，中文的语法不正确，英文则可以。

补语中缺失处所化方位词（"上""里"等）的现象说明，语言意义与形式关系中一对一的映射关系受到了阻碍。"把"字句中的补语结构由若干小部分组成（如"趋向动词＋方位处所＋处所化方位词"），它们既要把意义和语法有机地联系起来，又要与整句贯通。这样的语言形式与意义有很强的个体语言的特性。确实，学习者的母语中没有处所化方位词，"动词＋在＋处所"已是完整句了，如" Put the cake on the plate""Put the flower on the table"，处所化方位词的意思常常已被补语结构中的其他部分所包含。但汉语语法要求使用处所化方位词（如"上""里"），这就造成了意义上的重复。重复意味着语言功能和形式映射关系不够清楚，从而导致丢失的现象出现。DeKeyser (2005) 在分析了第二语言语法习得的大量资料后指出，重复和可选择性（Redundancy and optionality of the form-meaning relationship）使得语言的形式和意义之间的对应关系不清楚，从而加大了学习任务的难度。学习者在初级阶段只习得某一种语言形式，这种语言形式可能是在输入中出现频率比较高的，也可能是语言形式与功能一对一的特征比较明显的。在"把"字句的学习中，学习者在初级和中级阶段所造的是最常用的、句中动补结构在形式和意义之间一对一的关系比较明确的"把"字句。到了中级，特别是高级水平时才能够摆脱一对一的运作原则而造出多种语言形式的句子。

思考讨论题

1. 竞争模式分析解释语言学习者在进行语言理解处理时所用的机制。竞争模式的理论基础是什么？竞争模式的研究结果对教学有怎样的启示？
2. 多元发展模式是怎么解释第二语言的处理方式和习得顺序的？
3. 语言可加工性理论建立在怎样的理论框架下？
4. 请用语言可加工性理论来解释汉语二语语法习得中的一两个现象。
5. 语言可教性假说的主要内容是什么？可教性假说对教学有哪些指导作用？
6. Andersen 提出了七项第二语言学习者习得的运作原则。你如何看待这七项原则？请举例说明这七项原则中的某些原则是怎样体现在汉语二语的语法习得中的。

第四章　汉语语法习得研究

　　Gass & Selinker（2008）指出，语言习得研究的一个主要目的是观察、分析语言原则的制约对语法的形成所产生的影响与作用。可见语法习得在语言习得研究中的地位。汉语作为第二语言的语法习得研究，总体来说，是从汉语语言本身的特征出发探讨习得的过程。如对特殊句式习得的研究：零代词（Jin, 1994; Polio, 1995）、主述题结构（陈凡凡，2010；温晓虹，1995）、"把"字句（Du, 2010；黄月圆、杨素英，2004；Wen, 2006）、否定句（王建勤，1997、1999；Yuan, 2004）、疑问句（Yuan, 2007、2008；Zhang, 2008；赵果，2003），以及对语法成分习得的研究：汉语形容词后缀"的"（Zhang, 2004）、体标记"着、了、过"（Duff & Li, 2002；孙德金，2000；Teng, 1999；Wen, 1995a、1997a）、量词（Kuo, 2000；Polio, 1994），等等。

　　以上研究有六个特点。

　　第一，以研究习得的过程为导向，描写学习者内在心理机制（mechanism）的作用，如习得某一语言现象时所用的学习策略与认知过程。

　　第二，探讨了语言迁移的问题。造成迁移的原因是多方面的，迁移的条件是什么呢？调查的因素包括母语和目的语之间的差别、语言的共性、语言的标记性、汉语的特征性等。

　　第三，注重实证研究，在现有的理论模式基础上进行求证，对现有理论进行了验证和补充。语言习得这一学科的性质决定了其实证性的研究方式。研究不仅要客观、真实地展现事物本质，而且要能够在不同的程度上对第二语言习得过程和习得机制做出科学的解释。

　　第四，在一定的理论框架下从事研究。或是在普遍语法的指导下（如 Yuan, 2004、2007），或是在认知科学的基础上（如 Kuo, 2000；Zhang, 2005），或是以某一理论模式为研究背景（如 Wen, 1995b、1997a；Zhang, 2004），均表现出了不同视角。正如本书第一章所提到的，由于第二语言习得是一个非常复杂的过程，只限于一个理论框架，从一个视角研究问题是不够的。多元理论的研究能帮助我们更全面、更客观地看问题,从而获得对汉语作为第二语言习得更真实、更可靠的理解与认识。

第五,研究方法基本上采用了定性和定量分析两大类。采用哪一类取决于调查的目的与研究的问题。在实际运用中,对定性和定量的划分有时并不绝对,两者有时可并用。Larsen-Freeman & Long (1991) 指出,定性和定量的研究不应该看作是对立的、互相排斥的,而应看作是互补的。通过个案研究获得的资料与通过加以控制的实验研究获取的资料之间有互补作用。

第六,由于语法习得研究的重点放在汉语独特的语法特征上,故所研究的语法项目往往有标记性,是学习的难点。学习者习得的难点正是教学的重点。因此这些研究的结果对教学实践有着直接或间接的启示意义。教学语法正是在学习者怎样学的基础上产生、建立起来的。

第一节 "零代词"与主述题结构的习得

一、"零代词"的习得研究

Li & Thompson (1976、1981) 在讨论不同的语言类型时指出,英语是主语突出的语言(subject-prominent),主语是句子中的基本单位,做主语和宾语的名词或代词不可省略。汉语是主题突出的语言(topic-prominent),主题(话题)是句子的基本单位,而句子中做主语和宾语的名词或代词在一定的语境中,在谈话者双方都明白所指的情况下,可以省略。这样,汉语便有"零代词"(zero pronouns) 出现了。如果学习者的母语是主语突出的语言,而目的语是主题突出的语言,那么在习得第二语言时,他们的中介语会呈现怎样的特征?一种观点(如 Fuller & Gundel, 1987;Givon, 1984)认为,不论学习者的母语是哪一种特征,学习者在习得第二语言的初期,都会表现出以主述题结构为主的特点,因此主述题结构是中介语初期的一个普遍特征。另一种观点(如 Huebner, 1983;Rutherford, 1983)认为,语言习得初期所表现出的主述题结构并不是因为它是中介语初期的一个普遍现象,而是学习者在从主题突出的母语向主语突出的目的语转化时,受母语影响的结果。比如,

Rutherford (1983) 分析了五种不同母语的学习者学习英语的过程。这五种语言分两类：主题突出和主语突出。他发现学习者，特别是母语为汉语的学习者明显地泛用了主述题句式。Rutherford 认为，在习得主语突出的语言（如英语）时，母语为主题突出语言的学习者会经过"句法化"（syntacticization）的过程。

Jin（1994）对上述两种观点进行了检验。四个年级 46 名在美国某大学学中文的学生及 10 名汉语为本族语的华人参加了实验。语料的收集是通过谈话、复述故事和自由写作得来的。研究结果说明了以下几点：

第一，与汉语本族人相比，不同水平的学习者都添加了大量的名词和代词。添加程度与学习者的汉语水平有关。低年级添加的现象最为普遍，随着汉语水平的提高，添加现象逐步减少。

第二，当做主题和宾语的零代词在学习者的中介语中明显地出现时，其他主题突出的结构也有所出现。

第三，研究结果否定了 Fuller & Gundel（1987）的观点，支持了 Rutherford（1983）的观点，即在中介语发展初期，不存在普遍的主题突出的句式特点。学习者母语的特征会影响他们对目的语的习得。母语为英语的汉语学习者会经历一个系统性的由主语突出向主题突出的迁移，直到他们建立起"主题"这一概念。

第四，作者认为，说英语的汉语学习者会经过四个语言迁移阶段，最终使得他们的汉语语法化，呈现主述题结构。这四个阶段是：(1) 主谓语结构的表征（其特点是缺少零代词，泛用指示代词，缺少主述题结构）；(2) 零代词做主语和主谓语结构的表征混杂出现；(3) 主谓语和主述题结构混杂出现（其特点包括零代词在主语位置频繁出现，在话语中出现零代词的主题和宾语，减少指示代词，增加不带修饰语的名词等）；(4) 习得主题突出的特征。

Jin（1994）的研究结果说明了母语为英语的学习者习得汉语"零代词"的过程及学习任务的艰巨性。但是从另一个角度，即从语言标记性的角度来看，"零代词"具有无标记特征，可能是容易习得的。Chaudron & Parker（1990）提出，语言结构无标记形式的特点使表层结构简化单一，这样的结构要比有表层结构的形式容易习得。"零代词"是最无标记的，因为它没有语言的表层形式。虽然语言的标记性是一个复杂的意念，判断起来并不容易，但目前的共识（如 Chaudron & Parker，1990）是，无标记形式是基础的、缺省的形式，在第一语言和第二语言习得的初级阶段就会被掌握。这样的认识与 Jin（1994）的结果不一致。

Polio（1995）也对汉语零代词的习得进行了调查。Polio 控制了抽样的变量。受试者的母语背景既有美国人，又有日本人。日语也属于主题突出的语言，也存在零代词这一语法现象。通过比较不同母语的学生习得汉语零代词的过程，我们能够了解学习者的母语是否会影响他们对汉语主题突出这一特征的习得。

汉语中对零代词的使用往往取决于它在句中的位置、名词的意义及语篇中的因素。首先，零代词的出现受到句法的制约。它可以出现在主语或宾语的位置（例句1），但不能是介词宾语或兼语句中的兼语（例句2、3）。

(1) Ø 吃 Ø 了。
(2) *你跟 Ø 去看了电影？
(3) *妈妈叫 Ø 买些水果回来。

从语义上来说，第三人称非生命"它"常用零代词，泛指时也常常用零代词（例句4）。

(4) 饭前要洗手。

在篇章的层次上，分句之间的衔接方式会影响到零代词的运用。如果说话者想把相关的一系列动作作为一个整体表达出来，分句便连起来成为话题链。零代词常常用于话题链中。说话者如果想突出话题链中的某一专指，代词会加入其中以使意义突出明了，如例句5：

(5) 外边进来了一个人，Ø 两个红眼睛，一副大圆脸，Ø 戴着一个小帽子，他姓夏。（Li & Thompson，1981：662）

抽样为初、中、高三个水平共42名在台北学习汉语的学生，美国人和日本人各21名。Polio 先让受试者看一段7分钟的无声录像，然后让他们口述看到的内容。调查结果如下：

第一，母语为英语和日语的学生零代词的使用率都随着他们汉语水平的提高而增加。六组学生（三组不同的汉语水平×两组不同的母语）零代词的使用率都明显地低于汉语本族人。

第二，尽管日语也是主题突出的语言，但是母语为日语的学生在汉语零代词的习得方面并没有比母语为英语的学生更好，不同母语组的零代词的使用没有统计意义上的差别（$H=1.49, p=.223$）。日本人和美国人一样，误加了很多名词和代词。

第三，不同汉语水平的学习者在掌握零代词方面有统计意义上的差别。这些差别表现在中级与高级组、初级与高级组之间，初级组与中级组之间没有显著差别。

第四，所有的受试者在表达动物或植物（如山羊、梨、篮子）时都用了零代词（如例句 6）。

(6) 他……他有一个 Ø
　　→Ø 不是狗。(Polio, 1995: 367)

第五，出现频率最高的零代词是代词做主语，并有所指（例句 7）。

(7) 那时候，他没注意。
　　→所以 Ø 碰到一个大一块大石头。

第六，非复指（nonanaphoric）的用法包括零代词，如"Ø 不知道""Ø 懂吗？"

由此可得出如下结论：

(1) 在句法层面上，受试者从没把零代词用于间接宾语、介词宾语和兼语中，所以受试者从没有违反制约零代词的句法规则。

(2) 受试者在决定是否采用零代词做主语或宾语时，便到了语义的层面。如果所指非人物（nonhuman），受试者与汉语为本族语的华人一样，几乎都会用零代词。

(3) 在话语的层面，学习者遇到了运用零代词的困难。如果话题的连接不太紧密，代词就会加进去；如果话题的连接比较紧密，零代词可能会用也可能不会用。也就是在这一层面，汉语学习者与汉语本族人使用零代词的差别最显著。

(4) 汉语学习者所以没有用零代词而用了代词或名词，是受到了造句表达的限制（production constraints）。如在表达时需要停顿或考虑是否要重新建立代词的所指,便用了代词,以使所指突出明确;或在表达中由于认知记忆的关系,加入代词以减少记忆任务的负荷量。

二、主述题存现句的习得研究

上节谈到英语是主语突出的语言,英语的存现句式由无语义的假位主语"there"引导。中文的存现句式与英文不同,其句首为非主语的主题,是处所词。因此,说英语的本族人在学习汉语存现句时,会经历不同语言类型的转化。一些学者认为,在习得第二语言时,不论学习者的母语是主语突出还是主题突出的语言,在他们中介语的初级阶段往往存在着一个主题突出的特征(Givon,1984;Fuller & Gundel,1987;Sasaki,1990)。

在调查中介语是否有主题突出的特征时,研究者们遇到的一个问题是如何确定句子中的主题。Li & Thompson(1976)提出了划分主题的基本原则。但在判断所收集语料的主题时,由于说话者的语境不清楚,常常很不容易判断哪个词是主题。Sasaki(1990)对存现句的研究解决了如何判断句子主题的困难。Sasaki调查了日本中学生学习英语存现句的情况。他在收集语料时,要求学生必须在每个句子中都用上处所词"Tara的学校"。这样,在整理学生的语料时,句子中的主题"Tara的学校"便很明确了。Sasaki的实验结果表明,学生的英语水平与主述题句式有密切的关系。在低年级学生的英语中介语中,主述题形式颇为明显;而高年级学生的中介语中,主述题的特征已不明显,取而代之的是主语突出的特点。

Sasaki的研究虽然成功地解决了判断句中主题的困难,但由于他的抽样是母语为日语的学生,而日语是主题突出的语言,因此,他的实验结果很难证明造成英语中介语中主题突出的原因是什么,可能是由于母语的影响,学生把日语的特征直接迁移到英语中去了,也可能主题突出这一特点是中介语的一个必然反映。目前所做的实验均为对英语中介语的研究,而大部分学习者的母语都为主题突出的语言。我们需要一个双向研究,不但要研究母语为主题突出的学生在习得目的语为主语突出时的情况,同时也需要研究母语为主语突出的学生在习得目的语为主题突出时的语言情况。温晓虹(1995)调查了美国学生对汉语存现句的习得过程。

温晓虹调查了两个问题：(1) 在汉语存现句的习得过程中，是否存在一个普遍的主题突出的特征？(2) 如果主题突出是汉语中介语的一个特征，那么这一特征出现在什么阶段？抽样为美国大学生和汉语为本族语的华人，共76人。美国两所大学三个年级（分别学习汉语8、20、32个月）六个班的学生根据所给的内容写出八个句子。语料的收集是在中文课上进行的。教师发给每个学生一张纸，纸上用英文写着："下面是一所图书馆的情况。请你根据所给的内容快速写出八个句子。你可以反复使用同一个句型。你所写的句子相互之间是没有关系的。请你在每个句子中都用上'那个图书馆'这个词。"八个短语如："十八本中文书""三十五本杂志""两张中国地图""很多椅子"等。这样做的目的在于鼓励学生造存现句。所提供的内容以词组的形式出现，以避免学生在造句时受到英语影响，直接翻译。为了控制主题在句子中的多变性与灵活性，特定的处所词"那个图书馆"成为学生所造句子中的必需成分，成为主题。此外，学生可以反复使用同一句型。这样，从使用的频率中，我们可以判断出什么样的句式学生觉得最容易。总之，收集语言材料时的一个原则是使学生不受任何限制，也不受母语的影响，给学生充分的自由发挥的机会，希望学生造出自然的句子。

调查结果如下：

受试的学生与说汉语的本族人根据要求，一共写出了607个句子。根据句型的不同，所有的句子可归纳为以下五类，前四种都属于存现句。图4.1表明了不同语言水平的学生所造的五种句型的分类百分比。

第一类：处所词＋有＋名词短语

第二类：处所词＋状态动词＋着＋名词短语

第三类：有＋名词短语＋处所词

第四类：名词短语＋处所词

第五类：除了前四类句型外，学生所造的句子都归于第五类

Chi平方用来检验不同汉语水平的学生在运用每一类句型时是否有显著的差别。各个年级所运用的第一类、第二类和第五类句型的频率没有统计意义上的差别，而运用第三类和第四类句型的频率有统计意义上的显著差别。

数据表明，最常用的存现句式大量地出现在汉语学习的初级阶段（学习汉语8个月后）。由此可对本实验提出的问题做一个初步的回答：主述题结构

是汉语中介语中存现句习得的一个明显特征,而且,学生在汉语习得的初级阶段就能基本掌握这一最典型的主述题结构。

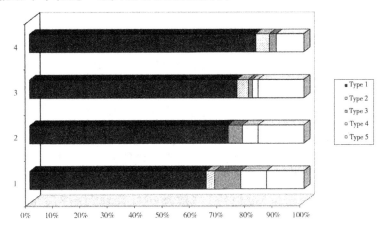

1:初级水平;2:中级水平;3:高级水平;4:说汉语的本族人

图 4.1 不同语言状况的学生造出的五种句型的分类百分比

主题突出之所以成为中介语中的一个特征,是与语言的本质和语言的实用性分不开的。语言的本质在于语言的运用。人们在交际中首先要确立主题,然后围绕主题加以叙述说明,交流意思,传递信息。因此,主述题的结构符合人们语言交际的需要,符合语言急用先学的认知特点,反映了人们交际中的基本形式。

对于初学者来说,用语言来表达意思,达到交际目的是第一位的。儿童在习得母语的初级阶段,只能用有限的词汇和最简单的方式来表达意思。因此,在这个阶段,他们所用的词往往是新信息,是述题(Bates,1976)。在习得语言的初级阶段,幼儿首先对身边的事物建立起概念,这一概念即为主题。幼儿围绕着主题进行叙述。如在掌握了"狗"这一主题后,幼儿开始对狗加以叙述:"(狗)咬""(狗)叫"等等。

习得第二语言和外语也是如此。对于初级阶段的语言学习者来说,交际是第一位的。语言的运用成为语言学习的原则,主述题成为其基本表现方式。词序的排列以语言的实用为主。比如,Givon(1984)在分析了洋泾浜语料后,发现用传统的句法来解释洋泾浜的语言现象时,遇到了很大的困难,觉得洋泾浜杂乱而无系统。而借助语用学的方法来解释洋泾浜的语言现象时,就会发现洋泾浜很有规律,其规律就是主题突出。由此可见,主题突出的结构不但存在于第二语言的习得中,而且存在于第一语言和洋泾浜的习得中。本实验从英语为母语的学生习得汉语的角度又证实了这一点。

主述题的结构集中反映了语言的有效作用。其理论基础是认知心理学中的信息传递原则:人们在交际中先注意最紧迫的内容。交际时主题的确立是重要的,主题确定后人们围绕主题传递信息。因此,主述题句式反映了人们交际时的心理特点与要求。在实用语言学(Pragmatics)的框架下,汉语主述题的结构为无标记,所以学生能够直接习得汉语存现句。

另外,语言标记提供了另一个为什么在中介语的初期学生就能掌握汉语存现句的原因。Hyltenstam(1987)指出,如果母语中的某一成分是有标记的,而相对的目的语中的成分是无标记的,那么学生的中介语中会采用无标记的形式。这时,母语对中介语的影响是很小的,即使有影响,也仅是暂时的。学生会很快摆脱母语的影响,掌握目的语中无标记的成分。

Greenberg(1966)提出了判断语言标记性的几个标准,如使用频率高、意思相中和等。和其他语言相比,汉语的存现句属于无标记。首先,汉语的"有"既表示存在又表示拥有,两个意思使用同一形式。而英语中的存在与拥有则有两种不同的形式。Li & Thompson(1981:514)指出:"世界上大多数的语言都像汉语一样,存在与领有的表现方法是同一的。"第二,汉语的"有"在语义上是中和的(Conflational),跟英语比起来,"有"表示存在的意思与表示领有的意思相中和。基于这两个原因,可能学生更喜欢汉语中形式单一的"有"。

因为学生母语(英语)的存现句是有标记的,目的语(汉语)是无标记的,而中介语往往是无标记的,所以母语对目的语的迁移作用是很小的。即使有也会很快消失。这就是为什么一年级学生的语料中有一些母语的迁移,而到了二年级就消失了。

高年级和低年级的学生所造的第三类(主述题结构)和第四类(主谓语结构)句子的频率有统计意义上的显著差别。随着汉语水平的提高,学生运用第三类和第四类结构的频率降低。尽管第三类句型为主述题结构,但当把英语的假位主语"there"省略后,第三类句式的语序就与英语存现句的语序一样了。由此可以得出的初步结论是:学生在习得汉语的初级阶段,在一定程度上受到母语的影响,所造的存现句为主谓语结构(如第四类句型),或有时在一定程度上用从母语到目的语的直译方法(如第三类句型)。

陈凡凡(2010)也对汉语存现句的习得做了调查,研究结果与温晓虹(1995)相吻合。70 名学习汉语的留学生参加了调查。留学生来自 7 个国家,他们的母语可分为三种类型:主题突出的语言,如泰语和越南语;主题主语兼突出的语言,如日语和韩语;主语突出的语言,如英语、俄语、印尼语。抽样的语言程度为初、中、高三级。调查通过让受试者描述表示空间关系的图片来采集语料。所收集到的存现句可分为五类。虽然五类句式的功能相仿,运用中可互换,但语法类型却很不同。其中第一、二类为主述题结构,第三、四、五类为主谓语结构。具体如下:

1. "有"字句:NL+有+NP。(桌子上有一本书。)
2. "V 着"句:NL+V 着+NP。(墙上挂着一幅画。)
3. "在"字句:NP+在+NL。(哥哥在沙发的左边。)
4. "V 在"句:NP+V 在+NL。(一幅画挂在墙上。)
5. "在……V 着"句:NP+在+NL+V 着。(一幅画在墙上挂着。)

不同母语的受试者在描述图片时所造的句子表明,主述题结构的句式在使用频率上有明显的优势。第一类"有"字句和第二类"V 着"句是受试者使用最多的两种句式,分别占所有句式的 51.0% 和 24.5%,总计 75.5%。而主谓语结构句式,即"有"字句、"V 着"句、"在……V 着"句分别只占所有句式的 10.5%、8.9% 和 5.1%,总计 24.5%。而且,受试者对主述题结构主题的有定特征掌握得比较好,句首处所词基本(99.4%)都为有定成分。

陈凡凡的结论是,不同母语的汉语学习者能够不受母语句式的影响,在他们的汉语习得中有一个普遍的主题突出的特征。

应该指出,我们只是对汉语存现句的习得做了考察,发现主题突出这一特征存在于存现句习得的语料中。但它是否在其他语法项目的习得中也存在,还有待于进一步的研究。

第二节 "把"字句的习得研究

一、文献回顾

"把"字句是汉语语言本体研究和对外汉语教学中广受重视的一个语法项目。"把"字句独特的语法、语义、语用特征引起了各界学者的注意。在语言习得研究方面,对"把"字句的研究方兴未艾(如 Jin,1992;李宇明,1995;崔永华,2003;黄月圆、杨素英,2004;刘颂浩、王燕,2002;高立群、李凌,2004;程乐乐,2006;Wen,2006、2010、2012;Du,2010)。由于对变量的控制有别、考察的视角不同和其他各种因素的影响,目前对"把"字句的研究还没有形成很多共识,我们来回顾一下近二十年的研究。

1. Jin(1992)的研究

Jin(1992)调查了不同的"把"字结构的习得顺序。她的研究在分析非同类语言(主语突出与主题突出)之间相互关系的框架下,探讨英语为母语的学生怎样习得主题突出的语言。根据语法、语义及动词的处置性三方面的因素,Jin 的调查将"把"字句分为三种类型。在第一种类型中,"把"后面的名词是受事者,其语义信息是定指的。此外,第一类"把"字句中的动词有较强的处置性,如例句 1:

(1) 我把饭吃完了。

在第二种类型中,"把"后面的名词是一种事物或属性,其语义相当于句子的主题,与它后面的名词构成主述题。动词的处置性比第一种弱,如例句 2:

(2) 他把橘子剥了皮。

在第三类"把"字句中,"NP"常常表地点,其语义相当于句子的主题或经验者,"把"与后面的名词构成主述题。动词的处置性与前两类相比是最弱的,如例句 3:

(3) 我把屋子堆满了书。

抽样为四个年级 46 名不同汉语水平的美国学生。抽样执行了两项任务。第一项任务是语法判断，共 30 个句子。从语法功能来讲，"NP"有的是直接宾语，有的是定语，还有的是状语。在语义层面上，"NP"有的是定指，有的是类指。就动词来讲，有的动词有较强的处置性，有的较弱，有的没有处置性。第二项任务有两部分：把英文译为中文和看漫画复述故事。

结果总结如下：

第一，对句子的语法判断结果说明，"把"字句的习得与句子的语法特征有密切的关系。在语法和语义上处置特征强的、必须用的"把"字句，较早习得，而处置信息比较弱的"把"字句（例句 2、3）则后习得。

第二，翻译与口述任务的结果与语法判断的结果相同，即当"NP"是直接宾语而且是受事时，四个年级的"把"字句出现率均很高；当"NP"表示直接宾语的方位，如地点状语、非受事时，四个年级的"把"字句使用频率都很低。

第三，第一类"把"字句（"NP"为直接宾语，语义信息定指，是受事者，动词有较强的处置性）最先习得，准确率也比其他两类高。对第二类"把"字句的习得则体现了一种与学习者的语言水平成正比的情况，受试者的汉语水平越高，掌握程度也就越好。习得难度最大的是第三类句式，受试者不但很少使用，而且准确率也低。

鉴于此，Jin 认为说英语的汉语学习者对"把"字句的习得受到其母语中主语突出的影响。由于第二、三类句型中"把"后面的成分是主述题，所以给学习者造成了较大的困难。随着学习者语言水平的提高，这种母语负迁移的现象逐步减少。

2. 余文青（2000）的研究

"把"字句习得的困难是学习者母语的负迁移造成的，还是有别的原因？余文青（2000）对 30 名母语背景不同，在北京某所大学学习汉语的学生进行了调查，考察在具体语境中能否有意识地使用"把"字句。抽样是母语为日语、韩语、英语的学生各 10 名，HSK 水平为 5—7 级。测试方法是提供六段有情景的短文。短文中在应该使用"把"字句的地方画上横线，但有些不该使用"把"字句的地方也画了横线。受试者有两项任务。第一项是在看完六段情景后,根据看到的情景和上下文的关系,在试卷的横线部分填写一个句子。第二项是明确要求受试者考虑在什么地方可以使用"把"字句,让受试者用不同颜色的笔在原件上进行修改。

余文青的实验结果说明,不同母语背景的学生在对句型"S＋把 N_1＋V 在/到＋N_2"(例句4)和"S＋把＋N＋V(＋RC)＋来/去"的掌握上没有区别。

(4) 他把书包放在桌子上。

余文青(2000:50)认为:"不同母语背景的受试者对处置性强的'把'字句容易理解和掌握,知道如何在表示目的意义的语言背景中去使用它。"从中可以看出母语的迁移未必是造成"把"字句习得困难的主要原因。

3. 崔永华(2003)的研究

崔永华(2003)从微观语料着手,只对动词句式"把……放……"进行细致的调查分析。其语料来自"外国留学生汉语中介语语料库"。之所以对这一个"把"字短语的习得进行调查,作者指出原因有二。第一,中介语中虽然有完整的"把"字句,但很多都是"遍体鳞伤",甚至难以对偏误的类型加以描述。第二,如果分析到句子层次,就必须涉及句子的语境、语用等问题,而中介语语料库中的语境往往不够清楚。

崔永华(2003)报告"外国留学生汉语中介语语料库"共出现了3733个"把"字短语,包含889个处于主要动词位置的动词。其中"放"的出现频率最高,共249例。语料中不合语法规则的主要表现于"在"字结构缺少处化标志的方位词(例句5、6),或趋向动词使用不当(例句7)。

(5) ＊最后孩子们把花放我们的头发和毛衣。
(6) ＊把剑放在角落吧。
(7) ＊请你可以自己把钱放进去我的口袋里。

在249个"把……放……"的短语中,使事物处于一定位置(例句8、9),即由"在"所构成的介词结构为动词"放"的后附成分的出现频率最高,共201例。其中符合汉语习惯的有180例,正确率达90%以上。

(8) 把我放在车座的后边。

(9) 把末茶放到茶碗中去。

其次是"趋向动词＋宾语"（例句10），共11例，正确率近70%。由此可见，动词后如用一个介词短语来说明"放"的所处位置，所用的频率很高，也容易掌握；而动词后是趋向补语时，所用的频率较低，较前者也不易掌握。

(10) 把药放进爸爸的口里。

崔永华（2003）的研究结果显示了两项语言特点与"把"字句习得之间有紧密关系：(1)"把"字句中动词的出现频率；(2)介词结构作为后附成分所构成的句型："使……处于一定位置"，其使用频率高是由于所表现的事物含义具体、概念简单。

结果总结如下：

第一，总体来说，含有高频出现率动词的"把"字句容易习得。在语料库3733个"把"字句中，以"放"为主要动词的最多（N=249），其次是"看"（N=109）、"送"（N=107）、"拿"（N=107）、"带"（N=81）、"叫"（N=80）。这5个动词构成的"把"字句，正确率都很高；而低频率甚至只出现一次的动词的"把"字句，其正确率就很低。

第二，在短语"把……放……"中，出现率最高的是介词结构作为后附成分的（例句8），与其他结构的后附成分相比，这一结构的正确率也是最高的。

第三，从"放"的义项角度来看，表示"使……处于一定位置"的最多，在240个用例中，使用正确率超过87%。

第四，从两个宾语共现的情况看（例句8、9），出现频率最高的是两个宾语都表示具体事物的，与其他情况相比，其正确率也是最高的。

4. 黄月圆、杨素英（2004）的研究

与崔永华（2003）的研究相比较，黄月圆、杨素英（2004）对"把"字句的研究规模大了很多。她们从语言本体研究对动词的情状分类着手，调查英语为母语的汉语学习者是如何理解"把"字句的动词终结性的。根据动态、持续和结果等特征，作者把"把"字句中的动词分成四类：

(1) 状态动词［－动力、－时限、－终结］，如"爱""有""住""享受"；
(2) 动作动词［＋动力、－时限、－终结］，如"叫""跑""玩""学习"；
(3) 结果指向动词，包括两类：

创造类结果指向动词［＋动力、－时限、＞终结］，如"造房子""画画"；

消耗类结果指向动词［＋动力、＋时限、＞终结］，如"喝""拆"；

(4) 结果实现动词，如"赢""打死"。

作者认为，既然"把"字句表现某事、某人经历一个完整的变化过程，或者有终结的事件，那么在意义上就要满足两点：终结性和完成性。如第四类动词（结果实现动词）和第三类动词的第二种（消耗类）就满足了终结性的意义，所以这两类动词加上完成体标记"了"就是正确的"把"字句。

抽样为 14 名在北京四所大学学习的中、高级程度的汉语学习者。他们都完成了三项任务：(1) 语法正误判断；(2) 句型变换，即受试者首先决定所给的句子是否能转变成"把"字句，然后把自己认为可以转变的句子进行转变；(3) 用所给的名词和动词造句。

研究结果表明以下几点：

第一，判断任务中的泛化倾向很明显：受试者对不该接受的"把"字句也接受了。另外，受试者能够明显地把状态动词与事件动词区分开来，他们不接受状态动词的"把"字句，判断状态动词"把"字句的正确率达 80%。

第二，在改写句子的任务中，大部分受试者明显意识到状态动词和"动作动词＋进行时"与"把"字句的不兼容性。但不少学习者可能把"把"字句简单地理解成宾语提前的句式，造出了"＊王林把一封很长的信写了"这样的错句。

第三，在造句时，受试者能够意识到"把"字句对终结性和完成性意念上的要求，比如对缺乏终结性和完成性的动作动词，多数会添加表示结果或变化后的状态定界成分，以及完成体标记"了"来补充终结性和完成意义。偏误主要表现在动补结构上，如动量补语、结果补语、可能补语等，在动词与定界成分的搭配方面偏误比较多。

第四，受试者对结果实现动词的"把"字句使用正确率最高，对用方位短语与做定界成分的结果指向动词也掌握得比较好。

作者的结论是，学习者对"把"字句的终结性和完成性的关键语义有明显的意识，这种意识与语言习得中的"情状假设"倾向普遍一致。

5. 程乐乐（2006）的研究

崔永华（2003）的调查结果与后来的一些研究结果相一致。比如，程乐乐（2006）在对日本留学生习得"把"字句进行的问卷调查中发现，在句式 1 和句式 2 之间存在一个初级阶段"把"字句的难易序列。对日本学生来说，句式 1 最容易掌握，出现的偏误也最少；句式 2 则较难掌握，出现的偏误也较多。

  句式 1：主语（施事）＋把＋名词 1（受事）＋动词＋在/到/给/成＋名词 2

  句式 2：把＋名词（受事）＋动词（带有宾语）＋补语（结果补语或趋向补语）

6. Du（2010）的研究

Du（2010）的研究借鉴了第一语言习得研究的结果，选择两种"把"字句句型："Subj.＋把 NP＋V＋结果动词补语"和"Subj.＋把 NP＋V＋了"，研究探讨学习者是否能遵循"把"不能与光杆动词连用，而是要与结果补语或"了"一起使用的规则。抽样为三个年级 65 名美国学生，以及 20 名说汉语的本族人。受试者执行了两项任务。第一项任务是在看录像后描述录像中人物的动作行为，第二项任务是判断句子的正误。一半录像是为了引发带结果补语的"把"字句，另一半录像是为了引发带句尾"了"的"把"字句。Du 的研究结果表明以下几点：

第一，在看录像后描述事件的发生这一任务中，不同汉语水平的三个小组都造出了带有结果补语结构和句尾"了"的"把"字句。学习者使用这两种"把"字句的频率随着他们汉语水平的提高而增多。比起汉语本族人的数据来，受试者"把"字句的使用频率远远低于他们，即使在高年级也是如此。

第二，不同汉语水平的受试者对句子语法的判断都做得很好，与汉语本族人的判断数据没有显著差别。很多受试者认为"把"字句中没有补语是不正确的。

第三，高级水平受试者对"把"字句的运用呈现出更多不同的形式。

作者由此认为，学习者在汉语学习的初级阶段就已经领会了"把"字句的一些关键因素。在使用"把"字句时，用错的情况，特别是与动词单独使用的情况不多。这表明他们使用"把"字句时比较谨慎，只有在有把握的时候才用。

从以上的调查研究中可以看出两点。第一，出现于汉语中介语中的"把"字句是典型的、最常用的"把"字句。在意义上表示通过某个动作使某事物受到了影响和变化，或发生位置的移动，或发生状态的改变。第二，大量地出现于中介语中的"把"字句动词表示动作，表示一旦发生就会有结果的动作。从以上两点可以看出，对于学习者来说，当他们造出"把"字句时，似乎意识到了"把"字句的基本意义和功能。此外，只有一定汉语水平的学习者（中、高级程度）能造出"把"字句，初级甚至中级水平的学习者产出"把"字句的情况较少。他们不用"把"字句的原因很多，或是学习者没有运用"把"字句的知识和技能，不会用；或是学习者有运用"把"字句的知识和技能，但不愿意用；或是引发的手段不得力，不需要"把"字句也能把意思表达出来。

二、位移"把"字句的实验调查

本实验试图对上述因素加以控制，以便调查不同汉语水平的学习者运用"把"字句的情况。

1. "把"字句的特征

"把"字句的基本结构是 Subj. ＋把 NP＋Verb＋Verb Complement，即"甲把乙怎么样了"。主语常常不可缺，因为表示引起变化和造成结果的施事者或责任者（刘月华等，2001）。动词和"把"的宾语（"NP"）之间常常有动宾关系。动词后面要有补语来表示动作的结果，也就是使"NP"改变了的状态或位置。"把"字句的谓语包含补语和一些含有完成或结果意义的后附成分，如动态助词"了"，或动词本身就含有结果意义。Feng（2001）指出，"把"字句是否有补语也与句中动词的音节有关系。韵律对动词是否可以光杆起制约的作用（Prosodic constraints），比如口语中单音节动词不能光杆，但双音节就可以。

除了表达方面的要求以外，"把"字句也有结构上的要求。比如，如果谓语动词中有两个名词（一个受事名词，另一个或是处所名词或是别的补语名词，表示受事名词所处的位置或状态变化）时，往往得用"把"字句（刘月华等，2001）。崔永华（2003）的研究从习得的角度也证明了这一点，如例句11：

（11）男孩儿正把花儿放在桌子上。

"把"字句有两个鲜明的语义特征。第一，"NP"是定指的，说话者和听话者双方都明白其所指。"NP"常常是受事，但也可以是非受事。第二，"把"字句强调经过动作后"NP"所起的变化和结果，"把"字句要通过动词补语来表达这种变化与结果。

在话语篇章方面，动词补语中的某些成分，如句末的方向补语动词和"了"的省略，受到篇章的限制。在第一个分句中可省略，但在整个话语结束时则往往不能省略，如例句12、13：

（12）他把花儿搬进来了。
（13）他把花儿搬进房间，也把衣服收进房间里来了。

在语用功能方面，"把"字句常常用于叙述或祈使句中，如例句14—16：

（14）她从冰箱里拿出了一个蛋糕，把蛋糕放在桌子上，切成一块一块的。然后把每块蛋糕放在小纸盘子里，给大家吃。
（15）请把书打开，翻到第15页。
（16）把门关上！

典型的"把"字句表示"NP"位置的移动与变化。崔希亮（1995）指出，典型"把"字句的第三类表示"某一行动使B或将要使B的位置发生位移"。张旺熹（2001：2）从1996年第一季度的《人民日报》中随机抽样收集了2160个"把"字句。在对这些例句进行分析后，提出典型的"把"字句"所表现的可能是一个以空间位移为基础的意象图式及其隐喻关系"。以上的研究说明，在实际运用中，表达位移的语义概念时，"把"字句的使用率是最高的。本项实验所要调查研究的正是这样一种类型的"把"字句。

根据意义的不同，本调查把重点放在三种类型的"把"字句上。第一种的"NP"是有生命的，指人。选择这一类型的目的在于比较有生命的（特别是人）与无生命的"NP"在"把"字句的习得运用中是否有差异。既然"把"字句所表达的动作对"NP"的结果有影响（Sun, 1995），"NP"的生命性（animacy）这一特征对于选择使用"把"字句可能会起一定的作用。第二种是"NP"向某一具体方向被移动（例句12）。第三种表达"NP"被放置或处置到某一处所（例句13）。与第三种类型比较，第二种类型没有说明处所，只是表达了动作的方向；而第三种类型有一个处所短语和方位名词，表达"NP"被移动的去处。

两个研究问题是：

（1）不同汉语水平的学习者在"把"字句的使用率上是否有显著差别？

（2）如果有显著意义的差别，这些差别体现在哪种类型的"把"字句中？某一种类型的"把"字句是否会先习得？

2. 研究方法

抽样为在美国某所大学三个年级五个班的学生和在美国的汉语本族人，共110人。初、中、高级受试者各30人，中国人20人。汉语水平是根据受试者所在的班级和代课教师对学生语言能力的鉴定来划分的。初级修了约140个课时，中级和高级水平分别修了约220个和300个中文课时。所有的受试者都在他们的教材中和课堂上学习过"把"字句。初级水平在收集语料的两个多星期前刚刚在课程中练习过"把"字句。

由于对在什么情况下可用"把"字句、什么时候必须用"把"字句这些问题并没有一个简单一致的回答，因此很有必要收集汉语本族人的数据，作为比较的参照。

语料的收集是在一学年快要结束时进行的。受试者在课堂上根据所给的6个不连贯的图画语境来回答7个问题，时间不限。页首有如何完成任务的要求：Please answer the questions in sentences based on the given narratives and the pictures below. You may write in character or *pinyin*. Vocabularies in the parentheses are provided for your convenience.

① 李太太想去金源商店，可是她不会开车。李先生刚刚做什么了？

② 要下雨了。李先生李太太怕衣服和花淋湿了。李先生要做什么呢？李太太呢？

③ 安娜去了长城,照了很多相。她正在做什么呢?
④ 李先生的床在楼上。他希望他的床在楼下。工人们刚刚做什么了?
⑤ 李明得去学校,可是他没有车。他的爸爸刚刚做什么了?
⑥ 这个工人不喜欢面包。他刚刚做什么了?

用图画与问题作为手段来引发"把"字句有几个优点:第一,画面强调了动作的结果,表达了"甲把乙怎么样了"的意思,适合"把"字句的运用。第二,由于"把"字句经常用在叙述的篇章中,根据图画来回答问题正是这样一个叙述手段。

评分时主要察看两点。第一,是否使用了"把"字句。第二,所造出的"把"字句是否正确。书写方面的错误不进入记录。在判断正误时,语法、语义、语用三个方面都是标准。对于每个问题并没有所谓的标准句子,只要造出的句子合乎这三个方面的汉语习惯即为正确。

3. 结果分析

三组受试者根据所提供的 6 幅图画 7 个问题共造出 603 个句子。其中含有"把"字的句子 98 个。表 4.1 是各个语言水平的人使用"把"字句的频率和正确率。

表 4.1 不同水平的人使用"把"字句的频率和正确率

水平	人数	总计"把"	"把"的使用比率	"把"的正确使用率
初级组	30	17	8.4%	35.3%
中级组	30	27	13.4%	44.4%
高级组	30	54	27.1%	50.0%
中国人	20	108	80.0%	

从表 4.1 中我们可以看出四点。第一,汉语水平与"把"字句的使用频率成正比。随着汉语水平的不断提高,学习者使用"把"字句的频率也不断增加(分别为 8.4%、13.4%、27.1%)。第二,学习者运用"把"字句的频率,即使是在高年级也远远低于汉语本族人(27.1% 对 80.0%)。第三,说本族语的中国人也没有在所给的情境中百分之百地使用"把"字句。第四,"把"字

句正确率的分布在预料之中：随着汉语水平的提高，正确使用"把"字句的比例也不断增加（分别为35.3%、44.4%、50.0%）。

卡方检验表明，三组不同汉语水平受试者使用"把"字句的频率有统计意义上的显著区别（$Chi^2=95.5$, $df=5$, $p<.001$）。这回答了本实验所调查的第一个问题。

受试者，包括汉语本族人在内，一共造出了206个"把"字句。根据不同的句式和意义，所有的"把"字句可归纳为三大类型（例句17—19）。

I. 主语＋把 NP(human)＋动词＋到＋处所（＋VC）。
II. 主语＋把 NP＋动词＋趋向动词补语。
III. 主语＋把 NP＋动词＋趋向动词补语＋处所－处所化词（＋VC）。

(17) 李先生把李太太送到了商店（前边儿来了）。
(18) 王先生正在把花儿搬进来。
(19) 王先生正在把花儿搬进房间里（来）。

第一类句式表达"谁把谁送到某地"：Subj.＋把 NP(human)＋V 到＋location(＋VC)。

图1和5的问题引发出了第一类句式。表4.2是这一句式的使用频率。与其他两类句式相比，此句式的使用率最低。汉语本族人使用此句式的频率也不高，只有一半以上：57.5%。用非"把"字句回答，有的可以接受（例句21），有的没有利用语境中的上下文，而是做了直观的"看图说话"，造成了话语上的脱节（例句22）。第一类句式的错误包括缺失时间词（如"已经、刚才"）或句尾"了"。

(20) 李明的爸爸（刚）把李明送到学校。（不同水平的受试者，中国人）
(21) 李明的爸送李明到（了）学校（来了）。（不同水平的受试者，中国人）
(22) 李明跟他爸爸说"再见"/告别。（不同水平的受试者，中国人）

表 4.2 第一类"把"字句的使用率（图片 1、5）

水平	把某人送到某地		非"把"字句	
	N	%	N	%
初级组	2	3.4%	57	96%
中级组	3	5.1%	56	94.9%
高级组	6	10.4%	52	89.7%
中国人	23	57.5%	17	42.5%

与其他两种句式相比，这一句式除了"把"字句出现率低外，一个显著特征是句中的"NP"在语义上表示有生命的人物（如"李太太、李明"），而在其他两种句式中，"NP"均为无生命的事物。这一现象说明，有生命的"NP"似乎对"把"字句的使用有一定的限制作用。

图 2、3、4、6 的问题引发出了第二类和第三类句式。上文提到，第二类的"把"字句没有说明"NP"被安置到了什么地方，只是说明方位趋向，如"进来、出去""里面、外面"，如例句 18、23。没有地点名词自然也就不需要使名词处所化的方位词，如"里"。第三类句式（例句 19、24）比第二类句式复杂，不仅加入了处所短语，而且处所短语是由若干个成分组成的（地点名词＋方位词组）。此外，第三类句式就动作的方向对说话者来说有几个变体，如"V 进 PL 来"或"V 到 PL 去"。另外，句尾的趋向动词"来"和"去"有时可以省略。省略的原因是多方面的，如说话者的强调，或者整个句子在语篇中的位置。试比较例句 12 和 13，句 13 的第一个分句省略了"来了"，而在第二个分句中，即话语的末尾则往往不可省略。

当可以在第二和第三类句式之间做选择时，初级和中级的受试者统一都选择了第二类（见表 4.3）。像汉语本族人所用的多种形式的"把"字句只在高年级才个别出现。比如图片 2 的问题可以引发出两个不同的"把"字句，或是第二类"V＋趋向动补"，或是第三类"V 到/进＋方位处所结构（＋动补）"。所提供的语境是："要下雨了。李先生李太太怕衣服和花淋湿了。李先生要做什么呢？李太太呢？"受试者采用了三种句式回答这一问题：第二类（例句 23）、第三类（例句 24），或是非"把"字句（例句 25）。

(23) 李先生正在把花搬进来,李太太把衣服拿下来。

(24) 李先生正在把花搬进房间,他也要把衣服收回房间里来。

(25) 李先生正在搬花,*也拿衣服进房间里。

表 4.3　第二类和第三类"把"字句的使用率对比（图片 2 的两个问题）

水平	第二类		第三类		非"把"字句	
	N	%	N	%	N	%
初级组	6	10.7%	0	0%	50	89.3%
中级组	8	14.8%	0	0%	46	85.2%
高级组	12	22.2%	6	11.1%	36	66.7%
中国人	17	48.6%	16	45.7%	2	5.7%

　　初级和中级组是不会用第三类结构,还是不愿意用？从别的语境中（如图 3、4、6 所提的问题）可以看到,在没有选择的情况下,有的初级组和中级组的受试者也用了第三类句式,分别造出了 6 个和 14 个第三类的"把"字句（见表 4.4）。而当语境给他们选择的可能时（图 2 的语境）,他们选择了第二类。表 4.4 也显示出学习者造第二类和第三类"把"字句的频率稳定地随着汉语水平的提高而增加。

表 4.4　第二类和第三类"把"字句的使用率对比（图片 2、3、4、6）

水平	第二类			第三类			非"把"字句	
	N	%	正确率	N	%	正确率	N	%
初级组	9	6.2%	55.6%	6	3.2%	16.7%	129	89.6%
中级组	10	7.1%	70.0%	14	9.9%	28.6%	118	83.1%
高级组	14	9.9%	71.4%	34	24.1%	41.1%	93	66.0%
中国人	19	20%		66	69.5%		10	10.5%

　　使用第二类"把"字句比第三类的正确率高得多（见表 4.4）。即使到了高级组,第三类句式偏误的数目仍然没有明显的减少。第二类句式出现的偏误是缺失时间词（如"已经""刚才"）或句尾"了",同样的偏误也出现于第三类句式中。此外,大量的偏误还表现在补语上,在详细说明动作对"NP"

的处置作用上。这些偏误可归类为四种：缺少句尾趋向动词补语（例句 26、27），错用或缺失动词后的趋向补语（例句 28—30），缺失处所化方位词"里"（例句 29、30），以及补语中的词序错误（例句 31、32）。补语不齐全，或是词序不正确，或是搭配不恰当，一个句子常常会有一个以上的偏误出现。

(26) *安娜把照片送到英国。（中级#13，高级#11）

(27) *工人把床搬下楼。（初级#1）

(28) *安娜把长城的照片寄在英国。（初级#12）

(29) *工人把小面包扔在河（了）。（中级#11，高级#29）

(30) *他把面包扔在河。（高级#2）

(31) *工人把床从楼上到楼下搬下来了。（中级#7）

(32) *李先生正在把花搬进来房间。（高级#4）

使用频率最低的是"V 给＋NP"结构，即动补结构是一个间接宾语（"把信寄给英国的朋友"）。这一结构出现在回答图片 3 的问题中："3. 安娜去了长城，照了很多相。她正在做什么呢？"回答既可以用"主语＋把 NP＋动词＋到/回/往/去＋处所"，也可以用"主语＋把 NP＋动词＋给 NP"（例句 33—35）。中国人两种都用了，尽管后者（"V 给＋某人"）使用次数不多（4 次）。而所有的学习者都没有用，他们或者用前者（"主语＋把 NP＋动词＋到/回/往/去＋处所"）或者用非"把"字句。这一现象似乎说明，在表示趋向补语时，如果可以选择"V 到/回＋某地"或"V 给＋某人"，学习者更倾向于前者（例句 33、34）。

(33) 安娜在把长城的照片寄回英国。（N＝2，高级组）

(34) *她要把那些照片寄去英国。（N＝2，中级和高级组）

(35) 安娜正把她在长城照的照片寄给她英国的朋友。（N＝2，中国人）

现在回答第二个问题："如果有显著意义的差别，这些差别体现在哪种类型的'把'字句中？"在表示趋向意义时，"V 趋向"结构是学习者的首选（如"李先生把花搬进来"）。只有到了高级组，选择才开始变为双向，"V 到/进＋方位处所短语"结构开始出现（如"李先生把花搬进房间里了"）。

受试者出现的偏误除了补语的残缺与词序错位以外，还包括语言形式和意义上的不吻合。"把"这个字虽然出现，但不少句子有"把"字，却没有

"把"字句所表示的功能。这些句子没有表示动作的结果,动词后没有任何附加成分,如例句 36—38。

(36) *安娜把她的照片寄。(初级#8)
(37) *安娜把长城照片在信封(里)放。(初级#5,中级#6)
(38) *工人把面包在河里扔。(中级#2、#4)

4. 讨论
(1) 句法和语义的制约

学习者所造的"把"字句受到句法和语义的制约。首先讨论"把 NP"。所有受试者所造的"把 NP"都在正确的位置:主语后、动词前。从语义上来说,所有的"NP"在语境中都是定指,并具有无生性的特征。当"NP"指人时,"把"字句使用的频率很低(见表 4.4)。由此可见,学习者对"NP"的受处置性,即它在语义上受到的制约有一定的意识,这种意识影响了对"把"字句的选择。

其次是"把"字句句式结构的呈现。在学习过程中,学习者逐步认识到"把"字句不是仅把宾语提前即可(主语+把 NP+动词)。他们一定发觉"把"字句的形式更是"主语+把 NP+动词+补语"。本研究和以前研究(如 Jin, 1992)的数据表明:光杆"把"字句主要出现在初、中级水平的使用中(例句 36—38),而更多的"把"字句则以"主语+把 NP+动词+补语"的形式出现,尽管补语中存在着大量的成分缺失、搭配及词序的偏误。这些现象说明,在语义上学习者对"把"字句的功能有一定的理解,即这一句型要表达动词对"NP"的作用,是要有补语的。

(2) 形式与意义上的复杂性

"把"字句复杂的形式对学习者使用这一句式起到了限制作用,造成了学习的难度。Ellis(2002:28)对语言形式的复杂性(formal complexity)是这样定义的:"The extent to which the structure involves just a single or many elements." Chaudron & Parker(1990)提出,有标记的形式常常指语言表层形式的复杂结构(surface structure complexity),这一形式后习得。本研究的结果和以前的研究结果(如崔永华,2003;黄月圆、杨素英,2004;Du, 2010)表明,"把"字句句法习得的困难更表现在句式中的动词补语结构上。

动补结构有时很简单，由一个字或一个词组成（如句尾"了"或趋向动词"进来"），但也可以变得很复杂，由五个成分组成：趋向动词＋处所＋处所化方位词＋趋向动词＋句尾"了"，如"（搬）进/屋子/里/来/了"。受试者造形式简单的"把"字句（如第二种类型）要比造复杂的"把"字句（如第三种类型）频率高，准确性也明显更高。

就习得"把"字句而言，数据说明，学习者优先习得形式相对简单的结构，如"把书拿走""把书拿到我这儿来"，也优先习得感官相对直接、意义相对具体的内容，如"把书放在桌子上""把书放在书架上"。而在生成"进屋子里来了"这样比较复杂的补语时，学习者必须对词汇或短语进行选择，对它们之间的搭配及顺序进行处理，比如：是用"进"还是"到"？是用"里"还是"来"？或者两者都用？它们之间在意义上的差别很细微，选择常常取决于说话者想强调什么与说话时的语境（见汉语本族人的例句 23、24）。学习者必须把动补结构中每一个小成分的语义按照语法所要求的形式重新组合起来（meaning reorganization；Bowerman，1989）。在这种意义和形式的映射过程中，有的意念并不是很容易就可以从输入中推断的。把这种深层的意念用表层的形式表现出来，并不容易。

（3）对"把"字句语言功能的理解与认识

本研究的数据表明，受试者对"把"字句功能的认识正在形成。证明有二。

第一，当"NP"指人时，受试者造出"把"字句的频率很低。人的被处置性相对比较弱，所以第一类"把"字句出现率很低。这也解释了为什么学习者，特别是中、高年级的学习者，并没有造出很多光杆动词结尾的"把"字句。很可能学习者对"把"字句的功能形成了一定的概念认识。

第二，学习者可能没有意识到"把"字句一般要求比较详尽的动词补语，来说明动作对"NP"的具体影响和涉及的作用。他们虽然能造出"把"字句，但并不意味着对"把"字句的语用功能有清楚的认识。正如 Bardovi-Harlig（1995）所指出的，在正式教学情境下，学习者语言形式的出现常常会先于对其意义与功能的理解。光杆动词结尾的"把"字句的出现和宾语提前的句子（例句 36—38），以及动补的偏误和部分成分的缺失就说明了这一点。学习者，特别是初级阶段的，可能认为"把"字句是语法上的选择而不是语用上的必须。这就是为什么学习者用了"把"字,但却把处所词放到动词前面去了(例句 36—38)的原因。

应该指出,本实验虽然有受试 110 人,但所收集到的"把"字句的使用语料仍然很小,数据分析也就因此而受限,因此在解释结果时必须小心谨慎。

三、"把"字句习得研究小结

下面的讨论包括了两个位移动词的"把"字句习得的调查,即本章的调查和第三章第三节中的调查。

1. "把"字句的出现频率与正确率

出现率高、准确率也高的"把"字句是"主语+把 NP+放+介词短语"。这一结果和崔永华(2003)、余文青(2000)等的研究结果是一致的。这一句型成为学习者的首选,在初级阶段就出现了。三个原因可以用来解释这一现象。第一,此句型在语言输入中频率高,汉语本族人的使用频率也高(刘颂浩、汪燕,2002)。本章的调查还说明,学习者使用"把"字句的频率与汉语本族人的使用频率往往成正比。第二,此句型的补语形式简单,形式与意义的对应清晰度高。比如"男孩儿把花放在桌子上"这一句子,在形式和意义上有一对一的关系,没有意义上的重叠与形式上的省略或多余。第三,在概念上具有"把"字句的典型特征:动作使"NP"的位置移动了。而有典型特征的"把"字句容易习得(Jin, 1992;余文青,2000;崔永华,2003;黄月圆、杨素英,2004;程乐乐,2006)。除了"放"以外,类似的动词还有"送""拿""带"等(崔永华,2003)。不同的是,"送""拿""带"后的补语要比"放"后的介词短语复杂一些,学习者出现的偏误也多一些。除了这些位移动词外,结果实现动词,如"看""给""寄"也较早被习得(崔永华,2003)。这些动词在语义上都有两个特征:终结性与完成性,属于典型的"把"字句的特征(黄月圆、杨素英,2004)。由此可见,目前的研究所达成的共识是:具有"把"字句典型特征的、"NP"是直接宾语而且所指具体的、必须用的"把"字句,较早习得。

2. 补语的缺失与映射问题

首先,"把"字句强调的是动作对"NP"所产生的作用:"complete

affectedness of an event on the patient object"(Sun, 1995)。"把"字句要通过补语来表达这种变化与结果,这就需要表示动作结果的补语尽量详尽,而这一点正给学习者带来了较大的困难(Jin, 1992;余文青,2000;崔永华,2003;黄月圆、杨素英,2004;程乐乐,2006)。初级组和中级组的受试者并不是不会运用"V 到/进+方位处所短语",而是避免用。只有到了高级组,选择才开始变为双向或多向。从词汇、意义与形式上来讲,"V+趋向"要比"V 到/进+方位处所短语"简单得多。前者是一个简单的趋向动补结构,如"搬进来""拿下来",学习者可以把它作为一个合成短语,作为一个单位来记忆和运用(Formulaic use;Bardovi-Harlig, 2002)。而后者容易复杂起来(potentially complex),因为它的动补结构要由三个或更多的部分组成:动词短语+处所词+处所化方位词+趋向动词,如"搬进/到房间里(来)"。在第二节的研究中,受试者对第三个问题的回答可以有一系列的选择:"寄到""寄给""寄回""寄往"等,而且这些词语后除了处所名词外,还常常要有后附成分,如"去了""那儿了""家里了"等,以构成动补结构。动词补语的长度使记忆工作量增大,形式的复杂使句子生成处理过程拉长。随着学习者语言经验的积累和对语言的观察与运用,"V+趋向"这一结构得到了延伸,才有了"V 到/进+方位处所短语+趋向动词"等比较复杂的动补形式的出现。Du(2010)的研究结果也说明了这一点。另外,语言形式的选择既源于使用者对事物和它存在形式的感观认识,也包括语义分类的不同,同时还受学习者跨语言、跨文化的影响(Bowerman, 1989、2000)。

其次是补语的不完整。大量的"把"字句偏误在于缺少句末成分,比如丢失句尾"了"、处所化方位词"上"(放在书架上、挂在墙上)和"里"(扔到河里、放进盘子里)、趋向动词"来"(搬到我这儿来)或"去"(搬到楼下那边去)等。这些词在某些语境中是可省略的,如例句 23、24,但有的时候是语言形式所要求的,尽管意义已经在别的补语成分中表现出来了,如"上"(放在书架上、挂在墙上)、"里"(扔到河里、放进盘子里)和"来"(搬到房间里来)。DeKeyser(2005)指出,语言的形式与意义的重复和可省略使得形式和意义之间的映射缺少了透明度,因而加重了习得任务的难度。

学习者缺少句末处所化方位词的原因还涉及感观与概念的相互作用。概念与语言表达形式的透明度是连在一起的。在同类语境中,如果方位结构中的名词比较直观，受试者较少缺失"上"，如"放在桌子上"（N=2）；如果方位结构中的名词不太直观，受试者则大量缺失"上"，如"放在书架上"（N=15）（见表3.8）。比较"放在桌子上"和"放在书架上"这两个动补短语，前者用了明确的一对一的语言意义和形式，而后者的透明度则不太高：是"放在书架上"还是"放在书架里"或"放在书架中"？再比如，是"放进盘子里""放到盘子里""放在盘子里"还是"放在盘子上"？学习者首选了"放在盘子上"，而汉语为本族语的中国人则更多地选择前几种。由于语义概念和语言形式的直观性和单一性，"放在NP上"这一短语成为汉语"把"字句中出现频率和正确率都很高的形式，占有明显的优势。这一现象随着学习者语言水平的提高而发生变化。他们逐步地在概念的表达和语言形式的选择上采用更多的方式。比如，首选的"放在盘子上"逐渐变得多元，在中、高级组出现了"放在盘子里"，方位处所短语出现了不同的形式，最后出现了"放进/到/在/入盘子里/上/中"等形式。

从本节和第三章第三节对"把"字句的习得研究可以看出，虽然"把"字句在中介语中的出现率不高，但却有一个比较稳定地向目的语发展的趋势。学习者在初级阶段所生成的是具有典型特征的"把"字句（即强调动作对"NP"有强烈的作用和结果的"把"字句），以及在语序和语义之间有较清晰的一对一关系的表达方式。此外，学习者所造的"把"字句中"NP"为直接宾语，动词的动作性强且含有结果与完成性。随着学习者语言水平的提高，学习者意识到"把"字句的形式不是简单的宾语前移，而是以"Subj.＋把NP＋V＋Complement"的形式来表征其语义和语用功能。不带补语或补语残缺的"把"字句在中级，特别是在高级水平受试者的中介语中有所减少，这说明"把"字句的习得过程是一个对其语用功能及形式进行认识与概念化的过程。在后一阶段，当他们认识到"把"字句在形式和功能上的要求后，他们的偏误更多地表现在"把"字句的形式，尤其是动补结构的完整性、词序和搭配的正确性方面。

3. 对教学的启示

教学输入应该从学习者比较敏感的结构、容易学的句式和动词入手。对"把"字句来说，就是形式和意义都简单明了，语用性强，必须用的"把"字句,如"主语+把 NP+V+介词短语/趋向短语"。常用的"把"字句动词多是表示位移的(如"放、送、拿、带、搬、寄"),常用的介词短语或趋向动词短语是"在、到、给"。这些动词和短语在"把"字句中使用率高,正确率也较高。

汉语的动补结构有着鲜明的个体语言的特殊性(Language specific properties),对"把"字句的学习应该建立在动补结构学习的基础上。教师对补语中容易出现的偏误应提供防范性练习,帮助学生意识到补语中的结构要求,比如"在"字后的名词要处所化,形成"在+PL+里/上/那儿"结构,对趋向短语的练习要注意语序搭配等。动补结构的难点在于补语常常由若干个词语组成,而且词组的形式与功能往往不是一对一的,透明度不高。吕必松(1992)提出采取分散难点的办法,先从"话题-评论句"开始。"话题-评论句"是汉语中一个鲜明的个体语言特征,使用频率高。比如,输入可从"书呢?书放在桌子上了。"入手。这样的句子,跟"把"字句中"把"后面的成分完全一样;而且语言特征得到了集中的体现,语言形式和语义之间的透明度比较清楚、简单。主语是受事者,谓语部分表示在动作的作用下受事者所发生的变化,或是位置的移动,或是状态的改变。学习者在学习运用了这类"无标记被动句"以后,再逐步过渡到"把"字句就比较容易了。这时只需要在句首加上施事者,"把"字句就形成了。例如:

A:信呢?
B:信寄了。
A:(信)寄到哪儿了?
B:(信)寄到英国去了。
A:寄给谁了?
B:寄给安娜了。

在语用方面,学习者对"把"字句意义和功能的理解认识需要一个过程。帮助学习者建立起"把"字句的语义和语用概念是首要的。在介绍"把"字句时,应强调动作对宾语作用的结果。比如在开始教"把"字句时,要让学生"动起来",营造语境,让他们看到、感受到动作给宾语带来的结果。可以从输入开始,如用动作反映法(Total Physical Response;Asher,1982),请学习者做听力练习。内容可就地取材，如"请把门关上/打开""请把你的书放在桌子上""请把你的钱包拿出来""请把你的钱从钱包里拿出来""请把你的钱给我"等等。学习者边听边做，就能体会并理解输入中的"把"字句的意义和功能。此外，应该制造各种语境，比如给学生展现由于动作使宾语变换了位置或状态，或是用图片来表达"把"字句的语义功能，并在语言的练习、互动中给学习者大量的机会来体会"把"字句的用法。

　　Dekeyser（2005）和 Ellis（2002）在分析了大量的第二语言语法习得调查结果后一致指出，三种因素造成了第二语言语法习得的难度：语言形式的复杂性、语言意义的抽象性、语言形式和意义/功能之间的透明度。语言习得过程是学习者对语言素材进行加工处理时，通过语言形式提取语言意义的过程。如果语言形式和语言意义之间，在学习者看来，有着清晰的透明度，习得就变得容易起来。教学可以起到的作用是帮助学习者在形式和意义之间，通过不同的规则（如语言特征的强式体现和语义概念的具体形象化）建立起有机的联系。

第三节　否定句的习得研究

　　英语为第一和第二语言否定句的习得考察在 20 世纪七八十年代取得了有共识的成果，不少学者的研究（如 Brown，1973；Schumann，1979；Wode，1981）发现，不论是第一语言还是第二语言，英语否定句的习得存在着不少相似之处。比如，英语为母语的儿童最初习得的否定形式往往是把否定词直接放在句首或词首，如"No play baseball""No look"，有时也用不同形式的否定词，如"Not me"。这个阶段也会出现助动词"do"，但总是和否定词连在一起成为"don't"，用法如同一个词，如"I will don't play"。学习者后来才掌握助动词"do"的形式和意义，最后才能习得助动词"do"不同时态的形式，达到形式、用法、功能的统一。在英语为第二语言的习得中，虽然学习者的母语不同，语言环境不一，但他们习得的顺序却呈现出相似之处。比如 Schumann（1979）调查的母语为西班牙语的成年人习得英语否定句的情况就是一个典型的例证（详见本书第二章第一节）。

一、汉语"不"和"没"及差异比较的否定结构习得研究

1."不"和"没"否定结构的习得过程

汉语否定句的习得研究不多,王建勤(1997)对汉语"不"和"没"否定结构的习得过程做了全面的调查。语料来自"汉语中介语语料库系统"中母语为英语的学习者。研究目的有三点:(1)由"不"和"没"构成的否定结构的分布情况,考察学习者学会了哪些规则;(2)在词汇的层面上,"不"和"没"否定谓词和助动词的习得;(3)某种特定规则的习得,即"不"和"没"的交替扩散过程。

作者整理出了914条含否定副词"不"和"没"的否定句,然后对否定句中的动词、形容词和助动词进行分类标注,归纳了七类否定结构,并划分了与其相关联的习得水平区域(见表4.5)。

表 4.5 汉语水平与"不""没"否定结构的分布(王建勤,1997)

语言水平	句式	例句
一级	1. 不(太)+V. 2. 不(太)+Adj.	不吃饭;不太喜欢 不漂亮;不太好
二级	3. 不(会、能)+V./Adj. 4. 没+V.	不会说;不能太好 没有来;没看见
三级	5. 不是+N./V. 6. 跟……不一样 7. V. 不(完、了)	不是我;不是用机器 跟他不一样 吃不完

表4.5说明,"不"和"没"否定结构的习得是按照某种顺序进行的,而这种有序性在一定程度上与否定结构的复杂程度相关联。此外,母语与汉语中否定结构的差异在一定程度上也影响了否定句的习得。

在七类否定结构中,对每一类结构的习得都呈现出三个不同的发展时期:发生、高涨和稳定期。发生期指学习开始阶段,习得过程被激活;高涨期是习得过程中最活跃的阶段,比如会出现泛用的现象;稳定期指成熟期,标志着学

习者对这一语言现象的掌握。前三类否定结构在数据中均出现了稳定期；第四类结构出现了发生期与高涨期，而稳定期未出现；后三类否定结构只出现了发生期，高涨期和成熟期在语料中都没有出现。此外，七类否定结构的发展过程并不一致。第一、二、三类句式的发展为直线上升，在初级阶段就被习得；而后几类，特别是第五、六、七类的发展颇为缓慢。过程的长短在某种程度上反映了习得的难易程度：过程越长，否定结构习得的难度也就越大，反之也成立。

研究还发现，由于学习者在初级阶段把"不"和"没"看作两个可替换的自由变体，因此"不"和"没"的使用呈现出了四个过渡时期：单一否定期，即"不"的否定占主导地位（例句1）；"不"和"没"混合期（例句2、3）；以"没"泛用为主的偏执期（例句3—5）；"不""没"分化整合期。

(1) * 因为我把自行车骑快极了，不晚了。
(2) * 美国人没喜欢这样情况。
(3) * 可是他常常没记住自己的东西。
(4) ? 现在他身体恢复了，但是没有继续工作。
(5) ? 自己做的房子又没做得很坚固。

作者进一步从词汇的层面考察了与"不"和"没"同现的谓词（动词、形容词）和助动词的习得情况。其中出现过三次以上的谓词和助动词共44个，称为"共核词"。在初级阶段，共核词所占比率较大，而离散词（出现过三次以下的谓词和助动词）较小。随着习得水平的提高，共核词的比例越来越小，离散词的比例直线上升。这一现象说明，学习者习得"不"和"没"否定动词、形容词和助动词时，经历了两个阶段。第一个阶段是以共核词为中心的反复使用；第二个阶段由于否定结构习得过程的迅速发展，学习者不再局限于一小部分共核词的运用，而是扩大了范围。

把这一研究结果放在第二语言习得研究的大框架中，我们可以看出汉语否定句的习得与英语否定句的习得过程在某些方面有相似之处。首先，在习得的初级阶段，不论是汉语还是英语的学习者都把否定词（或是"no""not"，或是"不""没"）看作两个自由变体，互换、混合使用；不同的是，在英语的习得中，否定词的语序变化体现了习得发展的过程，由位于句首发展为句中。

第二，汉语谓词否定和助动词否定由"共核词"向"离散词"过渡，从较为单一的否定形式发展为多元的、适合语境且交际性较强的否定形式。这与英语中否定形式的习得过程有一定的类似（参见本书第二章第一节第一部分中的第4项）。这些现象意味着习得的阶段性以及在不同的阶段学习者所顾及的语言特征与习得策略的不同。这种阶段性揭示了各阶段可能的、具有本质性的差别，正如作者所说："阶段性特征是否定结构习得动态变化的典型特征。"

2. 表差异比较的否定结构（"和/跟……不一样"）的习得研究

王建勤（1999）对汉语否定句的一个特定句式——"和/跟……不一样"的习得做了研究。作者从"汉语中介语语料库"中抽出了188个含有"不一样"的例句。这些例句是由母语为英语、日语和法语的学习者所造的。与汉语本族人比较，本族人与学习者在使用"不同"句式频率上差别不大（p>.5）；而使用"不一样"句式的频率差别则很显著，后者远远超过了前者（p<.01）。为什么学习者大量使用"和/跟……不一样"这一结构是调查的主要目的。

根据"和/跟……不一样"所出现的不同语境，作者把188个句子整理为八种不同的类型，其中出现率最高的是类型1（42.4%），如例句6；其次是类型3（例句7）和类型4（例句8），使用频率分别为16.1%和13.8%。

类型1：A 和/跟 B……不一样

(6) 美国和中国不一样。

类型3：V+A 跟 B 不一样

(7) 我觉得在那学习的结果跟在语言学院的结果一定不一样。

类型4：A（集合）+不一样

(8) 语言，生活方式，人的关系，食物都完全不一样。

作者把表差异否定结构的习得过程总结为三个阶段：简单表述、分化和整合。类型1、3、4句式在习得的初级阶段（简单表述阶段）就出现了。这三种类型出现的频率之所以这么高是与初学者的习得策略分不开的。作者发现，学习者在模仿"和/跟……不一样"这种结构时把"不一样"这个短语作为一个不可分、但可以自由运用的成分，即以"公式化言语"（Formulaic speech）

的方式来习得。"公式化言语"在习得的初期比较普遍,包括部分不可分但可添加其他成分的结构。学习者在运用这一公式化语块的过程中逐渐对语言的形式和内容有了进一步的认识,从而为下一步的分解和习得做了准备。

在分化阶段,学习者认识到最初作为整体记忆的语块是由离散的成分构成的。公式化结构在不同语境中有了变化,呈现出语境模式的多元性。这些发现使得学习者产生了"创造性言语"(Creative speech),出现了否定副词"不"和"一样"的分离与外移(例句9),而且这一结构的交际功能和语法功能也出现了细化。随着交际需要的增加,学习者一方面通过语境的变化来实现交际功能的细化,另一方面通过改变信息结构来实现语法功能的细化,以满足交际的需要。例句9意味着学习者对新的否定结构有了领会与习得。

(9)因为许多的词古代用法不是跟现代的一样的。

如果把分化过程看作是一种不均匀的发展过程,如对一种语言规则的泛化现象,那么这种发展最终是要向目的语系统整合回归的。在整合阶段,一些偏离目的语规则的结构消失了。由于王建勤(1999)的调查在整合阶段出现的语料数据有限,所以研究不能对这一阶段做出具体的描写,也就不能在数据分析的基础上得出准确的结论。

二、汉语否定句的习得中是否存在母语迁移现象

汉语否定句的构成是在谓词或助动词/情态动词前加上否定词"不"或"没"。这样的否定结构与英语的否定结构类同,但与法语和德语的否定结构不同。法语的否定形式由一短语"ne...pas"组成。在口语中"ne"可省略,否定词"pas"紧跟动词位于其后。德语否定句的构成与法语相仿,在动词后加否定词"nicht"。

有学者(Schwartz & Sprouse, 1996)认为,第二语言习得的初始阶段以学习者的母语为特征,学习者的语言运用受到母语的影响。也就是说,第二语言的最初发展受到学习者第一语言语法和普遍语法的制约(Full Transfer/Full Access)。如果这一观点正确,那么母语为英语、法语和德语的学习者在习得汉语否定句时就会呈现出不同的习得过程。英语为母语的学习者应该比

法语和德语为母语的学习者学得容易一些,因为英语的否定句与汉语的构成类同。Yuan(2004)用不同母语背景学习者习得汉语否定句的调查检验了这一论点。

Yuan 的研究抽样来自 166 名欧洲三所大学的中文学习者,其中法国人 48 名,德国人 51 名,英国人 67 名。10 名中国人也参加了实验,他们的语料可提供重要的对比参照。根据被试修中文课的时间(从 3 个月到 4 年以上)划分出他们的汉语水平。语料是通过两项任务采集的。受试者要求根据所给的书面信息(一个表格)表达某人日常生活中不常做和经常做的事情。每名受试者说出 16 个句子,其中有 6 个否定句。受试者的口语表达被录音,后转写为书面形式进行数据分析。第二项任务是语法判断,受试者有三项选择,包括否定词位于谓词后(与德语和法语的否定句一致)和谓词前(与英语和汉语一致),如例句 10。受试者可选择其中一项,也可选择两项(如果认为句子都对或都错)。

(10) a. 我爸爸喜欢不中国茶。
　　 b. 我爸爸不喜欢中国茶。
　　 c. 不知道。

调查结果表明三点:

第一,不同母语背景的学习者在两项任务中所表现出的语言运用和判断能力均与汉语本族人相同。即使是初级水平的学习者也与汉语本族人的语言数据没有差别。在第一项任务中,受试者都没有造出把动词前置于否定词的否定句;在第二项任务中,虽然有个别受试者认为动词前置于否定词的句子是正确的,但频率很低。

第二,学习者受到汉语否定句句法的制约,造出了符合汉语语序的否定结构。

第三,汉语中介语系统不允许谓词置于否定词前面,因此学习者(法国人和德国人)母语中否定结构的特征丝毫没有迁移到汉语否定句中。

因此 Schwartz & Sprouse(1996)提出的"全部迁移"(Full Transfer / Full Access)假说(即第二语言的发展分两步进行:首先,在二语习得初期,学习者把母语全部地迁移到二语习得中;然后,学习者凭借第二语言输入中大量的语法信息重建自己的二语语法系统）显然没有得到 Yuan（2004）研究结果的支持。

第四节　疑问句的习得研究

一、汉语一般疑问句的习得研究

　　根据提问的不同方式，疑问句可分为三种：（1）是非问句，即把疑问助词"吗"用在陈述句的末尾；（2）正反疑问句，即由谓词的肯定和否定形式并列构成；（3）特指疑问句，即用疑问代词或副词来提问。与英语的特殊疑问句不同，汉语特指疑问句中的疑问词不需要有任何语序上的移动。

　　疑问句中的疑问程度从语义上也分三类：（1）高疑问句是有疑而问，通过提问来获取信息；（2）低疑问句为澄清、证实已知信息或补充更多的信息而问；（3）无疑问句往往无须对方回答，常常是通过疑问的形式表示陈述、惊讶、祈使等。

　　施家炜（1998）通过对不同母语的汉语学习者习得 22 类句式的调查，观察到学习者首先习得由是非疑问助词"吗"构成的疑问句，而且肯定疑问句的习得先于否定疑问句。赵果（2003）对母语为英语的初学者习得汉语疑问句的情况进行了调查，抽样为 15 名在北京语言大学学习的零起点的美国学生。研究者每三周给受试者一个话题，让他们编写一段对话，四次共获得对话 60 篇。其中包括 357 个问句、138 个"吗"字是非问句、29 个正反疑问句。研究结果如下：

　　第一，疑问句的运用频率。学习者较早就能够使用肯定式的"吗"字疑问句。在第一次收集的语料中，就大量地出现了此句型（例句 1）。而否定的"吗"字句出现率很低（例句 2），在学习了约四个月后才开始出现。

　　（1）你喝茶吗？
　　（2）你不好吗？为什么？

　　正反问句从第二次语料收集时开始出现，形式为"有没有＋宾语"和"V

不 V+宾语",以及"V 不 V"的小句(例句 3—5)。与"吗"字疑问句相比,正反问句不仅出现得晚,而且使用频率也比"吗"字疑问句低得多(138:29)。应该指出,由于没有汉语本族人的语料数据作为比较的参照,因此不容易确定正反问句频率低的原因。可能是学习者还没有掌握正反问句,也可能是在所给的语境中"吗"字疑问句是更好的选择,即使是中国人也会大量使用"吗"字句。

(3)你有没有姐姐?
(4)你认识不认识她?
(5)晚上我去吃中国饭,你去不去?

第二,疑问句语义功能的习得情况。在 138 个疑问句中,着意寻求信息的高疑问句近 70%,低疑问句为 30%,无疑问句只出现过两次。此外,随着学习者语言经验的增长,高疑问句有递减而低疑问句有递增的趋势。高疑问句使用高于低疑问句的原因值得进一步探讨。由于没有汉语本族人的语料做比较,无从了解中国人在所给的四种语境下是否也会大量使用高疑问句,或者高疑问句确实是汉语中介语初期的一个特征。

第三,学习者出现的偏误是缺失疑问标记词"吗"。随着汉语水平的提高,这一现象逐渐减少。作者认为,遗漏"吗"的主要原因是对疑问标记词的使用没有达到自动化,当句子中有新的语法、词汇出现时,"吗"的使用就有缺失的现象,如例句 6:

(6)不想你妹妹?

二、汉语特殊疑问句的习得中是否存在母语迁移现象

上一节提到,Schwartz & Sprouse(1996)认为,成人在习得第二语言时会受到第一语言迁移的影响,即"第一语言全面迁移"假说。这一假说认为,第二语言习得的初始阶段以第一语言的语法为基础,所以第一语言的语法,包括语法和虚词结构会大量地出现在中介语初期。后来学习者通过接触大量的目的语语料来不断地对自己的语法认识加以调整顺应,使语法系统不断地重新组合,从而接近目的语。确实,第一语言迁移在第二语言习得中,特别是二语习得初

期是经常可见的。但是这一现象一定是必然的吗？而且所有的结构都会迁移吗？Yuan（2007）和Zhang（2008）以汉语特指疑问句习得为例，对这一理论假说进行了检验。

英语的Wh-疑问句要求将Wh-疑问词提到句首，而汉语的特殊疑问词则要留在原处，提问句子的哪个成分，就把疑问词放在哪个成分的位置上。首先，Yuan证实了英语的Wh-疑问词确实是通过英语语法的要求而提升到句首的，而汉语语法则没有这样的要求。参加调查抽样的为107名说英语的汉语学习者和20名中国人。按学习者的汉语考试成绩分成了5个小组。方差分析结果说明，6个小组（包括中国人的控制组）之间存在着显著的不同。语料是通过语法判断任务收集的。判断测试包括：不同意义的特指疑问句，疑问词在句中充当不同的成分，如做宾语（例句7）、状语（例句8、9），在名词短语中做主语（例句10）或状语（例句11）。在有些特指疑问句中，特殊疑问词提升到了句首；在有些句子中，疑问词留在原处。

(7) 他喜欢谁？（VS 谁他喜欢？）
(8) 他住在哪儿？（VS 在哪儿他住？）
(9) 你打算什么时候来？（VS 什么时候你打算来？）
(10) 这是谁买的车？
(11) 你喜欢吃他怎么做的鱼？

调查结果表明两点：

第一，除了初级组接受疑问词"哪儿"和"怎么"提升到句首以外，其他各组都与中国人一样，不接受特殊疑问词提升到句首。

第二，在判断特殊疑问词在名词短语中的疑问句（例句10、11）时，学习者对含有疑问代词的疑问句的判断都和中国人一样，即不允许疑问代词提升到句首，而是要留在原处；只是对疑问副词"哪儿"和"怎么"的判断，初级组和中级组与中国人有显著的不同。在学习者达到中级水平后，他们对疑问副词"哪儿"的位置判断和中国人一样。至于对疑问副词"怎么"（例句11）的判断，学习者达到高级水平时也与中国人有区别。事实上，即使是中国人，对"怎么"在名词短语中的疑问句该如何判断，观点也不完全一致。

以上结果说明，对母语为英语的学习者来说，他们在学习汉语特指疑问句时没有出现第一语言迁移的现象。因此该研究对 Schwartz & Spsrouse 提出的"第一语言全面迁移"的假说提供了反证。

作者提出,虽然第一语言迁移在第二语言习得中是一个常见的现象,但并不是无处不在。作者用最简方案中的经济原理(Economy Principle)做了解释。该原理要求语言以最适宜的方式满足语言使用的要求。移位提升需要代价,而停留在原位则更经济。如果我们认为成人的语法习得仍然受到普遍语法原则的制约,那么他们在学习第二语言时就会通过更经济的方法来运作使用第二语言。当一个语言点在第一语言中的表现形式比在第二语言中更经济,那么第二语言学习者会首选第一语言里的经济型表现形式,而不会首先选择第二语言中的非经济型形式,这时母语的迁移现象就会出现。但是,如果第二语言中的表现形式属于经济型,学习者就会直接选择目的语中的经济型形式,第一语言迁移的可能性就会大大减少。与英语相比,汉语的疑问词不提升至句首,属于经济型,因此成为学习者的首选。

母语对目的语学习的影响或迁移这一现象,学界至少有两种不同的理论假说。一种是上文介绍的"第一语言全面迁移"假说(Schwartz & Sprouse, 1996),另一种是由 Pienemann, Di Biase, Kawaguchi & Hakansson(2005)提出的"发展调节性的迁移假说"(Developmentally Moderated Transfer Hypothesis, DMTH)。后者认为,第一语言的迁移受到语言输入可加工性的制约,同时也受制于学习者现阶段的语言发展水平。第二语言的学习过程是一个不断地重建发展第二语言特有的加工程序的过程,这样才能使词汇功能的分析及语言形式与意义之间的映射顺利进行。这是一个循序渐进且有一定次序的习得过程。在这一过程中,有的加工程序会首先发展并成为下一程序发展的先决条件。Zhang(2008)检验了上述两种不同的理论假说。她跟踪观察了三名母语为英语的初级学习者,收集了 24 组面谈采访语料。尽管她的研究方式与 Yuan(2007)不同,但结果却相似。在 Zhang 所收集的语料中,没有一个特殊疑问词被提升到句首。数据说明,受试者只要学会了 SVO 的句子形式和特殊疑问词,就很容易造出汉语特指疑问句。

在解释为什么说英语的学习者不受母语的影响而直接习得了汉语特指疑问句这一现象时,Zhang(2008)与 Yuan(2007)所用的理论框架不同。如上文所说,Yuan 依据的是普遍语法框架下的经济原理,而 Zhang 所依据的是语言可加工性理论（参见本书第三章第二节）中的是"发展调节性的迁移假说"。"发展调节性的迁移假说"指出两点：（1）不论语言类型如何，加工程序中处于高层次的语言结构不会在习得初始阶段被迁移；（2）只要语法信息传递限制在可加工的初始阶段，初级阶段的词序习得就会出现变体（Pienemann, Di Biase, Kawaguchi & Hakansson, 2005：111）。因此，母语迁移不会在二语习得的初始阶段全面展开，而是一种发展过程中的有限制的现象。迁移建立在可加工程序层次中，而且随着语言的发展而调节。Zhang（2008：115）把汉语和英语加工处理程序比较如下（见表4.6）：

表 4.6 运用于英语和汉语句法的加工程序

阶段	加工程序	目的语结构	英语句法	汉语句法
4	分句程序	短语之间的信息	倒装	主述句 • OSV • SOV
3	短语程序	短语信息	XP SV (O) • 副词/特殊疑问词前置 • TOP	XP SV (O) S XP VO • 副词前置 • 从句
2	词类分类程序	词汇语素	正常语序 SVO	正常语序 SVO • 陈述句 • 疑问句
1	词汇	词汇	不变形式	单词/组构成分 语块表达

如果我们认为第一语言迁移受到学习者现阶段加工技能的制约，局限于学习者语言加工能力之内，那么二语习得的初级阶段所出现的是有限的、在语法信息传递时的某种迁移。如表4.6所示，加工处理特殊疑问词在原位的语法结构属于正常的语序（第二阶段），而且只需要较少的加工资源。但是加工疑问词提升到句首的语法结构属于第三阶段，需要较高的加工层次，因此学习者母语中的疑问词提升现象不会迁移到目的语的习得中去。

Zhang（2008）把语言可加工性理论下的"发展调节性的迁移假说"运用于英语和汉语句法的加工程序层次中，对为什么说英语的学习者不把母语中

Wh-疑问词提前的语法结构迁移到汉语的原因做了合理的解释。她在英语和汉语句法的加工程序层次中（见表 4.6）提到，只有在第 4 阶段才能够习得主述句和 SOV 句式的加工处理程序与技能。实证研究，如陈凡凡（2010）、温晓虹（1995）关于汉语存现句的习得研究；Du（2010）关于"把"字句的习得研究（见本章第一、二节）说明，主述题形式呈现的存现句和宾语提前的"把"字句的语序在汉语习得的初、中级阶段就能掌握。"把"字句的难点主要并不在于宾语的提前，而在于动词后补语成分的搭配连贯与完整性。这些问题值得进一步探讨，有待更多的实证调查来检验。

第五节 体标记的习得研究

"体"（aspect）表示动作的状态。汉语的"体"有三个标记形式："了"表示完成，"着"表示持续，"过"表示经历。对汉语"体"的习得一直是汉语习得研究中的一个热点（如孙德坤，1993；赵立江，1996；Wen，1995a、1997a；孙德金，2000；Duff & Li，2002），也是汉语学习和教学中的一个难点与重点。

一、汉语助词"了"

汉语助词"了"有两种功能：一是完成体的动词后缀"了"，一是句末情态词"了"。动词后缀"了"表示动作的完成，和时间没有关系，所以发生在将来的动作也可以用"了"。但是，大量完成的动作发生在过去，所以完成体的词缀"了"经常被译为英语的过去式或完成时态。如例句 1 的动词可以被译为"bought"或者"has bought"：

(1) 他买了许多东西。

当动词后缀"了"起完成体标记的功能时，表示的语义概念是有界的（Li & Thompson，1981），被视为整体的一个事件，因此，"了"常常被量化（例句 2）、类化（例句 3），或者后面加后续事件（例句 4）。虽然"S＋V＋了＋简单宾语"这一句式不能用于单句，但在话题链的前几项，用来表示时间和逻辑上的先后时则可以。

(2) 他学了三年中文。
(3) 他跟我们一起看了那场电影。
(4) 他吃了饭就去看球赛了。

当"了"用于句末时，是情态助词。语气词是汉语语法的传统称法。语气词表示句末"了"的功能与说者和听者的语气有关。Li & Thompson (1981) 指出，句末"了"表示一种与当前有关的状态。也就是说，这种事件的状态与一些特殊的情形和当前的状态有关。例如，当一个人被问到是否想去看电影时，他不回答"想"或者"不想"，而可能会说"那个电影，我已经看了"。这里的"了"表示已经看过电影，和当前的问题以及听者、说者双方所处的情形有关。说话者谢绝了邀请，而且说明了不想看电影的原因。在语用功能上，句末"了"有强烈的标志句子完成及回答者话轮结束的作用，因此句末"了"在单句中可成立的语法结构有时并不一定适用于语段中。句末"了"的语义功能总结见表 4.7：

表 4.7 "了"的功能总结

	动词后缀"了"	句末"了"
句中位置	动词后	句末
句法类型	体标记	情态助词
语义概念	—行为的完成 —有界，事件被量化、分类或者紧跟另一事件，如宾语前有数量词或定语 —篇章叙述中 —不能用表心理的动词	—事件发生 —与当前有关 —状态变化 —改正假想 —劝告/警告 —状态结束
功能	句法标记	语用的，话语单位（话题链、段落的完结）

但有时当"了"不但在动词后而且也在句末时,要证实它是完成体的"了"还是句末助词"了",并非易事。这就需要通过话语的上下文,通过观察语境情景来解决。另外,在某种情形中,"了"可以被认为既是完成体标记,又是句末助词。比如,例句5b作为5a的回答,既表明动词"知道"这一状态的完成,又暗示着它是话语中与当前有关的事件。同样,例句6b是6a的回答,既表示"带来"这个行动的完成,又表示与当前有关的状态:"这孩子就在这儿"。因此,"了"的功能依据上下文的意义决定。

(5) a. 你知道老张昨天出事了吗?
    b. 知道了。

(6) a. 孩子呢?
    b. 我把孩子带来了。

应该指出,汉语的"完成"意念不仅仅只是由"了"来表示,它还可以通过其他语法手段来体现。在动词具备了有表示过去的时间词、数量短语、后续小句、结果补语等几种条件时,一般是同时具备上述两项条件时,动词后缀"了"就可以自由隐去。另外,句末"了"的使用与语境、语篇和文体有着密切的联系。汉语"着重意念"的特点决定了只要在语境中表达了动作处于完成状态,句末"了"就可以省略不用(李兴亚,1989)。

二、"了"的习得研究

1. 孙德坤(1993)的研究

最早的研究是孙德坤(1993)的个案调查。作者通过两周一次共8次的个别谈话收集了两名母语为英语的学生的语料。谈话内容均为即兴,谈话录音后被转写成书面的形式做数据分析。

孙德坤的研究结果表明三点:

第一,学习者I把句末助词与"已经发生"等同起来,首先习得。如例句7的对话(B为学习者)就是一例。

(7) A:你爸爸和妈妈来过北京吗?……来过没有?
    B:e,来过没有?我妈妈、爸爸来北京……了。

A：来过吗？
　　B：e，1986。1986 我妈妈、爸爸来北京了。今年我妈妈爸爸没来北京。

对话中 A 两次用"V 过"提问，而受试者都用了句末助词"了"回答。

　　第二是泛用现象。受试者"了"的使用与课堂教学有很大的关系。在刚刚学完"了"这一语法项目后，学习者使用"了"的频率显然比较高，继而出现了泛用和混用。

　　学习者 II 在一开始对"了"的使用近似于"公式化的语块"（formulaic），后来发展为有一定规律的形式（单音节谓词＋了，位于句末），其中出现了不少"了"使用上的泛化，这与句子的语气及"了"前的动词/形容词的音节有关系，如"忘了""够了""完了""病了""错了""死了"等（例句 8、9）。

　　（8）我的文具盒现在我也忘了。今天我忘很多东西。
　　（9）＊我想他们游泳以后病了［会病的］。

　　作者指出，学习者 I 对"了"的泛用在很大程度上是范畴（category）上的，或者说是观念上的迁移，即把英语中的时、体范畴迁移到汉语中来了。而且"了"的泛用在很大程度上抑制了"过"的出现。此外，两位受试者不同的个性和学习策略也对他们的语法习得有着重要的影响。

　　2. 赵立江（1996）的研究

　　继孙德坤（1993）的研究后，赵立江（1996）进一步考察了"了"的习得过程。他对一名母语为英语的汉语学习者进行了两年的个案跟踪调查，通过谈话和复述故事收集了三个语言发展阶段的语料。学习者的中介语主要有如下三个特点：

　　第一，"了"的泛用现象。与孙德坤（1993）的发现相似，学习者把英语的过去或完成时态迁移到"了"的运用中（例句 10），出现了大量的泛用。这种迁移是概念范畴上的。另外，学习者很可能没有意识到"了"的使用受到很多语言条件，包括句子中的动词、宾语及篇章语段的限制。如与"了"连用的动词不应是表心理状态的（例句 10）；不能跟形容词前的"很"同用（例句 11）；在连动句中，大多数的"了"（83％，赵淑华，1990）要放在第二动词后

(例句 12)；在语段中，"了"表示话语单位的结束，因此语段中单句的句尾往往不用"了"（例句 13）。

(10) *我很早就打算了来中国。
(11) *昨天收到妈妈的信，我很高兴了。
(12) *那天我们一起去了看那个展览。
(13) *他下午打球了，晚上还打球了，怎么能不累呢？

第三，赵立江也发现学习者经历了一个动词后缀"了"和句末"了"混用的过程，或者说，学习者在初级阶段不知道"了"应放在动词后还是句末（例句14）。此外，学习者对"动词＋简单宾语＋了"句式的优先掌握干扰了动词后缀"了"有界语义的习得，干扰了"动词＋了＋限制性宾语/后续情况"这一句式的掌握（例句 15、16）。到了第三阶段，即学习者学了两年时，泛用"了"及混用动词后缀"了"和句尾"了"的现象逐步消失。

(14) *昨天晚上我看了电视，对……，看电视了。
(15) *我到五道口买很多书了。
(16) *我先去西单了，在那儿吃饭了，买了一些东西，还去书店了，然后就去国贸大厦了。

第三，与"了"相关的语法结构的混用。如用"了"代替"过""着""是……的"句式。

3. Wen (1995a) 的研究

Wen (1995a) 调查了英语为母语的学习者使用完成体"了"和句末情态助词"了"的过程。研究以 Ellis (1989) 的 Coherent Model 为理论框架，认为二语习得研究不但要注意语言形式，同时也要考虑语言功能这一重要的因素（Bailey, 1989；Ellis, 2003）。这一模式主张形式和功能相互作用，以此构成一个更全面的整体来解释第二语言习得："在中介语发展过程中，形式和功能是如此地接近，以至于我们无法把它们分开"（Ellis, 1989：42）。因此我们不仅需要认识和解释第二语言习得的外显形式，作为语言变化和语言发展的一个主要原因，我们还需要结合语言的功能，从这一方面加以求证。

Wen 在三周内与 14 名受试者（8 名初级水平者和 6 名高级水平者）分别单独谈话三次。每次持续 25 分钟，内容包括自由会话和围绕准备好的图片问答、描述。所问的问题和给受试者展现的图片都经过精心的设计，希望能比较容易地区别出受试者所用的"了"是动词词缀"了"还是句末"了"。在收集数据以前，曾对高级组的三个学生进行了一次先导性的语料收集试验。这样有机会在导向性样句研究的基础上做进一步的设计，控制问题和图画的使用，引出受试者所使用的"了"。语料中对"了"的分类基于 Li & Thompson (1981) 的分析以及话语在上下文的协调性。

统计结果见表 4.8 和 4.9。结果表明，初级组和高级组抽样使用动词词缀"了"的正确率差异不显著（$t=-1.29$, $df=11.98$, $p=.22$），而使用句末"了"的正确率存在统计意义上的显著差异（$t=-5.84$, $df=11.84$, $p=.00$）。高级组学生能更经常地正确使用句末"了"。

表 4.8 初级组"了"的正确使用情况

受试	动词后缀"了"			句末"了"		
	总数	正确数	正确率(%)	总数	正确数	正确率(%)
1	36	27	75.0	40	15	37.5
2	43	30	69.8	57	19	33.3
3	48	37	77.1	66	28	42.4
4	60	51	85.0	69	27	39.1
5	56	34	60.7	69	47	68.1
6	47	44	93.6	70	38	54.2
7	50	28	56.0	55	19	34.6
8	45	38	84.4	39	9	23.0
总计	385	289	75.2	465	202	41.5

表 4.9 高级组"了"的正确使用情况

受试	动词后缀"了"			句末"了"		
	总数	正确数	正确率(%)	总数	正确数	正确率(%)
1	57	52	91.2	65	48	73.9
2	45	42	93.3	41	37	90.2
3	44	36	81.8	71	55	77.5
4	51	35	68.4	67	42	62.7
5	49	39	80.0	52	41	78.9
6	59	48	81.4	67	54	80.6
总计	305	252	82.7	363	277	77.3

两组受试者都能在某些句子中一致地使用动词后缀"了"和句末"了"。这些句子可以分为七类（例句 17—23，见表 4.10）。

(17) 上完了中文课，他就去看大夫了。

(18) 我学中文学了一年了。

(19) Gupo 和 Palanka 就要去北京学中文了。

(20) *以前他喝了很多酒，现在他不喝酒。

(21) A：你买中文课本了吗？

　　B：*我买/买了中文课本。

(22) *春天来了，花儿开了，树叶子变绿。

(23) 大夫忘了她的名字了。

表 4.10 带"了"的句子结构

序号	句子类型	正确率（%）	
		初级组	高级组
1	两个行为之间：动词后缀"了"在第一个动词后	79	89
2	时间段：动词后缀"了"	74	84
	时间段：句末"了"	53	80
3	即将发生的事件：副词＋句末"了"	37	64

(续表)

序号	句子类型	正确率（%）	
		初级组	高级组
4	情况变化：句末"了"	38	63
5	事件的发生与当前有关：已经＋句末"了"	62	79
	没有带"已经"的句末"了"	34	52
6	没有宾语或结果补语：句末"了"	55	80
	有宾语或结果补语：句末"了"	29	72
7	动词本身语义中含终止点：动词后缀"了"	78	84

研究结果说明，英语为母语的汉语学习者对完成体"了"的习得早于句末情态助词"了"。此外，由于结构标记性和语用功能的复杂性，这两个相同的形式掌握起来似乎不一样。句末"了"在结构上属于标记性的（Marked），要求有上下文信息，并且有不同的语用功能。在习得句末"了"的早期，学习者经历了习得困难，并且把他们基于第一语言的原始价值负迁移到第二语言汉语的学习中。他们习得句末"了"的策略既有困难解决法，如依靠表时间、状态的副词短语，又有基于意义法，如对动词语义和事件终结性的理解。

完成体动词后缀"了"是一个语法标记，表示动作的完成。当学生习得"了"的时候，他们起初依靠的是"发生在过去"这样的意念，然后发展为"完成"的意念。Wen认为，学习者对使用汉语动词时的条件限制较为敏感，而对使用整个句子时的条件变化却意识不够。这也可能是因为单个动词所需要的信息处理量要少于整个句子所需要的信息处理量。此外，语用功能的复杂性同样扮演了重要角色。句末"了"的不同习得情况很多是受到整个句子结构的影响和其语用功能的限制。因此，结构的标记性和语用功能的复杂性是第二语言学习者在汉语习得中表现出多样性的重要因素。

4. Teng (1999) 的研究

Teng (1999) 调查了动词后缀"了"、句末"了"和双重"了"这三种"了"的习得顺序。语料来源于台湾师范大学的汉语习得中介语语料库，均为书面文字。研究结果说明，句尾"了"的习得要先于动词后缀"了"，而双重

"了"的习得难度是最大的。Teng 提出教学顺序应该跟着习得顺序,在课程设计中应先出现句末"了",再介绍动词后缀"了",隔一段时间后才应该出现双重"了"。

应该指出,Teng(1999)的研究中关于句尾"了"的习得要先于动词后缀"了"的结果与 Wen(1995a、1997a)的有关结论相反。正如柯传仁、沈禾玲(2003)所讨论的,对于"了"习得结果的不同可能与三方面的因素有关。第一,从调查对象的情况来看,两者所用抽样在汉语水平上可能存在着较大的差异,进而影响到两者的可比性。由于这些研究都没有使用标准化测试来评估抽样的汉语水平,因而较难确定他们的真实水平。第二,这几项研究中的语料收集过程和语料类型均不一样。Wen 的语料是通过口语会话收集的,Teng 的语料是语料库中的文字资料。第三,Teng 与 Wen 研究中所选抽样的汉语学习环境也不相同。Wen 的抽样的学习环境在美国,汉语为外语;Teng 的抽样的学习环境在台湾,汉语可能为学习者的第二语言。

5. Duff & Li(2002)的研究

Duff & Li(2002)的研究重点放在学习者和说汉语的本族人使用"了"的差别。她们的语料来自 9 个汉语学习者和 9 个汉语本族人。受试者做了三项任务:(1)口头复述录像故事;(2)口头叙述一次旅行;(3)修改笔头作文。研究结果表明以下几点:

第一,总体来讲,不论是在必须用"了"还是在可用可不用的语境下,汉语学习者使用"了"的频率与正确率远远低于汉语本族人。另外,学习者所叙述的话语长度也远远短于汉语本族人。

第二,学习者母语语法中"过去时"的概念影响了他们对"了"的习得。有数据表明,他们把过去式"-ed"等同于"了"。

第三,"了"的出现频率与其感观上的特征、意义功能上的清晰度,以及认知操作原则有紧密的关系;而认知操作原则对"了"的习得有直接的影响。另外,一定的副词对"了"的使用起到了激活作用。

第四,输入因素,比如汉语本族人由于种种原因对"了"的使用采用变体,学习者对"了"的形式与功能接触的程度,以及教学作用都对"了"的习得有所影响。

第五,"了"的使用和习得与动词的语义特征和句式结构相关联,如出现在结果补语的句子中。

第六,篇章结构中涉及行动、事件和时间的特征也会跟"了"的使用有关。

Duff & Li 指出,习得体标记"了"的难点不在于其形式,而在于其多元的功能,"了"与动词意义中单一、瞬间、结果性相结合所产生的效应,以及说话者对事件有界性的感觉与认识。

三、体标记"了""着""过"的习得研究

孙德金(2000)继杨素英、黄月圆、孙德金(1999)对汉语体标记的习得研究后,又从汉语动词情状和句子结构两个角度调查了汉语体标记"了""着""过"的习得过程。语料来自"汉语中介语语料库系统"的书面文字,汉语水平为一至七级。研究从两个方面探讨了汉语体标记的习得过程:动词的语义特征及与体范畴之间的相关性;句法结构类型是否影响体标记的习得。

调查结果说明,学习者把时体意义同动词的语义特征联系了起来。此外,句法结构也是一个重要的影响因素。体标记不是在各种结构中同时习得的,而是有一个先后顺序。一些恰好和体标记意义一致的结构先习得,其他的后习得。这在"着"的习得上表现尤为明显,其次是"了",最后是"过"。

1. "了"的习得

(1)在习得"了"的过程中,学习者对动词有一个基本的选择倾向。首先,都选择了行为动词和形容词"老"。而关系动词(如"是""属于")一般不被选择。在跟"了"同用的动词中,终结性情状动词(如"到""过""去""买""发现""看""忘")占多数(60%),这说明学习者倾向于把有终结意义的动词与"了"共用。心理动词,如"发现""忘""决定"与"了"共用时出现的偏误较多。这些心理动词虽有终结义,但使用却是有条件的。学习者对这些词在句法上的限制认识不够清楚。

(2)部分非终结义动词跟"了"共用的正确率很高,如"住"。这与动词本身的语义特性关系不大,主要是受句法结构因素的影响。

(3)"了"在以下三种句式中的频率最高,正确率也最高。在句式 A 中,

宾语常常表示处所（也有非处所的）（例句24、25）。在句式B和C中，表数量、时间、频率等成分的短语都带有终结意义。

A. V+O（处所/非处所）

（24）上个星期六我跟我的同学们一起去了香山。

（25）他很年轻的时候他得了癌症他失去了一条腿。

B. V+数量（+O）

C. V+时段/时点（+O）

2. "着"的习得

（1）在跟"着"共用的动词中，没有动词是表结果义或终结义的，大部分带有静态意义，尽管也有动态意义的，如"写""拿""挂"，但在句子中都是静态用法。这说明在习得持续体标记"着"的过程中，"持续"这一时体意义同动词特性联系起来了。

（2）"着"出现在表示存在状态句式中时正确率最高，即：处所+V+着+人/物，如例句26。

（26）牌子上写着什么？

3. "过"的习得

（1）跟"过"共用的动词包括"去""看""住""经历"。

（2）句法结构对"过"的习得有一定的影响，"过"较多地出现在"时间词语+V+……"的句式中，这说明学习者把"过"与时间背景联系在一起了，表示过去的经验。

Wen（1997a）调查了美国大学生对汉语体标记"了""着""过"的习得过程。抽样为两组：较低水平的一组10名学生，较高水平的一组9名学生。语料收集了两次。第一次收集时，调查者和所有的受试者分别单独谈话，要求每位受试者根据图片回答问题，问题包括"古波笑着说什么？他手里拿着什么？"以及描述图片，以期引出受试者使用三个体标记。在分析完收集到的第一次谈话语料后，调查者发现持续体标记"着"使用很少，其原因并不清楚。可以想象到的是图片的上下文并没有清楚地要求受试者必须使用"着"，或者受试者还没有开始习得"着"，也可能受试者会用但选择不用。为了清楚受试对象是否能够在要求的上下文中使用"着",研究者又设计了一项任务,要求根据所提供的图片使用一些特定的动词,让受试者在每个图片下用所给动词写一段话。所给动词包括"坐""站""拿""放""挂""开""笑""听""谈话"等。这些行为动词与"着"和"正在"同现的可能性较大,表达一个持续的动作,或者持续动作的状态。时隔两个星期后进行了第二次语料收集。

每位受试者造出的包含三个体标记的句子从 88 个到 120 个数目不等。表 4.11 和 4.12 分别是初级组和高级组正确使用体标记的分值。

表 4.11 初级组体标记的正确使用情况

序号	过			了			着		
	总数	正确数	%	总数	正确数	%	总数	正确数	%
1	36	28	77.8	50	34	68.0	27	13	48.1
2	39	23	59.0	57	40	70.2	22	9	40.9
3	39	26	66.7	45	27	60.0	20	8	40.0
4	45	30	66.7	41	35	85.4	24	12	50.0
5	39	28	71.8	49	29	59.2	24	10	41.7
6	30	18	60.0	40	31	77.5	21	9	42.9
7	36	27	75.0	39	32	82.1	28	14	50.0
8	24	18	75.0	39	28	71.8	25	12	48.0
9	27	18	66.7	41	28	62.2	23	10	43.5
10	31	22	71.0	43	30	66.7	23	9	39.1
平均值	34.6	24	68.97%	44.4	31.4	70.31%	23.7	15.6	45.3%

表 4.12 高级组体标记的正确使用情况

序号	过			了			着		
	总数	正确数	%	总数	正确数	%	总数	正确数	%
1	40	31	77.5	49	39	79.6	27	14	51.9
2	31	26	83.9	46	37	80.4	29	18	62.0
3	45	32	71.0	45	33	73.3	30	17	56.7
4	36	24	66.6	50	36	72.0	29	16	55.2
5	46	35	76.1	45	35	77.8	28	20	71.4
6	45	30	66.7	48	36	75.0	26	11	42.3

(续表)

序号	过			了			着		
	总数	正确数	%	总数	正确数	%	总数	正确数	%
7	37	30	81.1	44	36	81.8	31	19	61.3
8	34	27	79.4	40	31	77.5	27	16	59.3
9	38	28	73.7	43	32	74.4	32	17	53.1
平均值	38.4	30.2	75.12%	45.5	36	76.9%	28.78	18.8	57.43%

两组对体标记"了""着""过"的总体使用的平均数值变化不大（分别是 34.6、44.4、23.7 对 38.4、45.5、28.78），但是两组正确使用体标记的平均百分比数值却比总体使用体标记的平均数值的差别大得多（分别是 68.97%、70.31%、45.3% 对 75.12%、76.9%、57.43%）。这表明，语言水平较低的学生一般知道体标记的语法形式，他们会试着去用，在他们的中介语中，形式的出现早于正确的功能运用。

单项方差检验结果证明，两组对体标记"着"的正确使用率有显著的差异，($F=18.91$, $P=.0004$)。然而，两组受试对"过"和"了"的正确使用率的差异在 .05 的水平上，并不太显著（见表 4.13）。F 值表明，两组受试者对"着"的使用差异最大，"了"的使用差异最小。这些结果表明，汉语体标记是以不同的速度习得的，习得体标记"了"和"过"比持续体的"着"要早一些。

表 4.13 两组体标记使用方差分析

体标记	df	F 比值	F prob.
过	1/17	4.6325	.0460
了	1/17	4.1908	.0564
着	1/17	18.9131	.0004

所收集的数据意味着学习者习得体标记的过程似乎很大程度上依靠意义，比如：（1）寻找合理的时间顺序；（2）用时间副词和连词作为时间参照点；（3）利用动词的体标记（形态）和动词的意义；（4）用体标记"了"和"过"时，采用语用线索。学习者，尤其是初级水平的学习者，更多地依靠时间副词和词汇意义上的"体"这两种表达方式。

四、体标记习得研究小结

总结起来，目前在汉语体标记习得研究方面达成的共识有以下五点：

第一，体标记的习得与动词的特征有紧密的关系。比如，在语言形式和意义的映射中，动词本身意义中含终止点或终结意义的被学习者优先选择。这是因为这些动词的特征与完成体"了"之间有一致性且有比较高的透明度，有助于学习者发展形成"终结、完成"这样的概念。动词后缀"过""着"的习得数据也证明了这一点，如在跟"着"共用的动词中，没有动词表结果义或终结义，大部分都具有静态意义；即使有表动态意义的，如"拿""挂"，在句子中也都是静态用法。因此汉语体标记的习得受到动词特征的制约。

第二，体标记的习得受到一定句法形式的制约。在"了"与非终结义动词（如"住""学习""休息"）共用时，中级特别是高级水平的学习者在"了"的使用上受到句法与语义的制约。他们意识到"了"所用的句型是有条件的（如事件的有界性、句子中的宾语必须有修饰语或宾语后必须有后续成分）。

第三，"了"的泛化使用从一个侧面反映了学习者的习得过程。在习得的初级阶段，"了"的泛化在很大程度上源于学习者母语中过去时或完成时的迁移，于是出现了不知"了"应放在动词后还是句末的现象。泛用也出现在一些固定结构中，如在单音节谓词后加"了"常用于句尾："忘了""够了""病了""错了""不太好了"等。此外，"了"在段落篇章方面的泛用表明学习者在意义与功能方面习得的难点（如例句 21）。随着汉语水平的提高，母语迁移和单句中"了"的泛用现象在高年级明显减退，但在段落中对"了"的习得仍未完成。

第四，不同研究的语料数据说明，学习者会依靠概念与意义线索，如寻找合理的时间顺序，用时间副词和连词作为时间参照点，用动词的体标记（形态）和动词的意义关联来选择体标记的使用。在用体标记"了"和"过"时，多采用语用线索。学习者，尤其是初级水平的学习者，更多地依靠时间副词和词汇意义上的"体"这两种表达方式。

第五，语用功能的复杂性同样扮演了重要角色。"了"的不同习得情况受到它整个句子结构的影响和其语用功能的限制。因此，结构的标记性和语用功能的复杂性是学习者在汉语习得中表现出多样性的重要因素。正如赵立江（1996）所指出的，对"了"的习得的研究视野应该拓宽，从单句扩展到语段、语篇的分析中。在话语里，用不用"了"常常与句子结构没有关系。"一个外国人学习怎么用'了'，实际上就是要学习在哪些情况下用'了'。单纯学习句子结构对他们不会有多大帮助。""了"的使用往往跟语境、语用有关，而且受到段落篇章的制约。

应该注意到，Wen（1997a）和孙德金（2000）的研究在三个体标记的习得顺序上有差别。Wen 的数据表明，"着"的习得比"了"和"过"晚；而孙的调查表明，"着"先于"了"。Wen 的研究语料来源于跟学习者的一一面谈，对语境、情景和受试者的语言程度与背景都有所控制，但抽样小，水平低，其"高级组"也只学了两年多（27个月）的中文；而孙的抽样为一至七级的学生。另外，Wen 的抽样是在美国学习的大学生，中文课是他们多门课程中的一门；而孙的抽样是在中国学习的外国留学生，中文是他们学习的主要课程。这些情况可用来解释为什么 Wen 第一次收集的语料中"着"的使用非常少，必须进行第二次收集。在孙的语料中，虽然"着"的出现也比较晚，但其习得的过程比较快。由此可见，这些研究不具备太多的可比性，希望以后的研究能够对变量进行更多的控制。

第六节 量词的习得研究

量词表示数量的单位。量词对于说英语的人来说是个崭新的概念。英语中只有集合名词可用量词，可数名词没有量词。从结构上来讲，量词的使用取决于名词是否被量化或限制（如被"这""那""哪"所修饰）；而用哪个量词则取决于名词的各种特征（如形状、功能等）以及人们对名词在感观和语言方面的归类。量词的这种分类能力呈现在英文中为"classifier"，以分辨名词特性的不同类别。换句话说，名词和哪种量词结合反映了人们在感观认知上的分类。另外，由于文化和语言的不同，人们对事物特征的选择也不一样。比如桌子的一个明显特征是它有四条腿，是立体形，但汉语中则取桌面的"扁平"这一特征，或者说是提取了它的功能作用，因为平平的桌面使人们在桌子上写字、吃饭成为可能。

一、表形状量词的习得研究

Polio（1994）调查了表形状的量词的习得过程，考察了两个问题：(1) 学习者从结构上是否能够掌握量词？(2) 他们是否能够使用不同的量词？抽样为三级汉语水平的 42 名母语为英语和日语的学习者。语料的采集是通过看无声录像后复述故事进行的。研究结果表明三点：

第一，受试者在必须用量词的语境中基本都能够使用，遗漏的现象很少。作者的结论是，在汉语习得的初级阶段，学习者就可以从结构上较好地使用汉语表形状量词了。

第二，受试者出现不少重复使用量词的现象，如例句 1。作者认为这是因为学习者将量词的使用与数词或名词修饰词作为一个整体看待的结果，也就是只要有数词或名词的修饰词出现就使用量词，所以在不该用量词的语境中也用了。

(1) *这样子一直看那个三个小孩。

第三，受试者较少使用专有量词。比如汉语本族人常用的量词"辆"在受试者的语料中一次都没出现过，取而代之的是对"个"的大量使用。即使使用专门量词，也常常出现误用，如"条""枝"与"树"同用，"位"与"小孩"同用等。很可能量词"个"的泛用抑制了对专有量词的习得。

二、表形状量词的习得策略分析

Kuo（2000）用典型范畴理论调查了表形状量词的习得过程。典型范畴理论的核心是典型成员（central member）在概念或语言范畴中最具突显性（prototypical），而所有其他成员与典型成员具有相似性（resemble）。Kuo 假设典型的量词比起非典型的量词要容易习得。研究目的在于学习者使用了什么样的策略以及这些学习策略的有效性。

抽样为两组：10 名在台湾学习汉语的高级水平学习者和 12 名在美国某所大

学学习的中国人。中国人的语料用来作为分析比较的参照。每位受试者都完成了三项任务。第一是看图说话,受试者分别叙述12张不连贯的图画,包括描述图中事物的名字和数目。受试者的口语被录音。第二是用母语(英语)回答调查者两个关于学习策略的问题:(1)"What strategies do you use to learn Chinese classifiers?"(2)"Why did you use *tiao* for a loaf of bread?"第三项任务是观察受试者如何判断事物的特征,要求他们对图画中物体的形状特征(长、平、圆)打分(1—5分,1分为完全不同意,5分为完全同意),如"沙发":长(1,2,3,4,5)、平(1,2,3,4,5)、圆(1,2,3,4,5)。

结果表明,在必须用的情况下,学习者一般都用了量词。这可能也与受试者都是高级水平的学生有关。学习者所汇报的量词学习策略有四类:

第一,把量词和名词结合起来学习。这项策略并不能完全依赖,因为中国人会因事物形状的改变而用不同的表形状量词。比如椭圆的茄子,汉语本族人全用了"个",但对长条形的茄子,汉语本族人用"条""根""只"或"个"来指称。可见,汉语本族人对不同形状的同一事物采用不同的认知分类而冠以不同的量词。汉语学习者大多数也用"个"来指称圆茄子,但对长茄子的指称,60%的受试者仍然用"个",40%的受试者用了"条"或"只"。

第二,受试者依靠母语中对应的表形状量词来学习。比如英语的 loaf 对应"条",piece 对应"片",如"一条面包"和"一片面包"。但很多汉语量词在英语里并没有任何对应,因此这样的策略可行性很有限。

第三,从经验中学习。有的受试者觉得通过大量使用或被纠正是一种好的学习方法。

第四,根据形状量词的词义来学习。有些学习者根据表形状量词指示不同事物的形状来区分。首先,我们观察一下受试所使用的量词和他们判断事物特征标准的相关系数(见表4.14)。对形状特征的认识是学习量词的一个有效策略。学习者越能抓住事物形状所具有的特征,如"长""平""圆",就越容易决定选择使用哪个量词。比如,"条""根""枝"常常用来指称长条形的事物,"张""片"常常用来指称具有扁平形状特征的事物,而"个""颗"常常用来指称具有似圆形立体的事物。

表 4.14 学习者量词使用频率与形状判断的相关系数

汉语学习者 量词	形状的判断		
	长	平	圆
条／枝（1D）	.68	0	-.20
张／片（2D）	-.23	.60	-.40
个／颗（3D）	-.37	0	.61

数据表明，在判断事物的形状特征时，汉语本族人和学习者在绝大多数的事物上都没有显著差别，可见人们的认知作用在对事物形状的判断上存在着一致性。作者认为，表形状量词本身所暗示的关于事物的形状特征可作为学习汉语部分量词的有效提示信息。

在进行下一节的语法习得小结之前，我们回顾一下 Ke（2005）的一项探讨性研究。这一研究调查了四个等级汉语水平的 64 名学习者对常用的语法结构的习得过程。受试者为美国某所大学的学生。研究的测量工具是"中文口语测试"，要求受试者围绕所给图画、题目和情景做出一系列的回答。由于研究的范围和内容不局限于某一语法现象而是考察了 19 类语法项目，所以这一研究取得了具有探讨性和可比性的描述。Ke 的考察表明，结构或意义相关联的语法项目，虽然类别不同，但在习得过程上却有着较强的可比性，而且总体上呈现出相似的模型（Pattern）。大致可归纳为以下三种基本模型：

第一，语言项目的掌握与学习者语言能力的提高成正比。比如，随着语言水平的提高，学习者对"是……的"句式、助词"了"、形容词做谓语结构和连词的掌握也越来越正确。

第二，U 型行为发展模型。在某些语法结构的学习上（如动词后缀"过"、动补结构、表时间的语序、定语从句、主述题句式、"把"字句、被动句式等），学习者在初级阶段就能够正确使用，但此后呈现下滑（二、三年级）。当语言能力有所提高后，下滑转入再度回升。在下滑阶段，二、三年级虽然在使用语法的正确率上低于一年级，但在词汇与篇章运用上仍呈现上升趋势。作者认为，U 型语法习得的出现是学习者在从控制发展到自动化的语言信息加工过程中，重新构建中介语系统的结果。也可能正式教学对学习者即时生成某些语法项目有一定的影响，受试者在一年级时刚刚学过这些语法项目，教学效果可能会反映到他们的语言运用中。

第三，高原水平行为模型。在学习者的中介语达到相当的能力等级时，对某些语法的学习会出现石化现象。这些语法现象包括：趋向补语、情态动词、副词、介词、比较句式等。习得发展出现石化是一个极为复杂的现象，与学习者个体因素、学习环境及语用交际等都有关系。

第七节 汉语语法习得研究小结

一、汉语语法习得研究的进展

近年来，汉语语法习得研究在范围、质量、结果等方面都有了明显的进展，表现在：

第一，研究有重要的成果出现。各种调查实验揭示了汉语语法习得的特点与规律，为我们了解学习者的习得过程、认知机制与学习策略提供了实证性的根据；而且整体来讲，汉语习得为第二语言习得研究提供了不同的内容与视角，扩充了其理论研究的广度。研究不断地取得实质性的发现，说明了这一学科的发展，也说明了这一学科对整个第二语言习得研究的贡献。

第二，研究在很多方面达成了共识，如对"把"字句习得的共识是：学习者在初级阶段生成的是具有典型特征（即强调动作对"NP"有强烈的作用与结果）的"把"字句，如"主语＋把 NP＋放＋介词短语"，以及在语言形式和意义之间有较清晰关系的"把"字句。此外，从整体上说，学习者对"把"字句的形式与功能的认识似乎先于对其形式（复杂的动补结构）的掌握，学习者能够意识、领会到"把"字句的一些关键因素。再比如，对汉语体标记的习得研究也获得不少重要共识（见本章第五节）。

第三，回顾汉语作为第二语言的习得研究，虽然起步晚，但发展却是稳定迅速的。二十多年前，汉语作为第二语言习得研究的文章几乎看不到。十几年前，在美国 CLTA 年会上，关于语言习得或实证研究的小组发言仅有一两个，而且参加者寥寥无几。现在已大不相同了，不仅在数量上，而且在质量上都有了较大的发展。从数量上看，几乎所有的汉语学习期刊，特别是核心期刊,都有汉语习得与认知研究的论文发表,而且研究范围在不断地拓展。从质量上分析,从前的类似经验总结或限于表面描写的"研究"方式逐渐被科学系统的、以调查论证来说明问题、以数据来呈现结果的实证研究所取代。更多的研究者开始在不同的理论背景下进行实证研究,有效、可靠地收集语料数据,用统计的方法分析归纳,并且与前人的研究和已有的理论模式互动,使新的研究结果融入第二语言习得的领域。

二、对汉语语法习得研究的反思

同时也应该看到,我们的研究还存在着不少问题,总结如下。

1. 研究结果

由于对变量的控制程度有别,考察的角度不同等种种原因,研究没有达到共识也是很自然的事情。比如学习者的语言程度、学习环境、教学输入等在不同的研究设计中可能出现很大的差别。这就需要我们进行更多的调查,把变量区分开加以控制,这样研究结果可能会更清楚一致。仍以"把"字句的习得研究为例,Du(2010)的调查结果说明,学习者在初级阶段就领会了"把"字句的关键因素,而且他们"把"字句出错的频率比较低。Du 的抽样是美国国防语言学院的学生,学校课程密集,而且学生入学时经过了比较严格的筛选。这样的初级水平抽样自然不能跟其他研究中的初级抽样相比。再如,收集语料时引发的手段与方法也会造成研究结果的差异:语料的收集是来自语料库还是一对一的自然谈话?是口语还是书面形式?来自语料库的语料是否有语境、情景的支持?是否有不同水平的分级以考察学习的动态过程?

2. 研究设计:理论与方法

研究结果的不一致也与研究方法的严密性和精确性不同有关。研究的质量往往取决于研究设计。设计必须细致周密,变量控制应严格彻底,语料采集应有效,数据分析应正确。设计的严密表现在理论背景与研究方法的选择与运用方面。首先应该考虑的是理论框架,比如是在普遍语法还是在认知科学的理论背景下从事调查?所用的理论是否有局限性?有怎样的局限性?所用的理论模式是否适合具体的研究目的?没有理论做后盾,调查实验就会失之肤浅。

对研究方法的选择来源于其理论背景及研究的性质和调查的目的。选择方法时也要同时考虑到该研究方法的优越性和局限性，对其局限性做可能的处理，或是几种方法并用以形成互补。语料的收集方法包括自然语言的收集（如一对一的交谈、采访录音）、实验任务收集（如看图说话、复述故事、回答问题、做语言练习、语法正误判断），关键是要采集到真实的语料。不同的理论对真实语料有着不同的看法。比如从语言学的角度来讲，"真实的语料"来自对语法的直觉（grammatical intuitions），它反映了学习者的语法能力，于是对句子的正误判断成为主要的工具。虽然语法判断有优点，但也存在着局限性，是一个有争议的语料收集手段。

在收集语料时还要根据研究的问题选择适当的方法。从抽样背景、人数的多少到引发语料所用的工具、途径以及数据收集处理的可靠性和有效性，都要全面考虑，步步为营。比如，引发语料的设计是很重要的。刘颂浩、汪燕（2002）对"把"字句练习设计中的语境做了调查，探讨什么样的语境能够有效地引发出"把"字句。调查结果说明，引发设计很有必要提高。表 4.15 是 13 名中国研究生在回答 16 个引发问题时使用"把"字句的百分率。即使是汉语本族人，对其中一半以上的问题或是没用"把"字句，或是使用频率非常低。用同样的方式来收集汉语学习者的造句情况，使用率就更低了。如果由此认为"把"字句没有出现，将是一个多么严重的误导！由此也可看出，采集说本族语的受试的基线语料（baseline data）的重要性。

表 4.15　13 名中国人回答 16 个引发"把"字句的问题时使用"把"字句的百分率（刘颂浩、汪燕，2002:238，形式上稍有改动）

练习项目	1, 2, 3, 5, 7, 8	4, 6, 10	11	9	13	15	12	14, 16	总体
使用频率	0%	7.7%	38.5%	46.2%	61.5%	63.6%	69.2%	93.3%	30.1%

3. 研究视角

第二语言习得是一个跨学科的社会科学，因此需要各学科互相渗透，多角度、宽视野。比如偏误分析需要和其他分析方法结合在一起（如学习策略分析、认知机制研究、心理过程研究等）。如果只是集中在偏误分析上，势必趋于狭窄且不够深刻。王建勤（2006：11）在评论偏误分析和中介语研究时中肯地指出："吸收新的理论，采用更为科学的方法，才是偏误分析发展的根本出路。"

在语法内容研究方面也应提倡宽角度。柯传仁、沈禾玲（2003）提出，在以后的研究中应该注意把相关语法点结合起来做全面的调查，因为各语法现象之间事实上既相互联系又相互制约。他们指出："对有关联的语法现象进行综合性的研究有助于解释、揭示语法习得的层次结构，并有利于了解有关语法点间的相互作用与影响。"（p.9）仍以"把"字句为例。"把"字句的特点决定了对"把"字句的习得研究必须与动补结构结合起来，与动词结合起来。这一点不论在语言形式、意义还是功能上都是如此。

4. 研究范围

目前对汉语语法习得的研究主要集中在中介语，特别是对汉语语言本身独特的语法特征的习得上，调查具有汉语特征的句式和结构在中介语中的表现。比如本章所分析的调查基本上都是围绕汉语中介语的特点展开的，如研究其发展途径、不同学习阶段的规律、习得顺序以及习得策略和认知方式等。但对学习者语言输入的加工处理（Zhang，2008）、汉语习得与正式环境下教学干预之间的关系（Li，2011）、各种学习环境与习得之间的关系（如外语学习、留学中国等诸多方面），以及不同学科如社会语言学及社会文化与汉语习得的关系的研究还较少。我们汉语研究范围未涉及的却正是目前第二语言习得研究所关注的。相信汉语习得研究能够与目前的第二语言习得研究在更多方面同步。汉语作为第二语言的习得研究范围将继续拓宽，向宽领域、大范围、多视角、全方位的方向发展。

思考讨论题

1. 汉语作为第二语言或外语的语法研究有哪些特点？

2. 语言习得研究是在观察学习者语言运用的基础上，对以前研究中未解答的问题进行假设，并在实验中对这些假设加以求证。方法大致分两类：纵向研究和横断研究。方法的选择取决于研究的目的以及抽样的人数、时间、环境等条件，语料的收集方式根据某一具体的课题和目的而定。请你想几个语法点，比如在一定的上下文中代词的省略（零代词）、量词、"把"字句等，做一个简单的实验调查设计，确定应用什么理论和研究途径，通过怎样的方法来收集语料，要控制哪些因素。

3. 语料的收集至少有两种方式。一种是通过一对一的谈话，研究者把设计好的问题以一种自然的谈话形式表达出来，引发出受试者一定的语料，然后把录音谈话转写成书面的形式，进行数据处理；另一种是用书面的方式采集语料。这两种方式各有什么优缺点？

4. 请思考一下"把"字句的习得过程和习得趋势研究。学习者在"把"字句的语言知识方面与说汉语的本族人有什么相似之处？又有什么不同？在运用"把"字句方面，与汉语本族人有什么相似之处和不同之处？

第五章 字、词与阅读学习

作为一种独特的文字系统，汉字学习给母语为拼音文字的学习者带来了较大的挑战。学习者的第一步是识别汉字，而识别汉字并非一件容易的事。汉字包含形、音、义的信息，对汉字信息的加工包括对字形的辨别、对语音的提取和对字义的通达。汉字的识别过程就是对这三者之间的关系进行正确映射的过程，学习者要把储存在大脑内的信息知识与视觉输入的文字信息进行匹配。

对字义的通达涉及各种因素，如学习者对字的熟悉程度，字本身具有的语音、语义信息的规则性和一致性，以及字的笔画、结构形式的复杂程度等。此外，母语为英语的学习者必须从习惯于阅读表音文字转化为阅读表意文字，在熟练掌握汉字识别能力的基础上提高通达文字意义的能力。

本章分四节。第一节围绕汉字的三个特征（字形、义符、声符）讨论对汉字、词的认知研究，包括学习者正字法意识的发展、汉字部首和声旁与字义通达的关系、词汇认知加工与习得过程。第二节继续研究汉字认知的影响因素，探讨的内容包括语音的规则性、字的出现频率与复现性、母语正字法认知加工技能对第二语言词汇学习的影响，以及学习者语言熟练程度对汉语阅读的作用。建立在前两节文献回顾的基础上，第三节展现笔者所做的一项母语为英语的学习者认读汉字的调查。第四节探讨阅读理解研究与阅读策略的培养，先回顾阅读理解方面的研究，然后讨论怎么把研究成果运用到教学中。

第一节　汉字、词的认知研究

一、字形因素

汉字由笔画和部件在固定的方形空间内组成。汉字分独体字和复合字。复合字由两个或两个以上的部件组成，可分为上下、左右、里外包围等结构。有的部件可独立成字，为成字部件；有的不能，为非成字部件。能够独立成字的部件，成字时有自己的读音和独立的意义系统；非成字部件没有读音，但是大部分非成字部件都具有自己的意义系统（邢红兵，2011）。部件构成汉字时的位置比较灵活。比如，同一个部件在构成不同汉字时，可能处在不同的位置，可在字的上下、左右、里外。也有一些部件的构字位置相对固定。

汉字的构形因素对汉字的加工识别有怎样的影响？近年来，学者们探讨了汉字笔画、结构类型、部件位置对学习者汉字认知的作用，以及在学习过程中学习者汉字正字法意识的发展。Ke（1996）研究了汉字识别与书写的关系。研究对 47 名受试者的语言背景做了严格的控制。实验材料选自学生课本中出现的高频字。试验目的是比较不同数量笔画的汉字对学习者识别和书写的影响。研究结果表明，在汉字的识别中不存在笔画数的效应，而在书写方面却存在着笔画数的效应，受试书写笔画少的字好于笔画多的字。江新（2007）在总结笔画数的影响作用时指出，笔画数对初学者命名汉字的反应时间更有影响，但不影响命名的正确率。

江新（2007）就笔画数、笔画类型、结构类型和字形对称等因素做了考察。她的研究关心的是：笔画数少的字、字形对称的字、笔形横竖的字是否比较容易识记？而笔画数多的字、字形不对称的字、笔形斜曲的字是否比较难识记？此外，学习不同结构类型的字，困难程度是否相同？受试为来自非汉字圈国家的、在北京语言大学学习汉语的初级（一年级第一学期）学生 28 名。实验材料来自学生所用课本中的 102 个字，要求受试写出每个字的汉语拼音并组词或造句（即知音知义）。江新把这 102 个字的笔画数分为三类（少、中、多），还根据字形对称因素分为对称与不对称，字的笔形分为横竖字和斜曲字，结构类型分为四类（独体字、上下字、左右字、包围字）。研究结果表明以下几点：第一，笔画数的多少影响了汉字认读学习的效果，但汉字认读的成绩并不随着笔画数的增加而发生线性改变。笔画数由少增至中等时，汉字认读困难随之增加；但当笔画数由中等增至较多时，汉字认读难度并不随之增加。第二，在笔画数和字的复现数相同的条件下，受试对字形的识别存在着对称性效应、笔画类型效应和结构类型效应：（1）对称的字（如"幸、南"）的识别成绩显著好于不对称字（如"药、后"）；（2）笔画横直字（如"昨、信"）的识别成绩显著高于斜曲字（如"执、资"）；（3）学习者对独体字、上下字的学习比左右字、包围字好，左右字的学习又比包围字好，对独体字和上下字的学习没有显著差别，两者是字形结构中最容易掌握的。江新的研究表明，初级汉语学习者对汉字的构形组织已产生了一定的认识，对汉字不同的构形有了初步的概念。

每一种文字都有自己的正字法（Orthography）规则。拼音文字是一种浅度正字法文字，正字法规则和语音规则常常在一起发生作用。而汉语则不同。对汉语正字法意识发展的研究所探讨的是汉字结构类型以及部件位置、组合规律等因素对汉字认知的作用影响。江新（2003）的研究用人造假字（符合汉字正字法规则的字）和非字（不符合汉字正字法规则的字）对左右结构和上下结构的人造字做真假字判断。这些假字和非字是从受试者所用课本中已学过的汉字部件中分别构建出来的。结果表明，学习了五个月汉语的美国留学生对上下字结构有正字法意识，但是对左右字结构没有正字法意识。此外，对上下字的判断反应要比左右字所用的时间短。汉字正字法上下结构的识别成绩好于左右结构，这一研究结果在江新（2003、2007）和尤浩杰（2003）中是一致的，但与冯丽萍（2006）的研究结果不尽相同。

冯丽萍（2006）调查了部件位置信息在学习者汉字加工中的作用和汉字结构对部件位置作用的影响。冯的抽样为40名在大学二、三年级学习汉语的学生，母语背景不同，来自欧美和日韩两地区的各20名。实验材料为72个上下、左右结构的复合字，分为真假两类。作者对字频、笔画数和部件频率都做了控制。实验要求受试者快速对所给字的真假做出判断。结果表明，欧美和日韩学生对左右结构汉字的识别都比上下结构的容易。所不同的是学习者的母语背景，日韩学生可以根据不同类型的汉字选择更为合理有效的加工方式，而欧美学生则更多地提取汉字的局部信息，如利用右部和下部的信息。

比起日韩学生来，欧美学生对汉字的结构意识和加工方式更有待于完善。

郝美玲（2007）也研究了汉字部件位置因素对汉字认知的效应作用。与冯丽萍（2006）的研究不同的是，冯丽萍着重于部件位置信息在汉字加工中的作用，而郝美玲的研究则探讨学习者正字意识的发生与发展情况，具体考察部件意识、部件位置意识及组合结构意识的发展。汉字由部件组成，部件意识指学习者能够辨认出哪些部件真实存在，哪些部件不存在。部件位置意识指对部件位置的灵活性所形成的概念。不同的部件可以组合成不同结构类型的字，如上下、左右结构等，对这些信息的了解即为组合规律意识。郝美玲的研究抽样为120名在北京语言大学学习汉语的学生，按照学习时间的长短分为初级上（学了3个月）、初级下（学了7个月）和中级三个水平。母语背景大部分为拼音文字。实验材料是40个假字、非字和40个真字。实验对部件的熟悉度、部件位置等因素做了控制。受试者要对这80个字是否是汉语中真实存在的汉字做出判断。研究结果表明三点：第一，所有的被试，包括初级上水平的被试，都没有在整字的水平上进行真假字的判断，而是把汉字分解为部件，根据部件的一些特征来进行判断。第二，所有的被试都对部件位置的信息比较敏感，能够觉察到汉字的部件具有相对典型合理的位置，受一定结构的制约。比如他们判断部件位置错误的非字的正确率显著高于其他类型的字。作者认为，学习者对部件的位置意识萌芽较早，在学习汉语的第一年中一直发展并趋于成熟稳定。第三，学习者部件意识的发展晚于部件位置意识的发展，如初级水平的两组受试判断部件错误的非字和部件不熟悉的假字的正确率无显著差别，即使到了中级水平，学习者仍然在发展部件意识。

王建勤（2005）用联结主义"自组织模型"对学习者汉字构形意识的发展与其汉语水平发展的关系进行了模拟研究。研究以《汉语教程》一、二、三册出现的字种为训练对象，分别建立三个子模型，然后对模型加以训练。训练后的测验分别让三个子模型对真字、假字、非字进行识别。王建勤的研究结果表明，一年级子模型对假字和非字识别的差异显著，二年级子模型对假字和非字识别已达到较高的水平。这些结果意味着，与模型相对应的一年级外国学习者的正字法意识的发展要达到中国一年级小学生正字法意识的发展水平，需要一年左右的时间，与模型相对应的二年级外国学习者的正字法意识的发展要达到中国三年级小学生正字法意识的发展水平，需要两年左右的时间。

综合上面的研究，我们可以看出几点。第一，在汉字形体结构识别方面，学者们得到了一定的共识，如对汉字的识别存在着不同的层次。在笔画的层次上，笔画的数量与笔画的形式（江新，2007）在一定的情况下对汉字识别具有效应作用。第二，在部件层次上，部件的位置信息不论是对汉字的加工（冯丽萍，2006）还是对正字法部件位置意识的建立（郝美玲，2007；江新，2003；尤浩杰，2003）都有显著的影响作用。受试者在汉语学习的初级阶段就能够利用部件信息对假字和非字进行判断。第三，研究结果在对字的上下结构和左右结构信息的优先运用方面并不一致。比如江新（2003）和尤浩杰（2003）的研究表明，学习者对上下结构字的识别好于左右结构的字；也有研究结果（如冯丽萍，2006）表明，对不同背景的汉语学习者来说，对左右结构汉字的识别对比上下结构更容易。郝美玲、范慧琴（2008）通过延迟抄写的实验发现，左右结构的字比上下结构的字容易分解。第四，在字的层面上，所有的研究都表明，学习者的汉字构形意识随着他们汉语水平的提高而发展。研究似乎达成的共识是，正字法意识在初级阶段开始萌芽发展（如郝美玲，2007；江新，2003），到中级阶段会出现成熟稳定（郝美玲，2007；王建勤，2005）。

汉字字形因素对识别汉字的效应在很多方面需要进一步探讨，有的研究结果不一致。比如对学习者汉字构形意识的发展时间这一问题就存在着争议。郝美玲（2007）的研究表明，在学习汉语三个月时就出现了部件位置意识的萌芽，且部件位置意识的发展先于部件意识的发展。鹿士义（2002）的研究表明，从初识汉字到正字法意识的萌发需要两年左右的时间。造成研究结果不一致的原因来自若干方面，如对部件意识和正字法知识发展概念的定义和定位的不同、实验方法的不同（识别汉字时是否受时间限制、材料的出处来源、受试者对字和部首的熟悉度等）、对变量因素的控制程度有别（如对受试者母语背景的限制、对受试者汉语水平的划分、受事者课程的强度及学习环境等）。尽管在字形因素方面我们已获得不少结果，但正字法意识的各个层面及其发展过程的系统研究仍有待深入。

二、义符因素

上文提到,在识别汉字的过程中,部件对汉字的识别具有显著效应。复合字中的部件就其功能而言可分为形旁/义符、声旁/声符和某种记号。在识别汉字时,当形旁或声旁的信息被激活后,这些信息直接作用于汉字意义的通达。所以学习者首先要认知部件的功能,积累有关部件的读音和意义信息。

义符作为一个加工单位,和整字意义有着紧密的关系。义符和整字意义之间的关系越直接,义符的语义透明度越强,学习者就越可以根据义符知识推测汉字意义。比如"吃"和义符"口",两者意义直接相关,通过义符就可以推知"吃"的意思。有些义符的意义和整字的意义不直接相关,如"猜、相"等。更多的义符起到表示类属、材料等相关语义信息的作用,如"钢、铁、铜"等字的形旁"钅"、"桨"的形旁"木"等(邢红兵,2011)。

汉语为第二语言的学习者是否有义符意识而且能在学习中利用义符信息?Taft & Chang(1999)调查了初级汉语学习者受过训练后是否能用复合字中的形旁知识来帮助他们记忆这些复合字,以及形旁教学对汉字习得的效应问题。实验材料是 24 个复合字。实验从教学输入开始,每一个字(包括用英文显示的字义)分别向受试展现三次,然后把所有的字不加英文意义全部给受试者。受试者的任务是把所给字的意义写出来。抽样分为四组,分别进行不同的教学输入。第一组在执行任务前 15 分钟学习出现在 24 个字中的形旁的意义;第二组首先进行形旁意义的教学输入,然后在第一次展现每一个字时就要求受试者指出每个字的形旁;第三组与第二组相同,也是首先进行形旁意义的教学输入,不同的只是到第三次展现每一个字时才要求受试者指出每个字的形旁;第四组在完成任务前没有进行任何教学输入。研究结果表明,第一、二、三组受试者在任务中说出字的意思时都用到了他们学到的形旁知识。作者认为,对形旁意识的培养需要一个发展的过程。由于第二组在第一次展现汉字时就对形旁意义进行教学输入,所以他们识别汉字意义的正确率最高。

Shen(2000)探讨了母语为英语的汉语学习者的汉字形旁知识与形声字识别和书写的关系。抽样为在美国大学修中文的初级和中级水平学生。在第一项测试中，研究者提供了 40 个受试没有学过的形声字，但这些字中包含的义符都已学过。在 40 个形声字中，20 个字的字义与其义符联系紧密，如汉字"拿"与其义符"手"，义符透明度高；而另外 20 个字的字义与义符之间缺乏直接关联，如"猜"的字义与其义符"犭"之间没有什么关系。受试要根据所掌握的义符知识对这些生字的字义进行推测。在第二项测试中，研究者提供给受试不熟悉的、缺少义符的汉字和字义，要求他们按照字义，给所提供的汉字加上适当的义符而使它们成为完整的形声字。结果表明，策略运用较好的小组的学生在对那些字义与义符联系紧密的形声字进行字义推测时，成绩要优于策略运用较差的小组。这种差别在第二项"根据字义补义符"的测试中表现得更为突出。这意味着部首知识对于汉字学习的确有着显著的影响。一般来说，学生所掌握的部首知识越丰富，他们就越能够更快地掌握和吸收新的形声字。

Shen & Ke (2007) 研究了汉语为第二语言的学习者的形旁知识对汉字习得的效应问题，探讨学习者是如何发展部件，特别是形旁功能意识的，而这些意识又是怎样运用于汉字学习中的。首先，他们把部件功能意识定义为在形声字中学习者对义符和声符功能的元认知，以及在汉字学习中运用这些知识的能力。具体地说，部件功能意识包括在三种层次上的认知和运用。第一，学习者知道汉字由部件而不是一些任意的笔画组成，所以对不熟悉的汉字能够按照部件分解、组合。这是对字形结构进行视觉观察认识（Visual perception）的结果。第二，学习者具有对部件如义符的知识，知音、知形、知义。第三，学习者明白形声字部件的组成，并且能够在学习新的形声字时运用这些知识。上文提到，部件功能意识的发展是一个循序渐进的过程，Shen & Ke (2007) 所关心的是部件意识是在什么阶段开始的，上述三个层次的知识是否有一个先后的次序，以及部件意识的发展与生字学习之间的关系。三个研究问题是：(1) 不同汉语水平的学习者在认知和运用汉字部件时存在着怎样的发展趋势？(2) 在义符知识发展、部件视觉识别技能发展 (development of skills in radical perception) 和义符知识运用这三者中是否存在着一种线性关系？(3) 不同汉语水平的学习者在义符使用技能的发展和汉字习得之间是否存在着相关性？

实验抽样来自美国九所大学一至四年级学中文的学生，每个年级 35 名，共 140 名。这些学生的语言背景均属于"非汉字圈",不包括有背景的华裔学生和有亚洲语言背景的学生。实验工具为四项测验。第一,部件视觉识别测验(Radical perception test),由学习者不熟悉的 40 个复合字和 5 个作为干扰的独体字组成,观察受试者是否能够分解复合字的部件。第二,义符知识测验(Radical knowledge test),由 40 个最常用的义符部首组成,检验受试者是否能够对所给的义符知音知义。第三,义符知识运用测验(Radical knowledge application test,这是 Shen(2000)的研究工具)。首先,受试者根据所给的字义来选择三个形声字中的一个字;其次,受试者要根据所给的拼音和字义来填写所给形声字中丢失的义符。第四,词汇测验(Vocabulary test),检验受试者的词汇知识。测验包括 40 个两字复合词,分初、中两种水平,分别用于一年级和二年级的受试者,他们要为所给的词注音并标义。

研究结果说明以下几点:

第一,学习者的部件意识和义符知识随着他们汉语水平的提高而发展,两者成正比。

第二,就部件视觉识别复合字而言,在中文学习开始的时候,学习者对这一技能就比较敏感,在学习中文的第一年中迅速发展且在一年之内基本完成。

第三,就运用义符知识来学习新的形声字而言,存在着两个发展阶段。第一个阶段是从学习中文一个月到一年底,第二个阶段是从学习中文两年底到三年底。换句话说,二年级时运用义符知识来学习新的形声字进步缓慢。

第四,就义符知识在部件识别中的作用和运用义符知识来学习新形声字的关系而言,回归分析表明,只有义符知识运用技能能够预测义符知识,部件视觉识别技能并不能预测义符知识。也就是说,一个学习者能把复合字加以分解并不意味着他已经掌握了部件(如义符)知识,只有当他能够把义符知识运用到新的汉字学习中时才说明他掌握了部件知识。

第五,就部件意识的发展与词汇学习之间的关系而言,两者相关系数显著,尽管不是特别高($r=.46; p=.000$)。

Shen & Ke(2007)的研究对以前的研究结果做了验证并还有一些新的发现。在对学习者部件意识发展过程的研究上,他们的结果表明,初级中文学习者就能够在视觉上把复合字分解为部件并通过部件重组复合字,这也支持了其他研究结果(如江新,2003、2007;郝美玲,2007;王建勤,2005;

Wang, Perfetti & Liu, 2003)。即使是初学者，也没有把汉字当成杂乱无章的笔画的堆积。确实，部件视觉识别能力是一个基础的观察力，不需要掌握所有的汉字部件或拥有丰富的正字知识后才能做到，当然部件知识起到了重要的作用。能够把复合字进行分解、组合为汉字的认知与记忆储存提供了很多有利因素。Shen & Ke (2007) 指出，如果学习者把复合字看作是有内部结构规律、组合起来的整体，那么在读者编码、解码和记忆加工时就能减轻很大的负担。有限部件的不同组合给成千上万汉字的认读与书写带来了速度与方便。学习者的学习任务并不是以千为单位的生字，而是以百为单位的部件组合（吕必松，待发表）。

与部件视觉识别能力相比，部件知识的发展则比较缓慢。即使在学习了三年汉语后，对40个常用义符知音知义的准确性也只有70.96%，可见，能够认读复合字的形旁、声旁对母语为拼音文字的学习者来说是一项颇有挑战的学习任务，需要一个循序渐进的过程。

准确地把部首知识运用于汉字的学习则是一项最为艰巨的任务。作者指出，这一任务包括了若干个陈述性和程序性的知识技能，如部件知识中包括部件在汉字中的功能和声、形、义之间的映射关系，还包括对部件的分类、组合，这样才能从心理词典系统中适时提取；此外，还包括解决问题的认知技能，如什么时候、以怎样的方式、运用哪种类型的知识来对应等。

三、声符因素

汉语具有表意性，但这是否意味着汉字的意义与读音完全无关？在通达文字意义时，意义是否直接从字的视觉形象中直接提取，语音是否不发挥什么作用？不少学者质疑汉语书写系统是否真的仅是表意系统。据DeFrancis (1984) 统计，90%以上的汉字是形声字，即每个字由一个形旁和一个声旁组成，形旁表义，声旁标音。在形声字中，33%的声旁与其整字的发音是一致的（如"清""蜻"和"青"）；33%是部分标音，即声符和整个字的发音或者在韵母或者在声母上相同（如"精""睛"和"青"）。这样，声符提供的表音信息达到66%，超过半数的形声字提供的语音信息很可能有助于学习者超越死记硬背的最初阶段来认读汉字。因此，就像字母与发音的对应原则能帮助拼音文字学习者阅读一种拼音文字一样，汉字里超过半数的复合字提供的语音信息很有可能帮助学习者进行识字阅读。

在汉字意义的提取过程中，语音是否起作用？意义的提取是否必须以语音为中介？这些问题是研究文字输入加工和阅读理解的重要问题。对这两个问题，特别是第二个问题，学者们并没有达成共识。一种观点是，文字的功能在于记录语言，文字只有通过语音才能和意义发生联系，因此语音通路是语义通路的唯一途径。这些研究者（如 Seidenberg，1985；Perfetti，Zhang & Berant，1992；Perfetti & Zhang，1995；Tan，Hoosain & Peng，1995；谭力海、彭聃龄，1991；杨珲、彭聃龄，2000）认为，人们在加工单词时，首先通过视觉输入计算出语音信息，再通过语音表征映射到心理词典的语义表征上。语音或是在整字水平或是在字下水平激活，经由语音表征通达语义。字形信息被用来检查和修正语义。另一种是语音作用有限性的观点（如周晓林，1997；Chen & Shu，2001；Zhou & Marslen-Wilson，1996、1997；Zhou，Shu，Bi & Shi，1999），这些研究者认为，阅读中文时所用的是直接的视觉通路，即视觉输入的特征被映射到字形表征上，字形表征的激活导致储存的语义被激活。语义通达后的语音信息被用来理解和记忆语义，所以语音激活是在词义通达之后发生的，是语义通达的产物。Chen & Shu（2001）的结果表明，在不同的刺激起步非同步（Stimulus Onset Asynchrony，SOA）情况下出现了较稳定的义似启动和形似抑制作用，而语音的启动效果却较晚且不稳定。

Perfetti，Zhang & Berant（1992）提出了阅读的普遍语音原则（Universal Phonological Principle），认为不论是在拼音文字还是在非拼音文字中，读者阅读时总会提取文本的语音形式。这一语音过程可能是普遍的、自发的、多层次的，包含特定文字系统所允许的形声映射的任一层面。字词识别的过程不会漏掉语音，不可能让语音成为一个自由选择、一个可有可无的编码。相反，识别的过程必定包括正字法（X）、语音（Y）、意义（Z）三者。Perfetti，Zhang & Berant（1992）认为普遍语音原则同样适用于汉语阅读。对形声字来说，声旁可提供整字的语音信息。他们提出，在非拼音语言文字中，语音成分可能以一种和"形素—音素对应"（Grapheme-phoneme correspondence）相类似的方式被用于计算整字的"前词汇语音"（Prelexical phonology），即语音编码先于词汇意义的通达。换言之，字词到语音的转换先于语义编码。阅读中包含多个正字法成分的视觉符号，先是通达语音表征，然后通达语义。在这个过程中，读者运用蕴含于正字法中的字形－读音相对应的知识，利用整字或字下语音线索，通过迅速查询头脑中的词汇和词义来确定词义。因此语音自动激活是意义提取的必要中介。

与上述语音自动激活模式不同的是以周晓林为代表的语音作用的有限性观点（周晓林，1997；Chen & Shu, 2001；Leck, Weekes & Chen, 1995；Zhou & Marslen-Wilson, 1996、1997、1999；Zhou, Shu, Bi & Shi, 1999）。周晓林（1997）提出词汇意义通常由字形输入直接激活。直接的视觉加工是通达心理词典信息的最主要方式。心理词典指储存词汇的语音、字形、语义和句法特征等知识的仓库。通达这些知识必须首先经过心理词典的字形表征。每个词在心理词典中有字形、语义和语音三种表征，这些表征相互联结，一种表征的激活马上扩散到别的表征上。周晓林进一步说明，在词汇加工初期，感觉输入被分析为不同尺度的字形单元，这些单元被并行地用来通达心理词典中对应的词汇表征。心理词典中的字形表征首先被这一并行加工过程激活，接着，与之相连接的语音表征和语义表征也被激活。而语音表征的激活正是词汇的字形表征激活扩散的结果。虽然语音信息对工作记忆的信息保持来说有重要作用，但对词义通达却是有限的。对于复合字来说，整字字形和声旁都被用来通达与它们相对应的字形表征以及与之连接的语音及语义表征（Zhou & Marslen-Wilson, 1996）。而只有在储存的语音表征被激活以后，语音信息才是可用的。

周晓林（1997）设计了一系列实验来检验语音在汉语词汇通达中的作用。实验中，启动词和目标词或者有语义关系（如启动词"洁净"与目标词"卫生"有语义关系），或者与语义相关词同音（如"捷径"与"洁净"同音）。如果汉语读者利用语音作为中介来通达词义，那么不但"洁净"与"卫生"之间有语义促进效应，而且"捷径"与"卫生"之间也应该有这种启动效应。实验发现，同音启动词（如"捷径"）没有显著的语义启动效应，这可能是因为同音启动词"捷径"不能激活"洁净"的语音表征，或是因为"洁净"的语音表征的预激活不能导致其语义表征的激活。这说明，在汉语双字词视觉识别中，语音对于词义通达没有作用或者只起有限的作用。作者后来的实验分别考察同音假词（如"安权"是"安全"的同音假词）和单字词的语音中介作用，也得到了与双字词一致的结果。周晓林提出，语音对通达汉语词汇语义的作用是非常有限的，而由形到义的直接通路是汉语词义通达的主要途径。实验说明语音的激活并不能有效地导致语义的激活，意义是由直接的视觉加工激活的。

Chen & Shu（2001）在其实验设计和刺激材料上重复了 Prefetti & Tan（1998）的实验，检验汉字识别中语音的作用。他们的受试分别为说普通话（用简体字）和说广东话（用繁体字）的本族语者。实验结果表明，语义的启动很早在不同 SOA 情况下就出现了，而且启动比较稳定可靠。而同音字的启动作用在命名中很小或只是在后来才发生。此外，形似抑制效果在所有 SOA 情况下也都出现了。可见对本族语读者来说，语音在汉字的意义通达中并不起中介作用。虽然 Chen & Shu（2001）的实验所采用的是 Prefetti & Tan（1998）的设计，但结果却很不相同。可见，语音在汉字识别加工中的作用还远远没有定论。

综合上述有关语音的效应作用在字义通达中的研究，我们所得到的共识是，尽管汉字是一种表意文字，但是汉字识别和拼音文字的识别有相似之处，存在着语音自动激活现象，在这一点上，大多数研究者的观点是一致的。即使持语义作用有限性观点的学者也认同此观点。但是语音激活的作用是什么？是发生在意义通达之前还是发生在意义通达之后？对这些问题学者们还没有达成共识。持语音作用有限性观点的学者（如周晓林，1997；Chen & Shu，2001；Zhou & Marslen-Wilson，1996、1997、1999）认为，语音激活是在词义通达之后发生的，是词义通达的产物，它的激活有助于字词的理解和记忆。

在阅读过程中，除了字形、声符、义符等因素外，还有很多因素对汉字的加工识别起着直接的作用。比如语音的自动激活与不同语言的正字法系统（Coltheart，1978；Huang & Halley，1994）有关，与学习者的阅读能力和对字、词的熟悉程度（Hoosain，1991）等因素也有着直接的关联。这些内容将在下一节讨论。

第二节 汉字认知加工的其他影响因素

影响汉字认知加工的因素是多方面的。除了上文讨论的字形、部件因素和声符、义符因素以外,对汉字的识别、意义的提取还体现在声符、义符、部件位置等方面的规则性(regularity)、频率或复现性(frequency)、学习者母语的正字法认知加工技能,以及语言熟练程度等方面。

一、规则性

上节提到,在非拼音文字中,语音成分可能以一种和字母类似的方式来估算整个字里的"前词汇"语音。"前词汇"语音加工指语音编码先于词义的提取。语音最先出现,把印刷的字转换成语音的内在表达,先于语义编码。视觉标记由各个次成分拼合而成,聚合起来共同导出语音的表达,然后提取词汇的意义。在这个过程中,读者运用他们的正字法知识和声符提供的线索,通过语音通达词汇的意义。这一过程中存在着声旁与整字的语音规则性效应(Regularity effect)。在形声字中,声旁读音和整字读音之间存在相同、半相同和不同的关系。比如,"青"和由"青"构成的形声字"请",读音一样。此规则可以推导到类似的汉字中,学习者可利用"青"的读音来推导"清""情"的读音,正确率为100%,这是规则性发生效应。声旁和整字的关系也可能为半相同,如"睛""精""静",即只是韵母相同,属于不完全规则。还有不规则的,如"猜",其声旁并不标音。

不少研究表明,不论是母语还是第二语言的学习者,在汉字识别中都用到了声旁的规则性特征(如江新,2001;郝美玲、舒华,2005;邢红兵,2003)。邢红兵(2003)的研究发现,规则性效应表现在初、中级阶段的汉语为外语的学习者中。34名受试者能够有意识地利用规则性特征。他们规则字的认读正确率明显高于不规则字。他们最容易犯的错误是直接读声旁,而这种阅读策略在识别不规则字中显然不得分。邢红兵(2003)的研究表明规则效应受到一些因素的影响,包括:(1)字的使用频率;低频字比高频字更多地利用规则性特征;(2)学习者的汉语水平;水平低的学习者在认读汉字的过程中更多地利用了规则性特征；（3）学习者的母语背景：非汉字母语背景的学习者更多地利用了声旁规则性；（4）字的使用频度和规则性效应之间的交互作用：认读频率高的字规则性小，认读频率低的字规则性大。郝美玲、舒华（2005）的研究与邢红兵的研究重点不一样，但结果有一致性。郝、舒考察了汉语为第二语言的学习者是否能够利用声旁提供的信息来推测不熟悉的字，结果表明，通过课堂教学，初级（下）的留学生能够发现形声字中声旁的表音规律，并将其运用到不熟悉的字中。而且受试者对声旁提供的读音信息较敏感，不同程度的语音规则性影响了他们的汉字学习和记忆。

除了声符以外，义符、部件位置也存在着规则性的特征。如义符的语义和整字的意义关系越直接，义符的透明度越好，学习者通达意义的正确率就越高（Jackson, Everson & Ke, 2003; Shen, 2000; Shen & Ke, 2007）。规则性效应在声符方面的研究比较多，在义符和部件位置方面的研究比较少。

二、字频和复现性

汉字的频率和复现率在汉字识别中是一个重要的影响因素。输入频率（input frequency）是认知语言学在第二语言习得研究中的一个重要题目（Ellis, N. C., 2002）。Ellis认为，语言学习是一个逐步积累的过程。输入频率对学习者语言的加工、理解、产出和对语法结构的掌握有显著的效应。字的频率是客观的统计指标，表示字的出现、使用次数。因此高频字是大家熟悉的字，反之为不熟悉的字。高频字和低频字在加工、记忆和储存中有所不同，汉字在母语的学习中存在着频率效应（郭德俊，1991，转引自江新，2007）。

词汇复现率指词汇在教材中复现的次数，是对在正式教学环境下学习的学生而言的。研究（Sergent & Everson, 1992；江新，2006；柳燕梅，2002）表明，汉字复现率在第二语言学习中表现出显著的效应作用。Sergent & Everson（1992）对汉语教材中汉字的复现率和笔画的复杂性在汉字识别中的速度和准确性做了考察。他们首先根据每个汉字在学习者已学过的课文（包括对话、生词表、操练和练习）中出现的次数来划分高频字和低频字。两组不同汉语水平的美国学习者对这些字大声朗读进行命名。结果表明，无论是初级还是高级水平的学习者,高频字的命名正确率显著高于低频字(74%：58%),高频字的命名反应时间低于低频字(2.15秒：2.39秒),尽管两者的差异在统计意义上不显著。作者认为,反应时间不显著可能是抽样较小造成的。

江新(2006)对汉字重现率和汉字学习(知音知义)两者之间的关系做了调查,研究中谨慎地控制了汉字的复现率。她的研究结果表明,汉字在教材中实际出现的频率(包括课文、生词)对汉字学习的效果有直接的效应作用。复现率越高,汉字学习效果越好。汉字成绩随着复现率的增加而提高的进程是先快后慢。一开始提高的速度很快,然后逐渐缓慢下来。考虑到教学效率和教学效果两个方面,作者提出汉字在教材中的出现率最少要 7 次,要让学生达到较好的掌握,出现率则应该在 24 次以上。

三、母语的正字法认知加工技能的影响作用

在第一语言的学习中,不同类型的正字法系统会在字词的认读加工中产生作用。Huang & Halley(1994)研究了香港和台湾儿童学习认读汉字以及英国儿童认读英语的语音意识和视觉技能的特点。他们的实验结果表明,语音意识(韵脚和音素探察)与英国儿童的阅读能力显著相关;与此不同,视觉技能(视觉配对学习)与台湾、香港儿童的阅读能力显著相关,但与英国儿童的阅读相关不显著。该研究的结果提示,视觉线索在汉字认读中的作用比在基于字母的语言文字中更为突出。

在第二语言的学习中,母语文字的认知加工是否会迁移到第二语言的阅读加工中? Koda(1997)在回顾总结文献时分析了学习者母语正字法知识对目的语词汇加工的影响,提出学习者已有的母语正字法知识和母语加工策略与他们第二语言的阅读理解有交互作用,而且他们的母语文字经验对第二语言词汇加工的发展有效应作用。Koda(1988)的研究比较了来自四种不同母语背景的 83 名学生对英语语音编码的策略。当视觉材料中的语音信息被掩蔽时,拼音文字背景的受试者成绩变差,但是表意文字背景的受试者没有明显变化。这些结果表明,拼音文字背景的学生需要直接分析语音信息,而表意文字背景的学生不需要直接分析语音信息。学习者在阅读第二语言时运用母

语加工中的认知技能说明两点：第一，在二语阅读中出现了母语的认知加工迁移；第二，正字法结构在阅读加工过程中起着重要作用。

江新（2003）探讨了母语文字经验对汉语加工的影响，着重调查两个问题：在学习记忆汉字时字音起怎样的作用？字音的作用是否受到学习者母语背景的影响？抽样为74名初级水平的汉语学习者，测量工具是从受试者已学过的课文中选出16个形声字和14个非形声字。受试者要写出每个汉字的读音和意义。研究结果表明，母语背景对汉字拼音学习和意义学习之间的关系有影响：对日韩学生来说，知道汉字的读音和知道意义之间没有密切的关系，但是对印尼、美国学生来说，知道汉字的读音和知道意义之间有密切的关系。这说明有表意文字背景的日韩学生记忆字的意义可能不大依赖汉字的正确读音，而表音文字背景的印尼和美国学生记忆汉字的意义则可能依赖汉字的读音。这一结果支持了Koda（1988、1989、1997）关于母语的正字法经验影响第二语言的文字加工的观点。

四、语言熟练程度对汉语阅读的语义通达作用

研究表明，语言熟练程度对汉语阅读的语义通达有重要作用（如邢红兵，2003）。江新（2007）在回顾总结这方面的文献时提出母语为拼音文字的汉语学习者在通达字词的意义时主要依赖的是语音通路。随着汉语阅读水平的提高，语音中介的作用逐渐减弱，而字形通路，即直接通达的加工途径逐渐增强。汉语阅读水平相对熟练的欧美留学生表现出字音和字义一样重要的倾向（江新，2005）。而到高级阶段，即熟练读者的水平时，字形的作用可能会大于字音的作用。江新认为初学者多用语音为中介来通达意义，而高级水平的学习者多用字形直接通达语义。汉字认读中不同的加工途径与若干因素有关。除了上面所说的跟学习者的阅读水平和对字的熟悉程度有关外，还跟汉语书写系统中形－音对应不规律、两者之间不像拼音文字那样有必然联系有关。比如汉字的声符缺少一致性，使用起来不可靠，仅有30％左右的声符能给整字提供正确的发音线索。而且汉语存在着大量的同音字，从语音通路难以激活唯一的语义。因此"形－音－义"的这条由语音做中介的通路是一条低效的通路，而直接从字形到字义则较为迅速有效。因此在汉字意义的提取过程

中，字音和字形的作用可能会随着学习者汉语水平的提高而变化。

第三节 母语为英语的学习者认读汉字的加工策略

母语为英语的学习者认读汉字的加工策略研究探讨不同汉语水平的学习者学习汉字时所用的加工策略。60名母语为英语的三个汉语水平的美国大学生完成了汉字命名和字义识别两项任务。这些汉字根据其声符的规则性和受试者对词汇的熟悉程度各分为三个等级。研究结果表明，中级汉语水平的学习者主要采用语音策略，初级学习者更多借助逐字的记忆和语音策略的混合方式，而高级学习者在识别这些形声字时较少依赖语音线索，这可能与他们对所给汉字非常熟悉有关。可见，在学习过程中，汉语作为外语（CFL）的学习者只有积累了足够的有关形声字的声符经验，清楚声符可以提供什么样的语音信息后，才能有效运用语音策略。当学习者达到此阶段，他们能够自发地推导出汉字的语音与类比规则。

一、文献回顾

与每一字母代表一个音素的拼音文字（如英语）和每一字母代表一个音节的音节文字（如日本片假名）相比，中文的书写系统更多地基于意义。文字的意义通过视觉途径在整字的层面上提取；或以语音为中介通过形声规则的运用获取语音以通达意义；或两者兼用，称双通道模式（Dual-Route Model；Barron，1986；Coltheart，2005；Forster & Chambers，1973；Marshall & Newcombe，1973；Sadoski & Paivio，2001）。双通道模式认为，语音和语义的提取在字层面（Lexical route；Coltheart，2005；Reading via semantics；Marshall & Newcombe，1973；An orthographic mechanism；Baron，1986）和字下/亚词汇层面（Nonlexical route；Coltheart，2005；Reading via grapheme-phoneme correspondence rules；Marshall & Newcombe，1973；An lexical mechanism；Baron，1986）进行。这两个层面是两种不同的程序，但可同时进行。在字的层面，读者根据字形和正字法知识直接从心理词典中提取语音信

息通达意义；在亚词汇层面，读者根据形声规则组装获得词的语音信息表征，进而通达意义。前者往往用于对熟悉的高频词的阅读，加工速度快；后者用于不熟悉的低频词，加工速度相对慢一些。Coltheart（2005）在回顾总结识别阅读词汇的认知加工研究时指出，以前认为认读研究中语音通路和整字视觉通路的结果取决于哪条通路在竞争中速度更快，像赛马（the horse race）一样，可是这种比喻并不正确，应该采用Baron（1977：203）的双管注水（the hose-and-bucket）的比喻——双管齐下，一条管道可能比另一条更快，但另一条也起到了作用。

上节讨论过，不少研究表明，人们在汉字识别中，首先用视觉输入的信息来获得语音信息，通过形声规则，语音表征被自动激活来通达语义。特别是在阅读不熟悉的字时，即使字形和字声之间的规则性较差，字音仍然自动激活。这一点不论是在相对比较早期的研究还是在近期的进一步研究（如彭聃龄，2003；Tan等，2000）中，都得到了较为一致的结果，即对不熟悉或不经常使用的字词，阅读者会使用语音通路，通过部件的表音系统信息把整字的发音计算组织起来，从而通达意义。除了语音通路外，还可以经由视觉通路，意义直接从字形表征来编码，而语音编码可同时（at-lexical）或在语义编码后发生，称作"后词汇"语音（postlexical phonology）。虽然研究结果尚不一致，但一般认为，当语音加工发生于词汇通达意义之后时，视觉通路就是一个缺省策略（default strategy），换言之，视觉策略是熟练的阅读者阅读熟悉字词的基本策略。

在认字过程中，很多变量，如阅读能力，对字词的熟悉程度，复合字中语音、语义的规则性和一致性都会发挥作用。比如，Fang, Hong & Tzeng（1986）发现，受试者在完成汉字和假字命名任务时表现出显著效应。中文读者遇到生字时依赖声旁找出语音线索，字不熟悉的时候尤其如此。Ho & Bryant（1997a）考察了香港一、二年级学生学习汉字时是否应用了字形—语音的对应规则。结果显示，在阅读汉字时，与语音相关的错误最为常见，比如他们认读语音规则的汉字比语音不规则的汉字更为准确，两者的准确率具有显著不同。Shu, Anderson & Wu（2000）在北京进行了一项有关汉字习得的研究，考察了小学二、四、六年级学生声旁意识的发展。研究结果表明，字的熟悉度和语音规则性对汉字的习得都有很大影响。

上述研究大多考察汉语为第一语言的学习者阅读中文的情况。研究汉语作为外语（CFL）的学习者认读汉字的加工策略只是近年来才受到关注（如 Everson, 1998; Jackson, Everson & Ke, 2003; Ke, 1996、1998a、1998b; Shen, 2000、2010; Shen & Ke, 2007）。Hayes（1988）较早地对 CFL 学习者使用编码的策略进行了研究。Hayes 认为，错误可揭示重要的学习加工策略，所以他比较了汉语为母语的阅读者和 CFL 学习者认读汉字时所犯的错误。汉语为母语的阅读者在读音任务中的错误比较多，而 CFL 学习者的错误比较分散，更多地表现在字形和语音上，混合错误较多。

Ke（1998a）研究了不同的语言背景在一年级美国大学生汉字学习中的影响。Ke 的发现和 Hayes 对汉字认读策略的研究结果有相似性。不管语言背景如何，受试者在初级阶段对汉字的学习都采用随意的、不系统的方法。他提出了 CFL 学习者汉字学习阶段的模型，认为"学习者需要在汉字学习上达到一个更高的阶段，才能显著提高其正字法意识的水平"（p.97）。

与 Hayes（1988）和 Ke（1998a）的研究目标不同，Everson（1998）对 CFL 学习者认读中文双字词读音、识义二者之间的相关进行了研究，发现汉语初级学习者似乎已经能够依赖读音来阅读。Everson 让 20 名一年级汉语水平的大学生命名并辨识汉字的意义。他们先读出 46 个字，然后用英语写出这些字的意思。相关分析表明，在读出汉字和辨识汉字意义之间具有重要联系（r=.96, p<.0001）。Everson 提出，学习者似乎依赖读汉字音的能力来掌握汉字。他认为"表意"这一强调单纯的视觉编码和汉字字形的处理不是汉语作为外语的初学者的基本策略。

Jackson, Everson & Ke（2003）的个案研究进一步考察了 CFL 初级学习者是否能够用形声字中的部件结构来识别和学习汉字。研究建立在一年级两个学期的课堂观察、测验成绩、对教师的采访和对课本的分析等途径上。研究结果表明，通过近一年的汉语学习，一些学习者能够运用已学过的形、声知识，特别是形旁来辨别一些生字的意义。只是他们对汉字结构的知识有限，不能辨别含没有学过的部件的生字。总体来说，他们学习汉字的困难在于对生字的部件分解以及对部件功能，特别是声旁功能的运用上。作者认为，CFL 学习者口语能力的有限性对声旁功能的运用有阻碍作用；而且，汉语声旁的庞大（800 个左右）给学生以数量上的挑战，学生需要一定的经验积累和学习过程。

总体来说，关于汉字认读的研究显示了字形、字音和字义之间的不同映射策略以及读音的规则性和熟悉度等变量之间的交互作用。其中字形—语音的对应规则为 CFL 学习者掌握汉字提供了线索。在语音策略中，蕴于字形中的语音规则帮助阅读者把字中的"形—声"成分"组装"映射为语音表征，进而通达阅读者头脑中的检索。在视觉策略中，读音经由对整字的加工得以确定，语音编码以整体的方式在字的层面上被"加工提取"，语义则经由记忆中与语音表征的对应而迅速通达。

在 Ke（1998a）关于语言背景对汉字学习的影响的研究中，样本包括来自美国九所大学学习汉语的一年级学生。研究结果显示，学生在认字和表达两项任务中的成绩均具有不同的大学校际差异。另外，对学习者汉语水平的划分也存在着较大的差别。比如，郝美玲（2007）的研究发现，受试者在中国学习三个月中文后就开始有部件意识的萌芽；江新（2007）的研究表明，一年级第一学期的学生对汉字的构形组织已产生一定的认识，对汉字不同的构成形成了初步的概念。而美国的不少研究（如 Hayes，1988；Jackson，Everson & Ke，2003；Ke，1998b；Shen，2010）表明，初级水平学习者的汉字正字法意识的发展和汉字识别加工技能的发展仍然比较杂乱，不容易看出一种明显的发展趋势。虽然都是"初级"水平的被试，出现如此大的差别跟学习者修课学时的安排、课程的密度和他们所处的教学、学习环境有关。在这种情况下，汉语水平的定义不应以教学班分类，而应以学习者上课的时间（Class contact hours）而定。因此，控制教学机构与教学时间等变量对于有效的比较非常重要。

二、母语为英语的学习者认读汉字的加工策略研究

本研究从一个学校中抽样，考察 CFL 学习者"字形—字音"映射上加工能力的发展。研究中的两个依变量是对汉字的命名和标义，即知音和知义。研究旨在探讨两者之间的关系。自变量是学习者的语言水平、对字的熟悉度、字的声旁与整字读音。研究采用三因素混合设计，其中，语言水平是被试间因素，语音规则性和字的熟悉度是被试内因素。实验探讨以下三个问题：（1）

汉语作为外语的学习者认读汉字时是否使用了语音加工策略？（2）如果用了，是在怎样的语言水平下使用的？（3）是在什么环境和条件下使用的？

1. 研究方法

(1) 受试者

美国南方一所大学注册汉语课的 65 名学生自愿参加了此项研究，其中，60 名学生的数据被采用，5 名初级水平的学生只认读出不到 20% 的汉字，难以进行有意义的分析，因而剔除。为了控制语言背景因素，受试经过了仔细筛选。所有的参与者都以英语为第一语言，在注册汉语课程之前，没有人会说普通话、汉语方言、或会读写汉字。在有效数据中，初级、中级、高级水平的学生分别为 20、19、21 名。收集数据时，初级水平的受试者上了约 105 个小时的中文课，中级水平的受试者上了约 216 小时，高级水平的受试者上了约 312 小时。学生的汉语水平还进一步通过课程考试成绩和教师进行了核定。

(2) 数据收集与判分

数据的收集经过三周完成。研究者对所有学生进行个别访谈和测试，测试时间约为每人 25 分钟。所有学生都完成了两项任务：汉字命名和字义识别。在汉字命名任务中，每个学生逐个读出包括 60 个随机排列的汉字的字表。他们的读音被录音。读对一个字（不考虑声调）得 1 分，最高分为 60 分。在字义识别任务中，学生用汉语或英语写出每一个字的意思。正确识别出每个字的意思得 1 分，最高分也是 60 分。学生完成任务的时间不限。收集起来的每一份测验（录音和书面的字义识别）由研究者和另一位中文老师判分。两人先讨论标准，达成共识后再开始判分。两人判分的结果颇为一致。

(3) 材料

所有用于测试的字都是形声字，由形旁和声旁两部分构成。声旁有两类：自由形式和黏着形式。自由形式可单独看作一个字，或在形声字中充当声旁，如"青"。黏着形式不能单独出现，只能作为形声字的一个部件，如"畐"。包含同一个黏着声旁的字通常在读音上有一定的联系，因此，能提供潜在有效的读音信息，如"副""富""福"。有些学生不一定认识单独成字的声旁，但均学过包含这一声旁的字。例如，他们都没学过"亥"这个字，但学过"孩"（hái）、"该"（gāi）、"刻"（kè）和"咳"（ké）。在这种情况下，可能采用类比推断策略。

（4）熟悉度

所有字按熟悉度分为两个等级（熟悉和不熟悉），按语音规则性分为三个等级（高、中、低）。字的熟悉度根据课程中出现的频率而定。所有学生都在课堂上学过所有的熟悉字。就不熟悉字而言，初级水平的学生没有接触过任何一个不熟悉的字，中级和高级水平的学生分别学了不熟悉类别字的25%和70%。所以不熟悉类别的字对中级和高级水平的学生来说并不是完全不熟悉的，是研究设计的一部分。通过不熟悉字在不同语言水平学生中的不均匀分布考察熟悉度的影响。

（5）规则性

语音规则性由整字与声旁读音之间的规则性程度界定。如果整字和声旁的读音一致，即同音（如"清"qīng）；如果整字和声旁在声母或韵母上相同，即部分同音（如"睛"jīng），该字的语音规则性就被界定为半规则；如果整字和声旁的读音在声母和韵母上都不相同，即非同音（如"猜"cāi），该字的语音规则性就被界定为不规则。声调因素不予考虑，这和已有研究一致，如 Ho & Bryant（1997a、1997b）。

如果学习者运用了"字形—语音"对应规则的策略，那么根据上文所讨论的研究，可以预期汉字的语音规则性和对字的熟悉度在认读语音规则性高的不熟悉字中将有更大的效果。换言之，与语音不规则的汉字相比，学习者可正确读出更多语音规则的形声字，尤其对不熟悉的字更是如此。如果学习者主要运用语音线索，那么与识别字义的任务相比，他们可能会正确命名更多的字。

2. 结果分析

（1）语音规则性的影响

语音规则性对各个语言水平均有显著影响，$F(2, 171) = 14.72$，$p < 001$。表5.1显示了不同汉语水平和不同语音规则性中汉字命名的平均百分比正确率。正如我们所预期的，学生命名汉字的成绩随着语言水平的提高而提高。表5.1显示，命名声旁与整字同音的汉字准确率最高（如"清"qīng），命名声旁与整字部分同音的汉字准确率次之（如"睛"jīng），命名声

旁与整字非同音的汉字正确率最低（如"猜"cāi）。这一语音规则性在中级和初级水平学生中对汉字命名准确率的差异尤为明显。换言之，中级组命名声旁与整字同音汉字的准确率显著高于命名声旁与整字部分同音以及声旁与整字非同音的汉字。

表 5.1　不同汉语水平小组命名不同语音规则汉字的
平均百分比正确率（Mean）和标准差（SD）

汉语水平	语音规则性						F 值（自由度）	p 值
	规则		半规则		不规则			
	Mean	SD	Mean	SD	Mean	SD		
初级	.33	.09	.27	.08	.24	.14	3.82(2,57)	.030
中级	.62	.15	.54	.14	.40	.17	9.77(2,54)	.000
高级	.96	.03	.93	.08	.89	.13	2.95(2,60)	.060

既然方差分析显示语音规则性在整体上有显著的影响，下面进一步分析在各个语言水平上语音规则性的效应。表 5.2 呈现了不同汉语水平的学生在命名不同语音规则性的汉字时的差异检验 F 值和 p 值。语音规则性在不同汉语水平的汉字命名任务上的效应分析表明，中级水平的学生命名语音规则性不同的汉字时差异显著（$p<.001$），初级和高级水平学生中的差异相对没有那么大（初级水平 $p=.030$，高级水平 $p=.060$）。对语音规则性三个汉语水平的两两比较（Pair-wise comparisons）显示，任意两个水平的成绩都有显著差异（$p<.001$）。因此，数据结果表明汉语学习者，尤其是中级水平的学生，明显运用了形声字提供的语音信息来完成汉字命名任务。

表 5.2　语音规则性和汉语水平的 ANOVA 方差分析

汉语水平	F 值	p 值
初级	F(2, 57)=3.82	.03
中级	F(2, 54)=9.77	.00
高级	F(2, 60)=2.95	.06

(2) 熟悉度

在汉字命名任务中，汉字熟悉度和语音规则性的交互作用显著，$F(5, 120)=46.86$, $p<.001$。表 5.3 呈现了所有被试对不同熟悉度和语音规则性汉字的正确命名的百分比。数据表明，学生似乎能使用形声字提供的语音信息对熟悉的字进行解码，正确率为 84%。

表 5.3　不同熟悉度和语音规则性汉字的命名
平均百分比正确率（Mean）和标准差（SD）

熟悉度	语音规则性					
	规则		半规则		不规则	
	Mean	SD	Mean	SD	Mean	SD
熟悉	.84	.73	.69	1.16	.69	.74
不熟悉	.51	2.05	.41	.80	.40	1.11

方差分析显示，语音规则性对命名熟悉和不熟悉汉字均有作用。正确命名熟悉和不熟悉的语音规则的汉字，得分明显高于命名部分同音的半规则和非同音的完全不规则的汉字。正确命名熟悉和不熟悉的语音规则汉字的百分比分别为 84% 和 51%，而正确命名熟悉和不熟悉的半规则字和不规则字的百分比分别为 69%、41% 和 69%、40%。这些结果提示，学习者可能已经利用了语音线索来正确命名汉字，而规则字中的声旁提供的语音线索比半规则和不规则字的声旁所提供的线索更可靠。命名不熟悉的半规则字和不规则字的准确率相当。表 5.3 的数据显示，相比不规则字，半规则字的优势并不是那么明显。

汉字熟悉度和学习者的汉语水平之间的交互作用在汉字命名上有显著性意义，$F(2, 114)=33.91$, $p<.001$。表 5.4 呈现了不同汉语水平的学习者命名不同熟悉度汉字的百分比正确率。随着学习者获得的学习经验和汉语知识越来越多，汉字命名的准确率也越来越高。

表 5.4 的数据还表明，初级水平的学习者比中高级水平的学习者更容易受到汉字熟悉度的影响。

表 5.4 不同汉语水平小组命名不同熟悉度汉字时的
平均百分比正确率（Mean）和标准差（SD）

汉语水平	汉字熟悉度			
	熟悉		不熟悉	
	Mean	SD	Mean	SD
初级	.49	.31	.09	.07
中级	.76	.12	.34	.04
高级	.97	.04	.91	.10

(3) 汉字命名与字义识别任务的比较

如前所述，受试者完成了汉字命名和字义识别两项任务。字义识别任务的数据表明，汉字熟悉度和汉语水平的交互作用显著，$F(2, 114) = 50.18$，$p < .001$。表 5.5 呈现了不同汉语水平的学习者识别不同熟悉度的汉字意义时的正确率百分比和标准差。

表 5.5 不同汉语水平小组识别不同熟悉度汉字意义时的
平均百分比正确率(Mean)和标准差(SD)

汉语水平	汉字熟悉度			
	熟悉		不熟悉	
	Mean	SD	Mean	SD
初级	.46	.10	.01	.02
中级	.68	.14	.15	.14
高级	.97	.04	.88	.11

比较表 5.4 和表 5.5 的数据，很明显，学生命名熟悉和不熟悉汉字的准确率都高于字义识别的准确率。换言之，学生在命名汉字时比在字义识别任务中更多地利用了形声字所提供的语音线索。值得注意的是，命名和字义识别任务间的差异在不熟悉汉字中大于在熟悉汉字中。而且，中等水平学习者对不熟悉汉字的命名准确性远高于字义识别(.34∶.15)。这一结果提示，学习者，更具体地说是中等水平学习者，利用了声旁提供的语音信息去命名熟

悉和不熟悉的汉字。

在意义识别任务中，汉字熟悉度和语音规则性的交互作用显著，对不熟悉汉字的交互作用更强于对熟悉汉字的作用：不熟悉汉字与语音规则性交互作用检验值为 $F(3, 80)=31.8$, $p<.001$；熟悉汉字与语音规则性交互作用检验值为 $F(3, 80)=19.98$, $p<.001$。语音规则性对字义识别任务的显著效应表明，语音规则性在汉字意义的加工中发挥了重要的作用，汉字形、音、义的映射相互作用并影响这一解码过程。

比较汉字熟悉度对汉字命名和字义识别任务的影响，其差异并不显著。对于熟悉的汉字，两项任务的差异检验值为 $F(1, 40)=.646$, $p=.426$；对于不熟悉的字，两项任务的差异检验值为 $F(1, 40)=3.66$, $p=.063$。进一步分别考察不同汉语水平的学习者，结果表明，对于熟悉的汉字，所有语言水平的学习者在汉字命名和字义识别两项任务中的表现并没有显著不同；但是对于不熟悉的汉字而言，初级和中级水平学习者两项任务的差异显著，$F(1, 38)=15.57$, $p<.001$；$F(1, 38)=3.36$, $p=.009$。这些结果说明，初级和中级水平学习者在不熟悉汉字的命名中比在字义识别中更有效地运用了语音信息。

3. 讨论

（1）不同汉语水平的学习者利用语音线索的情况

本调查的第一、二个研究问题是：CFL 的学习者在阅读汉字时是否利用了语音加工？如果用了，是在什么样的汉语水平上用的？显然，中级水平学习者在阅读汉字时使用的是语音线索。他们在汉字命名任务上的成绩明显高于字义识别任务。而且，他们在规则字、半规则字和不规则字上的表现也有显著的差异，规则字的成绩高于半规则和不规则字。如表 5.1、5.2 所示，学习者，尤其是中级水平学习者正确命名的语音规则汉字多于半规则汉字，而正确命名的半规则汉字又多于不规则汉字。可见，学习者命名有一致语音线索汉字的正确率比只有较少一致性语音线索的正确率高。

初级水平学习者似乎不是一致性地采用了语音策略。虽然他们也显示出使用语音线索的倾向，但似乎更基于较为零散的策略来学习汉字。一方面，他们的汉字命名明显好于字义识别；他们在语音规则、半规则和不规则汉字的阅读上也有重要差异。另一方面，如表 5.4 所示，初级水平学习者在命名熟悉和不熟悉汉字上的较大差异意味着他们可能仍然通过记忆逐个学习汉字。

本实验关于初级水平学习者使用汉字识别策略的调查结果和 Hayes (1988)、Ke (1998b) 的结果有一致性。这些研究表明，初学者会犯形和音的混合错误。他们使用的策略包括视觉记忆、词汇和亚词汇联结，以及字形对比。

数据还显示，初学者在汉字命名方面显著优于字义识别。这说明初学者已经开始利用语音线索并在一定程度上通过读音来学习汉字。这一发现支持了 Everson (1998) 的研究结果。他认为"表义"的加工并非阅读的基本策略，而语音和字词命名与给出字词意义均密切相关。也许本研究中的初级水平学习者正处在从使用混合策略和单个词汇记忆向语音策略过渡的阶段。

高级水平小组表现出最少地使用语音信息。他们的汉字命名和字义识别两项任务的结果几乎没有差别。不仅如此，高级水平学习者在命名语音规范性不同的汉字时成绩也几乎一样。前文提及的研究（如 Coltheart，2005；Flores d'Areais，1992；Hoosain，1986）揭示，熟练的中文读者只是在识别不经常使用或读不熟悉汉字时才更多地使用语音线索。但在本研究中，高级水平学习者之所以最少使用语音线索，可能是因为本研究中所提供的汉字对他们来说太熟悉了，他们可能在语义通达的词汇水平上激活了对汉字的识别。

（2）使用语音策略的条件

本实验的第三个研究问题是：学习者在什么样的条件下使用语音策略进行识字阅读？研究结果提示，学习者的语言发展阶段只有达到了以下三种条件时才会使用语音信息。第一，他们已经积累了有关语音线索的足够知识。他们理解并能识别一定数量的"形—音"对应规则和所给的信息。正如 Jackson, Everson & Ke (2005) 所指出的，即使学习者知道部件的重要性，他们还得能够对数量庞大的声符和义符信息有一定的感性和理性认识，发展了一定的对字的认知，才能把字的组织构成概念化。本实验中的初级水平学习者之所以没有明显地主要采用语音策略，可能是因为他们还没有足够的关于声旁读音的知识。虽然他们学了八个月左右的中文，但中文课只是他们所修的数门课中的一门。换句话说，学习者只有从语言经验中积累了足够的语音信息，才能利用语音线索阅读汉字。第二，学习者已经达到能把语音知识应用于汉字识别的语言水平。各种策略，如使用语音和类比线索，都是随着学习者积累了大量的语言经验并提高语言水平而相应得到发展的。Ho & Bryant（1997b）、Ehri & Robbins（1992）、Shen & Ke（2007）的发现也显示，学习者只有在达到一定水平时，才能应用较高认知机能的编码与解码技能。第三，如果汉字对有一定水平的读者而言是不经常使用或者不熟悉的，语音策略就会被采用。在本研究中，高级组比初、中级组更少使用语音加工策略，这可能是因为这些汉字他们比较熟悉，没有太大难度的缘故。

本研究的结果与对母语为汉语的阅读者的研究（如 Ho & Bryant，1997a）或母语为英语的阅读者的研究（如 Ehri，1992）结果相一致。学习者最初关注字形特征，通过视觉途径来阅读。在学习过程中，他们逐渐发现语音规则，并最终把这些原则应用在阅读的分解和提取中。Ellis & Large（1988）考察了北威尔士说英语儿童的阅读发展阶段。其研究发现，阅读技能的性质在头三年变化迅速。最初是无分化的技能，而后是"与整体视觉模式识别相联的技能"（p.47）。正是在后一个阶段，年幼的阅读者运用分析性的视觉来分析学习新符号的声音联系与声音组合技能。虽然中文书写系统不是以语音为基础，但学习者逐渐发展了语音意识和使用语音线索的技能。一旦达到这个阶段，他们就可推导出语音规则，进而通达字义。

（3）整字提取

对所有汉语水平的学习者而言，在对熟悉和不熟悉汉字的命名和字义识别任务上均存在显著差异。无论语言水平如何，汉字熟悉度对阅读都有很大的影响。熟悉度对整字水平上的自动识别和意义提取起作用。中文书写系统不能提供像拼音文字系统那样可靠而一致的语音线索。各种策略，诸如正字法技能、"形—音"和"形—义"映射，都在中文阅读中扮演着重要角色。本研究中的高级和初级水平学习者可能通过整字途径解码汉字，语音激活的效应在整字水平而非声旁水平上引发。因此，与整字相联的意义和语音形式得以自动而直接地提取。在这样的解码过程中，熟悉度发挥重要作用。

然而，初级水平和高级水平学习者之间存在着重要差异。初级组处于积累声旁信息的阶段，不能在任务中有效地利用语音策略。高级水平的学习者能力相对较强，他们已经拥有一定的语音信息，他们能命名的汉字与能识别出字义的汉字等量。由于任务中的汉字对他们而言相当熟悉，所以他们是在整字水平而非亚词汇成分上识别字音并提取字义的。

4. 对教学的启示

目前在汉语教学领域存在的问题是，不少汉语课本都没有明确地介绍汉字的声旁和部首知识，也不提供汉字的部件练习，而且汉语教师经常忽略汉字中亚词汇成分所提供的语音信息，声旁和部首在阅读中的作用也很少在CFL或第二语言的课程教学中得到讨论。这也可能是受汉字是表意系统、学习者需逐字记忆等传统观念的影响。另外，这也可能是由汉字声旁、部首所提供的语音、语义规则都存在很多例外和不规则性所造成的。这一现象近几年有了一些改善。比如《48小时汉语速成》和《书面汉语基础》（吕必松，2010、2008）以不同的教学理念和教学方式创建了一条新的教学路子。沈禾玲等（2009、2011）的《汉字部首教程》和《汉语字词教学》深入浅出地把学习理论和教学实践紧密地结合在一起，对汉字教学有着指南的意义。

清楚地认识学习者如何学习掌握汉字是很重要的。本研究的发现提示，学习者一旦积累起有关声旁的足够知识，就会自发地利用语音线索。因此，能够利用"形—音"对应信息的学习者将会提高吸收新字的衍生能力，成为高效率的学习者。这对于教学的启示有以下四方面：

（1）在初始阶段，让学习者系统地接触各种形声字极为必要，这样他们就有机会积累大量的语音规则和半规则的汉字实例。

（2）教学中应当包括对汉字合成字中声旁部首作用的明确解释。既然学习者在阅读中使用语音线索，教学就应当促进对语音规则进行推导的学习过程。

（3）教学中应向学习者提供大量声旁类别和联结的练习。类别可包括具有明确读音、本身是简单字的声旁及黏着形式的声旁。诸如类别的策略主要用于后一类字中。联结可包括声旁或形旁激活，以启动亚词汇水平成分的联结（Zhou & Marslen-Wilson，1999）。

（4）本研究的结果还意味着教学应当帮助学生发展熟练的口头语言。口语能力不仅可增强学习者的语言交际能力，还可增强其字词识别技能。口语的熟练性直接支持阅读汉字时声音与符号的对应。

第四节　阅读理解研究与阅读策略的培养

在阅读方面，汉语作为第二语言或外语的大部分研究集中在对汉字的认知加工层面，而对汉语阅读理解的研究很少。这可能是因为汉字表意系统的特殊性引发了大量的研究。本节首先回顾阅读理解方面的研究，然后讨论怎么把研究成果运用到教学中。

一、阅读模式和汉语二语阅读策略研究

前三节讨论的是阅读中汉字识别的认知加工过程。字、词的识别加工对阅读理解来说是最基本的，但是还远远不够，因为阅读包括两个相互关联的过程：词汇识别和理解。

传统的阅读理论提出阅读是一系列自下而上的、依次进行的过程。Gough（1972）认为读者从字母开始到对单词、短语和句子的加工，以线性形式延伸。只要读者在每一步上取得成功，就会从低级水平（字的层次）走向高级水平（句子和文章的层次）。阅读中理解的成功就是水到渠成、自然而然的事情了。自下而上阅读理论的局限性在于它忽视了读者的积极能动性和阅读的互动性。事实上，读者已有的知识和经验能给阅读带来丰富的信息资源，使得阅读成为一个在文本基础上读者根据自己的认知而不停地建构信息获得理解的过程。

另一种模式是自上而下的模式，把阅读理解看作是自上而下的过程，强调阅读中主要依赖读者的知识（涉世知识和语言知识）及其认知加工能力。比如，Goodman（1967）认为阅读的过程是一个心理语言猜测游戏，在这一过程中，读者根据文本提出假设，充分利用各种资源（语言知识、涉世认知等）来证实或丢弃假设，然后提出另一假设，对其继续进行肯定或否定。在这一阅读过程中，读者而不是文本是阅读的中心，阅读的起点是读者头脑中已有的知识而不是文本中的文字。阅读中信息加工的方向不是从低级到高级，而是从高级到低级。读者利用语境和自己已有的知识内容进行假设检验、整合处理。他们有关文中主题的知识越多，阅读理解效果就越好。自上而下的

阅读模式也不能完全解释阅读理解的整个过程。阅读毕竟包括识别文字的特征、单词的意义等层次的语言加工。

自下而上和自上而下的模式在解释阅读的整个过程时都有局限性。以Bernhardt（1986、1991）为代表的学者提出把两者综合起来，或者说对自上而下的模式进行修正扩充。这一模式为互动模式（Interactive process）。互动模式认为阅读的本质在于互动性（interactive），理解的特征在于构建性（constructive）。理解包括两个方面：（1）文字语言方面，如读者的识别，解释字、词和句子；（2）非文字方面，如读者的文化背景、知识状况、认知与元认知策略的掌握、情感动机等。这两大方面的各种因素在阅读中互动，比如外语读者由于既缺乏背景知识又缺乏语言知识，往往借助别的不同途径的信息资源（如元认知或元语言知识）来补偿理解过程中的失误。这些语言和非语言的知识及个人因素资源之间的互动往往不是线性的，不一定必须遵循某个固定的方向，如或是始于文本或是始于读者的背景知识。阅读理解发生在字、词、短语、句子、段落、篇章不同层次的各个方面。Bernhardt（1986）继而提出阅读的建构模式（Constructive model），强调元认知因素的互动效应。互动作用可发生于语篇内部、语篇成分和认知之间，如正字法认知和语音、字和词、句法和语义、连贯和衔接、语体结构和背景知识、认知策略等等。阅读中学习者是主角，他们要对不同层次的各种内容进行识别推理，根据自己的理解融会贯通，通达意义。

阅读策略不仅表现了跟阅读信息互动时学习者所具有的认知资源和知识，而且反映了他们实际运用资源和知识的能力与结果：与文本的互动和创建性的理解。在第二语言阅读中，学习者运用了一系列重要的阅读策略，如根据题目预测、根据上下文猜测、容忍不清楚内容、认识文体的篇章结构和主题内容等。阅读中元认知策略的使用指读者在阅读时意识到自己的思想行为。比如读前就了解阅读的目的、文本的形式或类型，明白文章的特点；在阅读中推测作者写作的意图，有选择地进行扫读、寻读和跳读，根据文本中已获得的信息和自己已有的知识不断地预测即将出现的信息，并根据上下文的意义进行总结归纳。

研究阅读策略的运用意义重大。这方面的研究不论是对了解人类的认知结构和认知运用能力，还是对语言教学、对阅读课的设置都很重要。Everson

& Ke（1997）对 CFL 中、高年级的五名学生在阅读过程中所使用的认知加工策略进行了个案研究。这是第一个对汉语阅读加工过程策略进行定性分析的研究。该研究的理论框架是 Bernhardt（1986、1991）的"相互作用过程"模式（Interactive process）。实验的材料是报纸上的一篇包括题目在内约 180 字的新闻报道。被试有两项任务。第一项是在阅读材料的过程中，一边读一边用出声思维形式口头报告（Verbal "think aloud protocols"）他们在阅读中的原始思维过程。报告的内容往往是被试所用的元认知策略：如对自己的学习行为做解释（"It is important to translate the Chinese into English in my head", "I'm just trying to sort out the clauses to see how much of this stuff is acting as modifiers"）或存在自我意识（"I just reread the title and that helped me figure out that maybe there are two guys in this story meeting about something"）。第二项任务是在阅读结束后被试要用母语对所读的材料进行书面复述（recall-protocol）。作者提到书面复述有几项优点：(1) 学习者是在没有任何提示的帮助下写出阅读内容的；(2) 他们所犯的理解错误显而易见、容易辨别；(3) 对学习者复述的打分（命题分析法，propositional analysis）有一个可信度较强的系统，易于教师工作。

数据分析表明，中级学生在阅读过程中表现出这样一些特点：他们比较多地运用自下而上的阅读策略，把主要注意力放在对字词的辨认上，而不是在文章的总体结构上。由于他们对汉字词汇以及构词知识的缺乏，他们倾向于用盲目猜测的办法来确定词和词组的意义。可以看出，他们试图用不同的策略和资源来构建阅读的意义。被试有时用出声阅读来帮助理解，有时还用一些简单的篇章结构和上下文知识来帮助理解。他们知道文章中的某些组成成分，如小标题或副标题要比其他成分重要。高级水平的学生则表现出另一些特点：他们能够比较轻松地运用篇章结构知识对句子和文本做出判断。由于他们具有比较丰富的词汇和构词知识，因此对于字词意义的猜测往往带有目的性，而且常常正确。虽然他们也依赖自下而上的策略，但是同时他们已经开始应用他们的背景知识来猜测文章和字句的意思了。应该指出，给被试的新闻报道阅读材料，命题比较少，对中级读者来说有相当的难度。

研究的结论有两点。第一，中级学生的主要阅读策略是自下而上，而高级学生则是采取自下而上和自上而下相结合的加工策略。第二，学生的汉字正字法意识和他们汉语的口语能力对阅读理解有重要的影响。除了汉语语言本身的特点以外，汉语书面语由于不像其他表音文字那样词与词之间用空格分隔，所以学生在阅读中对语段的判断具有很大的难度。

继 Everson & Ke（1997）的研究，Chang（2010）探讨了 CFL 学习者阅读理解中篇章加工策略的发展。Chang 首先根据 Anderson（1980）和 Ellis（1991）的理论区分了认知策略与元认知策略的不同。前者指用策略本身。这些策略用来进行认知活动以促进活动的成功。这些策略属于"什么"性质，是陈述性的知识。阅读中的元认知包括读者对阅读过程的概念化，对阅读任务性质的了解，如在这样的阅读任务中用怎样的策略和何种方式等。元认知阅读策略更属于程序性知识，解决"怎么"的问题。

66 名分别修二、三、四年级中文课的美国学生参加了 Chang 的实验。被试执行了三项任务：（1）阅读测试短文（根据不同汉语水平等级，文章长度分别为 216、252、316 个字）；（2）阅读后根据记忆把内容用英文写下来；（3）把阅读文章时的经历填写在阅读策略调查问卷中。与 Everson & Ke（1997）的研究方式不同的是，Chang 没有用"思维形式口头报告"，而是用了阅读策略调查问卷。Chang 的研究考察不同汉语水平的学习者阅读策略使用的发展情况以及跨年级阅读策略与阅读理解之间的相关性。研究结果如下：

第一，汉语水平越高，宏观性策略的使用越频繁。高年级学生在预测下文、对内容的融会贯通、对文章结构的敏感度等方面都明显地比低年级学生掌握得好得多。另外，各个年级阅读能力强的读者所使用的宏观策略都不相同。比如二年级阅读能力强的读者善于借用上下文和学习者自身经验来猜测字义，以弥补语言能力的不足，属于补救性的策略。三年级阅读能力强的读者注重建立宏观理解，在策略的使用上反映出对文本整体结构的分析，属于一种以文本为主的认知性能力。比较之下，四年级阅读能力强的读者不但能对文本进行分析，区别主题与细节，更能对如何进行高效率阅读有较清楚的认识，表现了他们同时运用陈述性和程序性知识的双向发展趋势。具体如下：

二年级阅读能力较强的读者能够：
（1）较好地把自己已有的知识运用于阅读的过程中
（2）注重每个字的意义
（3）积极地利用上下文来猜测生词

（4）对生字、生词表现出容忍的态度

三年级阅读能力较强的读者能够：

（1）把文中的主要内容和次要信息区分开来

（2）对生字、生词表现出较强的容忍态度

（3）抓文章的主题、中心思想

（4）意识到文本的组织结构

（5）较好地记忆阅读过的内容

四年级阅读能力较强的读者能够：

（1）对未知信息有较好的预测

（2）显示出对阅读理解的自我检查与调节

（3）试着往前读而不是在难点上停留

（4）不是把注意力仅放在重点上

（5）更希望记住文中的细节

由此可见，不同水平的读者所运用的阅读策略各有差异。外语水平甚至能够预测阅读策略的使用，比如策略运用的种类、频率，策略运用的合适度和灵活性。

第二，阅读策略和阅读理解之间的相关性不明显。作者解释，这可能是由于学习者个体因素，比如焦虑感、学习动机等干扰因素造成的。

Chang 进而提出，教学应该有系统地将宏观性阅读策略反映在教学和教材设计上，以矫正汉语教学界多以字词为主而忽视阅读策略的倾向。另外，既然汉语水平和阅读策略的使用有关系，那么各年级在培养学生宏观性阅读策略时应有所侧重，以达到最佳效果。

二、培养阅读策略的运用和阅读理解能力

汉语学习者在阅读时常常遇到两个困难。一是阅读材料中并没有生词，但文章的意思却不能理解，认字但不能断句识文。如果文章中有一些复杂的长句，这个问题就更严重了。第二个困难好像在词汇方面，如常常听到学生抱怨："阅读中的生词太多了"。两个问题同出一辙，反映出学生在阅读中还不能够运用阅读策略和认知技能。

如上文所讨论的，阅读是一个各种能力和多种知识相协调配合的复杂过程。阅读能力不仅仅来自感性视觉方面，也包括脑力活动，如记忆力、分析、归类、综合与理解力。阅读过程是一个分析问题、解决问题的过程。阅读需要有对语言以及相关背景知识的了解。阅读能力还取决于读者对语言本身的了解和娴熟的运用，以及对语言背景中文化因素的理解与认同（Wen，2011）。语言直接或者间接地反映了其所属文化和语言使用者的价值观念、心理活动方式和道德标准。了解语言中的文化差异和语言修辞上的不同是阅读理解的一个关键。

阅读有很高的可教性。阅读能力和语言能力不一样，不是生来就有的，而是后天学习的结果。如果在教学中明确地训练如何运用阅读策略，能够有效地提高学生的阅读理解能力。汉语作为外语的学习者在阅读理解中所遇到的困难，不少是由于对汉语语言的了解不够、缺乏阅读策略而产生的。通过给学生提供有关汉语语言结构的知识，如汉字、词组、句子和话语篇章的构成特征及文化价值和社会习俗等知识，教师可以帮助学生化解阅读理解中的各种困难。阅读训练需要把阅读策略与对语言本身的了解融为一体。下文从词汇入手，进而讨论句子和段落的语言特征，探讨如何通过语言文化知识帮助学生掌握阅读能力的各种策略。

1. 字、词层面

汉语中大量出现的是合成词，以双音节形式组合。词与词之间存在着不同的语义和语法关系。合成词的意义往往建立在单字的基础上，但往往并不是单字的简单合成。60%以上的中文单音节字都能够组成合成词（DeFrancis，1984）。合成词的构成大都基于语义，词义可以通过推测而获得。学生所说的"生词"有的可能是由并不陌生的字所组成的。

首先是语言的输入。教学输入应该有助于学习者归类和举一反三的学习。吕必松（2008）所著的《书面汉语基础》教材提供了这方面的语言输入，如：

（1）名＋名。意思相关的名字与名字可以组合生成"名名结构"基本名词。"名名结构"基本名词的词义结构有以下特点：

A. 前面的名字限定后面的名字。例如：

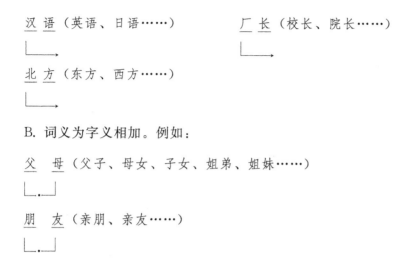

B. 词义为字义相加。例如：

父　母（父子、母女、子女、姐弟、姐妹……）

朋　友（亲朋、亲友……）

（2）动＋名。动字可以与意思相关的名字组合生成"动名结构"基本名词，动字的作用是限定它后面的名字。例如：

学　校（学生、学院……）

食　品（产品……）

词汇如此，短语的输入也是建立在已知的基础上学习未知。学习以滚雪球的方式循序渐进。例如：

对字、词的学习策略是建立在了解字和词组构成的基础上的。掌握关于中文的字和词的构成知识能够帮助学生在阅读过程中推测字词的含义。首先，学习者需要对汉字和词汇的组成结构积累一定的感性知识。学习者能够先分解生字、词、短语、句子，然后建立各个组成部分之间的有机联系。学习者的认识要经历一个从分解到重新组合的过程（Decomposition →

Recombination)。这一过程也可以用于对离合词的学习中,在上面的例子中,以词学字,以字带词,不仅能帮助学生理解单个的字,而且可以从意义上学习生字、词的构成和用法。

分解组合过程还可用于字词的缩减与扩展,如常用的金字塔练习。这种练习的优点有四个:第一是帮助学生扩大阅读时的视眼幅度,这一点很重要,关系到词段与句段的迅速处理加工;第二是让学生一下就能抓住中心词,使理解变得容易起来;第三是可以培养学生猜测生词的能力,练习中可掺入生词但仍不影响意义的理解;第四是可以培养词汇的运用能力。所以这是一个综合练习。例如:

房子里

白房子里

那所白房子里

前面的那所白房子里

学校前面的那所白房子里

在学校前面的那所白房子里

住在学校前面的那所白房子里

他的朋友住在学校前面的那所白房子里。

另一类给学生阅读带来困扰的词语是具有文化色彩,带有比喻义、引申义的词语,如惯用语和成语。这些词语在课前应先发给学生,对隐含的文化含义和特定的背景稍加解释,在读前或读后再给予学生启发性的提示。重点在于理解,学习者只有理解了隐含的语义和语用特征才不会望文生义。也要鼓励学生用认知图式把本义和隐喻义联系起来,帮助他们在对文化现象、社会事件和周围世界进行感知和形成概念的过程中,建立起语义联想及语言和概念之间的内在关系。

2. 语句和段落层面

英文是主语突出的语言,句子以主谓结构的形式出现。中文是主题突出的语言,注重语言的意义和功能,不像英文那么强调句法结构。如果意义清楚,句子中是否有主语或宾语、用什么样的词类充当主语并不重要。正如吕必松(1992:15)指出的:"主语和谓语的关系非常灵活、松散,主语既可以是施动者，又可以是受动者，非施非受的主语也很普遍。主谓关系这样灵活、松散，使汉语的表现力更强，表达更简洁，这是汉语的一大特点。但是外国人学起来就有不少困难，特别是那些用受动主语和非施非受主语的表达方式往往很难掌握。"例句1—5就是这样的例子。

(1) 是学生宿舍吗？Is (this) the student dorm?
(2) 有什么新闻？Is (there) any news?
(3) 明天几点出发？When do (we) leave tomorrow?
(4) 衣服洗干净了。The clothes are washed clean.
(5) 房子的前面是一个教堂，有几个人在那儿说话。In front of the house is a church. Several people are chatting there.

如果主语在上下文语境中是明确的，说话者双方知道在谈论什么，主语通常被省略（例句1—3）；受事名词或非名词也可以做主语（例句4、5）。这些都给说英语的汉语学习者带来了阅读上的困难。

不少学者（如 Chu, 1998）认为，汉语不是以句子而是以话语段落（discourse-oriented）为单位的语言。主题在段落中扮演重要的角色，语言成分的省略往往受到主题的制约。如果主题在话语段落中一致，或是在上下文中已隐含，就有可能被省略。汉语有以话语段落为单位的倾向，一个句子常常会包含几个从句和短语，段落中的流水句由众多的修饰语和从句组成，而且中文的修饰语要放在所修饰内容的前面。

可以看出，汉语的话语篇章有"意义是核心、功能是关键"的特征。由于汉语以语用功能为主，所以词汇的顺序也比较灵活。汉语的省略主语、宾语，隐藏主语，以及主宾转换等语言特点，对于说英语的学习者来说，都比较难。那些说汉语的人觉得最习惯、最自然的句子，对母语为英语的汉语学习者来说，往往是最难的。

汉语语言的这些特点带给教学的启示有几点：(1) 要重视上下文，以段落为单位；(2) 阅读整个段落篇章，要从上下文中找线索，而不是把注意力放在某一句或孤立的从句和词组上；(3) 精力要放在"抓重点"而不是弄清楚每个分句或每个字的意思上。"抓重点"可从上下文与话语篇章下手，以语义为主。对复杂句的处理可以用语法来缩短修饰语和从句，使句子结构简单化。比如例句6,简化后只有5个字:"爱人是称呼"。

(6)"爱人",字面的意思是"我所爱的人",不管男女都可以用,本来挺有浪漫色彩的,可是在特定的年代里使用久了,这种浪漫色彩早已磨损,变成了一种不分性别、散发着陈腐气味的称呼。(摘自《发展汉语》,罗青松,2005)

3. 简化流水句

简化句子分三步走。第一步,寻找句子中最基本的语法成分。一旦学生能够提取句子的基本语法结构,就能掌握基本意义。句子的基本结构是主、谓、宾,基本意义是"谁做了什么"或"谁/什么怎么样了"。第二步是在语义方面做扩展。在学生抓住了基本意思的基础上加以扩展,如例句6可扩展为:"爱人是不分性别的称呼"。第三步建立在第二步的基础上,进一步在意义上扩展,以易带难,循序渐进,直到最终理解段落的意思。

如何培养学生简化句子的能力?在阅读过程中,没有一定的训练和经验的积累,很难快速把一个冗长复杂的句子减为短小的句子而且表达明确的信息。这方面的训练常常是综合性的,同时受益于四项技能之中。练习的形式综合多样,可以在教师的指导下边读边提取句子/篇章的主干;也可用听、读穿插的方法,以听带读,或听后阅读,通过阅读把结构词语提取出来。特别是应该根据汉语的特点来设计练习,帮助学习者积累句式结构和词汇的搭配。比如下面的练习1训练汉语的主题结构。汉语中的主题不但确定谈话的中心,引出谈话内容,而且建立了相对的语境。语境建立起来就可以帮助听者猜测推论。练习1虽然属于综合性练习,却能直接帮助学习者意识到汉语主题突出的特点,从而顺着主题去预测、判断。

练习1:请在画横线的地方填写完成下列短语。这些短语常常用于句子或段落的开始,介绍引出要讨论的主题。

① 根据新的经济政策,_____。
② 从学生的角度出发,_____。
③ 作为国家代表团,_____。
④ 对于喜欢看书的人来说,_____。
⑤ 面对……的挑战,_____。

⑥ 到上月 30 日为止，＿＿＿＿＿＿＿＿＿＿＿＿＿＿＿＿＿＿。

练习 2 是根据关联词来预测上下文。用关联词和结构词组来猜测后半句或前半句，可以训练学生的判断能力和略读非重点词汇的策略。

练习 2：完成下列句子。
① 尽管他说他喜欢旅游而且去过很多国家，……
② 70 年代末到 90 年代初，不论经济改革对中国来说有多么困难，……
③ 即使你没有这方面的经验，只要你对这个工作有兴趣，而且……
④ 那儿的地理环境和工作环境不是可以想象出来的，而是……

4. 以词带篇，以篇推测词

以词带篇，是通过找出熟悉的关键词来带动对整个段落的理解；以篇推测词是通过上下文来猜测生词的意思。教学的关键在于用不同的途径进行引导。词汇可以通过联想和类比来练习。还要引导学生在上下文中寻找隐含的内容和关键词句，因为找到关键词句就能概括总结出段落大意。用启发式的提问引导学生是一种教学技巧。教师提出的问题要能够引发学生注意到篇章中语句的内在联系和主要观点。另外，多项选择可以用来帮助学生提高对复杂句式和上下文的理解。多项选择的优点包括：（1）用简化的句子概括了原来长句的主要意思，学生能学到如何将一个复杂句演绎为简单句，从而提高阅读的概括能力；（2）通过短句，学生可以学到如何运用关键词推测信息；（3）多项选择可涵盖上下文和段落的意思，告诉学生如何在上下文中寻找关键词句。下面的练习 3 是根据例句 7 设计的。

（7）每个国家的啤标设计都有不同特点，但他们的共同点就是广告，起到介绍、宣传和美化啤酒的作用，因此设计者尽可能地在方寸之间融进当地的风土人情、历史典故等等，使之成为丰富的知识宝库。

练习 3：选择正确答案。
① 这段话的意思是：
  a. 啤标起了广告的作用，介绍、宣传了啤酒。
  b. 啤标起了广告的作用，介绍、宣传了啤酒，所以啤标设计者很高兴。

c. 啤标起了广告的作用，因此啤标设计者想把风土人情表现在啤标中。

② 这段话有两个内容：

　　a. 啤标设计者喜欢风土人情、历史典故，使啤标设计变得有意思了。

　　b. 啤标的作用和啤标设计者想设计的内容。

　　c. 啤标宣传了风土人情、历史典故，变成了丰富的知识宝库。

在段落、篇章的层次上做填空练习是一个典型的、有效的帮助学生注意关键词、句子结构和理解线索的方法。好的理解练习题不但能够检验学生的理解能力，而且能够启发引导学生，提高他们的理解策略和认知技能。把练习4中需要填空的内容连起来正是这段话的主要意思，即例句7画横线的部分：

① 广告起到美化啤酒的作用。

② 设计者融进风土人情、历史典故。

练习4：根据阅读材料填空。

每个国家的啤标设计都有不同特点，但他们的共同点就是_____，_____介绍、宣传和_____的_____，因此_____尽可能地在方寸之间_____当地的_____等等，使之成为丰富的知识宝库。

5. 积累文化背景知识

要引导学生通过理解积累文化知识，通过对文化的了解提高理解能力。除了语言知识外，理解需要跨文化的知识和对目的语文化习俗、价值观念的了解。杨惠元（1996）提到，在听完一篇短文让学生说主要意思时，学生说的大都是一些细枝末节。有的学生几乎能把文章的字句复述下来，但却说不到点子上。比如学完《落花生》这篇短文后，他们从字面上似乎懂了，但在讨论主题时，不少学生却显得大惑不解。有的说："对啊，花生没有苹果、桃子好看，也不在树上长着，不知道花生是不是成熟了。"有的说："苹果、桃子又好看、又好吃，不是更好吗？"也有的说："花生长在地下，虫子和鸟都看不到，就不能吃它。这是花生的优点吧？"从学生的评论中可以看出，他们仅从字面上捕捉，却不能领会内容中所蕴含的深层意义。学生抓不住主题并不是语言方面的原因，也不是概括总结能力差，而是缺乏对中国传统文化价值的理解，缺少对人格中不夸耀、不故意显示自己、默默无闻、朴实无华的奉献精神的理解与共鸣，或是因为他们所储存的价值观念中缺乏类似中国文化的谦虚、宽容、质朴的内容。学生对这种深层意思的理解不得要领。这也表现在读《孔融让梨》后的讨论中，学习者容易从故事字面的意思出发，而不能领会礼貌谦让、宽厚待人的主题意义。

还要让学生学会推断主题、作者的意图。作者要说明的往往不会直接了当地表达出来，因为那样在中国文化看来意境不深，力度不大，缺少"回味无穷"的效果。对推断能力的培养，除了背景知识的积累外，还重在教师的引导。提问就是一个重要的引导手段。问题要提得直接而有启发性。比如在读完《落花生》后，不要提"跟苹果和桃子比较，花生有什么优点"这样的问题，因为这样的问题容易让理解停留在字面上，起误导作用，可以提："孩子们和父亲说花生有什么特点？""通过花生的比喻，父亲希望孩子们做什么样的人？""你认为父亲对孩子的希望与美国的文化传统一样还是有所不同？"在帮助学习者推测主题意义时，应该多用启发提问、引导提问。

6. 阅读理解活动的三个步骤：导读、阅读、读后活动

阅读活动可分三步进行，从不同的角度帮助学生形成正确的判断与推测。

（1）导读

导读的目的在于疏通阅读中背景知识与语言方面的障碍，激发学生阅读的积极性。在阅读之前，根据阅读内容和语言难度，教师可先提供一两个知识性和语言性的介绍，如指出阅读中不同于学生母语的语言顺序和表达方式，引导学生对语言本身进行有意识的观察了解。其次，教师要给出某些阅读材料中涉及但没有提供的背景知识，以帮助学生消除文化或涉世知识方面的盲点和理解上的障碍；也可以营造一个与所阅读材料相关的学习情境，使学生进入阅读的准备状态，帮助学生对阅读形成正确的预测。

根据阅读的内容和难度，导读可以有各种方式。以听带读、以看带读是一个容易做、效果好的教学手段。比如画面提示，可选择与内容相关的图画，如路线图、漫画、图表，或是网页上的动画、色彩鲜艳的实物等。再比如听力提示，可以先给学生放一段相关录音、录像、歌曲，帮助学生进入状态。

另外，还可用生活兴趣提示，如给学生讲一个简单的故事、一段有趣的经历，或提几个关联问题来引起学生的注意。

另一个接近于阅读的导读是对文章标题和内容进行猜测分析。从讨论标题入手引导出各段的内容，分析标题与段落的关系。这样不但能够培养学生对阅读的预测能力和分析能力，而且可以帮助他们提高写作技巧。

(2) 阅读

阅读的过程是一个对文章的意思形成假设与推测，并且验证自己的假设是否正确的过程。培训阅读策略的方法要灵活多样。比如，由易到难，先在教师指导下阅读（Guided reading）。教师可有计划、有针对性地解决几个阅读策略和技巧方面的难点，帮助学生逐步养成运用策略的能力。

首先是略读。略读的目的是迅速掌握文章的中心思想。中心思想往往通过寻找意义线索、关键词句或概括段落大意来完成。意义线索根据文章的内容而定。关联词语，认知概念如时间、地点、过程等都有可能成为有用的线索。在获取主要线索时可以辨别理解人物和事物的相互关系、主次轻重关系等。

在寻找内容意义上的线索的同时，可以顺着线索找关键词、句，并把找到的关键词、句和段落、篇章大意连贯起来。关键词句对文章大意的理解起着决定性的作用。如果学生能够在上下文中找到并记住关键词、句，就抓住了中心意思。因此，寻读和跳读要交叉进行，读者要学会忽视不重要的词语特别是生词而去寻找重点信息。

其次，提供给学生的练习应该引导学生运用阅读策略，使他们在做练习时能够意识到怎样寻找线索，并通过上下文来猜测、推测作者的观点。比如要求学生以某种方式找关联词语，弄清楚复合结构的关系，在文中找承接与转折结构、对称与对比、前因与后果、表达作者态度的词语。阅读练习还应当帮助学生对课文内容有融会贯通的理解。

在真实语料的阅读中，会出现大量的生词，阅读中一个较普遍的问题就是停留在字面上。特别是低年级的学生，他们常倾向于关注某些词语和字的意思，而不能从篇章出发理解重点。训练的着眼点应放在帮助学生跳过非重点词、找出并猜测关键词来领会中心大意上面。比如，以词句带篇章，促使学生从段落篇章方面领会中心意思，关注宏观结构而不被某个生词所困扰。

对于生词的处理，要利用上下文中的线索来推测重要生字词的含义，而跳过那些并不妨碍理解大意的生字词。

（3）读后活动

读后活动的目的在于检查、加深理解和为学生提供综合性的学习和多样的语言技能训练。在阅读中，学习者接触了大量的语言输入，运用了各种策略和认知技巧，吸取了语篇输入中所提供的知识与信息，同时也对内容进行了选择处理，并发展创造出了自己的见解。读后活动应该为学生提供把自己的观点表达出来的机会。形式灵活、内容多样的活动都应该提倡。采用什么样的活动取决于阅读内容、学生的语言水平和教学目的。

比如，用口头表达的形式请两三个同学一组，根据阅读内容或读后感写一个对话，并在班上表演。在这一任务中，学生不仅要讨论阅读的内容，加深对阅读材料的理解，还要写出一段对话在同学面前表演，听说读写四项技能都得到了练习。再比如，用表格、目录、连环画等形式来总结阅读的主题内容。还可以根据阅读材料的话题，请学生做社会调查，专访有关人士，收集大量信息来完成一个规模大一些的小组学习任务，然后在班上演讲，听取其他同学的意见。所有这些读后活动都有一个共同点，即在阅读的基础上进行综合性的各项技能的训练，并鼓励学生之间相互学习。

在阅读过程中应该既有认知技能策略训练，又有知识学习，重点应是前者。教学的目的是培养学习能力与技巧，使学生在走出校门后仍能自如地学习。教师要给学生提供举一反三、能发挥主动精神和学习潜力的练习，以使学生有大量的机会反复运用各种策略与技能。

思考讨论题

1. 在汉字形体结构识别方面，存在着怎样的不同层次？这些不同层次对汉字识别起到怎样的作用？
2. 如何帮助学习者发展部首知识并把部首知识运用于汉字的学习中？
3. 复合汉字意义的提取存在着哪些加工过程？语音在加工过程中起到什么作用？
4. Bernhardt（1986、1991）的阅读模式有哪些特点？
5. 在教学中，你是怎么培养学生的认知技能和学习策略的？列举四个帮助学生运用阅读策略的教学输入或教学活动。

第六章　汉语语用习得研究

不论是第一语言还是第二语言，语言习得不仅包括语法、语音习得，而且还包括语用知识和语言运用能力的习得。掌握了词汇和语法不等于就能恰当地使用语言，语言的使用受到目的语的社会、文化、交际方式的制约。如果违背这些制约，不仅语言运用会受到阻碍，就是理解说话人的意图和推知话语的含义也会产生困难。Canale & Swain（1980）提出语言交际能力由四个部分组成：语法能力（grammatical competence）使得语言规范；社会语言能力（sociolinguistic competence）使得语言运用恰当；策略能力（strategic competence）使得交际得体；语篇能力（discourse competence）使得话语完整如一。其中社会语言能力包含语用能力。

语用能力指在一定语境下恰当地使用语言进行交际的能力，包括言外行为和社会语言学能力两部分（Bachman，1990）。言外行为能力指学习者具有言语行为的知识和如何实施知识的能力；社会语言学能力指根据特定的语境条件使用语言的能力。第二语言学习者所要习得的是如何在动态的语境中选择恰当的语言形式与社会语用规则，使之顺应语境，遵循语用制约。

第二语言的习得不可能独立于社会文化和语言环境而存在。语用学的一个特点在于它是多领域、跨学科的，它与社会学、心理学、哲学等密切联系。本章围绕第二语言语用习得，首先介绍理论模式，包括系统功能语言学（Halliday，1975、1978）、社会文化理论与交际能力（Hymes，1971）及言语行为理论（Austin，1962；Searle，1975），然后介绍汉语习得言语行为的几个实证研究以及笔者从事的一项"请求"的语用习得考察，最后讨论建立在研究结果上的汉语语用教学。

第一节 语用习得理论研究

一、交际能力与语用能力

Hymes（1971）提出了与Chomsky的"语言能力"截然不同的、以交际能力为核心的语用观念。他认为转换生成语言学所研究的语言能力只是"交际能力"的一部分。交际能力既包括对语言规则的掌握，也包括在一定的语境中恰当地运用语言的能力。其构成来自四个程度：(1)可能性程度（Degree of possibility），指语言系统可能包括的内容，如语音、语法、句法、词汇、语义、语用等知识；(2) 可行性程度（Degree of feasibility），指语言使用者个人的记忆力和认知能力等心理方面的因素；(3) 合适性程度（Degree of appropriateness），指表达是否得体；(4)运用性程度（Degree of performance），指言语行为的实际运用。因此学习语言包括心理方面的可行性、社会文化方面的得体性以及实际的运用能力。语言能力不等于交际能力。交际的成功不仅以语法规范为标准，而且以言语行为顺应语境情景为条件。交际能力所涉及的是动态的语言，即在不同的时间地点用不同的语言方式把意思表达得体。

言语的使用要求两个能力：理解能力与表达能力。言语者同时要明白在一定语境下语言所表达的意义与功能。比如，一个人在中午12点到朋友家，主人会问"吃了吗"，此时此地问"吃了吗"不一定是打招呼，而很可能是真的想留朋友吃饭，是"要是没吃，就在这儿吃"的意思。如果来者不想吃，他的回答应该是"吃了"，以使主人不再邀请。可见在社交中，语言能力是指使用语言来做事的能力。对隐含信息和意图的成功理解是交际成功的关键。Savignon（1983）强调了互动的交际形式，即协商沟通，要求双方能够在一定的情景下进行意义上的信息交流。

系统功能语言学（System-functional Linguistics；Halliday，1975、1978）出于同一理论视野，支持以交际能力为核心的语用观念。"系统"指语言的内部语法组织结构。"功能"包括三大部分：概念功能（ideational function），指语言是对主客观世界的过程与事物的反映，是经验的写照与逻辑的排列推理；

人际功能（interpersonal function），指语言是社会互动的手段，反映了人与人之间的地位和距离关系；语篇功能（textual function），指在实际的使用中，语言的基本单位不是句子，而是语篇（text）。语篇把言语连起来，与语境相顺应，恰当完整地表达意思。系统功能语言学出现于转换生成语言学的鼎盛时期，虽然不少观点与转换生成语言学相一致，如语言受语法原则制约且有高度的生成性，但它所重视的不是语言的句子结构而是语言的意义功能。语言是表达意义的系统，而语法和词汇只是表达意义的手段。语言的作用和语言的运用是语言的本质属性，解释了语言的目的和人们使用语言的意义。此外，语境因素也非常重要。离开语言使用的具体环境和上下文，往往很难确定其意义。

在语用能力研究中，学者们区分语用语言（pragmalinguistics）和社会语用（sociopragmatics）这两个层面。Leech（1983）和Thomas（1983）首先提出了语用语言和社会语用在语用中的不同内容。前者研究功能与形式之间的关系，选择什么样的语言形式来实施交际的意图，如：是直接还是间接？是强硬还是缓和？后者研究语用与社会现象之间的关系，从社会学的角度来探讨其得体性，如交际双方的社会距离与权势关系对言语行为的制约。同是表达"请求"，"借你的笔用一下"和"对不起，可以用一下您的笔吗"这两个句子表明了不同人际关系中的熟悉程度及语境差别。第一个是祈使句，用于朋友同学之间，而第二个句子以问句的形式礼貌委婉地用于陌生人。在交际中，社会语用蕴含于语用语言之中，反映了说话者对社会文化现象的认识与了解。

Kasper & Rover（2005）把语用能力（Pragmatic competence）总结为对语言形式的选择运用，其中包括对规约性手段（conventions of means）和规约性形式（conventions of forms）的知识掌握和实际运用这些知识的能力。规约性手段指实施言语行为的策略，可分为直接、间接及非规约性间接策略。如在实施请求时，直接策略包括"来帮我打开这个罐头"，规约性间接策略如"你能帮我打开这个罐头吗"，非规约性间接策略如暗示"饿死了，但就是打不开这个罐头"。规约性形式指用来实现言语行为的语言形式，如陈述句、疑问句等。Kasper & Rover把社会语用能力总结为交际行为和权势（power）、社会距离（social distance）、事件的强加（imposition）、共同权利和义务（mutual rights and obligations）的认识、禁忌（taboo）、规约性行为

(conventional practices),即学习者具有"在什么时候跟谁说什么"的知识和能力。习得语用能力的过程就是建立发展语用语言能力和社会语用能力的过程。

在第二语言和汉语二语习得研究中,研究范围较广、成果较为显著的是针对言语行为这一方面的习得。我们将在下一节讨论。

二、言语行为理论和中介语的语用研究

语言通过运用,在具体的言语行为中表现出来。言语行为指语言的功能,如请求、道歉、感谢、赞美、邀请、谢绝、抱怨等。Austin(1962)指出,人们不但用语言说话,更用语言行事。他指出言语行为具有三种层次上的意义:言内行为或以言表意(locutionary act)、言外行为或以言行事(illocutionary act),以及言后行为(perlocutionary act)。所谓言内行为,指说话本身所构成的行为、语言的表面意义;言外行为指通过讲话实施的行为,是说话者的意图所在;言后行为则表示言外行为对听话者产生的效果。比如打电话时常问的第一句话是"某某在吗?"问某某是否在是语言的表面意思,说话者的真实意图是"请某某接电话"。听话者恰当的回答不是"在"或是"不在",而是"我就是"或"等一下,我去叫他"。在这一交际中,我们可以看出说话者的意图,即言外行为是多么的重要。

Searle(1975)提出言语行为有直接和间接的区别。直接的言语行为指说话者话语的意义和字面意义一致,如"把你的笔借给我",语言形式和语言功能之间有清晰的透明度。在间接言语行为中,说话者的意图并不出于语言的表面形式。比如"可以用一下你的笔吗?"这句话虽然表面是在询问,实际却是请求。如果对间接言语行为的言外之意不能理解,交际就很难顺利进行。

对不同言语行为形式的选择反映了不同的人际关系(如平级还是上下级、熟悉程度)、社会场合(如正式、非正式)、强加性(如请求的难度)、文化习俗(如礼貌的概念和面子的意念)。

中介语语用学(Interlanguage Pragmatics)是在学者们对语用和语用习得研究高度重视的背景下建立起来的。比如,Hymes(1971)提出以交际能力为核心的语用概念,Canale & Swain(1980)提出语言能力包括社会语言

能力/语用能力，Bachman（1990）以语用能力作为语言水平鉴定标准等，正是在这一系列观点的基础上，中介语语用学才不断发展起来。Kasper & Rose（2002）提出中介语语用学的研究内容包括两方面：(1) 第二语言的运用（use），考察学习者如何理解与产出语言行为（linguistic action）；(2) 第二语言的学习（learning），考察学习者如何发展他们的语用能力及与语用相关的知识。中介语语用研究考察学习者在特定语境条件下对语言形式、词汇和句子的理解及运用，比如言语行为的施事能力与施事效果；观察第二语言使用时语用制约的各种因素，以及语用能力的发展和获得语用知识的过程、语用迁移现象、不同的效果因素（如语用教学效果、交际效果、学习者的语法能力及个体因素）对语用学习的影响。对这方面较详细的介绍与评论可参见王建勤（2009）第三章。

Achiba（2002）和 Ellis（1992）对英语为第二语言的儿童习得"请求"的言语行为进行了跟踪调查，探讨言语行为的理解和表达，以及如何掌握与运用目的语中有关语用的知识的过程。建立在 Achiba（2002）和 Ellis（1992）的研究结果上，Kasper & Rose（2002）总结了第二语言"请求"行为语用语言发展的五个阶段。每个阶段呈现出不同的习得策略和语言运用特征。表6.1展现了这一习得过程。

表 6.1　第二语言请求行为发展的五个阶段
(Kasper & Rose, 2002: 140)

阶段 Stages	特征 Characteristics	举例 Examples
1. 初始阶段 Pre-basic	Highly context-dependent, no syntax, no relational goals.	Me no blue. Sir.
2. 套语阶段 Formulaic	Reliance on unanalyzed formulas and imperatives.	Let's play the game. Let's eat breakfast. Don't look.
3. 分析阶段 Unpacking	Formulas incorporated into productive language use, shift to conventional indirectness.	Can you pass the pencil please? Can you do another one for me?

(续表)

阶段 Stages	特征 Characteristics	举例 Examples
4. 语用扩展阶段 Pragmatic expansion	Addition of new forms to pragmalinguistic repertoire, increased use of mitigation, more complex syntax.	Could I have another chocolate because my children—I have five children? Can I see it so I can copy it?
5. 调试阶段 Fine-tuning	Fine-tuning of requestive force to participates, goals, and contexts.	You could put some blue tack down there. Is there any more white?

第二节 汉语语用习得研究

表6.1所总结的是第二语言学习者（儿童）英语语用能力的发展情况。汉语作为第二语言的语用习得研究数量不多，但已有一些成果。这些研究可分为四类：(1) 描述性地对语用学习难点做出总结（Kasper & Zhang，1995）；(2) 对比非母语学习者在表达和理解语用意义时与母语使用者之间的不同（Hong，2011；孙晓曦、张东波，2008）；(3) 对实施言语行为能力进行探讨，如请求（Hong，1997、1998；Li，2011；孙晓曦、张东波，2008）、拒绝（Hong，2011）、道歉（Hong，1998）；(4) 讨论语用教学对语用习得的效益作用（Li，2011），重点在于调查第二语言语用能力的发展和语用知识的获得过程。

一、汉语语用学习的难点

Kasper & Zhang（1995）的研究旨在探讨汉语语用学习的难点。作者认为，学习的难点是学习者在与中国人的交流或学习过程中能够深切感受到的。因此，Kasper & Zhang访谈了美国某所大学21名高级水平（三、四年级）的汉语学习者。在这21名学习者中，17名（81%）去过中国大陆、台湾或香港，居住时间四个星期到六年不等。数据收集通过与学习者的自由面谈而获得。访谈内容被录音并整理为书面材料以供分析。访谈中关于言语行为的内容总结于表6.2中。

表6.2 学习者感受到的语用学习的难点

言语行为	受试者的评论	难点	原因
赞扬与谦辞	中国人很礼貌,给予大量的赞扬。	受试者知道应该用谦辞来否认,但不易做到。	1. 谦辞种类太多,没有在任何情况下都可用的套语。 2. 不知道该用什么谦辞。 3. 母语语用迁移。
谢绝	中国人不马上接受邀请,也不马上接受礼物。	受试者知道应该谢绝邀请,但谢绝常常不成功,特别是在谢绝茶、烟方面。	1. 用词不当。 2. 谢绝的程度掌握不好,甚至出现冒犯行为。
拒绝要求	中国人不直接说"不"。	受试者觉得比较难拒绝请求。	文化与语用的不同造成误解。
表示感谢	中国人不大表示感谢。	受试者不知道中国人是否对他们的帮忙满意。	1. 跨文化表示感谢的方法不同。 2. 语用语言不同,如汉语的抱歉常意味着感激。
请求	中国人直接或间接的请求都用。	理解间接请求不容易,提出恰当的请求也比较难。	不知道在不同的情景下应该用怎样的请求。

调查发现,难点来自两大方面:理解与运用。第一,学习者对间接的、中西文化习俗差别较大的语用语言的理解存在困难,如对中国人所提的请求、拒绝和谢绝的表达。第二,学习者在意义和语言形式的映射上不知该用什么,而且社会语用表达的策略掌握不好,随着语境、情景的不同而选择合适的表达比较难。即使学习者具有普遍性的或汉语语用特别性的知识,也未必能在实际交际中正确恰当地运用这些知识。

二、汉语学习者与母语使用者语用之差异

孙晓曦、张东波（2008）对 8 名汉语学习者和 12 名汉语本族语者实施"请求"言语行为做了考察。8 名汉语学习者（4 名中级、4 名高级水平）的母语均是英语。语料通过话语填充任务表收集。话语填充任务（Discourse completion task）中的言语行为以三项变量出现（社会距离、权势关系、请求的强加程度），均设计出现在 8 个"请求"情景中。所有的受试者都做了同样的话语填充任务。研究包括考察"请求"的直接策略、常规性间接策略、暗示策略和外部修正策略（external modification strategy）的使用情况。外部修正策略指"利用语境间接对言外之意的表达进行修整的手段"（p.107），由于受试者数量有限，作者没有在数据分析上考察各种语境因素的交互作用，而是分别讨论在权势、社会距离及强加度方面受试者使用各种策略的程度。

研究结果表明，一方面，学习者过多地使用了常规性间接请求，使"请求"的得体性受到影响；另一方面，在降低请求行为的面子威胁效应方面，他们所使用的外部修正策略明显低于本族语者。总结为三点：

第一，尽管本族语者和汉语学习者在很大程度上都使用了常规性间接策略，学习者使用的频率高于本族语者（75%：69.8%）。这一结果与 Hong（1998）的结果一致。在社会距离相近、权势关系平等、需要做较直接的请求时（例句1），学习者采用常规性间接策略（例句2）不一定是一种得体的言语行为。

(1) 借我笔记看一下。（同学或同屋之间）
(2) 我可以借你的课堂笔记用一下吗？（同学或同屋之间）

第二，在使用请求程度方面，本族语者和学习者在请求强加度的变化上没有什么不同，但在权势关系和社会距离方面却表现出差别。当双方权势关系相同时，本族语者使用直接策略的是 65.5%，而学习者只有 31.3%；当请求者的权势关系低于被请求者时，本族语者多用间接策略，直接策略的使用只有 34.5%，而学习者却高达 68.67%。在社会距离上，当双方距离近时，本族语者直接策略的使用频率远远高于学习者（65.5%：37.5%）；当双方距离

远时，学习者使用直接策略的频率却高达 62.5%。这些数据说明，学习者在根据权势关系和社会距离调整请求策略的使用上不敏感，与本族语者有明显的差距。作者认为这可能与学习者的母语文化习俗有关。

第三，汉语学习者在外部修正策略的使用频率上远远低于本族语者，这说明在使用辅助行为语、降低面子威胁效应方面，学习者与本族语者存在着明显的差别。另外，学习者在使用外部修正策略的种类上也低于本族语者（8 种：12 种）。如请求时表示感谢、道歉并做出承诺这些子策略在学习者的语料中鲜有出现。

作者认为，学习者过度使用常规性间接策略实施"请求"行为的原因可能是受到教材的影响，如把"我可以……吗"作为套语整个记忆下来，却没有很好地理解它们使用的特定场合；也可能是出于第二语言礼貌方面和语言方面的"安全感"。

Hong（2011）以 Brown & Levinson（1987）的礼貌理论为框架，调查了汉语本族语者和学习者的言语行为差异。礼貌理论包括三个基本概念：面子（face）、威胁面子的行为（Face Threatening Acts，FTA）及礼貌策略。"面子"指有选择行为的自主权，是每个人为自己争取的公共自我形象。面子可分为积极面子（positive face）和消极面子（negative face）。前者希望得到他人的认可、赞同；后者不希望他人干涉阻碍个人的自由。礼貌是说话者为了实现某一目的而采取的策略。礼貌语言是一种尽量减少威胁面子行为的策略，包括五类：（1）直接性策略（bald on record），说话人不采取什么辅助措施，直接言语；（2）正面礼貌策略（positive politeness），使听话者觉得说话者与自己有共同之处，如觉得自己的价值得到了对方的认同，满足了积极面子的需要；（3）负面礼貌策略（negative politeness），以回避双方的不同为出发点，使听话者得到承认与尊敬，满足消极面子的需要；（4）间接性策略（off-record），对面子的威胁最间接，如采取暗示的手段；（5）放弃实施威胁面子的行为（avoidance of face-threatening act），以避免冒犯听话者。在所有的文化中，说话者和听话者之间的社会距离、权势关系以及某一特定文化中不同阶层的言语行为的强加程度都有可能对面子造成威胁。既然面子在社会、文化和语言互动中有损伤甚至丢失的危险，人们在实施言语行为时就会小心地用礼貌语言策略来维护彼此的面子。

Hong 的受试由在美国某所大学学习的 30 名汉语本族人和 30 名汉语学习者组成。按照 ACTFL 的标准,学习者的汉语程度属于"高级下"。语料通过话语填充试卷(Discourse Completion Test,DCT)来收集。情景设在一位教授的办公室。教授请学生去他家参加春节晚会,庆祝新春,受试要用谢绝的方式实施言语行为。进行语料分析时用核心行为语(Head Act)和辅助行为语(Supportive Moves)做了标注。调查结果表明两点:

第一,本族语者和学习者都表达了不能参加晚会的原因,差别在于他们使用的频率和策略功能。首先,他们所用的核心行为语不一样。本族语者(100%)都用解释不能参加的原因作为核心行为语,表达间接谢绝(例句3);大部分学习者(80%)用解释作为辅助行为语用,放在他们直接谢绝之前或之后(例句4),而他们的核心行为语则是直接的谢绝。其次,本族语者和学习者表达的不能参加的原因也不同。本族语者的原因大部分是已经计划好了要与自己的家庭或朋友团聚,从而减轻了谢绝行为的严重性和对听者的强加度;而 50% 的学习者没有提供明确的解释,16% 提到要去看电影或球赛,而这样的原因对一个重视集体、重视家庭团聚的文化来说,不太礼貌,没有说服力。

(3) 真不巧,我约了姑姑年三十去她家过,正好平时也见不着,过年时趁机聚聚。谢谢您的邀请,李老师,先给您拜个早年!

(4) 对不起,我不能来,我明天晚上去看电影。

第二,在使用减少面子威胁性的策略方面,本族语者和学习者表现出了较大的不同。比如对邀请者的称呼、表示感谢及道歉是本族语者使用频率最高的礼貌策略,而学习者使用频率则相对较低。表 6.3 总结了本族语者和学习者在使用辅助行为语时的不同。

表 6.3 本族语者和学习者在谢绝时使用礼貌策略的比较(%)

策略	本族语者	学习者
1. 解释原因	100	80
2. 称呼	87	33
3. 表示感谢	87	57
4. 抱歉	77	73

(续表)

策略	本族语者	学习者
5. 答应以后聚会	33	3
6. 祝贺新年	23	20
7. 相对补救办法	20	0
8. 感叹	13	0
9. 直接拒绝	10	44
10. 间接报怨	10	0

汉语本族语者和学习者实施谢绝言语行为所表现出的差别跟中西方文化、社会人际关系的不同有着紧密的关联。本族语者用了大量的辅助策略（如把拒绝的强加度减到最低、用顺应礼貌策略等），而汉语学习者的谢绝则要直接得多。这是因为汉语本族语者更清楚说话者双方的社会关系。中国传统的"师道尊严"观念使得教师的社会地位不同于学生，教师占着绝对的上层，受到尊敬。这种上下级关系不仅表现在课堂上，而且延续到学校外。而在西方文化中，特别是"以学生为中心"的教学理念使得教师的社会权势（power）不像东方文化那样，没有"师道尊严"，而且西方文化更多的是鼓励学习者向权威提出挑战。因此，作者认为学习者在礼貌策略的运用上受到了本族文化的影响，有母语文化语用的迁移。此外，直接的谢绝也反映了学习者在语言词汇上的缺乏和语用语言能力上的有限。

除了社会权势以外，东西方文化的直接和间接交际形式也是解释本族语者和学习者在运用礼貌策略上不同的另一原因。直接的言语行为所表达的意图就是说话者所说的话，而在间接的言语行为中，说话者所说的往往不是他的意图。说话者必须用不同的语言形式使得言语行为得体，顺应语境场合。不同的语言文化既有共同的言语行为策略（如用抱歉表示谢绝，用疑问句表达间接的请求），又存在着大量不同的方式方法（如用抱歉表示感谢）。这是因为每种语言表达礼貌的原则不一样。东亚人只讲不能参加的原因，并使用一些语用礼貌辅助策略，而不是直接明确地拒绝邀请，这也正是他们文化含蓄、求和谐、维护面子的一个表现。

三、言语行为能力的研究

1. Hong (1997) 的研究

Hong 在学习者习得不同的言语行为方面做了一系列的研究。Hong (1997) 调查了两种背景（修中文课前接触过和没有接触过中国语言文化的学习者）的学习者学习"请求"这一言语行为的情况。研究考察了学习者语用的三个方面：(1) 在"请求"言语行为上与母语使用者之间的差别；(2) 语用语言是否清楚明了，会不会给听话者造成误解（meaning accessible）；(3) 社会语用是否恰当，会不会冒犯他人或发生交际上的冲突（sociopragmatically acceptable）。受试者为 20 名在美国某所大学学习汉语的学生，其中有语言背景的 8 名，无背景的 12 名。社会语用情景包括说话者双方不同的权势关系（父母—孩子、教师—学生）和相同的权势关系（同学、同屋、朋友之间）。研究结果表明以下三点：

第一，与说汉语的本族人相比，非母语学习者很少使用表示客气的语言手段，如"请、谢谢、对不起、行吗、能不能、劳驾"。学习者显然还没有比较完整地习得汉语请求策略。作者认为，文化知识方面的欠缺阻碍了他们语言表达的正确性和恰当性。

第二，在语用语言清楚明了方面，大部分的受试者都能正确、明确地表达自己的请求，不让他人误会。有背景的学习者的准确度高达 100%，没有背景的也达到了 94%。

第三，在社会语用方面，只有 65% 没背景的受试者和 93% 有背景的受试者能够造出语用恰当的请求。有些学习者使用不恰当的请求或者不礼貌、有强加的程度（例句 5），有些学习者的句子不符合汉语请求的习惯（例句 6）。

(5) 你一定要打扫房间。（同屋跟同屋之间）
(6) 你有笔，我能借一下儿吗？（同学跟同学之间）

2. Li (2011) 的研究

Li (2011) 也调查了汉语为第二语言的学习者对"请求"言语行为的习得过程。他的研究重点考察教学介入效果，即建立在输入基础上的练习

(input-based practice)对实施"请求"这一言语行为的作用。研究考察了语用能力的两项指标:准确度与流利度。准确度指在上下文语境中理解正确,社会语用恰当;流利度指执行语用任务的效率速度。这两项指标在二语语用习得中发展并不同步。在自然语言环境中,第二语言的流利度晚于准确度(Taguchi,2007)。思维的适应性控制模式(Adaptive Control of Thought—Rational,ACT-R;Anderson,1993)解释了语用准确度与流利度发展不同步这一现象。思维的适应性控制模式区分了陈述性知识(Declarative knowledge)和程序性知识(Procedural knowledge)的表达方式。陈述性知识是有关"是什么"(What)的内容,是能够讲述出来的,可通过记忆理解来获得,它以"组块"(Chunk)的形式存在,为不同的语言技能所共有。而程序性知识是有关"怎么"(How)和"为什么"(Why)的内容,是概念的理解、知识的转化,是分析、解决具体问题时所需要的能力。这类知识具有较强的特殊性、活动性和过程性,不为人所意识,以产生式系统(production system)的形式储存。不同的语言技能(如理解与运用)需要不同的程序知识,这些知识在不同的语言技能之间不迁移。Anderson(1993)把人类联想记忆模型(HAM)与产生式系统的结构结合起来,认为复杂的认知技能的发展要经过三个阶段。首先是对陈述性知识的有意识的学习。语言的运用在这一阶段比较缓慢而且常常出错,因为学习者主要依靠语言规则。然后,学习者通过大量的练习,完善语言的运用,部分陈述性知识逐渐转变为程序性知识,程序性知识提高了语言运用的准确度和流利度。最后,经过大量的练习,学习者对语言规则的运用变得自动化,语言表达快速、准确、不受任何干扰。由此可见,练习是这一自动化过程中的关键步骤。

那么确定陈述性知识转变为程序性知识的指标是什么呢?DeKeyser(2007)认为,当学习者能够表现出明显的快速反应,而且偏误的出现率大幅度下降时,就标志着知识程序化的形成。另一个用来解释语言运用准确度的模式是VanPatten(2007)的输入加工理论(Input Processing)。这一理论提出,语言习得的第一步是在理解输入时能够把语言的形式和意义功能恰当地结合起来(Form-meaning connections)。被结合的语言形式与意义如果能够得到进一步的加工,就有可能成为语言的摄入内化(Intake)。语言的摄入内化通过再加工就有可能整合汇入学习者中介语的发展系统,并在学习者产出语言时被即时提取。在这一过程中，输出的准确性建立在学习者掌握了陈述性知识，能够成功地把语言形式映射到意义功能和语境情景中；输出的速度和准确性都建立在程序化知识上，学习者能够顺应理解、摄入内化的语言信息，使得理解和语用语言即时自动化。

Li（2011）的研究从受试者的抽样、请求情景的设计、调查工具的建立发展到教学的介入和语料的收集，均严谨细致，步步为营。30名受试者分为3个小组：密集训练组（intensive training）10名、一般训练组（regular training）10名、控制组10名。三个组在性别和母语背景方面均相仿。

作者首先设计了一份请求情景问卷。这一问卷的形成建立在语境判断试卷（Context Judgment Questionnaire）的基础上，是请英语和汉语本族语者做了前导性检验而形成的。试卷包括两类场景：一类是向朋友提出小请求，另一类是向教授提出大请求。就语境因素而言，第一类场景是平等权势、低强加度、小社会距离，第二类场景是不平等权势、高强加度、小社会距离。强加度（imposition）是由说话者提出请求的心理压力（六点量表）来衡量决定的。请求情景的真实性则使用另一个六点量表测量。在15名美国大学生和20名中国大学生判断检验后，28项达到标准（请求强加度高、低各14项），进而成为语境判断与产出请求行为的题目，以及教学训练的内容。

所有的受试者执行了两项任务。第一项是语用听力判断（Pragmatic Listening Judgment Task），第二项是在特定语境中完成口头语篇补全任务（Oral Discourse Complete Task）。语用听力判断共20项，其中8项在教学练习中学习过，12项受试者没有接触过。语用听力判断检测受试者对语言形式、功能和语境的映射在内容理解方面的准确性和速度。判断的三种情况为：A. 语用、语法都正确；B. 语用不正确但语法正确；C. 语用正确但语法不正确。口语补全语用任务检测受试者能否在所给的语境下恰当运用语言表示请求，共10项，4项学过，6项没有接触过。

教学的介入分两个步骤。第一步是元语用教学，即帮助受试者明白在特定语境中语言形式、功能和语境的映射关系。教师先介绍"请求"言语行为的各项构成，如核心行为语（head act）、修正语（modification）等。在教师讲解完后，受试者要完成话语填充任务（discourse completion task）的笔头练习。然后，教师给受试者发讲义，进一步帮助受试者明白形式、功能、语境之间的映射，让受试者做第二份话语填充任务的笔头练习，保证所有的受试者在着手输入练习之前确实具备"请求"语用行为的陈述性知识。第二步是进行设计好的输入练习，共两天。密集训练组和一般训练组都接受了电脑辅助的输入练习。练习由对话组成，其中既有参照性活动（referential activity，目的是让学生学会语言形式和功能之间的映射关系，form-function mapping），又有情绪性/判断性活动（affective activity，目的是让学习者根据自身情况来运用所学的形式—功能映射）；既有社会等级相同、强加度低的，又有等级不同、强加度高的"请求"言语行为练习。密集小组所做的练习比一般训练小组多一倍。在参照性活动中，受试者先读电脑上的语境情景，然后判断语境中"请求"强加性的难度。判断正确后受试者才能继续读跟语境相关的对话。看完对话后做选择填空。每题的填空都是双选项：或是语用、语法都正确，或是语用不正确但语法正确。选择正确后，受试者会得到进一步的反馈；如果选择不正确，则要求受试者重新考虑，直到正确为止。

参照性活动后紧接着的是判断性活动，即对句子的语境运用是否恰当做出判断。先用英文提供语境，然后是中文对话。对话中有四项正确语法形式，其中两项对于已给的语境来说是恰当的，而另外两项则不合语境。受试者要根据语境和语用知识来判断句子的恰当性。如果判断不正确，则被要求重新考虑，直到判断正确为止。

教学介入的具体实施是第一天所有的受试者都参加了教师对"请求"语用知识的介绍并做了实验前测验（pre-test），即 26 项语用听力判断和 12 项口头语篇补全任务。之后受试者被分为三个小组。第二天和第三天密集和一般训练小组在语言实验室参加练习训练，控制组没有参加。第四天三个小组都参加了实验后的测验（post-test）。两个星期以后，所有的受试者都参加了实验后的跟踪测验。语用听力判断和口语完成语用任务所考察的指标是速度和准确性。

结果如下：

第一，受训的两个小组在语用听力正误判断上都没有显示出训练效果。三个小组在判断选择 A 项（语用、语法都正确）及 C 项（语用不正确但语法正确）时正确率高，而在判断 B 项（语用正确但语法不正确）时正确率明显比较差。作者解释，这是由于对语法的介绍和语法判断在输入训练中始终不是重点造成的。所以在实验后的测验和两个星期后的跟踪测验中,学习者对语法正误的判断与预测结果没有显著的差别。这同时正说明元语用教学是重要的,它能够帮助学习者成功地判断"请求"言语行为中语用是否恰当。对元语用的介绍使得受试者对语用的得体性比对语法的准确性更敏感。

第二,在口语完成语用任务上,密集训练组和一般训练组在实验后测试及跟踪测试中都分别比预测有显著的进步。而控制组在预测、后测和跟踪测验中则没有取得明显的进步。另外,密集训练组在后测和跟踪测验中都比控制组有显著的提高。一般训练组在后测和跟踪测验中与控制组没有显著的不同。这些结果说明两点:(1) 三个小组在进行了元语用的学习后,在预测时就已表现出较高的准确性。而输入训练的效益在于受训的两个小组在语用语法的准确度上提高了一步,因此他们能够运用陈述性语法知识,准确恰当地实施请求。(2) 练习要有一定的数量才能达到显著的效果。密集训练组做了 8 项语境、功能和语言形式映射的练习,而一般训练组只做了 4 项。不同数量的练习产生了不同的效应。上文提到,密集训练组在后测和跟踪测验中都比控制组有显著提高,而一般训练组则没有显著不同。

第三,在速度方面,不论是在听力判断的时间上,还是在口语完成语用任务的准备时间上,三个小组都没有表现出显著的不同。需要指出的是,密集训练组在后测和两个星期后的跟踪测验中,在听力判断的时间上,都比预测速度有显著的加快,但仍然没有表现出与控制组有显著的差别。在口语完成句子的语速上,三个小组在后测和跟踪测验中都有显著的进步。这些结果说明两点:(1) 所用的教学输入练习对语用速度的发展影响不显著;(2) 需要一定的较多数量的练习才有可能在语用能力的速度上出现明显的进步。

第四,总体来讲,输入练习对口语完成语用任务的准备时间和语速的效益并不明显,但在听力判断速度方面则有显著不同。作者指出,这些结果可从技能习得理论(DeKeyser,1997、2007)的角度得到解释。程序性知识的发展不能跨越技能,比如不能在理解与产出(productive skill)两种技能范畴之间转移。另外,程序性知识是建立在反复应用陈述性知识的基础上的,是学到的知识在具体的实践中多次练习的结果。由于输入训练集中在对听力语用的正误判断上,所以受试者程序性知识的建立是在理解而不是语言的产出上。输入训练的效益就程序性知识来说确实体现在密集训练组所做的第一项任务

（语用听力判断）上，而没有表现在口语补全语用任务的准备时间和语速上。因此 Li 的实验结果符合技能习得理论的假说。DeKeyser（1997、2007）提出的程序性知识和自动化系统知识为某一技能所特有，有着鲜明的范畴特征。而在陈述性知识的层面上，练习的效果可在不同技能范畴中转移。比如，接受了训练的两个小组在后测和跟踪测验时，在实施请求行为（口语补全语用任务）中都表现出比预测在语用和语法上的显著进步，而且密集组在后测和跟踪测验时比控制组有显著的提高，而他们所接受的训练却是以理解方式为指导的。

3. 不同水平学习者"请求"言语行为的调查

本研究探讨不同汉语水平的学习者语用能力的发展过程。在汉语中介语语用研究中，调查学习者语用发展过程非常重要，但这方面的研究较少。本研究运用 Brown & Levinson（1987）的礼貌理论，探讨学习者在不同的社会情景中实施"请求"言语行为的情况。"礼貌"是语用功能中最基本的意念，也是人们交际时所遵守的基本原则。虽然这一意念为人类交际共有，但不同的文化对礼貌的判断原则并不一定相同，因此常常会有不同的礼貌手段和礼貌语言。Brown & Levinson（1987）指出，礼貌语言是一种尽量减少威胁面子行为的策略，包括五类：（1）直接性策略；（2）正面礼貌策略；（3）负面礼貌策略；（4）间接性策略；（5）放弃威胁面子的行为，以避免冒犯听话者。

上一节提到，在不同的文化中，说话者和听话者之间的社会距离、权势关系以及某一特定情景中言语行为的强加程度都有可能对面子产生威胁作用，因此社会语用跟礼貌策略的选择有直接的关系（Brown & Levinson，1987）。一般来说，如果社会距离近、权势关系均等，请求的强加度低，就会选择比较直接的语用语言策略和语言形式；否则会选择间接的策略，表示得含蓄委婉一些。

"请求"这一言语行为对说话者来说具有索取性，对听话者来说具有挑战性，它本身就存在着对面子的威胁。然而，"请求"却是我们每个人在日常生活中经常用到的。每种语言都根据社会语用和请求情境的不同而相应存在着一套礼貌语言策略。学习者的任务就是要能够根据语境和社会语用的不同而灵活、准确、恰当地运用语言形式和语言策略。学习者必须不断地提高语用语言能力。Kasper & Rover（2005）提出语用语言能力包括对规约性手段（conventions of means）和规约性形式（conventions of forms）等知识的掌握和实际运用这些知识的能力。规约性手段是实施言语行为的策略，可分为直接、规约性间接及非规约性间接策略。规约性形式指用来实现言语行为手段的各种语言形式。

Blum-Kulka, House & Kasper（1989）对六种语言中的"请求"行为进行调查比较后指出，虽然不同文化对"请求"言语行为的礼貌判断原则有所不同，但在请求时所表达的言语大都可分为三类：·招呼语（alerter）：吸引听话人的注意；核心行为语（head act）：请求本身，即实现"请求"言语行为的手段与方式；辅助行为语（supportive move），指降低核心行为语的面子威胁性的策略手段，说服听话者答应请求。其中核心行为语是最基本的单位，招呼语和辅助行为语则根据请求的强加程度来决定其取舍。辅助行为语可在核心行为语之前或之后，使得强加度缓解，请求成功。

Blum-Kulka 等（1989）还通过"跨文化言语行为实现项目"（Cross-Cultural Speech Act Realization Project，CCSARP）建立了一套言语行为分析标注指南。对核心行为语的措辞修正叫内部修正策略（internal modification）。其中包括语法上的修正（syntactic modification），如核心行为语中的疑问句形式（tag question）、主从句（adverbial clause）等；还包括词汇上的修正（lexical and phrasal modification），如礼貌词汇（politeness marker）、委婉表达（downtoners）、保守说法（understaters）等。对核心行为语以外的言语修正叫外部修正策略（external modification），或称辅助行为语（supportive move）。其中包括原因（grounder）、试探（preparatory）、感谢（thanking）、抱歉（apology）、保证（promise）等。修正策略可能会加强请求语气（upgrader），也可能会缓和语气以降低请求强加度（downgrader）。其目的都是使请求表达清楚且有礼貌，言语者双方耳悦心诚，促进"请求"的实施。

Blum-Kulka 等（1989）对英文请求核心行为语的直接程度进行了分类，这些策略中 1（祈使）为最直接，9（较弱暗示）为最间接。具体如下：

(1) 祈使（Mood derivable："Leave me alone."）

(2) 陈述（Performatives："I am asking you to clean up the mess."）

(3) 模糊陈述（Hedged performatives："I would like to ask you to give your presentation a week earlier than scheduled."）

(4) 义务（Obligation statements："You'll have to move that car."）

(5) 愿望（Want statements："I really wish you'd stop bothering me."）

(6) 建议（Suggestory formulae："How about cleaning up?"）

(7) 疑问（Query preparatory："Could you clean up the kitchen, please?"）

(8) 较强的暗示（Strong hints："You have left the kitchen in a real mess."）

(9) 较弱暗示（Mild hints："I am a nun."）

英文的请求往往用规约性间接的方式（conventionally indirect strategies），即第6、7项策略、以疑问句的形式实施。

建立在上述理论研究的框架下，本实验调查学习者实施请求的三个方面：招呼语、核心行为语、辅助行为语。对核心行为语通过规约性手段和内部修正策略分析；对辅助行为语通过礼貌策略（supportive moves）分析。研究探讨的问题有两个：(1) 中级和高级汉语水平的学习者习得"请求"言语行为的准确性（语言形式）和得体性（语言意义、功能）呈现怎样的发展情况？(2) 不同水平的学习者在不同的"请求"情境（请求强加度、社会距离、权势关系）中所用的"请求"策略呈现出怎样的习得现象？

(1) 研究方法

美国某所大学学习汉语的48名学生参加了数据收集。其中，20名为华裔或越南华裔，他们的数据被排除。剩下的28名学生都为非华裔背景，母语为英语。28名学生来自两个年级（中级、高级）三个班。中级组14名（6名女生，8名男生，平均年龄21.2），高级组14名（6名女生，8名男生，平均年龄22.8）。学生的语言水平建立在教学分班的基础上。在收集语料时，中级组的学生已修了一年零七个月的中文课，高级组的学生修了两年零七个月的中文课。五名高级组的学生去过中国，并在中国学习过1至12个月不等。受试者还包括14名汉语本族语者（男女各7名，平均年龄31.7），其中一半是在美国同一所大学学习的研究生或本科生，一半是在美国居住了十年左右的华侨。这14名本族语受试者都来自中国大陆。本族语者的数据作为参照（baseline data），与汉语学习者做比较。考虑到年龄、性别、地方区域可能会造成言语行为的不同，调查在这方面对抽样的背景做了小心的控制。

收集语料的工具是一份由两部分组成的调查问卷。第一部分调查受试者的背景知识，如年龄、性别、语言（母语和外语）、民族背景等情况。第二部分是书面话语填充任务试卷（Discourse Completion Test，DCT），这一试卷在收集言语行为数据时被广泛使用（Beebe & Cummings，1996；Kasper & Rose，2002；Rose，2009）。试卷中有四个请求情景，两个情景（第一和第四题）用于同学朋友之间（权势等级和社会距离－，请求的强加度－），两个情景（第二和第三题）用于学生和教授之间（权势等级和社会距离相对＋，请求的强加度相对＋）。情景是受试者所熟悉的校园生活，请求者的角色明确为中国学生，以避免受试者在完成话语填充任务时把自己用英语请求的角色带进去。所给的情景考虑到受试者的生活经验，如没有要求他们去扮演教授的角色，以避免出现不自然的言语行为。每一个情景都有明确的描述，说明请求者与被请求者之间的关系。调查问卷均为英文，以保证受试者清楚所给的具体语境。请求中可能会用到的词语和句式都在受试者初级课程中教授并练习过。受试者可以用汉字或拼音回答，以避免汉字书写造成的请求表达的困难。

数据收集过程具体如下：笔者把调查问卷在春季分别交给中级和高级汉语班的四位汉语教师。他们在各自的班上用课堂时间请学生完成。在给学生发问卷前，教师告诉学生这是一项对语言运用的调查，要求认真回答。学生约15分钟内做完问卷并交给老师。给中国人的问卷通过电子邮件发给大学学生联谊会，请他们在一个星期内填完后通过电子邮件交回。

在分析数据时，每一项话语（utterance）用 Blum-Kulka 等（1989）的三项分类方法（招呼语、核心行为语、辅助行为语）加以归类。在分析请求的行为时，观察语用语言的形式和策略，以及辅助行为语的形式和策略。根据 Leech（1983）和 Thomas（1983）提出的原则，语用语言形式指对交际意图正确的表达，"请求"语法正确的句子得一分（1），不正确不得分（0）；社会语用则根据社会距离、等级和请求强加度来判断。语用得体、"请求"恰当的句子得一分（1），不恰当不得分（0）。评分人员有两名：笔者和另一位汉语教师。两人先讨论评分标准，然后从中级和高级组各取 7 份，共 14 份，两人分别判同样的 14 份。接着讨论两人之间的差异。达成共识后，两人继续判剩下的 14 份。最后对两人之间评分的个别差异进行第二轮讨论,达成共识,并对已做的分析进行审查。由于抽样的人数有限,数据的处理方式仅用了非参数的分析。

(2) 结果分析

① 语用语言与社会语用的准确性与得体性

首先,所有受试者的语言以话段为单位进行统计。话段(utterance)以意义为基准,以标点符号或空格为参照。受试者共造出长短不一的话段 466 项,其中中级水平 126 项,高级水平 164 项,汉语本族语者 176 项。T 检验(Paired two sample for means)说明,中级和高级组在习得请求言语行为的准确性(请求语法正确)和得体性(语言意义、功能恰当)上有着显著的差别:语法准确性 $p=0.020$ (two tail), $t=2.50$;语用得体性 $p=0.002$ (two tail), $t=3.82$。表 6.4 是受试者语法准确性和语用得体性的平均值和标准差。从表 6.4 中我们可以看出,学习者语用习得的发展逐步向目的语靠拢,随着他们语言水平的提高,"请求"言语行为的正确性和恰当性也逐步提高。从另一个方面来看,即使是高级组也与本族语者有非常显著的差别:语法准确性 $p<0.001$ (two tail), $t=4.81$;语用得体性 $p<0.001$ (two tail), $t=7.10$。另外,高级组语法的准确性与请求的得体性基本上是双向发展,两者差别不太明显;而在中级组"请求"言语行为的发展中,语法准确度先于语用得体度。

表 6.4 三组语法和语用的平均值和标准差

语言水平	语法准确性		语用得体性		总话段
	Mean (0—4)	SD	Mean (0—4)	SD	
中级组	2.43	1.22	1.71	1.20	126
高级组	3.14	0.86	2.93	1.07	164
中国人	4.00	0	4.00	0	176

② 核心行为语请求策略

第四题的场景用于同学朋友之间,请求强加度低,权势等级平等,社会距离近。在这样的情景中,汉语本族语者常常会采用直接策略,如"借你的笔用一下""我也有一本书,顺便帮我还了吧"(孙晓曦、张东波,2008)。但本实验数据表明，中国人更多地采用了规约性间接策略（82.1%，见表6.5）。这可能是由于中国受试者都在美国学习工作，有的在美国居住了十年以上，所以他们实施的"请求"言语行为可能受到了英语的影响（英语的礼貌请求一般为疑问句形式，采用规约性间接策略）。中级和高级组的受试者也与本族语者相似，大量地运用了规约性间接策略（见表6.5）。第二、三题是学生请求教授的场景，请求强加度高，下对上，社会距离相对远一些。本族语受试者和高级组的受试者绝大多数都用了规约性间接策略（分别占总请求的92.86%和85.71%），而中级组所用的规约性间接策略只占总请求的67.86%。

表6.5 三组"请求"策略的使用频率与百分率

语言水平	一、四题(强加度低)			二、三题(强加度高)		
	直接策略	规约性间接策略	非规约性间接策略	直接策略	规约性间接策略	非规约性间接策略
中级组	7 25.0%	21 75.0%	0 0%	9 32.1%	19 67.9%	0 0%
高级组	7 25.0%	21 75.0%	0 0%	3 10.7%	24 85.7%	1 3.6%
中国人	5 17.9%	23 82.1%	0 0%	0 0%	26 92.9%	2 7.1%

虽然直接策略常常用在请求强加度低、权势等级平等、社会距离近的情景中，但学习者在这种情景下使用直接策略的恰当率却不高（见表6.6，例句7—10）。直接策略使用不得体表现在社会语用方面，或是用上级对下级的口吻（例句8—11），听起来不客气，或是由于不恰当地用了礼貌词（如"您"）而使得文体蹩脚（例句7），或即使用了礼貌词但听起来仍然不礼貌（例句7、10、13）。例句7—9如果加上疑问词"吗"，会在一定程度上得体一些。这些受试者虽然在别的"请求"言语行为中用过"吗"，但在下列句子中却没用。

（7）（同屋之间）您可以也把我借的书还给图书馆。（高级组#31）

（8）（同桌之间）李小京，你可以把我的书还给图书馆。（高级组#36）

（9）（同桌之间）你可以借给我一个bízi。（中级组#48）

(10)（同屋之间）请你把我的书拿回图书馆去。（中级组♯52）
(11)（学生对教师说）这个星期四我可以交我的作文。（中级组♯48、♯50）
(12)（学生对教师说）我有问题很多，所以你定时间见面？（中级组♯58）
(13)（学生对教师说）我想跟您说一说这个课文的内容，请给我定时间。（高级组♯35）

表6.6 学习者"请求"策略恰当使用的频率与百分率

语言水平	一、四题(强加度低)		二、三题(强加度高)	
	直接策略	规约性间接策略	直接策略	规约性间接策略
中级组	1 14.3%	12 57.1%	0 0%	11 57.9%
高级组	3 42.9%	20 95.2%	0 0%	18 75.0%

在规约性间接策略的使用中，疑问句出现了三种形式：A. 句子＋吗？B. 动词＋不＋动词？C. 句子＋好吗/好不好/行吗/可以吗？观察这些疑问句会发现两个特点。首先，第三种疑问形式在与功能的映射方面，学习者似乎不知道"好不好/怎么样""好吗/可以吗""行吗"这些句末疑问形式和请求者与被请求者之间的社会地位有关系。"好不好"往往仅用于上级对下级的请求。本族语者普遍使用"行吗"，没有一个人用"好不好"（见表6.7）。比如例句14，语境要求的语言形式是"行吗"，因为是学生对教师提出的强加度较高的请求。即使是同学之间，用"好不好"也不如用"好吗"使得请求语气缓和而有礼貌（例句15）。有的学习者在四项请求中既用过"好吗"又用过"好不好"，可能他们以为"好不好"和"好吗"可替换使用。

(14)（学生对教师说）……，所以星期四我给你作文，好不好？（高级组♯37、♯40）
(15)（同桌之间）李小友，请你把笔借我，好不好？（高级组♯40）

另外，学习者对情态动词"可以"的选择是一个很有意思的现象。不论是中级组还是高级组，大都选用了情态动词"可以"。这与本族语者所做的规约性间接请求有着明显的不同。本族语者在对"可以"和"能"的选择上几乎各一半（见表6.7）。

表 6.7 核心行为语中第三种疑问句形式、情态动词的频率

语言水平	第三种疑问句形式			情态动词	
	……,好不好/怎么样?	……,好吗/可以吗?	……,行吗?	能	可以
中级组	3	4	0	4	26
高级组	4	4	0	7	32
中国人	0	2	5	17	19

③ 内部修正策略

上文提到,"请求"是一种"索取"性的言语行为,本身就存在着强加性。因此在"请求"的言语行为中降低强加度是一个必要的策略。表 6.8 是核心行为语内部修正策略的使用频率。表 6.8 说明,随着学习者语言水平的提高,他们所用的"请求"的内部修正策略也逐步向本族语者所用的策略靠近。缓和语气(downgraders)的词语有所增加(如"您""想"),而加强请求语气(upgraders)的词语(如"给我/为我""要")有所减少。在缓和请求强度的结构和词语的使用上,如礼貌词语和缓和语("帮我""顺便"),学习者还是很欠缺的。在核心行为语"请求"策略使用中,本族语者使用动补短语("V+V""V+一下")的频率为 13 次,而两组学习者的频率一共仅 2 次(见表 6.8)。本族语者除了在请求中用"V+V""V+一下"以外,还在第四题的请求中大量使用"顺便"(N=10),如"麻烦你顺便把这本书也还给图书馆",而两组学习者中没有一个人使用"顺便"(表 6.8)。

在礼貌用语上,存在着不该用的时候学习者用了,而该用的时候却没有用的情况。比如在第一、四题的情景中,由于是同等级的,社会距离近,所以不应该用"您"或"请……",但高级组和中级组的学习者都有人用了,尽管频率不高。而在第二、三题的情景中,学习者虽然用了一些礼貌词语,但数量和种类都远远不如本族语者。

表 6.8　核心行为语内部修正策略的使用频率

语言水平	状语从句	礼貌							缓和强加度	
		您	请	麻烦	帮我/忙	给我/为我	想	要	V一下	顺便
中级组	1	7	4	0	0	2	3	4	1	0
高级组	4	11	1	1	1	2	8	3	1	0
中国人	5	16	0	2	10	0	15	0	13	10

规约性间接策略是在学生向教授请求时用的。虽然学习者运用了间接策略、疑问句的形式，但语用表达仍然不够得体礼貌（例句16）。比如泛用"要"（N=7）和"为/给"（N=4）的现象在中级组和高级组都存在（例句17）。在细微的礼貌用语方面，高级组似乎并没有因为汉语水平的提高而与中级组有明显的不同（见表6.8）。

(16)（学生对教师说）星期四我可以交给你我的作文吗？（中级组♯59、♯63；高级组♯38）

(17)（同屋之间）你要为我/给我还了这本书，可以吗？（中级组♯49、♯59；高级组♯40）

④ 招呼语和外部辅助行为语

语料中的招呼语位于语篇开头或句首，分两种：一种是称呼被请求者的名字，一种是用礼貌的方式获得对方的注意。受试者对称呼的使用频率随着汉语水平的提高而增加（见表6.9）。中级组的使用频率虽然低，但均分布在对教授的"请求"情景中，用来称呼"王老师、李老师"。可见，即使是中级组的学习者也已意识到称呼是一种礼貌行为，在"请求"难度高、下级对上级、社会距离相对远时要用到。

第二种招呼语是动词"请问"。虽然"请问"是礼貌语用语言，但出现在中级组的四项"请求"表达中却不得体（例句18－20），高级组的两项也只有一项得体。受试者把它用在同学朋友之间，因过于礼貌而显得不得体。例句21虽然用于学生对教授的请求中，但由于语篇中缺乏辅助行为语而显得生硬不委婉。本族语者所用的"请问"都出现在下对上、社会距离远的请求中，而且在"请问"之前用了辅助行为语，如说明原因、表示抱歉等（例句22）。

例句 18—22 表明，同样的礼貌招呼语"请问"出现在不同的情景和语境中，其礼貌功能也随之发生变化。

表 6.9　三组受试者招呼语的使用频率

语言水平	称呼	"请问"
中级组	20	4
高级组	34	2
中国人	47	5

(18)（同桌之间）请问，你可以给我一个 bízi。（中级组#51）

(19)（同桌之间）请问，你有没有一支笔我可以用一下？（中级组#52）

(20)（同屋之间）请问，你可以我的书也还。（中级组#54）

(21)（学生对教师说）请问，可以不可以给你我的作文星期四？（中级组#56）

(22)（学生对教师说）对不起，王老师。因为别的课的作业也太多了，我做不完你的作文。请问，我可以星期四交吗？（本族语者#1）

外部辅助行为语在"请求"中，特别是在请求强加度较高、下级对上级、社会距离远的情景中必不可少。总体来看，辅助行为语的使用随着语言水平的提高在数量和种类上都有所增加（见表 6.10）。高级组在说明请求原因的频率上几乎与本族语者没什么差别，但在表示抱歉和运用礼貌词语等方面频率仍较低（例句 23、24），这使得"请求"即便以疑问句的形式出现也仍然显得生硬而缺乏礼貌。在表示抱歉时，本族语者用了"不好意思""对不起""实在抱歉"，均用于请求强加度高、学生请求教授的情景中。

(23) 老师，这个星期我很忙，没有空做好作文。可以星期四交给你吗？（高级组#33）

(24) 王老师，这个星期我很忙，没有时间做功课。这个星期四可以给你吗？（高级组#30）

表 6.10　三组受试者外部辅助行为语的使用频率

语言水平	外部辅助行为语					
	原因	抱歉	问前试探	感谢	保证	已付出的努力
中级组	18	1	3	0	0	0
高级组	41	2	6	3	1	0
中国人	43	7	9	5	2	2

表 6.11 以学生请求教师约定时间的场景为例，展现辅助行为语中缓和词语和加强语气词语的使用频率。学习者缺乏一些缓和词语的表达（如"请教""一下"），而泛用了强制性动词"要"和加强性词汇（如"很多"）。这样，他们的请求，无论是在平级还是在下对上的言语行为中，都显得更像命令而不像请求。例句25、26显示了在辅助行为语中礼貌用语表现出的不同。

(25) 李老师，我有几个课本上的问题想请教您，还想跟您练习一下中文。请问您什么时候有时间？（本族语者#4）

(26) 什么时候您能有时间？我要和你见面。（中级组#55）

表 6.11　外部辅助行为语中缓和与加强语气词语的使用频率（第三题）

语言水平	缓和词语				强加性词语	
	几个/一些/有些	请教	V一下/练习/请教一下	想	要	很多
中级组	3	0	0	2	2	1
高级组	7	0	0	5	3	2
中国人	11	5	4	13	0	0

表 6.12 是学习者分别在不同的"请求"场合（请求强加度、社会距离、权势关系）中所采用的辅助行为语的使用频率。在第二、三题中，辅助行为语的使用无论在频率上还是在种类上都高于第一、四题的使用。结果说明，学习者不仅能够区别社会语用情景的不同，而且能基于此不同而采取相应的语言措施。

表 6.12 外部辅助行为语的使用频率

语言水平	一、四题（强加度低）				二、三题（强加度高）				
	原因	抱歉	问前试探	感谢	原因	抱歉	问前试探	感谢	保证
中级组	6	0	2	0	12	1	1	0	0
高级组	9	0	3	1	32	2	3	2	1
中国人	5	0	4	1	38	7	5	4	2

⑤ 讨论

现在回答第一个研究问题："中级和高级汉语水平的学习者习得'请求'言语行为的准确性（语言形式）和得体性（语言意义、功能）呈现怎样的发展情况？"数据表明三点：a. 两组不同水平的学习者在语言形式的正确性和语言意义、功能的得体性方面存在着显著的不同；b. 即使是高级组的"请求"言语行为也与中国人存在着显著的不同；c. 其发展情况表明，中级水平受试者"请求"表达的语法准确度先于语用得体性，这种差别在高级组变得不太明显了。

第二个研究问题是："不同程度的学习者在不同的'请求'情境（请求强加度、社会距离、权势关系）中所用的'请求'策略呈现出怎样的习得现象？"数据展现了四项特征：第一，总体来说，学习者在请求强加度低的情景下，实施"请求"言语行为的得体性要好于请求强加度高的情景（见表 6.6）。当然，这并不意味着学习者掌握了实施强加度低的"请求"言语行为，因为他们在这种情景下所采用的直接策略有的并不得体；而且由于学习者的礼貌词语和缓和词语颇为有限，本族语者在这种情景下所用的"V 一下"和"帮我顺便 V"等表达，在学习者的"请求"言语行为中均没有出现（见表 6.7、6.8）。

第二，高级组的受试者在一定程度上意识到了言语行为策略（核心语请求策略、内部修正策略、外部辅助修正策略）的实施随着社会语用因素的不同而改变，因此他们在规约性间接策略的使用上似乎能够随着情境的不同而改变。中级组在招呼语（如称呼"老师"）和辅助行为语（如说明原因、用礼貌词"您"）的运用上，也能随着情境的变化而变化。

第三，两组学习者对语言形式的泛用（如"请问""要""请……""好不好""为我")意味着他们在语言形式和功能的映射上,在社会语用之间的关系上或者缺乏语用语言知识,或者缺乏社会语用知识,或者缺乏两者之间的融会贯通;也可能他们拥有这方面的知识,但不能自动地运用这些知识来产出得体的"请求"语言行为。

第四,中级组和高级组在以下三项语用语言的运用方面没有什么差别,换句话说,学习者的中介语"请求"言语行为在这三项语用中向目的语发展缓慢。一是学习者在规约性间接策略的使用中首选情态动词"可以",这一现象到高级组也没有很大的改变;二是两组学习者都缺乏礼貌词语(如"不好意思""麻烦你""帮我"等)的表达;三是两组学习者都缺乏使得"请求"委婉得体的缓和词语(如"顺便""吧""一下")的使用,这些礼貌词语和缓和词语在语义上并不太具体或精确(如"帮我""一下"),但在语用功能方面却是不可缺少的。这势必给学习者在语言的映射方面带来一定的困扰。

第三节　语用研究对教学的启示

在成人学习一种外语或第二语言时,他们实际上已具备了不少母语和跨文化的普遍语用知识(pragmatic universals),只是并不总是能够运用这些知识(Kasper, 1997)。这使得语用教学有了必要。其必要性并不仅仅是给学习者提供新的语用知识,而是提醒学习者在新的语言中注意语言形式/策略和意义的正确映射,根据语境情景运用他们已有的语用知识。另外,当教学提供给学习者语言输入时,语用信息往往并不那么丰富;即使丰富也可能未得到学习者的注意。在这种情况下,语用教学的介入就显得很有必要。上节所讨论的 Li (2011) 的研究和英语为第二语言习得的研究(如 Bardovi-Harlig & Hartford, 1996; Takimoto, 2009; Tateyama, Kasper, Mui, Tay & Thananart, 1997)表明,言语行为、语用套语(pragmatic routines)、篇章标记及篇章的一些特征都表现出教学效果的作用,说明了语用能力的可教性。接受过教学训练的学习者比没有接受训练的更能准确恰当地运用语言。比如,Li (2011) 的研究表明,由于提供了语用方面的练习,受试者对语用正误的判断比语法更敏感准确。Alcon-Soler (2005) 和 Takahashi (2010) 的研究说明，直接、清晰的（explicit）教学方法给学习者提供了语用信息，能够帮助学习者注意到目的语的语用特征，这也支持了 Schmidt（1990）所提出的注意理论的假说（Noticing Hypothesis）。那么应该提供什么样的输入、多少输入、用怎样的方式方法促进学习者语用能力的发展呢？

一、语用教学的内容

教学应该把语用信息输入、语用意识的提高与练习运用有机地结合起来。Li（2010）的结果说明了语用信息输入的重要性。元语用输入——或是对语用中语言形式、功能、语境之间关系的介绍，或是形式和意义之间的映射输入，不但能帮助学习者发展陈述性的语用语言知识，而且能使他们马上把这些知识运用到对输入的理解以及对已获取知识的提取中。这种教学输入强调正确地映射语料中的语言形式和意义功能，以及在整个输入加工过程中强化这一结合的重要性。Schmidt（1993）也提出，中介语语用的习得就是通过对语言的形式、功能和语境之间的结合来加工处理输入中的语用特征的。

在语用语言能力的发展过程中，语言的映射不仅存在于形式和意义之间，更表现在语境中（linguistic forms, illocutionary functions, and applicable contexts）。语用语言能力建立在社会语用知识的基础上。也就是说，学习者首先要对目的语的文化、风俗习惯有一定的了解。比如在实施"请求"言语行为时，学习者的社会语用知识最少包括请求者和被请求者之间的关系，如两者之间的社会地位（下对上、上对下、平等）、熟悉程度（陌生、不陌生但社会距离较远、熟悉）等等。这些因素与中国文化紧密相连，决定了"请求"的难度。学习者在判断出"请求"的强加度后，才能恰当地选择语言形式，使其顺应社会距离、权势关系等语境因素。语言的形式随着社会语境的不同而变换，比如有时用直接的策略，即祈使句、命令句，有时用规约性间接策略，即疑问句。语用教学的内容从深层的文化、社会知识范围到表层的语言表达，共包括三大部分：（1）社会语用知识；（2）交际功能；（3）语用语言形式（见表 6.13）。

表 6.13 语用语言教学的三项内容及映射关系

社会语用知识⟶	语用语言能力	
对文化与风俗习惯的了解⟶	交际功能⟶	语言形式
语境情景	功能	形式
权势地位 ＋，－	请求	祈使句、命令句（直接策略）
社会距离 ＋，－	拒绝	疑问句（规约性间接策略）
请求难度 ＋，－	道歉	陈述句、疑问句（非规约性间接策略）
请求者给对方的强加度 ＋，－	抱怨	祈使句、疑问句、陈述句

既然社会语用知识、交际功能、语用语言形式三者映射为一体，用于理解和实施言语行为中，那么教学的内容就应该围绕这三方面展开。首先，向学习者提示文化，帮助他们在了解目的语文化习俗的基础上建立起社会语用意识。比如，要让学习者了解具体文化中人们之间的关系。在中国文化中，父母、老师、上级、年长者处于相对高的、有权势的地位。社会权势低的，如孩子、学生、下级对他们实施言语行为（如请求、拒绝）就会有一定的难度。因此所采用的语言形式和功能策略是间接的，并对核心行为语加以各种辅助功能，如用抱歉、感谢、说明原因等词汇或结构来降低请求强加度，促使请求功能奏效（见表 6.14 中例句 2、3）。可以看出，这种语用语言能力受制于中国文化。比如美国孩子可直接称呼父母的名字，大学师生之间也是如此，但这在汉文化中是完全不能接受的。因此跨文化交际中的语用差异是语用教学内容的重要部分。

表 6.14 语用语言教学的三项内容：以"请求"为例

社会语用知识⟶	语用语言能力
对文化与风俗习惯的了解⟶	交际功能：请求
语境情景	语言形式：祈使句（直接策略）
1. 宿舍，同屋要去还书，同屋之间：权势地位－、社会距离－、请求难度－	1. 麻烦你顺便把我借的书也还给图书馆，谢了！

(续表)

语境情景	语言形式：疑问句（规约性间接策略）
2. 实验室，教授要去图书馆，助教对教授：权势地位＋、社会距离－、请求难度＋/－	2. 张教授，不好意思劳您大驾。能麻烦您去图书馆时顺便把我借的书也还了吗？刚好今天到期，可我一直没时间去还。
语境情景	语言形式：疑问句（规约性间接策略）
3. 家里，妈妈要去学校图书馆，孩子对妈妈：权势地位＋、社会距离－、请求难度－	3. 妈妈，您去图书馆时顺便把我借的书也还了。正好今天到期。下次我会自己按时还。

　　随着语境情景的不同，语用语言形式和功能也随之改变。但是，其对应的内容和语言形式还是有限的、有范围的。教学内容除了提示语用方面的文化知识外，还应该着重练习一些言语行为中常用的词汇和形式（pragmatic routines）。语用常用语就是言语交际中常见的、具有交际功能的日常话语。语用常用语的使用受制于特定的社会情景、语境因素。正如冉永平（2006）所指出的，早在20世纪70年代，类似常用语短语或句型已受到第二语言和外语研究者的注意，被看成是影响目的语习得与学习的一个前期因素，并被视为"助阶石"（stepping stones）。这些语用表达一旦习得，或者学习者意识到类似常用语的语用功能，便有助于他们创造性地使用话语（House, 1996; Kasper, 1997）。常用语对培养语用能力、语用流利程度具有重要作用。比如用于"请求"的言语行为有如下功能和形式（见表6.15）。在学习的初级阶段，简单的常用形式像"公式化言语"（formulaic expression），可以用来帮助学习者表达得正确得体。在中、高级阶段，根据不同的语境练习语用常用语，不但能培养学习者的语用能力，而且能帮助他们发展语用流利度（pragmatic fluency）。有计划地设计安排不同的语境，帮助学习者理解语言功能、活学活用常用语用形式是语言教学的一个重要内容。

表 6.15 "请求"语用常用语的功能与形式

功能	形式
直接策略 间接请求策略	• 麻烦你帮忙/我 V ＋ Complement。 • 借你的 N V 一下。 • ……，可以吗？ • ……，好吗？ • ……，行吗？ • 能/可以 V……吗？／能不能……？ • 不知 Subj. 能不能 V……？
缓和请求强加度	• 请你/您顺便……。 • Subj. 正好 V……。 • 我想……。
抱歉、感谢	• 对不起/不好意思/实在抱歉／打扰一下 • 麻烦你/您……。不好意思劳您大驾，……。 • 谢谢/劳驾/拜托/帮忙/帮我 V……。
承诺	• 如果我可以……，我一定会……。 • 我能不能先 V……？然后我会马上 V……。
恭维	• 您在这方面是专家，我想请教一下。 • 你/您总/常常 V……。

在提倡交际语言教学（CLT）的今天，教学的内容不能只是围绕语音、词汇和语法，而必须包括语言的功能与运用，重点应放在如何把功能恰当地映射到正确的语言形式中，从而在特定的语境情景下进行交际。比如教师在介绍短语"一下"时不仅要注释其语法结构（"V一下"）和意思（*used after a verb indicating a brief action*），而且要根据课文中的内容说明具体语境下这一短语的功能（*often used in requests for downgrading*）。因此如何在语言习得的过程中增加语用信息输入以培养学习者的语用意识，发展他们的语用能力是我们必须面对的任务。

二、语用教学练习的量度与方法

Li（2011）的研究说明，语用语言能力与社会语用能力的发展是有条件的，其中一个条件是要有一定数量的练习。语言知识（包括陈述性的和程序性的）必须大量地运用于语境中，才能解决好语言形式和意义/功能相结合的问题。练习的数量应依具体的知识、任务的性质而定。比如，在执行判断社会语用是否恰当这一任务时，教师通过对元语用概念的清晰介绍和对语言形式、功能与语境之间的关系的展示，就能使学习者对"请求"行为在语境中的恰当性形成比较清楚的认识。再比如，在习得语用语言形式上，四次练习能促使陈述性知识有明显的发展，而且在两个星期后的跟踪测验中仍保持正确的语用语言能力；但在习得语用的速度方面，八次练习才能使程序性知识在理解判断能力上有显著发展，但比起没有参加训练活动的受试者来，发展的程度仍然不够显著。再比如，短语"V 一下"虽在汉语课程的第一学期就已出现，但在本实验中学习者却鲜有使用，可能是练习得不够，也可能是教学输入时没有明确提醒学生这一短语的语用功能。"请你帮我 V + complement"也是直接请求策略中常用的语言手段，其中的词汇和语法简单明了，是学习者都知道的。但在本实验中，两组学习者的使用频率都较低，而本族语者使用频率却很高。这样的现象与教师所提供的语境情景是否频繁、练习的机会是否众多有关。学习者虽然熟悉词汇与结构，却不能把握其语用功能。他们在使用过程中对语言形式和语境变量之间不能进行有效的选择和顺应，不知道在特定语境中应选择什么形式。有时学习者不能理解话语中隐含的字面意思以外的交际信息，不能根据语言形式和语境特征进行有效信息的语用推理。教学必须给学生提供大量的、反复的实践机会，让学生从中明白：对不同言语行为的选择反映了不同的社会人际关系，语言形式与交际策略对语境具有顺应性。

程序性知识的特点决定了它在语言习得中的具体操作性。Li（2011）的研究说明，直接、清晰地把语用语言知识和社会语用知识提供给学习者，并系统地让学习者在各种语境情景中锻炼语言的观察力、判断力以及语言运用能力，能够帮助学习者获得陈述性的语用知识。获得的知识通过不断的练习和积累就会逐步转化，成为程序性知识。语用教学的任务就是向学习者提供大量多样化的练习机会来加工处理目的语中的语用信息。在执行不同的语言任务时，要体会语境、功能和语言形式三者之间的映射关系，以便使陈述性知识转变为较高层次的程序性知识。

　　Walker & Noda（2000）提出文化引入与体验文化在交际中的重要性。教师的责任是设计如何在目的语文化的情境下，让学习者体验和理解不同的语言功能。在特定的交际功能中，情境常常富有更多的信息。比如对词语意义的理解离不开文化语境和交际环境，所以只有把词语、句子放到实际的交谈中理解才有意义。言语行为的语境以文化为基础。文化规范了我们的行为，同时提供了了解事件和认识事物的标准与方法，这样交际双方才能顺利地理解相互之间的意图。可见，文化不仅仅存在于"歌曲、食物和游戏中"，更蕴含在我们的行为里。见面时的问候，日常使用的请求、道歉、祝贺、感谢，无不打着特定文化的烙印，而这些日常生活中的言语行为并未引起人们足够的注意。因此，教师的任务有三项。第一，帮助学习者了解不容易意识到的跨文化差异和语言得体性标准，培养他们的元语用知识。第二，营造一种学习环境，把目的语文化中认可的和典型的具体事件展现出来。这样学习者才可能对这些情景下的交际功能和语用手段有深刻的印象，并能不断地记忆和复习，为课外所要经历的文化和语言的得体性表达打下基础。第三，用各种方式帮助学习者在所设计的社会语境下练习演示（perform）。而且练习演示需要不断地反复，直到学习者理解了社会语境中表达的语用功能。角色扮演就是这样一个活动。学习者在教师所营造的交际场所（教室）扮演不同的角色，体会交际的功能和语言表达的手段。教师引导启发学习者进入角色，知道在什么时候、什么场合说什么，谁先开始说，用什么语言形式来说。这样，学习者在对语言功能的感知中习得了语言，体验了文化。

　　对语用的教学输入与练习要从初级开始。本章的研究所调查的是最常用的言语行为习得情况，如请求、道歉、拒绝（Hong, 1997、1998、2011；Li, 2011；孙晓曦、张东波，2008）是在初级课程中就出现了的，但抽样言语行为的准确率与得体率都颇低。现实的问题使我们刻不容缓地必须从初级就开始对语用语言能力和社会语用能力的培养给予足够的重视。现有的教材缺乏对言语行为功能、语言情境（社会语用）的提纲挈领的介绍，以及把两者结合在一起映射到语言形式（语用语言）上的练习。虽然初、中级汉语教材往往以对话的形式出现，尽量使文化和社会语用渗透于对话中，但遗憾的是很多教材并没有对这一方面给予应有的重视（请参照 Yu, 2009）。

提高学习者的语用语言能力还要落实到教学的评估考查上。目前，不论是语言水平考试还是课程学习考查，多注重语言形式的正确性，忽略语言使用中语境的恰当性和形式的得体性。如果我们强调培养学习者的实际运用能力，就必须重视这方面的考查，特别是在特定语境条件下检验学习者是否能够恰当地使用施事能力或行为能力。在课程设计和考查项目中，应该提倡结合语言使用的动态语境因素进行语用能力测验。

汉语教学应该更注重语言形式在社会文化语用中的意义，特别是在特定语境条件下的语用功能。不论是教学提供的输入和还是循序渐进的练习，都应该强调如何帮助学习者在不同语境中选择恰当的语言形式来实现具体的交际功能。从这一角度出发，我们才能有效地帮助学习者发展社会语用能力和语用语言能力。

思考讨论题

1. 语用能力包括两个层面：语用语言能力和社会语用能力。这两个层面的内容有什么不同？它们之间有怎样的关系？请举例说明。
2. 言语行为有哪些特点？比如：有哪些形式？反映了怎样的人际关系和社会场合？
3. 在对汉语作为第二语言的学习者实施言语行为能力研究方面，学界取得了哪些共识？
4. 为什么说语用教学很有必要？
5. 语用教学应该包括哪些内容？在你看来，应该采用什么样的教学方式？

第七章 学习者的情感、态度、动机研究

　　成人在语言学习成果上显示出较大的差异。有的（约 5%，Singleton，1995）能够达到相当于本族语者的水平，但更多的学习者在达到中级水平后就停滞不前了。造成第二语言学习结果如此不同的原因是什么呢？20 世纪 70 年代曾有过对成功的语言学习者（good language learners）的专题研究讨论（如 Rubin，1975）。三十年后，有学者对成功的语言学习者又进行了一次再认识（Griffiths，2008），旨在确认、分析影响学习者对第二语言获得的个体因素。这些个体因素既包括认知、语言学习能力方面（Language learning aptitude；Carroll & Sapon，2002）、生物神经方面（如年龄，Lenneberg，1967；Robertson，2002；也见本书第一章）、学习策略和交际策略的使用方面（Canale & Swain，1980；Oxford & Lee，2008），也包括学习者心理情感方面。本章所讨论的是学习者的心理情感因素（Affective factors）。

　　根据《心理学大辞典》（2010），情感指"人对客观事物是否满足自己的需要而产生的态度体验"。情感因素在外语学习中尤其重要。语言的功能在于交际，人际交流不可避免地渗透着情感态度。另外，在使用一种崭新的语言时，有些学习者在心理上会经历失去本族语言的安全感的过程，取而代之的是焦虑和对自己第二语言能力的怀疑；在学习中遇到困难时，学习的动机和自信心可能会受阻；在适应目的语语言文化的过程中，学习者可能会出现不同程度的不适应。

　　本章分析讨论第二语言学习中的情感因素，重点放在汉语学习态度、学习动机及语言焦虑方面。第一节综合介绍学习态度、动机研究，分三大部分：(1) 早期以 Gardner 为代表的第二语言学习动机研究；(2) 20 世纪 90 年代以来以 Dörnyei 为代表的外语学习动机研究；(3) 外语学习动机研究的多元化时代。第二节考察学习者的汉语水平和民族背景与学习态度、动机之间的关系，以及对汉语学习过程的影响。第三节综合分析外语学习中的语言焦虑，包括焦虑的表现、对学习过程和结果所产生的影响，以及研究结果对课堂教

学的启示，如怎样建立一个提高学习者自信心、轻松活泼的语言课堂。

第一节 学习态度、动机研究

一、早期以 Gardner 为代表的第二语言学习动机研究

在情感因素中，学习态度（指学习者对第二语言和本族语，以及对跟第二语言有关的社会文化和使用价值的态度）和学习动机（解释学习者为什么选择学习某种外语，而且能够持续这种学习行为）是最具有能动性的因素之一，也是最复杂、最具有多元维度的因素之一。在第二语言学习动机研究中，Gardner & Lambert（1959）是最早进行学习态度、学习动机研究的学者。Gardner 与 Lambert 在 20 世纪 50 年代末对第二语言学习动机做了一系列具有开创性和奠基性的研究，建立了社会心理模式（Socio-Psychological Model，1972）。这一模式以加拿大英语、法语学习或双语学习的情况为背景，描述了不同社会环境、语言文化社区之间的影响，以及这些影响与学习者个人的心理、情感、学习态度、动机诸方面的关系。他们认为，语言学习能力（Language aptitude）和学习动机是解释学习者第二语言学习成绩不同的两大关键因素。在早期的研究中，他们强调语言学习动机的社会性，提出了"融入动机"（Integrative motivation）这一概念。融入动机指学习者对目的语语言文化产生强烈的兴趣，对说目的语的本族人有好感，希望能与他们交流，并加入他们的行列，成为其间一分子。Gardner & Lambert 从学习的目的着眼，把语言学习的动机确定为两种不同倾向：融入倾向和工具倾向（Integrative and instrumental motivational orientations）。Gardner & Lambert（1972：3）指出："如果学生是出于自身对于某一文化社区的兴趣，并且具有开放的视野，希望能够成为该群体的一员，而去学习其文化，那这就是融入倾向。"而出于工具动机的学生，希望能通过学习第二语言获得更多实用性的利益，比如得到更多对工作事业有帮助的机会，尽管这些学习者对于所学习的语言和文化本身并不是那么感兴趣。动机的倾向性更准确地说是在目标（goal）的层次上，先于动机，使得动机或是向着与目的语文化社区的融入，

或是向着语言学习的实用意义的目标发展。

早期研究（如 Laine，1984；Gardner，1985；Svanes，1987）发现，融入动机倾向比工具动机倾向在第二语言的学习结果方面起着更重要的作用。融入动机更能说明学习者为什么能够取得语言课上的好成绩——因为学习者的最终动力不仅在于获得另一种语言交际能力，而且还在于获得目的语文化的"心理认同"。

然而，并不是所有的研究所获得的实验结果都一致，有的研究结果甚至与 Gardner 和其同事的研究结果相冲突（如 Pierson，Fu & Lee，1980；Oller，1981）。Clément & Kruidenier（1983）分析了不同的研究结果后指出，在不同的社会、语言、文化环境下可能会出现不同的动机，"融入—工具"动机理论在解释不同学习背景方面存在一定的局限性。在后来的研究（如 Gardner & MacIntyre，1991）中，Gardner 和他的同事也发现，工具动机在第二语言的学习中同样有影响力，而且融入动机的作用未必比工具动机更强。但是，对于那些具有融入动机的学习者来说，在后一阶段的学习中可能会获得更大的成功。这主要是因为心理认同会使他们对语言学习的兴趣保持得更持久（Gardner，1985；Dörnyei，1990）。Gardner（1985、2001）在后期的研究中对前期的二语学习动机模式进行了修改。他结合教学、学习情景提出了社会教育模式（Socio-Educational Model），图 7.1 是一个比早期的社会心理模式有较大扩展的模式。他指出动机包括三方面：动机强度、成功地学习语言的愿望和语言学习的态度，前两者属于认知领域，后一项属于情感态度。

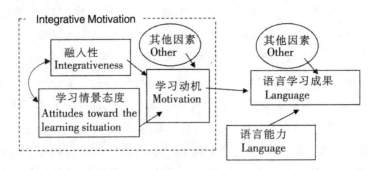

图 7.1　Gardner 的社会教育模式（Gardner，2001：5）

这一模式中提出的融入动机（integrative motivation）包括三个主要因素：学习动机、学习情景态度、融入性，具体内容如下：

（1）学习动机指学好某种语言的愿望及为之所付出的努力，以及对学习某种语言所持的良好态度（Gardner，2001）。这是一个主要的因素，可以通过三个方面来测量：

  A. 动机强度，指学习的努力行为（effort）；

  B. 对取得语言学习目的的渴望（desire for achieving a goal）；

  C. 非常喜欢学习任务（enjoy the learning task）。

（2）学习情景态度可以通过两方面来测量：

  A. 对语言课的评价；

  B. 对教师的评价。

（3）融入性可以通过三个方面来测量：

  A. 融入型动机倾向；

  B. 对外语的兴趣；

  C. 对目的语社区和说目的语的本族人的态度。

Gardner（1985）同时修正发展了二语学习动机调查的测量表，即态度/动机测验量表（Attitude/ Motivation Test Battery，AMTB）。除了上述社会教育模式中融入动机的三项重要变量因素外，他的态度/动机测验量表还包括了第四项重要因素：工具型动机，以及第五项影响学习成果的重要因素：语言焦虑，即对语言课的焦虑和语言使用中所产生的焦虑。

虽然社会心理模式和社会教育模式在第二语言学习的动机研究方面被各路学者广泛使用了三十年，但在20世纪80年代末和90年代却受到了严峻的挑战。学者们（Crookes & Schmidt，1991；Oxford & Shearin，1994；Dörnyei，1990、1994）呼吁扩展第二语言学习动机的概念，在二语融入动机理论中加入普通心理学理论。学者们还提倡：对外语和第二语言学习态度、动机的研究，一方面要更广泛地定义动机的构成，另一方面还要根据不同的社会环境背景来应用。讨论的焦点包括：（1）在外语学习动机研究中，是应该重视学习的宏观社会与文化环境，还是将动机研究更紧密地同学校教育有机地结合起来？（2）学习动机的两元论（"融入—工具"动机学说）是否能涵盖所有在不同环境下的外语学习动机结构？（3）外语学习动机与学习成绩之间的因果关系,除了孰因孰果不明外,仅观察学习成绩是否正确有效?

对于 Gardner 等人外语学习动机研究的批评主要集中在以下几个方面:

(1) 研究者指出,一些普通心理学的主要概念在外语学习动机研究中没有得到应用。Gardner 二语学习动机模式有碍于其他模式与理论的发展。应该把外语学习动机放在主流心理学的大框架下来研究(如 Crookes & Schmidt, 1991; Oxford & Shearin, 1994; Dörnyei, 1990、1994)。

(2) Gardner 模式主要考虑了社会大环境对二语学习动机的影响,而对学校和课堂教育情景下的外语学习动机重视不够。对语言学习动机结构概念的研究要能够解释具体的语言学习任务中的学习行为。虽然对已成动机和动机结果的研究很重要,但研究还应该概念化具体的教育情景、具体任务的执行以及动机的来源,如某些动机组成是如何起因发展的。这样的研究才会对学校和教师认识并了解学习者动机的根源,以及怎样挖掘、保护这些根源产生直接的现实意义(Oxford & Shearin, 1994: 15)。

(3) 二语动机因素往往受限于学习者的语言文化或社会、教育环境。Gardner 和他同事的研究大部分以加拿大英语或法语的二语学习为背景,学习者有机会接触到目的语的社区团体和说目的语的本族人。在这种情况下,社会因素,如融入动机,更为恰当。但在别的外语学习环境中是否如此,有待实证研究分析。只使用"融入—工具"动机学说不一定能发现不同于加拿大语言学习环境的、具体的外语学习动机(如 Chen, Warden & Chang, 2005; Dörnyei, 1998; Noels, Pelletier, Clément & Vallerand, 2000)。

(4) 融入性(Integrativeness)的定义问题不明确。Dörnyei 指出,融入性的定义似乎较为含糊。Gardner(2001: 1) 自己也提到,虽然研究者都用"融入性"这一术语,但仔细观察各篇文章就会发现,各家用的术语虽然相同,但内涵定义不一。

(5) 工具动机的定义偏于狭窄,比如不包括实用方面以及激励性的价值(a utilitarian dimension and incentive values; Csizér & Dörnyei, 2005)。

二、20世纪90年代以来以 Dörnyei 为代表的外语学习动机研究

与 Gardner 等的研究背景不同，Dörnyei 的研究主要集中在匈牙利的学习者上。这样的环境更属于外语而不是第二语言的学习，因为学习者在单语环境下，往往没有机会大量接触说目的语的本族人。Dörnyei（1990）首先提出概念化外语教学情景下的语言学习动机，在态度动机测量表中融入普通心理学的重要概念。在大量实证研究的基础上，Dörnyei（1994）创建了外语学习动机结构组建的三维动机学说，提出从语言层面、学习者层面和学习情景层面来分析、解释外语学习动机的观点。在以上两个重要文献发表后，Dörnyei & Ottó（1998）在理论建设方面继续拓展，发表了第二语言动机过程模式（Process model of L2 motivation）。这一模式与他以前的模式一样，重视学习者的教育背景和所处的具体学习环境，并且使理论研究内容面向教师，使其理论基础对教学的应用有具体的指导性。之后，Dörnyei 和他的同事（如 Csizér & Dörnyei，2005）用结构方程模式（Structural Equation Modeling）来考察检验动机结构的复杂性，以及动机结构与语言学习行为之间的关系，提出了外语动机因素组织的内在关系模式，使这一领域的研究步步深入。此外还应该提到，Dörnyei 等人对复杂的外语学习动机组织结构的展现深入浅出，紧密结合教学，具有较高的实用价值。

1. 外语学习动机概念化的组织结构

Dörnyei（1990）提出教学情景下的外语学习动机应该与第二语言学习的动机结构不同。在外语教学的环境下，动机往往具有两个突出的特点：（1）学生没有足够的机会接触目的语社区，所以不可能对目的语社团和说目的语的本族语者形成明显的态度。这样，融入型动机就会由较为一般化的态度所组成，如对目的语语言、目的语所表达的文化和智能价值有兴趣，以及在学习与使用语言时产生新的文化感受。（2）融入型动机的子项目代表着外语学习环境下多层次的动机因素。包括：对所学的语言、文化和本族语者的浓厚兴趣；希望自己的视野更加开阔；渴望学习中有新的挑战和刺激；有融入新社区的愿望。

Dörnyei（1990）所发展的动机因素测量表包括两部分：（1）语言的运

用;(2)学习的意愿、信念、价值、兴趣及态度。测量表分析了匈牙利学生学习英语的动机,主要考察融入动机和工具动机的适合性以及其他的动机因素。结果发现,学习者在达到外语中级水平以前,他们的动机因素主要包括工具型动机和取得课程学习成绩的需要。工具型动机包括一些外在动机因素和一项介于工具型和融入型之间的动机因素(想融入新的社会团体)。这些因素推动着学习者,激励他们为将来的事业而付出努力。融入型动机只是在中级水平后,准备继续学习时才显出效益。另外,学习者对学习成绩的需求(Need for achievement)是一项重要的动机。在正式的外语教学情景下,这一方面显得颇为重要。最后,对以前学习失败的归咎(Attributions about past failures)也影响着外语学习动机。图7.2是Dörnyei(1990)外语学习动机概念化的组织结构图示。

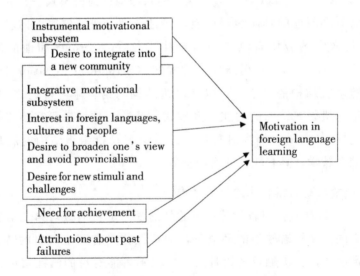

图7.2 外语学习动机概念化的组织结构
Conceptualized construct of motivation in foreign language learning(Dörnyei,1990:69)

从图7.2中我们可以看出,Dörnyei(1990)的研究对前期动机态度研究做了扩展与补充。他提出了三点外语学习动机研究的发展方向。第一,对工具动机和融入动机的重新认识。特别是融入动机的结构组成会趋于更广泛、更复杂的子项目,而不是像以前那种直接的、在某一特定语言学习环境下的

(如加拿大的双语或语言沉浸项目环境)、比较松散地结合在一起的普遍动机。第二,"取得学习成绩的需要"和"对以前学习失败的归咎"在以往的第二语言学习动机的研究中一直被忽视,但在普通心理学的研究中却是重要的内容。利用教育心理学在这方面的理论与研究来探讨外语学习中的任务难度和努力程度将会很有意义。第三,学习外语的动机在不同的学习阶段会有不同的效益作用。

2. 外语学习动机三维建构模式

在对外语学习动机做了一系列研究后,Dörnyei 于 1994 年提出了外语学习动机三维建构模式(见表 7.1)。模式从三个维度(语言、学习者、学习情景)来分析、解释外语学习动机。这一模式有四个特点。第一,不但包含"融入—工具"动机学说,而且借鉴主流心理学研究的相关理论,对外语学习情景中的学习动机从课堂评价到与普通心理学有关的几项重要因素,如语言自信度(linguistic self-confidence)、自我效能(self-efficacy)、归因(causal attributions)等都进行研究并测量动机的构成。第二,重点放在学校和课堂教育环境下的外语学习动机研究上,体现了语言学习动机与教学情景的有机结合。第三,包含了 Gardner 模式中没有涉及的因素(如对学习者所在的学习集体内部凝聚力的评价等)。第四,这一模式最详尽的部分是对与外语学习情景相关的动机因素的界定与测量。其中学习情景层面的三项动机结构为:(1)具体的课程动机因素(与大纲、教材、教学方法及学习任务相关的动机因素,如学习者对该课程的内在兴趣,教学是否适合学习者的需要、价值、目标和取得成绩的期望值,以及学生对活动效果的满意程度,由此而关联的内在和外在报酬等);(2)具体的教师动机因素(教师的行为、个性及教学风格,如教师的亲和力、权威还是民主的教学风格,以及学生动机的直接社会化,如教师的模范作用、任务的分配展现、教学反馈);(3)具体的学生集体因素(学习者集体动力的因素,如目标定向、规范和奖励体系,以及课堂目标结构,即是竞争型、合作型还是学生个性型的)。

表 7.1 外语学习动机结构组建（三维建构模式）

Components of Foreign Language Learning Motivation (Dörnyei, 1994: 280)

Language Level	Integrative Motivational Subsystem
	Instrumental Motivational Subsystem
Learner Level	Need for Achievement
	Self-Confidence
	• Language Use Anxiety
	• Perceived L2 Competence
	• Causal Attributions
	• Self-Efficacy
Learning Situation Level	
Course-Specific Motivational Components	Interest
	Relevance
	Expectancy
	Satisfaction
Teacher-Specific Motivational Components	Affiliative Drive
	Authority Type
	Direct Socialization of Motivation
	• Modeling
	• Task Presentation
	• Feedback
Group-Specific Motivational Components	Goal-orientedness
	Norm & Reward System
	Group Cohesion
	Classroom Goal Structure

Dörnyei（1998）在综合评价外语学习动机时指出，三维建构模式最大的特点在于强调了动机的多维性这一基本的外语学习动机的特征。该模式既把以前对外语动机研究的不同研究方向融汇在了一起，又提供了一个比较具体的、确切的动机因素组织框架，使得研究者能够对某一具体的学习情景进行比较深刻的分析，并且应用研究的结果来设计适合学习者的教学介入，从而激发学习者的动机。Dörnyei（1998）同时指出，这一模式只展现了构成外语

学习动机的层次、成分和要素，并未揭示出这些成分和要素之间的内部联系，因此很难说是一个严格意义上的理论模式。同时，所列项目之间的差异过大，缺乏内部一致性，所以难以进行实证检验。此外，这一模式在目标（goal）和自我决定理论方面有欠缺；语言层面上的"融合—工具"两分法只是对语言学习动机中所涉及的社会因素进行了简单的处理。这一模式的贡献在于，它不仅吸取了以前的二语动机和一般心理学理论，给予外语动机研究更广泛、更深入的内容，而且紧密结合课堂教学实际，因此具有更积极地与教学环境相关的意义。

3. 第二语言动机过程模式

继外语学习动机三维建构模式后，Dörnyei & Ottó（1998）提出了第二语言动机过程模式（Process model of L2 motivation）。该模式的一个鲜明特点是作为一个理论基础，对教学的实际应用有着很强的指导作用。过程模式体现出动机不是静态而是动态的，是随着时间、环境、过程的变化而变化的。模式全面细致地对受到动机影响的外语学习课堂做了详尽的思考并透彻地分析了动机的起因（motivational sources）。过程模式有两个维度：行动次序（Action sequence）和动机的影响（Motivational influences），同时两个维度互相作用，对外语学习的进展或停滞做了深刻的解释。行动次序代表着行动的过程，如最初始的希冀、愿望继而转变为目标，然后由目标转变为具体的意图。意图能够引向可操作的行动，这样的行动目的在于完成之前拟定的目标。行动次序过程最后以自我评鉴结束。动机的影响在不同的动机行为阶段有所不同，其中包括潜在的激励行动的动机因素。

（1）行动次序（Action sequence）

行动次序总体来讲属于认知动机范畴，由三个阶段（行动前、行动中、行动后）组成。第一是行动前阶段（Preactional phase），包括目的（goals）的成型、意图（intentions）的形成、意图的初始行动（action launching）。目的的形成建立在个人的希望、意愿、要求和具体机会等方面。目的的形成是情感期望具体化的第一步。第二是意图。意图建立在目的之上，意图的形成已为行动的实施做了具体的准备，是行动的前奏。这里的"意图"意味着设计一系列可行的具体行动计划。而行为的真正发生还需要两个因素：①激发；

②行为发生的必要条件,如适时适地、有紧迫感等。在学校教育的情景中,校方和教师已经为学习者制定了目标和任务。实现这些目标、执行这些任务成为学生的必须。在这样的环境下,如果教学目的、教学实施不从学生的角度出发,就会发生学生被动地顺从、缺乏学习动力的现象。

(2) 行动阶段(Actional phase)

这一阶段可以说是从动机的选择(choice motivation)转入动机的行动(executive motivation),包括三个步骤:一系列任务的组成和执行、随时的评鉴过程,以及行动的控制措施。在任务的组成和执行(subtask generation and implementation)中,学习者要不断地根据进展和需要,组织重建自己的目的、计划及任务内容。学习者在这一阶段积极学习,发挥主观能动性,不断地对目的、行为计划、行为活动进行多层次的对比、反思、鉴定。行动的控制措施也是一个自我要求、自我调节的过程。学习者通过一系列策略的运用使得学习动机得以持续,学习效果较为良好。在学校学习的情景中,学习目标和学习任务往往不由学生自己拟定,而是要服从学校和老师的要求,较少有行动前阶段的自我选择。那么在行动阶段就要给学生机会来调整修补,激发学习者的自主性,促进学习者实现自己的目标。

(3) 行动后阶段(Postactional phase)

这一阶段的开始标志着所拟定的目标已达到或已中断停止。这一阶段的主要任务是对已经达到的目标进行评鉴,对下一步的行为计划进行运筹。这一阶段的评鉴与任务中的随时评价不同,此时学习者可以从一个宽阔的视角反思,总结取得成绩或挫败的原因(causal attributions),比较自己实际取得的成绩和自己的潜力,修整自我认识和对目标的制定。在这个步骤中,学习者能够有机会通过反思与调节不断地取得自主感,不断地强化自尊心和自信心。

(4) 动机的影响(Motivational influences)

动机激化行为的实施,是行动的渊源。动机的影响包含了各种不同的动机指标:有的属于认知,有的属于情感,有的属于社会文化,还有的属于具体情景、条件。动机的影响与上面讨论的行动次序中的每一阶段关联互动,形成了一个全面、复杂的动机、学习过程、学习情景、社会文化因素及个人心理因素的图示(参照 Dörnyei & Ottó, 1998: 48),从不同的层次来表明并解释外语学习动机的起因后果。比如，一个人的愿望和要求只有在足够的动机影响的支持下才有可能变为目标，而目标必须有基本的推动和足够的动力才有可能成为意图，意图要进一步受到多种动机的影响才有可能化为行动的第一步。在采取行动之前，相关联的动机影响会积累融合，作为相关条件对下一步的行为起激励作用。

在行动阶段，动机影响并不直接与行为的选择关联，这是由选择动机（choice motivation）和执行动机（executive motives）之间的区别决定的。前者促进决定的形成，是行为的第一步，而后者存在于行为过程中。行动前阶段的动机必须储备足够的动力才能激励行为的发生，而且动力对行为的实施程度有着重要的影响。动机动力在行动执行阶段或是加强或是减弱，直接影响学习者对学习的投入程度。此外，这一过程中的即时评鉴反思对学习者来说既是对前一阶段动机和行为过程的总结，又为下一阶段的动机和行为奠定了新的基础。

比如，在目标形成的过程中，动机影响会在以下几个方面起作用：个人主观价值、语言学习的实用工具价值、目标的潜在价值、环境的刺激（如家庭的激励）、对语言和语言学习的态度与选择（融入型动机）。再比如，普通心理学的一些重要概念对意图的形成起着决定性的作用。这些动机因素包括期望价值、自我效能和自信心、外语焦虑、归因关系、对取得成绩的需要、内外在学习动机、学习目的的性质、学习信念、策略等。在下一步的行动阶段，动机影响主要表现在对行为的控制措施、即时评鉴反馈和与外界影响互动作用方面。执行动机影响包括参考内部模式的质量，如行为的图式、准则；学习态度与体验的质量，如学习内容的新颖性、趣味性，对学习者的目标和需要来说有意义，能够掌握，有社会性或自我性；学习行为和学习成绩之间的关系、所能感受到的进步，如好的成绩和学习的顺利进展；自我决定感或自主感；教师或父母的影响，如是支持还是控制，社会、人际间的从属；成绩评价的类型、奖励形式；课堂建构形式，如是竞争还是合作性的，是否以学生为中心；学生小组间的影响，如目标的倾向性、小组的凝聚力、同学之间的影响，还有课堂风气和学校氛围的影响；此外，还存在着任务的冲突、竞争行为倾向、其他干扰影响，以及行为改变的可能性；付出、失去目标或对活动厌倦的倾向；在使用自我调节策略过程中所需的知识和技能，如语言学习策略、目标形成策略、行为维护策略；能够意识到停止行为后的结果等。在上述的动机影响因素中，有些涉及评鉴体系和评价结果，有些属于外部（如教师、同学、学习环境）的影响，有些牵涉行动控制过程的效力作用。不论是从哪一方面，教师都可以依据这一理论框架来设计有关的动机策略，帮助学习者发展外语课的学习动机因素。

4. 外语动机因素组织结构的内在关系

尽管不少研究已确认了存在于外语学习中的重要动机变量因素结构，但对这些变量因素之间的关系却没有达成共识。另外，对于不同动机因素下所形成的学习行为和学习成绩之间的关系等问题，学者的解释也各不相同。Csizér & Dörnyei（2005）用结构方程模式来检验动机结构及动机结构与语言学习行为之间的关系。他的分析建立在 8500 名匈牙利初中生选修外语（英语、德语、法语、意大利语、俄语）的调查数据上。研究的目的是探讨语言学习动机的内在结构及学习者对语言选择和学习投入之间的关系，重点放在涵盖性强、普遍的、相对稳定的外语学习动机因素的研究上，而不是以某一具体学习环境中的情景动机为背景。

这一研究与以往研究的另一个差别在于检验动机的标准是外语学习的行为（选择学习外语）而不是学习者的整个外语水平或课堂学习成绩。作者认为，动机只是间接地与学习成绩或语言水平有关。动机是行动的前因，与行为有直接的关系。动机解释的是为什么人们要采取特有的行为，而不是直接解释他们的行为有多么的成功。换句话说，在动机和学习成绩之间不是一种直线性的关联，而应该有协调因素（mediating link）存在于两者之间。动机应该与学习者对语言学习的选择，即动机的方向（motivational direction）和学习者对学习的努力、投入程度，即动机的重力（motivational magnitude）这些行为有直接的关联。

在 Dörnyei & Clément（2001）和 Dörnyei & Csizér（2002）的研究基础之上，Csizér & Dörnyei（2005）在分析匈牙利初中生学习不同外语的动机特征时，进一步确定了七项重要的动机因素维度：融入动机、工具动机、目的语社区的有效性、对目的语社区和说目的语的本族人的态度、文化兴趣、语言自信心、氛围。他们所用的测量表中每一动机变量维度的子项目如下：

(1) 自信心：确信能够学好外语，说外语时有焦虑感，学习外语是一项艰巨的任务；
(2) 氛围：我周围的人觉得会外语是件很好的事情，外语对学校的学习很重要，家长也认为外语对学校的学习很重要，学外语的时候让我不那么匈牙利化；
(3) 目的语社区的有效性：说目的语的国家是发展了的国家，是重要的国家；
(4) 文化兴趣：喜欢目的语的电影，喜欢目的语的电视节目，喜欢目的语的杂志，喜欢目的语的流行音乐；
(5) 对目的语社区和说目的语者的态度：去目的语国家旅行，认识说目的语的本族人，喜欢说目的语的本族人；
(6) 工具动机：使自己变得有知识，是世界上重要的语言，旅行时有用，对工作事业有好处；
(7) 融入动机：喜欢目的语，想了解目的语文化，成为说目的语社区中说本族语的一员。

Csizér & Dörnyei（2005）的分析研究结果（见图 7.3）说明了以下几点：

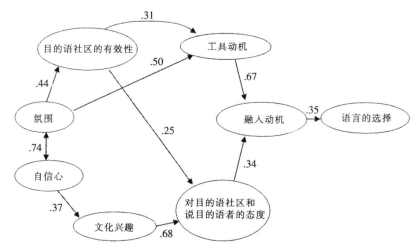

图 7.3 动机变量和依变量之间的相互关系

The Interrelationship of the Motivational Variables and the Criterion Measures

（Csizér & Dörnyei，2005：27）

第一，工具动机不但不与融入动机相冲突，而且起到了辅助作用，两者相辅相成。会一种外语带来的好处在很大程度上来源于社会的认同，通过社会的影响在社区中发生效应。语言的实用价值和重要意义往往取决于社会环境和社会的支持。

第二，另一项以社会为基准的认同表现在目的语社区的有效性与对目的语社区和说目的语者的态度之间的关系上，两者关系直接。数据表明，目的语社区有名或有权势的人受到较高的承认与尊敬。

第三，自信心指学习者对自己外语学习能力的态度和信念。这一信念跟氛围有直接的关联。也就是说，如果社区中大家一般都认为这一语言容易学，那么这种认识会直接影响到学习者对自己外语学习的信心。所以在这七项维度中，氛围和自信心的关联度最高（$r=.74$）。而自信心与对目的语社区和说目的语者的态度之间的关联是通过文化兴趣这一中介起作用的。在外语学习的环境中，学生如果没有很多的机会直接接触本族语者，他们会通过目的语的文化产品来间接地接触目的语和目的语文化。学习者语言学习的自信程度决定了他是否愿意寻找对语言有帮助的、有意义的文化产品，而且他们继而也会对目的语文化本身产生兴趣。

第四，选择哪门外语直接受到一项动机维度，即融入动机的影响。其余的动机变量因素只是间接地通过融入动机对学习外语行为产生效益（见图7.3）。融入动机对语言选择所产生的行为如此重要，这与 Gardner (1985、2001) 一贯提倡的融入动机理论相吻合。而且融入动机受到对目的语社区和说目的语的本族语者的态度的影响，这也支持了 Gardner 的融入型动机理论。但融入动机在这一调查中的情景是在匈牙利的学校，受试者为匈牙利学外语的中学生。学习者不但没有机会融入目的语社区或成为其社团的一分子，而且连直接跟说本族语者交谈的机会都很少，因此这一研究中的融入型动机不应该与 Gardner 传统意义上的融入型动机等同。另外，这一研究中融入动机受到两项因素的直接影响：（1）工具动机；（2）对目的语社区和说目的语的本族人的态度。这两项因素的维度不同且带有冲突。那么，此研究的融入型动机的内涵是什么？Csizér & Dörnyei (2005) 综合了各项动机维度和它们之间的关系后提出：此处融入动机指第二语言的理想自我（Ideal L2 Self）。其内涵比以前宽阔，是学习者对自己期望的理想自我；动机则是在实际的自我和可能的自我之间促进两者距离不断接近的一种愿望与能量,代表着促进理想自我取得的总动机力量。动机的力度则取决于学习者是否能够形成一个鲜明的、具有融入型的、自信的、成功的第二语言使用者的形象。而这一从自我感观认知出发的形象是融入动机的中心内涵(也参照 Dörnyei & Ushioda, 2009)。

三、外语学习动机研究的多元化时代

在学者们的倡议和大量实证研究的推动下,20 世纪 90 年代以来的外语学习动机研究,不论是从研究视角还是从研究内容方面,都呈现出多元化的特点。主要特征表现在三个方面。第一是领域的拓宽。如上文所述,研究的框架不但继续了早期的社会心理学二语动机研究,而且加进了普通动机心理学及教育心理学的一些重要概念和理论,展开了全方位的探讨,包括下面要讨论的预期价值理论、自我效能、归因理论、自我决定理论、内因动机、外因动机等。第二是研究的深入,比如对动机因素变量的重新定义,特别是对变量因素之间关系的研究,使我们对外语学习动机有了进一步的、实质性的、趋于客观的认识(如 Dörnyei, 1990、1994、1998、2001、2005; Csizér & Dörnyei, 2005)。第三是重视学校教育情景下的外语学习动机,研究各种动机影响因素与课堂变量,特别是在正式的外语教学环境下,学习者认知、情感、学习氛围之间的互动关系。这些因素,从动机的强度到行为的投入程度,从对学习行为控制的措施策略到具体的实施,影响着学习者的学习行为,如学习的投入程度和持久性。对教学情景下的动机因素研究使得理论靠近外语学习的实际,因此对教学有较直接的指导作用。

1. 预期价值理论

预期价值理论属于认知理论范畴,认为人类生来具有好奇性,具有想知道所处的环境、肯学习、肯执行任务等积极的特征。执行任务的动机来自两个因素:(1)学习者对任务完成的预期率;(2)完成任务的价值观。学习者觉得任务目标完成的可能性越高,而且其完成越有意义,动机也就越强。预期价值理论最早是由 Lewin(1951)、Vroom(1964)和其他学者(Mitchell & Nebeker, 1973)提出的。Vroom 认为,任何行动都有可能带来不同方面的结果。完成一个行为的努力程度，是由引出结果所带来的效价（Valence），也就是相对吸引力或价值（Value），以及期望那个行为能产生的结果所决定的。效价被 Vroom（1964：14）定义为"对于特定结果的感性定位"（An affective orientation toward particular outcomes）。Lewin（1951）在提到这一概念时，将其视为某一特定目标的心理价值。期望（Expectancy）被定义为"能够带来成功的努力"（The effort that will lead to successful performance; Oxford & Shearin, 1994：21）。根据 Eccles & Wigfield（1995），效价包括两种：正面效价和负面效价。前者如成就价值（Attainment value）、内在价值（Intrinsic value）、外在实用价值（Extrinsic utility value）；后者如为完成任务所付出的努力（Cost）。三项因素构成了重要的动力结构。这三项因素是对结果价值认可的程度，对获得成功的可能性和为达到预期的成功等所付出的努力行动。将期望理论模型应用于语言学习之中，学生对于学习任务和学习成果的预期非常重要。如果学习者认为达到某一语言水平很重要，有强烈的渴望，而且对自己的学习能力有正面的、合理的估量，对获得成果的可能性拥有自信，那么他的学习就会产生动力。这一动力继而会影响他对学习所付出的努力程度。

那么一个人怎样才能对取得成功有一个较高的预期观念呢？Dörnyei（1998）从教育心理学的观点出发总结了三点：对过去经验的认识（即归因理论：Attribution theory）、对自己能力的判断（即自我效能理论：Self-efficacy theory）、对自尊心的维护（即自我价值理论：Self-worth theory）。人们对自己过去成功与失败的总结和认识会直接影响自己未来的成就。目标的确立、成效的取得、学习的成功是学习者正面经验的积累。自我效能理论影响学习者面对具体任务时对自己能力的信心。自我能力的判断决定了学习者对活动的取舍、愿望的程度、努力的投入程度以及努力的持久性。自我效能低的学习者着眼于自己的弱点以及任务的难度，把任务当作对自己的威胁，而不是想着如何解决问题以获得成功。其结果是从一开始就对自己的能力丧失信心，选择放弃。而自我效能高的学习者着眼点于对任务的分析、完成上，而不是对自己个人的判断上。这样他们在面临困难时能够不断付出努力，悉心解决问题。Dörnyei（1998）指出，自我效能的信念只是间接地与学习者的实际能力相关，这是因为自我效能是在自我说服的过程中产生的。自我说服的过程来自诸方面的因素，如认知加工处理别人的反馈、评价、鼓励，自己的教育背景、经验，对信息的掌握、运用等。

预期价值理论中的不少概念已运用于外语动机学习的研究中（Wen，1997b、1999），语言自信（linguistic self-confidence）就是其中一个用来解释、说明外语学习动机的概念。语言自信指一个人相信自己有能力完成任务，达到某一语言水平。语言自信与自我效能联系紧密，前者指对自己能力的总评估，后者着重于具体的任务（task-specific）。语言自信来自交际能力和语言运用时的低焦虑感（Noels，Pon & Clément，1996）。Clément 和他的同事在这一方面做了大量的实证调查，研究社会环境因素、学习态度、动机、语言自信和第二语言习得以及文化适应过程。在一个多语言文化社区的环境下，不同社区间人们的交往，从数量到质量，都是一个重要的语言学习动机。这一动机会决定学习者是否有愿望进行跨文化的交流，是否想融入目的语文化及其社团。由此可见，语言自信是从社会的角度来定义的。对语言自信的研究从社会心理角度转向了外语学习情景的角度。在这种情景中，学习者与说目的语的本族语社团成员直接交际的机会并不多，但有大量的通过媒介与目的语文化间接接触的机会。

下面以 Wen（1997b）的研究为例。

Wen（1997b）运用预期价值理论模式检验了汉语作为第二语言的学习动机和期望的学习成果之间的相互作用。预期理论将动机定义为价值和期望的交互作用（价值×期望）。期望价值调查问卷中的问题通过两个步骤设计。在正式发出调查问卷以前，首先进行了一项小型预调研，15 名来自一年级和二年级汉语班的学生写出他们最希望从汉语课中获得的学习结果。根据学生所写的内容，笔者计算出各项结果出现的频率。问卷采用六个提及次数最多的结果作为选项。作为第二个步骤，最终的问卷包含了 18 项条目，平均分配到效价、期望的学习能力，以及达到目标的可能性这三个部分。问卷中每一类问题的六项条目，分别反映了学生学习汉语课程希望达到的不同目的。第 1 到 3 条涉及的是语言技巧，比如，"非常流利地说汉语""用汉语和汉语使用者交流"以及"拓展汉语阅读理解能力"。第 4 条反映的是学生通常修课时的考虑："在这门课程中得到 A"。这项学习结果和其他 5 项的不同是：这是一个外在收获，而其他结果反映的是对语言熟练程度和不同文化知识的希求。第 5 和第 6 条涉及的是文化内容："更好地了解中国人和他们的思维方式"以及"更多地了解中国文化和风俗"。

效价通过七分类的量表来测量,预期学习能力和学习成果则通过 0 到 100 的比率来测量。用于教育中的期望理论公式是:ƒ(目的×能力),其中目的＝效价×预期的结果;能力＝预期的学习能力。这种问卷设计和测量期望值的方法是由 Mitchell(1974)最早提出和使用的。它假设效价和期望会影响学习中付出努力的程度。

来自美国两所大学六个汉语班初级和中级的 122 名学生参加了数据的收集。其中 77 名是亚裔美国人,45 名是非亚裔美国人。考虑到民族背景会影响学习动机,研究只采用了 77 名亚裔美国人的问卷。除了上述的期望价值调查问卷外,研究工具还包括一份学习动机问卷调查表,以及课程的期中、期末考试成绩。动机问卷调查表借鉴了 Gardner(1985)的外语学习动机分类量表(Attitude/Motivation Test Battery)。研究通过因子分析得出四项动机因素:工具动机(将汉语作为一个工具而达到特定目标)、内在动机(对学习汉语内在的高度评价和满足感)、预期的努力程度(对学习策略和学习努力程度的期望)、被动因素(为了学分或觉得汉语课容易)。

相关系数(Pearson product-moment correlations)用于分析期望价值模式中预期的学习结果和学习动机因素之间的相关关系。变量之间比较高的相关系数为我们提供了关于汉语学习动力构成的信息。表 7.2 和表 7.3 分别显示了初级阶段和中级阶段学生所期望的学习成果与 4 项动机因素之间的相关系数。

表 7.2 期望的学习成果与 4 项动机因素之间的相关分析
(初级水平的学生)

期望的成果	工具动机	内因动机	预期的努力程度	被动因素	课程平均分
1. 流利地说汉语	.009	.041	.286*	-.109	.215
2. 用汉语做初级交流	.225	.002	.347**	-.253*	.297**
3. 发展阅读技能	.093	.017	.246*	-.208	.334**
4. 得到 A	-.147	.037	.198	-.217	.336**

（续表）

期望的成果	工具动机	内因动机	预期的努力程度	被动因素	课程平均分
5. 了解中国人	.363**	.289*	.389**	-.193	.170
6. 学习中国文化	.387**	.204	.353**	-.261*	.063
课程平均分	.220	.303**	-.051	-.151	1.

* p＜.05　**p＜.01　***p＜.001

表 7.3　期望的学习成果与 4 项动机因素之间的相关分析
（中级水平的学生）

期望的成果	工具动机	内因动机	预期的努力程度	被动因素	课程平均分
1. 流利地说汉语	.380**	.354**	.249*	.058	.150
2. 用汉语做初级交流	.526***	.361**	.451***	-.116	.264
3. 发展阅读技能	.536***	.289*	.468***	-.191	.331**
4. 得到 A	.064	.136	.127	-.179	.454**
5. 了解中国人	.617***	.517***	.591***	-.083	.205
6. 学习中国文化	.595***	.471***	.630***	-.103	.067
课程平均分	.164	.151	.317*	-.268*	1.

* p＜.05　**p＜.01　***p＜.001

对于初级水平的学生来说，"工具动机"和第 5、6 条，即定位于文化的成果有显著的相互关联；而对于中级水平的学生来说，除第 4 条外，工具动机和其他所有期望的成果都有显著的相互关联。不同水平学生之间的差异说明，一年级学生的动机更加倾向于文化的关联。他们希望将中文作为一种工具，用来"了解中国人""学习中国文化"。而二年级的学生有更广泛的动机，包括获得对文化的了解和语言技巧等。

对于两种水平的学生来说，"得到 A"这一期望成果和其他所有的期望成果存在着差异性。其他预期的成果关注的是语言和文化技能，而"得到 A"这一期望是一项外在因素。学习策略和对学习投入程度的期望，即"预期的努力程度",和大部分期望的学习成果均存在显著的相关性。在期望模型中,愿意采用更加有效的方法,更加努力地学习的学生同时也很重视学习的成果($r=.317$, $p<.05$)。而为了"得到 A"、对课程学习采取被动的态度,即"被动因素",是不同类型的预期成果,它和"预期的努力程度"没有相关性。

在所有期望的成果中,唯一和两种水平学生的任何动机因素都没有相关性的,是"得到 A"这一项。为了进一步观察这一变量,研究者计算了其余所有期望成果之间的相关性。结果表明,"得到 A"和"流利地说汉语"($r=.487$, $p=.000$)、"用汉语做初级交流"($r=.311$, $p=.003$)、"发展阅读技能"($r=.412$, $p=.000$),以及课程获得的平均分数($r=.528$, $p=.000$)之间都存在着显著相关。换言之,希望获得更好成绩的学生,也更加有动力获得诸如交谈和阅读理解等基本的语言技能。他们通常能够更熟练地掌握语言,并得到更高的分数。这说明对于仅仅希望获得语言技能和高分的学生来说,他们可能会更加积极主动地学习,努力达到熟练掌握语言的目标。

期望的学习成果包括三个组成部分:通过测量不同程度学习者的学习态度而得出的效价,通过对可能性测量得出学习成果的期望值,以及个人想要达到学习成果的期望值。这三个因素强调认知方面的学习态度与期望,以及由目的所引导的学习动力。当个人的动力有一定的目标时,他就会下决心去实现这一目标。此外,目标越明确越详细,动机就越有效。期望的成果和工具动机以及对投入努力程度的期望,这些动机因素之间同样存在着显著相关。因此,Wen 的这一研究结果表明,当学生相信预期成果并认为努力学习将会带来明确的有意义的结果时,他们很可能会受到激励而更加努力地学习。他们有动力采用更加有效、更为高级的学习策略来达到目标。因此,"期望的学习成绩""有价值的工具""有目标的努力"以及"有效的学习策略"这几项因素之间互相关联,并且互相影响,形成了促进学生学习的强大动力,并帮助学生发展自我控制的意识。

2. 自我决定理论

自我决定理论(Self-determination theories)由 Deci & Ryan(1985)提出。自我决定理论包括三种基本心理需要。第一是自主需要(Autonomy),学习者觉得自己所做的正是自己想做的,而非他人或环境所迫。第二是能力的需要（Competence），学习者对自己执行某项任务能力的察觉。第三是归属的需要（Relatedness），学习者在社会环境中感到人际间的温暖和安全。个人通过与社会情境的交互，不断满足这三种基本需要，从而激发个体行为内在的动机，内化价值观，促进个人的自主。

这一理论建立在一个假设上，即人类的行为在很大程度上是自愿的、自我决定的。每个人生来就具有内在的、积极的、建设性的自主倾向，具有自我实现、自我成长的潜能。这种潜能使得我们能够应对挑战，并能够在外部经验与自我之间不断地进行调节。这种潜能是否得到发挥，取决于社会情境与个人之间的交互作用。社会环境很重要，因为它能够起到支持或阻碍这种先天倾向发展的作用。

自我决定理论的研究重点放在人的内在心理需要、动机，以及对价值、目标的自我追求，以获得快乐、满足感等问题上，即行为的内因动机。内因动机以个人的愿望、选择和认可为前提条件，在这些条件下人们才采取行动以实现内在的满足。换句话说，他们不是为了学习而学习（为了学习而学习的学生自然会让教师、家长很高兴），而是为了把学习任务出色地完成，即：或应对他们技能水平的挑战，或满足他们对自己能力的挑战这样的动机。而外因动机是为了达到某些外在的目的，如得到好的学习成绩或避免惩罚。传统的看法是，相对于内因动机，外因动机有碍于内因动机。但不少研究表明，在一定的环境下，如果外在目标和要实施的行为能得到自我决定和自我内化，那么外因动机就会聚向内因动机，甚至趋前成为内因动机的起因（Vallerand, 1997）。自我决定理论并不认为外因动机一定会干扰、阻止内因动机的发展，而是把外因动机看作从自主的自我决定到被控制的延续。

3. 扩展动机理论

Trambley & Gardner（1995）的扩展动机理论旨在拓展第二语言动机研究的范围。他们以 Gardner 前期的社会心理模式为基础，又加入了主流动机心理学的期望值理论和目标理论。图 7.4 是他们扩展的第二语言动机模式。模式从对语言的态度开始。语言的态度既包括对二语本族语者的态度及对语言的兴趣，又包括教学情景下的态度（如对课程和教师的态度），还包括融入和工具动机倾向。语言的态度影响了三项介于态度和动机行为之间的因素：（1）

具体的、频率高的目标;(2)效价(二语学习的强烈愿望和对二语学习的态度);(3)自我效能(对学习成绩的期望、语言运用的焦虑度、语言课的焦虑度),其中归因又作用于自我效能。

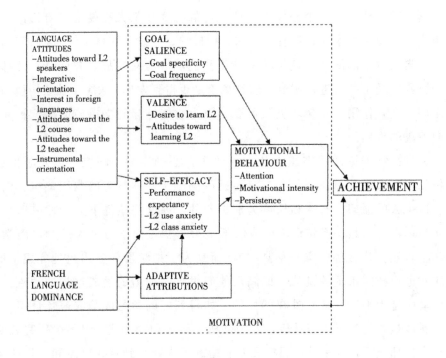

图 7.4 Trambley & Gardner (1995) 扩展的第二语言学习动机模式

动机行为的组成结构是什么呢?作者从语言的认知角度出发,认为动机行为由三项内容构成:学习的注意力、动机的强度(即对学习的投入和努力的程度)、持久性。Gardner(2006)在定义二语学习动机的复杂性时这样指出,由于动机概念的组成结构如此复杂,不易定义,一个较好的办法是列举有学习动机的学习者的特点,这些特点包括有目标的指引、能够付出努力、有持久性、专心、有强烈的愿望、有积极正面的情感、有期望感、有自信的表现而且明白行动的原因〔"goal directed, expends effort, is persistent, is attentive, has desires (wants), exhibits positive affect, is aroused, has expectancies, demonstrates self-confidence (self-efficacy), and has reasons (motives)"〕(Gardner, 2006: 2)。那么, 对二语学习成绩的最好预测是动机的强度, 即学习持续的努力程度。扩展动机模式既体现了 Gardner 早期研究的特点, 又自然地融入了近期认知动机理论的内容, 理论上有说服力, 且简洁清楚, 让人一目了然。这一模式把动机研究带入了更宽广更深入的领域, 引发了不少后续研究。

第二节　汉语学习动机：关于民族背景和汉语水平的研究

学习态度和学习动机等情感因素直接影响学习行为并对学习成绩产生作用。在对外汉语教学（CFL）领域中, 近几年来学生群体发生了相当大的变化。根据美国人口普查署的数据（2003、2007）, 在家里说汉语（包括各种中国方言）的人数从 2003 年的 219 万增长到了 2007 年的 247 万人。2000 年美国人口普查的数据显示, 亚裔美国人增长到了 102 万, 占美国总人口的 3.6%。在亚裔美国人中, 华人人数最多（243 万）, 占亚裔总人数的 23.7%, 占全国总人数的 0.9%。根据现代语言协会（MLA；Furman, Goldberg & Lusin, 2007）的报告, 2002 到 2006 年间, 汉语课程注册情况增长了 51%, 是美国高等教育学府中增长第二迅速的语言。随着学生人数的增加, 学生的民族背景比以前更加多样化了。研究（Fuligni, Witkow & Garcia, 2005；Wen, 1997b；Yang, 2003）表明, 民族背景是一个直接或间接地影响学习动机, 进而影响学习成绩的活跃因素。

汉语教学中的一个棘手问题是注册保持率低。Samimy & Tabuse（1992）发现, 学生在学习日语和汉语时会产生强烈的负面情感反应。这种反应阻碍了他们的学习动机。学习汉语的困难程度可能是导致这种现象的因素之一。当学生刚开始学习汉语时, 他们未必能清楚地意识到学习汉语的难度。如果一开始在心理上没有做好准备, 学习动机就很有可能随着学习的深入而受到影响, 继而对学习产生负面的反应, 从而中断学习。

在一项关于大学注册保持率的研究中, Bean（2005）分析了九种影响升学率和修课率的因素, 其中学生的背景、社会因素、外部环境和心理等严重影响着学生注册保持率。学生"背景"包括种族和民族。社会因素指家长的赞赏、朋友的支持及社会人际关系。学习者会从社会关系中得到满足感，比如受到社会关系的支持会增加学习的自信心。社会因素可能和民族背景发生交互作用。比如，家庭的赞赏对于一个华裔学生来说很可能比对于一个白人学生更重要。心理因素包括自我效能感、自我满足感、归因、焦虑感和压力控制等。良好的学习习惯和学习策略能够降低压力，增加效能，从而帮助学生形成正面的学习态度。本研究借助 Bean 的理论模式来探讨 CFL 学习者的动机因素、民族背景和学习保持率（即将来学习汉语的愿望）之间的关系。

一、文献回顾

本文采用的是社会教育理论（Gardner，2001）和语言学习动机的内在结构理论框架（Dörnyei & Clément，2001；Dörnyei & Csizér，2002；Csizér & Dörnyei，2005）。这两个理论框架有不少共同点，但在动机概念的内涵和各因素之间的关系上又颇有不同，对于研究 CFL 学习动机来说都适用。社会教育模式提出一套动机变量。第一个是社会化维度的外界影响，它对个体差异有直接影响。个体差异是由三个次级量表来体现的：对学习环境的态度、融入动机、学习动机（见图7.5）。"融入"表现为对学习语言有由衷的兴趣，视自己为这个语言社区的一分子。融入动力和学习态度进而对学习动机发生影响作用。本章第一节指出学习动机有三个要素：（1）动机强度，指对语言学习所付出的坚持不懈的努力；（2）对语言学习成功的渴望；（3）喜欢学习任务。学习动机是语言学习成就的一个预测指标。一个具有融入型学习动机的学习者会渴望融入目标语言社区，会付出最大的努力与投入来实现他的学习目标，而且会自信地评价自己的学习。这个模式还有两个次级量表：工具型动机（强调学习语言和获得某种语言水平可能给将来的工作带来的机会）和语言课中使用语言的焦虑感。

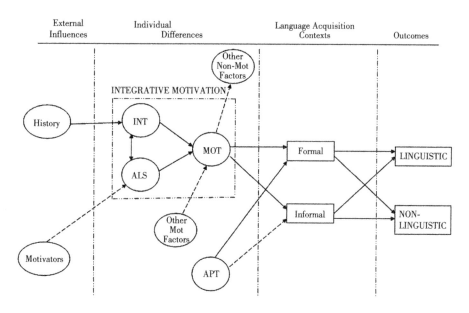

图 7.5 修正后的社会教育模式 Revised Socio-educational Model（Gardner, 2001: 5）

采用 Gardner 的理论框架对亚洲语言和汉语学习进行的研究（Wen, 1997b; Yang, 2003）表明，社会因素，比如来自家庭成员和朋友的支持，以及民族背景对学习的自信心有显著效应。Yang（2003）研究发现，东亚语言学习者的民族背景与学习动机之间存在着显著关联，同时他们的民族背景和自我报道的语言水平之间也有显著相关。研究结果还表明，融入型和工具型学习动机对汉语学习者的学习效应作用不一样。Wen（1997b）的抽样为亚裔和来自亚洲背景的 CFL 学习者，研究发现，内在动机是学习者最初选择汉语课程的原因，而工具型动机和学习策略是促使他们第二年继续修汉语课程的动力。Yang（2003: 51）在她的动机研究中总结说："东亚语言学习者的融入型动机强于工具型动机。"Lu & Li（2008）比较了华裔和非华裔学生的学习动机，结果表明华裔学生的工具型动机比非华裔学生强。从上面的三个研究来看，在融入型和工具型的学习动机上研究结果不一致，没有达到结论性的发现。因此，采用同样的理论框架，但在不同的学习环境下做进一步的研究很有必要。这也是本研究的目的之一。

Dörnyei 和其同事（Dörnyei & Clément, 2001; Dörnyei & Csizér, 2002; Csizér & Dörnyei, 2005）拓展了 Gardner 的框架，并提出了一个综合的模式

来讨论各个动机变量之间的关系,包括社会和实用维度,以及在正式教学环境下的学习因素（见图 7.3）。这个模式展示了七个动机维度和两个由动机激励的学习行为（努力程度和对外语课的选择）。他们的研究肯定了语言学习动机概念中的中心因素：融入型动机。但是,在 Csizér & Dörnyei (2005) 的研究中,融入概念指的是在特定环境中（即没有机会经常接触到目的语社区和说目的语的本族语者）的动机维度,这和 Gardner 的融入概念颇有不同。而且,他们认为工具型动机和融入型动机是关联的,而不是对立的。他们的研究表明,语言的实用价值还依赖于社会舆论和社会的共识。工具型动机受到社会氛围的影响,因为一种语言的实用价值是在社区中形成,得到人们的承认,并且得以强化的。

采用 Dörnyei 的框架来进行亚洲语言学习动机的研究虽然数量有限,但这些研究表明,尽管大学对外语必修课的要求以及学习者自身的民族背景极大地影响了外语学习的选择,但不少学生选修亚洲语言课并非是由于学校的外语必修要求和民族背景等原因,对目的语言文化的强烈兴趣以及对新鲜感的渴望才是最初的动机（Comanaru & Noels, 2009; Yang, 2003; Wen, 1997b）。此外,Lu & Li (2008) 的研究表明,华裔学习者和非华裔学习者相比,华裔学习者更少地受到如教师、合班等教学情景因素的影响。

在社会教育理论模式和已有研究发现的基础上（Dörnyei & Clément, 2001; Dörnyei & Csizér, 2002; Csizér & Dörnyei, 2005）,本研究学习动机概念分为六个变量,即融入型动机、工具型动机、社会氛围、正面的学习态度与体验、自信心、主观的策略性努力。选择这六个变量有三个原因。第一,适合在美国学习中文的环境与情景。比如融入型动机和社会氛围相关,后者作用于前者（Csizér & Dörnyei, 2005）。这两项因素可以帮助我们检验学习者的民族背景与学习动机的关系。不论是有背景还是无背景的学生都受到社区的广泛影响或支持,尽管这些影响的来源有所不同。比如有背景的学生所受到的影响来自父母,没背景的学生得到朋友和社区的支持。再者,他们都对中国文化有强烈的兴趣,想了解中国并融入其文化中。第二,工具型动机直接受到社会氛围的影响,且又会对融入型动机有直接的作用（见图 7.3）。而工具型动机是中文学习动机中一个极为重要的因素（Lu & Li, 2008; Wen, 1997b）。第三,正面的学习态度与体验、自信心、主观的策略性努力这三项因素相互关联，并受到社会氛围和工具型动机的作用（Clément，1980；Csizér & Dörnyei，2005）。这三项因素对学习中文来说非常重要。中文学习的难度，一方面需要学习者的大量投入与主观的策略性努力，另一方面有可能会对学习者的自信心造成一定的威胁。此外，在正式教学环境下学习中文的态度和学习经验很可能直接关系到学习者是否会继续修中文课。因此，不论是从学习动机的理论框架上看，还是从在美国学习中文的环境上看，这些变量因子在社会、心理和语言学习等维度上都适合 CFL 学习动机的研究。

融入型动机（Integrative motivation）在本研究中指学习者对目的语的强烈兴趣，如学习汉语是渴望和更多的中国人交流。它反映了两个维度：（1）心理上想把自己和汉语语言社区以及汉语本族语者融合起来；（2）更好地体验和了解中国文化产物。这个概念是从融入动机（Gardner，2001）和文化兴趣（Csizér & Dörnyei，2005）中来的。

工具型动机（Instrumental motivtaion）和学会语言的实用意义以及"激励价值观"（即感受到会说目的语的优越）相关联。比如达到一定的汉语水平，将来就有可能得到工作机会；如果去说汉语的国家旅游，那么会说汉语就很有用等。Wen（1997b、1999）的研究表明，工具型动机对学习努力程度和自我监管等行为有着直接而显著的影响。

社会氛围（Social milieu）指的是学习者和他的社会群体之间的社会效应，以及来自家庭成员的激励。在 Gardner 的框架中属于外部影响，也是其他动机（如融入型动机、对学习环境的态度）的一个前变量（Gardner，2001；Csizér & Dörnyei，2005）。社会氛围与华裔学习者尤为相关，因为父母亲戚往往支持他们学习汉语。对于非华裔学习者来说也是相关的，他们可能会受到朋友和周围社区的鼓励。美国的许多社区提供如武术之类的亚洲文化课程，这些文化活动可能会激励学习者来修汉语课程。

正面的学习态度与体验（Positive learning attitudes）这一变量来自 Wen（2011）的研究。在教学环境下，正面的学习态度与体验来源于对自我能力和汉语学习的把握与自信，以及在课程、课堂与老师同学的互动中所引发、建立的良好的学习体验。Wen（2011）的研究结果说明，正面的学习态度与体验与学习者的语言、社会文化背景有直接的关系。变量的子项目包括"学习中文对我的脑力有挑战性""学习中文有意思""珍惜跟同学说中文的机会""喜欢课堂上交际性的活动"。这些子项目反映了动机对学习的影响及两者的互动关系。

自信心（Self-confidence）作为二语学习动机的一个变量，最初是由 Clément（1980）提出的，他认为自信心是在直接与目标语言社区接触的正面经历中逐步形成的。Csizér & Dörnyei（2005：22）给自信心的定义是："个体对于自己成功达到目标或完成任务的相信程度，通常关系到一个人处理问题能力的总体认知，且与一系列任务和学习内容有关。"自信心影响学习态度，是决定学习付出努力程度的一个重要因素。研究（Clément，Dörnyei & Noels，1994）表明，自信心来源于学习者与目的语社区或本族语者经常而成功的接触，这会降低焦虑感，增强自信心。课堂因素和学习环境在自信心的形成过程中也起到了很重要的作用。MacIntyre（2007）提出交流意愿的金字塔模式（见本章第三节），整合了动机过程和交流能力以及自信心等变量。交流的愿望和有自信心的状态共同促成了有意愿交流的行为。在本研究中，自信心指在语言输出和理解中的语言自信心。

学习的努力程度和自我监管策略（Intended strategic efforts）直接影响学习成绩（Csizér & Dörnyei，2005；Gardner，1985、2001；Wen，1997b）。早在 20 世纪 60 年代，Vroom（1964）就提出了预期价值理论：把学习动机和学习成绩通过努力付出连接起来。尤其是对于 CFL 学习者来说，对学习任务和学习结果的期望很重要。Wen（1997b）发现，对学习任务所需努力的期望是课程成绩的重要预测指标。对所需努力的适当期望能激励学生在完成初级阶段的学习之后继续学习汉语。

以上讨论表明了各种动机变量因素之间的复杂关系。其中有些概念可能是重要的中介因子，或者是其他动机概念和学习成绩的重要预测指标。

二、研究内容及方法

本研究试图把学习动机的概念应用到 CFL 的研究中，来探讨汉语学习中不同背景、不同程度学习者的动机因素。

本研究将比较民族背景、汉语水平各异的汉语学生群体。此外，还考察动机变量之间的关系以及它们和课程成绩的关系，具体的研究问题有三个：

（1）汉语学习者的民族背景和动机变量之间的关系是怎样的？

（2）汉语学习者的汉语水平和动机变量之间的关系是怎样的？

（3）在不同的汉语水平小组中，哪些动机变量能够预测将来是否继续学习汉语？

1. 抽样

317名学生（133名男生、182名女生，2名未注明性别）参加了本项研究。年龄跨度从18到66岁（$M=20.5,SD=3.85$）。他们来自美国三个州立大学的18个汉语班。参与者的汉语水平是由教学级别来划分的：一年级汉语为初级（$N=153, 48.3\%$）；二年级汉语为中级（$N=91, 28.7\%$）；三年级汉语为高级（$N=73, 23\%$）。三所大学分布在美国三个不同的地区：东海岸、西海岸，还有西南地区。学校体制相似，都提供四年汉语教学、汉语留学项目、亚洲研究或汉语研究专业及辅助专业。三所大学在初级和中级阶段都使用同样的教材，教学进度和测试方法也类似。

如前所述，随着汉语和亚洲有背景学习者人数的增加，汉语学习者群体的人口状况也有所变化，民族背景成为一个值得调查的重要变量。受试者就民族背景而言分成三个子群体：119名（37.5%）华裔学习者（Chinese ethnic learners, CELs）、71名（22.4%）亚裔学习者（Asian ethnic learners, AELs）、127名（40.1%）其他学习者（other ethnic learners, OELs）。华裔学习者注明他们是美籍华人（95, 79.8%），或者来自说汉语的国家和地区（8名来自中国大陆，7名来自中国台湾，5名来自中国香港，3名来自新加坡，1名来自马来西亚）；他们的父母双方或其中一位说汉语或者某种中国方言。亚裔学习者注明他们是美籍亚洲人（44, 62%），或者来自亚洲国家（8名来自越南，4名来自印度尼西亚，4名来自印度，4名来自菲律宾，3名来自韩国，2名来自泰国，1名来自日本，1名来自柬埔寨）；21名（29.6%）亚裔学习者注明父亲或母亲说汉语或是某种中国方言。其他学习者没有中国或亚洲的民族背景，他们的父母均不说汉语或某种中国方言，他们是美籍欧洲、非洲或拉丁美洲人，母语都是英语。

2. 测量工具

测量工具是由两部分组成的调查问卷，此问卷在30个CFL大学生中做过先行调查。第一部分包括 12 个问题，询问学生的背景信息，如性别、年龄、民族背景、父母的第一语言等。问卷还询问他们将来是否会继续学习汉语，将来是否会学习和中国文化相关的课程。这两道题的平均分将作为衡量将来汉语学习的分数。将来是否继续学习是动机研究中的一个重要概念，标志着动机的方向，与动机行为有直接的关联（Csizér & Dörnyei, 2005）。

第二部分有 30 个测量态度和动机的问题，除了学习策略性努力的问题外，使用的都是七分度量表。学习策略性努力的问题摘选于态度、动机测试的问卷量表（Attitudes/Motivation Test Battery），原问卷使用的就是五分度量表。根据上文的讨论，这些问题被分为六个变量，即融入型动机、工具型动机、社会氛围、正面的学习态度与体验、自信心和主观策略性努力。这些变量大多来源于已发表的语言学习动机量表，包括 Wen（1997b），以及态度、动机测试量表（Attitude / Motivation Test Battery）（如 Gardner, 1985; Dörnyei & Clément, 2001; Csizér & Dörnyei, 2005; Yang, 2003），并加入了少数几个新设计的问题。笔者希望通过采用前人使用过的问题和新增加的问题，更详尽贴切地描述目标人群的学习动机。这 30 个问题的 Cronbach alpha 系数是.89。

融入型动机来自 Gardner 的模式，内容稍做了调整，加入了通过媒体对流行文化产物的兴趣。5 个问题（4 题、10—13 题）中的头两个从 Gardner 的 AMTB 量表提取，其他三个均选自 Csizér & Dörnyei（2005）的测试量表。量表的 Cronbach alpha 系数是.82。

工具型动机包括五道题（1、2、3、5、9 题），反映了两个层面：一定汉语水平的用处和感受到的汉语水平的实用效应。量表的 Cronbach alpha 系数是.80。

社会氛围是来自周围环境的"感受到的影响"（Csizér & Dörnyei, 2005: 22）。这个量表有 3 题（6—8 题），有关家庭和亲近朋友的支持和鼓励。量表的 Cronbach alpha 系数是.75。

正面的学习态度与体验指从学习中获得，并在进一步的学习中得以加强的新鲜良好感觉（Dörnyei & Ottó, 1998）。这个量表包括 5 道题（14—18 题），是关于学习态度和对课堂活动的喜欢程度的。量表的 Cronbach alpha 系数是.85。

自信心指的是在 CFL 教学场景中的语言自我效能，共 7 道题（24-30题），包括三个方面：（1）语言技能；（2）和语言相关的能力；（3）焦虑感。正如 Dörnyei & Ottó (1998) 所讨论的那样，自信心是动机概念的一个重要因子，它和其他动机变量发生作用进而影响学习效果。量表的 Cronbach alpha 系数是.85。

主观策略性努力反映了动机的强度（Gardner，1985）和学习的投入程度。这个量表含有 5 道题，反映了两个方面：努力程度和自我监管策略。量表的 Cronbach alpha 系数是.81。

3. 数据收集

调查问卷由授课教师在学生学习汉语一个学期之后，在课堂上发给学生填写。教师告诉学生，参加这个调查是自愿的，问卷调查内容完全保密，填写问卷需要约 15 分钟时间。授课教师收集填好的问卷后交给研究者。在发出去的 350 张问卷中，317 份问卷（90.6%）可用。

三、结果分析

1. 比较三个民族背景的子群体

本研究首先采用双向多元方差分析来检验民族背景和汉语水平是否对那六个动机变量和将来的汉语学习有影响。在 3×3 的多变量因子设计中，两个学习者变量分别是三种汉语水平（初、中、高级）和三种民族背景（华裔、亚裔和其他民族背景）。结果显示，民族背景和汉语水平对上述一系列的动机变量有显著的作用，统计数据分别是 $F(14, 604)=8.22, p\leqslant.001$，和 $F(14, 604)=2.70, p\leqslant.001$。民族背景和汉语水平这两个变量的交互作用也是显著的：$F(28, 1216)=2.25, p\leqslant.001$。

接下来的研究使用了单变量方差分析来考察民族背景对学习动机的六项指标和对将来的汉语学习是否有显著作用。结果显示，除了工具型动机这一个指标外，民族背景对其余五项均有显著作用。

对融入型动机的显著作用 $[F(2, 314)=18.31, p\leqslant.001]$ 表明，和其他民族背景的学生相比，华裔学习者的融入型动机更强，有更多的机会接受中国文化和文化产物的熏陶($M=5.31$,$SD=1.29$ vs. $M=4.35$,$SD=1.16$,$p\leqslant.001$)。而华裔和亚裔背景的学习者之间没有明显差别。这可能是由于华裔和亚裔背景的学习者都对中国的文化和文化产物表示认同,也都对华裔社区的本族语者感兴趣。此外,民族背景对社会氛围[$F(2,314)=11.85$,$p\leqslant.001$]的显著作用表明,华裔学生和亚裔学生比其他民族背景的学生更多地受到家人和朋友的影响($M=5.08$、4.78、4.29,$SD=1.21$、1.36、1.32;亚裔学生和其他民族背景学生区别显著,$p\leqslant.001$)。另外,民族背景对主观策略性努力的显著作用[$F(2,314)=6.45$,$p\leqslant.01$]表明,华裔学生的平均值显著高于亚裔和其他民族背景的学生。

就融入型动机、社会氛围和主观策略性努力而言,华裔学生和其他民族背景的学生明显不同;但华裔和亚裔学生之间,或者亚裔和其他民族背景学生之间没有显著差别。

民族背景对自信心的作用也是显著的:$F(2,314)=3.71$,$p\leqslant.05$。华裔学生的语言自信心($M=5.29$,$SD=.89$)比亚裔学生($M=4.94$,$SD=.90$,$p\leqslant.05$)明显要高。其他民族背景学生的自信心和华裔、亚裔两个群体相比没有显著差别。

三个不同民族背景的子群体学生就正面学习态度与体验而言差别显著:$F(2,314)=8.74$,$p\leqslant.001$。其他民族背景学生的平均分明显高出华裔和亚裔学生,华裔学生和亚裔学生之间没有明显不同。结果显示,其他民族背景学生的学习态度更积极("学习汉语很具挑战性,让我锻炼脑力""学习汉语很有意思"),并且比华裔和亚裔学生对课堂活动更感兴趣。此外,民族背景对将来是否继续学习汉语作用显著:$F(2,313)=8.71$,$p\leqslant.001$,这表明其他民族背景的学生比华裔和亚裔学生更有动力继续学习汉语。

回答第一个研究问题:"汉语学习者的民族背景和动机变量之间的关系是怎样的?"研究结果表明,民族背景对五个动机变量和将来是否继续学习汉语都有显著的作用。唯一没起作用的动机变量是工具型动机,因为各个民族背景的学生都表现出很强的工具型动机。三组 CFL 学习者似乎都认为汉语非常重要,而且一定的汉语能力会给他们的将来带来好处。虽然不同民族背景的学生之间有显著区别,但区别的内容却不尽相同。第一,就三种动机因素而言,即融入型动机、社会氛围、主观的策略性努力,华裔和亚裔学生没有显著区别，但华裔学生的这三种动机要显著高于其他民族背景的学生。第二，就正面学习态度与体验和将来是否继续学习汉语而言，其他民族背景学生的得分却显著高于华裔和亚裔学生。与华裔和亚裔学生相比，其他民族背景学生的学习态度与体验更正面，学习态度更好，有更强烈的愿望要继续学习汉语。第三，在华裔和亚裔学生之间有显著区别，但在华裔和其他民族背景学生之间没有显著差别的唯一动机因素是语言自信心，亚裔学生对语言自信心的得分最低。

2. 汉语水平与民族背景的交互作用

同样的数据统计方法也用来考察学生的汉语水平是否对一系列的动机变量和将来的汉语学习有效应。结果显示，汉语水平只对主观的策略性努力这一个动机变量有显著作用：$F(2,314)=13.76, p \leqslant .001$。Bonferroni 事后细分步骤表明高级汉语学习者比初级和中级的学生更努力，使用更多的学习策略（$M=4.60、4.43、4.13, SD=.74、.78、.55$，分别对应高级、中级和初级学生）。高级水平和初级水平的学生有显著的差别（$p \leqslant .001$），但是和中级学生没有显著的差别。中级学生和初级学生也有显著的差别（$p \leqslant .001$）。随着学生汉语水平的提高，主观的策略性努力这一变量的平均数也随之升高。这些数据意味着在学习汉语的过程中，高级水平的学生更清楚地意识到自我监管策略和投入努力的多少对于汉语学习的重要性。

因为民族背景和汉语水平都对主观的策略性努力有显著作用，那么就有必要来考察这两个变量之间是否有交互作用。双向单元方差（Two-way ANOVA）的统计结果表明：对于主观的策略性努力而言，民族背景和汉语水平的交互作用显著：$F(4,308)=6.49, p \leqslant .001$。详细的分析显示，华裔的初级学生平均数最低，但华裔高级学生的平均数最高。这些结果表明，华裔学生在第一年学汉语的时候，期望为汉语学习付出努力和采取的自我监管策略很低，但这种现象在高级水平时消失了。

因为我们没有让高级水平的学生在第一年刚开始学习汉语的时候填写同样的调查问卷，所以无法知道他们主观的策略性努力是在最开始的时候就很高，还是后来才逐渐形成的。后来才逐渐形成的可能性更大一些。我们猜测那些一开始对学习汉语所要采取的自我监管策略估计不足的学生，在他们升高年级之前就可能已经中断汉语学习了。那些想继续学汉语的学生可能很快地意识到尽管他们有语言和民族背景上的优势,但学习汉语仍然需要花费很多时间。他们可能会及时地调整自己的期望和努力,要求自己更投入,以便最终进入高年级的学习。

现在回答第二个问题:"学生的汉语水平和动机变量之间的关系是怎样的?"结果表明,汉语水平对主观的策略性努力有显著的作用。学生对于汉语学习任务的期望随着汉语水平的提高而逐步变得合理。高年级学生更加投入地学习并且更多地采用自我监管策略。这在华裔学生当中尤为突出。

3. 动机变量之间的关系

本研究对所有受试的动机变量都做了皮尔森相关系数的计算。结果见表7.4,数据显示了三点。第一,社会氛围和融入型动机($r=.51$,$p \leqslant .001$)以及工具型动机($r=.41$,$p \leqslant .001$)有密切、显著的相关,这表明了社会化和融入目的语文化之间的相关性和重要性。这个结果和 Csizér & Dörnyei(2005)的结果是一致的。汉语水平的实用期望是在社会影响下形成的,即对目标语言用处和益处的认识实际上与社会共识紧密关联。第二,正面学习态度与体验和工具型动机($r=.50$,$p \leqslant .001$)与将来继续学习汉语($r=.41$,$p \leqslant .001$)有很强的相关度。第三,语言自信心和所有的变量包括将来的汉语学习和期末成绩都显著相关。而且,自信心和正面学习态度与体验($r=.34$,$p \leqslant .001$)以及主观的策略性努力($r=.32$,$p \leqslant .001$)相关系数最高。这些结果表明,自信心根源于学习态度与学习体验的时间和质量。一个学生受到各种动机变量的激励越多,他学习汉语付出的努力也就越多。学生的态度越积极,就越有可能建立强大的信心,也就越有可能继续学习,得到更好的考试成绩。

表 7.4　动机变量的相关系数

Motivational scales	1	2	3	4	5	6	7	8
1. 融入型动机	—							
2. 工具型动机	.36**	—						
3. 社会氛围	.51**	.41**	—					
4. 正面的学习态度与体验	.30**	.50**	.26**	—				

（续表）

Motivational scales	1	2	3	4	5	6	7	8
5. 自信心	.26**	.23**	.23**	.34**	—			
6. 主观的策略性努力	.24**	.23**	.25**	.33**	.32**	—		
7. 将来的汉语学习	.21**	.33**	.06	.41**	.28**	.19**	—	
期末成绩	.03	.08	.09	.10	.26**	.09	.10	—
Means	4.83	6.00	4.70	5.56	5.16	4.32	5.72	85.49
SD	1.32	.92	1.33	1.14	.89	.69	1.53	9.06

** Correlation is significant at the 0.01 level (2-tailed).

* Correlation is significant at the 0.05 level (2-tailed).

我们采用多元回归分析来计算动机变量对汉语课的成绩预测。所有的六个动机变量在多元回归分析中被看作自变量，课程成绩被当作依变量。考虑到民族背景和一系列的动机变量之间可能会有交互作用，民族背景也作为自变量加入了方程。结果显示，语言自信心是唯一显著的预测指标：$F(7, 309)=3.55, p=.001$。自变量能够解释汉语课程成绩的7.4%方差。

多元回归分析也用来确定动机变量对继续学习汉语的预测。结果显示，正面学习态度与体验是最强的显著预测指标，其他四个显著的预测指标是工具型动机、自信心、社会氛围和融入型动机，自变量共同解释了将来是否继续汉语学习的24%方差。那些把汉语学习当成乐趣，并且有强烈的工具型动机的学生对汉语学习的态度很积极，也很有自信。他们很可能会继续学习汉语。值得注意的是，就将来的汉语学习来说，社会氛围是一个显著的负预测指标。如前所述，其他民族背景的学生在正面的学习态度与体验上的得分要比华裔和亚裔学生高。所以，其他民族背景的学生继续学习汉语的可能性更大。

表7.5展示了不同汉语水平的学习者对能否继续汉语学习的多元回归结果，其中有一些有趣的发现。

对初级学生来说，工具型动机是最强的显著预测指标，其他两个显著预测指标是正面的学习态度与体验和社会氛围，自变量共同解释了将来是否继续汉语学习的30%方差。应该注意的是，社会氛围是一个负预测指标。华裔和亚裔学生的社会氛围的平均数明显地高于其他民族背景的学生。民族背景和汉语水平有一个显著的交互作用：华裔初级学生所付出的努力最少。这些结果表明，社会氛围最初可能激励华裔和亚裔学生来注册汉语课，但却没能帮助他们继续学习汉语。这也许是因为他们对汉语学习和所需付出的努力估计不足，所以他们没办法面对汉语学习的挑战，最终他们在学习汉语近一年之后就不计划继续学习了。

表7.5 多元回归：不同汉语水平对将来汉语学习的预测

Coefficients	Elementary		Intermediate		Advanced	
	Beta	t	Beta	t	Beta	t
1. 自信心	.13	1.67	-.03	-.26	.28	2.18*
2. 正面的学习态度与体验	.25	2.69**	.17	1.56	.29	1.94
3. 工具型动机	.27	3.04**	.42	3.62***	-.21	-1.49
4. 社会氛围	-.28	-3.07**	-.20	-1.73	-.05	-.33
5. 主观的策略性努力	.06	.75	.02	.16	.05	.42
6. 融入型动机	.08	.92	.19	1.70	.24	1.59
R^2	.30		.27		.28	
F	10.50***		5.08***		4.18***	

*** $p \leqslant .001$, ** $p \leqslant .01$, * $p \leqslant .05$

对于中级学生来说，工具型动机是最强的预测指标，和别的自变量一起共同解释了将来是否继续汉语学习的27%方差。结果显示，当学生学习汉语是为了实用目的或者潜在的好处时，他们会计划继续学习。

对于高级学生来说，自信心是最强的预测指标。自信心和其他的动机变量解释了将来是否继续汉语学习的28%方差。这些结果和之前的研究发现是一致的（Clément, 1986; Clément, Dörnyei & Noels, 1994）。动机因素帮助学习者形成自信心，自信心进而又坚定了他们将来继续学习汉语的决心，是一种自我实现。这和汉语水平较低的学生不同，汉语水平较低的学生最初感兴趣的是某种实用功能，也就是说，他们继续学习的动力更来源于工具型动机。

回答第三个研究问题:"在不同的汉语水平小组中,哪些动机变量能够预测将来是否继续学习汉语?"结果表明,预测指标因汉语水平的不同而不同。在初、中级学生当中,工具型动机是最显著的预测指标,正面的学习态度与体验对初级学生而言也是显著的预测指标。此外,在初级学生当中,社会氛围是显著的负预测指标。在高级学生当中,语言自信心是将来汉语学习的显著预测指标。

四、讨论

本研究有几点重要发现。第一,自信心、正面的学习态度与体验和主观的策略性努力在 CFL 学习的教学环境中形成了一个较强的动机结构。如表 7.4、7.5 所示,语言自信心对汉语课程成绩和注册保持率,即将来的汉语学习有直接的影响。正面的学习态度与体验是有效动机的一个显著指标。而且,愿意付出努力和采用自我监管策略的学生有更强的自信,进而会促进学习成绩。语言自信心是在正面的学习态度与体验中形成的,并且在很大程度上受到主观策略性努力的影响。

第二,工具型动机对于 CFL 学习者,尤其是初、中级的学习者来说是非常重要的动机因素。如果学习者相信一定的汉语水平会给自己带来实用的好处,他们会继续学习以达到那个水平(见表 7.5)。这些发现和 Dörnyei (2005) 的研究结果一致,并且表明直至中级水平,工具型动机在汉语学习中一直起着很重要的作用。到了中级水平,学生一般认为自己能够运用语言,能够满足基本语言交际的目的,或是完成了大学的外语要求,于是就不愿继续修中文课了。

第三,对于初级学生来说,社会氛围是将来汉语学习的负预测指标。这个发现和之前的研究结果(Clément,1980;Csizér & Dörnyei,2005;Gardner,1985)并不一致。本研究的社会氛围概念和内涵与之前的研究是一致的,都是关于父母和家人对学习动机的作用。在之前的研究中,自信心和社会氛围有正相关,并且受文化兴趣的间接影响。

有两个因素可以用来解释这种不一致。第一个因素和中国、亚洲的文化价值观有联系,这种价值观可能会激励学习者开始学习汉语。上文我们提到,华裔和亚裔学生对社会氛围的打分很高，他们受到父母的鼓励（He，2008；Li & Duff，2008）。在看重孝道文化的价值观里，不管孩子的个人喜好是什么，听从父母的建议都是很重要的。在本研究中，这种动机从本质上带着外在性和被动性，并不能激励学生继续学习汉语。另外一个因素是对汉语学习的期望值。许多有中国背景的学生对中国的某种方言有一定的语言基础。由于这种背景，他们可能期望自己在班上更有优势。他们还可能认为，和没有背景的学生相比，他们需要付出的努力会少一些。这种想法实际上已经被本研究双向单元方差分析的结果所证实。这些学生注册汉语课程是因为他们对自己的亚洲文化感兴趣并且受到父母的影响，他们也期待汉语课会比其他课程容易。但是，他们最终发现自己所期待的和实际汉语课所要求的差距颇大。在这个过程中，他们可能会意识到自己要投入更多努力才能完成汉语课的要求。因此，那些不愿意付出很多努力的学生可能就会中途搁浅。

第四，不同民族背景和不同汉语水平的学生之间有显著差别。在三种不同的民族背景当中，非华裔和非亚裔的学生最具有正面的学习态度与继续学习汉语的愿望。随着汉语水平的提高，主观努力和自我监管策略也更普遍。在三种民族背景的学生当中，华裔初级学生付出的努力最少，但华裔高级学生付出的努力明显增加。这个发现对于注册保持率有重要的实用意义。如果学生理解汉语学习任务的本质，能较好地预测学习的挑战和所需付出的努力，他就有可能从课堂中得到正面的学习态度与体验。积极的学习态度与体验和强烈的自信心有密切的关联，这两个指标都能较有力地提高学生继续学习汉语的决心。

本研究的一个局限在于语言学习的焦虑感和自信心相关性不是很强。语言学习的焦虑感和目标社区的社会文化交流有关，尤其对语言学习的环境而言，如学习者是否有机会接触到说目的语的本族人。Clément（1980、1986）的二语习得动机模式提出，如果二语学习者和说目的语的本族人有成功、频繁的接触，这样的社会文化互动会增强学习者的信心并减少他们的焦虑感，进而成为二语学习成功的关键。语言焦虑感包括课堂焦虑感和语言使用的焦虑感，两者都会影响自信心和二语学习成绩。在本研究的自信心量表中，只有一个问题是关于语言焦虑感的。这可能是因为语言自信心对学习成绩的预测率虽然显著却不够有力。

本研究的发现对 CFL 教学有实用意义。第一，正面的学习态度与体验对语言自信心的培养、学习的投入程度和继续学习汉语都起到了关键作用。语言教学的课堂应该为学生提供更多的机会，以促进学生之间的积极交流和学习内容的积极互动。互动的学习环境能给学生带来正面的、有趣的、有效的学习态度与体验。

第二，工具型动机和正面的学习态度与体验、主观努力和自我监控策略都有显著的、重要的相关性。这些动机形成一股力量，促使学生继续学习高年级汉语。所以，鼓励学生意识到汉语学习的重要性，理解汉语学习的挑战，并且愿意为学习付出努力是很重要的。这样，学生对汉语学习的期望就会趋于合理，就更有可能完成课程的要求，也就可能形成很强的语言自信心去继续汉语学习。

第三，对于初、中级学生来说，工具型动机是将来继续学习汉语的显著预测指标。学生是为了将来的工作和事业等实用目的来学习汉语的，因此，课程的安排和内容应该注重语言的功能和学习者的交流技能。所以，教师要为学生提供大量的机会使用语言，特别是在一定的语境中如何运用语言去讨论商榷，正确、得体地进行语言交流。

第三节 外语焦虑因素的研究

一、外语焦虑研究

焦虑是一个有多元特点的心理反应，涉及"自我感觉、信念、情感与行为"（Horwitz, Horwitz & Cope, 1986：128）。心理学家根据其特点把焦虑分为几种不同的类型：特质焦虑（trait anxiety），指在各种不同的情况下都有紧张反应的稳定症状；状态焦虑（state anxiety），指在特定状态下表现出的紧张；特种情况下的焦虑（situation-specific anxiety），指在某一种情况下出现的紧张与担忧。在外语学习方面，焦虑被划分为独立的、具体情景下的心理情感反应（an independent, situation-specific anxiety; Horwitz, 1986），类似的有如考试焦虑或舞台焦虑。对于外语焦虑，早期的研究着重于分析对比外语学习中的焦虑和别的学科的焦虑在种类上有哪些不同,以及焦虑对外语学习成绩的影响。外语焦虑直接影响到课堂上的学习和学习者的语言习得。后期的研究主要集中在分析外语学习焦虑的来源,在不同的教学条件与社会文化背景下焦虑的稳定性与不同,外语学习焦虑与别的情感因素(如学习动机)之间的关系,与学习某种语言技能的关系,以及如何运用教学策略、运用什么样的教学策略来减轻课堂外语学习焦虑等问题。对外语学习焦虑的研究不但有助于我们认识焦虑对学习的影响以及为什么学习者在语言水平的发展上会有明显的不同,而且还可以帮助我们更加了解自己的学生,如他们把怎样的焦虑带到了课堂上,对学习任务的完成有怎样的期待,为什么会继续或停止学习外语等。

1. 外语焦虑对学习的影响和作用

一些学者(如 Saito, Garza & Horwitz, 1999; Horwitz, 2001)的研究表明,外语焦虑会对语言学习和语言运用带来直接的和可能的干扰作用。Horwitz, Horwitz & Cope (1986) 指出,外语焦虑普遍出现在外语课堂上,存在于语言学习过程中,表现在三个方面:对交际的忧惧感(communication apprehension)、对考试的焦虑感(test anxiety)、对负面评价的恐惧感(fear of negative evaluation)。Macintyre (1999) 把外语焦虑的影响分为四种:对学习成绩、认知、社会交际、个人(如自尊心、自信心、学习态度与动机)的影响。

2. 外语焦虑与学习成绩的关系

学者们(如 Gardner & MacIntyre, 1993; Horwitz, 1986)发现,焦虑在情感因素中与法语学习成绩的关联最显著;他们还发现,有焦虑心理的学习者往往会低估自己实际的语言能力,在估量语言学习和语言水平时给自己打分较低,而实际上他们的学习和学习成绩并不比别的同学差(Gardner & MacIntyre, 1993; Gardner, Moorcroft & MacIntyre, 1987; MacIntyre, Noels & Clément, 1997)。MacIntyre (1999) 在对外语焦虑研究做评鉴与总结时指出,有焦虑反应的学习者的焦虑度越高,就越觉得自己的语言水平低,这甚至会影响他们语言学习的自信心和语言学习的动力。他们中还常常出现过度学习(overstudying)的现象。Steinberg & Horwitz (1986) 的研究发现，期末考试或课程考试不能很准确地反映出学习者的焦虑，口语表达方面才更能反应焦虑的程度。如果课堂气氛紧张，缺乏对学生的热情支持，即使学生说话，他们的言语也缺少真实性的交际。在阅读方面，研究表明，学习者对任务的熟悉和熟练程度以及对任务有效性的认识都会影响焦虑的程度。焦虑现象严重的学生甚至会放弃学习（Bailey, Onwuegbuzie & Daley, 2003）。

3. 外语焦虑与认知的关系

研究结果（如 Schwarzer, 1986; Tobias, 1986）表明，焦虑会对具体的学习任务造成认知方面的干扰。有焦虑反应者把注意力分为两方面：跟任务有关的认知（task-related cognition）和跟个人有关的认知（self-related cognition）。跟任务有关的认知表现在语言信息处理和语言产出方面；跟学习者个人有关的认知则表现为过多的自我评价，考虑自己表现如何，怕在任务执行中有不成功的可能或引起他人的负面评价。学习中一个人的认知资源是有限的，而跟个人有关的情感认知对学习任务的执行有竞争作用，会使语言的认知活动，如解码、储藏、编码、修正等过程变得缓慢且准确性降低，从而阻碍学习的进行。MacIntyre & Gardner（1994）把语言习得的过程分为三个阶段：语言输入、信息处理、语言输出。他们制作了一个新的学习过程量表，分九项来测量每一个不同阶段学习任务中的焦虑现象。结果表明，不同阶段的学习焦虑与执行不同阶段的学习任务有显著的关联，说明焦虑有比较普遍的渗透性和复杂性。比如，焦虑在输入处理过程中干扰了理解及形式和意义之间的映射。输出阶段的焦虑与信息的提取、处理以及输出过程紧密相连。因此焦虑既干扰语言输入的加工，又阻碍学习者语言的表达。

4. 外语焦虑与社会作用的关系

外语焦虑最为明显的表现在于是否有交际意愿，是否想与他人交谈，即 Willingness to Communicate（WTC）。交际意愿是一个涵盖二语习得和二语交际的焦虑结构，近年来受到语言学家和教育心理学家的广泛关注（Dewaele, Petrides & Furnham, 2008）。对交际意愿的研究旨在揭示在怎样的条件下人们愿意或不愿意交际。对于有焦虑反应的学习者来说，不论是在课堂上还是在其他公共场合，他们都不愿意主动、积极地去跟他人交际（MacIntyre &

Charos,1996)。因此交际意愿对学习者社交能力的发展、人际之间的沟通有着重要影响,也会带来较严重的后果。比如同学或老师对不愿意交际的学习者容易产生一种否定性的看法,这在社会互动中会影响彼此的接触,阻碍他们社会能力的发展。MacIntyre,Clément,Dornyei & Noels (1998)针对为什么有外语能力的学习者在有机会运用语言时却选择回避这一现象进行探讨,提出了金字塔的交际意愿模型(见图7.6)。该模型把交际意愿作为一个综合二语习得诸多因素(如学习动机、交际自信、社会支持和语言环境等)的潜在结构,从社会作用的角度对各种影响语言使用意愿的变量因素进行了从上到下的排列。这个模型解释了交际意愿与语言使用之间的相互关系和重要影响。

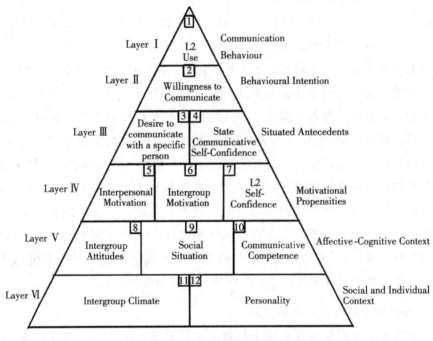

图7.6 金字塔的交际意愿模型

图7.6的底三层从社会环境、社会团体之间的作用、交际能力和学习者的个体因素出发,讨论学习态度和学习动机产生和存在的来龙去脉。最底层(VI)说明每个人都在一定的社会环境中以自己的个性特征生存发展,交际意愿就其本质来说与学习者个人因素和社会的支持有紧密的关联。社区的状况

是每个人赖以生存的环境。学习第二语言的动力来自希望与目的语社会团体建立起交际关系。金字塔的第五层（V）中社会团体之间的态度、社会情景和交际能力构成了学习者的情感和认知的架构。在这一层面上表现出学习者学习动力和语言焦虑的复杂情景：学习者想接近操目的语的社会团体，但又有一定的犹豫顾虑，如怕听不懂，说错了交际不成功（MacIntyre，2007：567）。金字塔的第四层（IV）是动机倾向的持续影响。MacIntyre（2007：568）指出，社区的成员构成社会团体间的动机，而在那一团体中个人所起的社会作用构成人际间的动机。这些社会作用、个人动机、对第二语言的自信心、对自己交际能力的估计和焦虑程度构成了选择运用语言的综合因素，这些因素对整个系统均有影响作用。对语言运用的选择是把两种或多种不同甚至相对的作用结合起来。另外，增加交际能力的自信会减轻焦虑的作用。第三层（III）指某一情景的影响作用。选择运用语言去交际既受到社会环境和操目的语者的影响，又受到具体情景的支配，是当时当地的（here-and-now）。第二层（II）指的是行为意图。当一个人有机会时，他可以选择交际或沉默。交际意愿建立在社会—个人、情感—认知及学习动机的持续上。金字塔的第一层（I）是交际行为的体现、语言的使用。总体来说，对语言的使用建立在学习者的心理和所处的社会政治、语言环境、教学条件、具体的语言情景等因素中，这些因素的不同与相互作用使得学习者语言的使用呈现出较大的差别，从积极地与本族语者交际到消极、回避。

从金字塔模型中我们可以看出以下几点：（1）学习者决定是否运用语言交际时，语言焦虑、学习动机起着决定性作用；（2）语言焦虑、学习动机受制于学习者所处的社会环境，如对目的语社会团体的认同，有想与说目的语的本族人交际的强烈愿望；（3）社会环境的构成呈现出多方面和多层次的特点，其中包括受它所作用的个人情感、学习者所处的社会、政治、历史和地理环境。这些因素对学习动机和态度的发展、语言焦虑的产生、交际语言的运用起着稳定而持续的作用。

最后应该指出的是，金字塔模型的研究大部分建立在加拿大的双语（英语和法语）学习环境中，学习者有机会接触到说目的语的团体，有直接和他们对话的可能，而双语环境的学习者更愿意用目的语和本族语者进行交际。

5. 外语焦虑对个人的影响

焦虑对学习者的影响表现在它与自信心、学习态度、学习动机的反关联上。Onwuegbuzie, Bailey & Daley (1999) 对若干个自我感觉的因素进行了调查，发现焦虑反应越强，自尊心就越低，自信心也越差。这些学习者对自己外语成绩的取得、对自我意识和学习方面的能力所做的自我估计偏低。焦虑对语言学习者的个体人格和其他情感方面的影响是综合的，相互关联、相互影响的。Luo (2011) 总结说：当一个竞争型的学习者把自己和一个理想化的自我形象做比较时，他很有可能同时也是一个完美主义者。像完美主义者一样，竞争型学习者会给自己的外语学习设立很高的标准，往往会担心别人负面性的评价并且非常害怕犯错误。竞争型的性格特点很容易导致负面的自我认知。当竞争型学习者认为自己的语言技能或语言能力比其他学生差时，他很有可能会遭受焦虑感的折磨。另外，持有不现实的语言学习观念的学习者也较容易产生负面的自我认知，尤其是在观念和现实发生冲突的时候。自我认知低的学习者往往十分在意别人对自己的看法，因而也更容易感到焦虑。所有的这些性格特点往往相互关联，它们以复杂的方式相互作用，共同导致外语学习的焦虑。

二、创造一个轻松愉快的汉语语言课堂

Young (1991) 从学习者、教师和教学运作这三方面分析了外语焦虑的来源。首先是学习者的个性问题，个人的焦虑，比如自尊心、人际交往能力、竞争性、怕失去自我等因素都会造成外语焦虑。不实际的观念，比如学习外语的速度要求太高和学好外语的标准过高也会造成额外的紧张。其次，如果教师认为他们的教学应像操练教官一样使学生不停地练习、学习，势必会造成师生关系的紧张，给学习者带来焦虑。如果教师改错的方式方法不能因人而异、不够恰当妥善也会使学生产生恐惧心理。考试的方法同样也会使学生产生恐惧心理。MacIntyre (1999) 在总结了很多研究结果后指出，语言焦虑最严重的渊源是一个人的语言能力还很有限时，却需要在众人前谈话。这种情况最容易为难学习者，使表达失败、自尊心受损。MacIntyre 还指出，语言学习和语言使用的负面经历会导致焦虑的发展，而语言焦虑持续的一个重要

原因是学习者认为自己语言水平低。

创造一个轻松愉快的语言课堂是外语教师的基本任务。在这种环境下,学习者受到鼓励、表扬而没有恐惧心理。学习者心理有安全感而不会受到负面的刺激或觉得尴尬。学习者能够对自己的学习水平有正确的认识,从而对语言学习的成功有较强的自信心。对教师来说,最重要的是要理解自己的学生,尊重他们的情感需求和不同的个性,并提供适合学习者的教学方式、方法。以下是笔者的几点建议。

第一,在学期开始的第一天,教师最好对学习者的情感心理需求进行摸底,请学生填写一份问卷调查表。内容应该包括可能的焦虑来源、个性需要和学习动机。目的在于了解学生,给他们提供一个压力最小的教学环境与方法。例如:

问卷调查表

回答下列问题,请在问题后面写上数字:

1 很愿意 2 比较愿意 3 一般 4 不太愿意 5 不愿意

I. 上课发言:

1. 你愿意上课回答问题吗?
2. 你愿意站起来回答问题吗?
3. 你愿意到教室前边来回答问题或做语言表演吗?
4. 你愿意老师经常叫你回答问题或发言吗?

II. 课堂活动形式:

1. 你愿意自己一个人完成课堂活动任务吗?
2. 你愿意和你的同桌一起完成课堂活动任务吗?
3. 你愿意和同学两人一组完成课堂活动任务吗?
4. 你愿意以小组(3~4人)活动的形式来完成学习任务吗?

III. 改错:

1. 你是否愿意老师纠正你语言中的错误?
2. 你是否愿意老师在课堂上当着别的同学的面纠正你语言中的错误?
3. 你是否愿意在课堂上纠正其他同学语言中的错误?
4. 你是否愿意老师在课后纠正你语言中的错误?

IV. 考试：
1. 你是否愿意接受没有预先通知的随堂小测验？
2. 你是否愿意接受以小组为单位的口语测验？
3. 你是否愿意接受课堂上作为口语测验的语言表演？
4. 你是否接受考试中除了练习过的内容外还有一些没有练习过的内容？

第二，帮助学习者获得正面鼓励性的学习经验，建立学习的自信心。教学应该循序渐进，步步引导。循序渐进的原则不但应运用于课程的设计安排上，而且可运用于课堂活动的组织和学生完成任务的步骤方面。教师要合理安排，由已知到未知，逐步深入；也要明确教学的重点、学习的难点；让学习者在重点上概念清楚，在难点上多练疏通，化难为易。比如在进行听力练习时，可把活动步骤划分为听力前、听力中、听力后三个步骤进行。同样，学习任务，如阅读、写作等也可分成任务前、任务中、任务后活动。在任务前活动中，学习者对即将执行的任务在心理上有一定的期望，知道做什么，怎么做；在语言上要充分练习，以便为下一步任务的执行扫清障碍，铺平道路。在任务中，由于有任务前的铺垫准备，概念已初步形成，内容已有预习，所以执行学习任务就容易成功。这种学习过程同时也维护了他们的心理情绪。执行任务的成功使得他们心情放松，情绪稳定，更会积极地投入学习。在任务后活动中，学习者又有一次机会巩固刚刚学到的新知识，同时把新内容付诸实践。此外，这一活动帮助学习者有所总结，不论在认识上还是在语言的运用上都是一次升华。

第三，教师应该组织各种以学生为中心的课堂活动和作业任务。如果依旧用传统的师生问答等教学方式提高学生的课堂时间利用率，其结果只会增加学生的学习焦虑感。教师必须从学生个体的需要出发，为学生提供独立思考与小组讨论的机会，激发他们积极地参与学习的热情，帮助他们创造性地完成任务。比如"做中学"就是这样一个教学途径。"做中学"的活动使学习者把精力集中在任务中，积极想办法来分析、解决学习任务中的问题，而不是担心自己的能力或语言水平，或发愁任务的完成。合作性学习（collaborative learning）有助于培养学生的合作精神和健康的竞争意识；互动性学习（interactive learning）有益于同学之间互相学习团结协作；任务型教学（task-based instruction）让学生两人一对或是三四人一组来完成任务，互助互动，互帮互学，资源共享，一起负责，共同努力。任务完成后需要在班上做口头演示，与其他同学分享，并且由学生自己讨论决定谁演示什么或扮演怎样的角色，根据自己的喜好做选择，扬长避短。

在这样的教学环境下，学生是主人，教学的每一个细节都离不开学生的积极参与和努力合作。学生能够逐步发展自主参与的愿望。同时，教师也要重视学生情感上的需求，要尽可能提供喜闻乐见、丰富多彩的活动，充分发挥他们创造性使用语言的能力，开展有效的交际活动。此外，这样的活动让学生之间有较多的社会接触，容易发展情感上的交流，从而减低学习者的焦虑情绪。

第四，在评估、考试测验上应该减少学生之间的竞争。学习成绩的打分制度应避免用分数的比例制（curve system），而是让学生与课程的目标比，自己跟自己比，结果将是人人都在进步。这样学生能够时时感受到自己学有所长，能够逐步增强自信心，建立自尊心。

第五，教师应该采用多表扬、多激励的策略。教师首先要能够看到学生的点滴进步，并能由衷地因此而高兴，对学生给予及时的肯定和鼓励，让学生体会成功的喜悦。这一点对于有焦虑感的学习者来说尤为重要。其次，教师要创造条件和机会来表扬学生。这就需要教师把难度大的内容分解成若干个步骤，使每一步都不难，把学生步步引向成功。

第六，如果教师能以热情主动、民主宽容的心态对待学生，创造一个热情鼓励学生的外语课堂环境，使学生以轻松愉快的心态投入到外语学习中，将有利于提高外语学习的效率。在讨论中介语的发展过程时，Corder（1981）指出，教师实际上不能"教"给学生一门外语，而只能为学生创造一个适宜的语言学习环境。另外，Corder（1967：19）早在20世纪60年代就提到了学习者的动机情感对学习行为所产生的重要作用：如果一个人有动机又接触了大量的语言环境和语料，第二语言的习得就一定会发生。Oxford & Shearin（1994）在综合了情感动机研究结果后对教师提出了五项建议：

（1）教师应该明确学生学习外语的目的。
（2）教师应该帮助学生树立成功地学习语言的正确信念。

(3) 即使是同一班级，学生学习外语的动机也各不相同。所以教师应该从各个角度、运用各种方式向学生说明学习外语的诸多好处。

(4) 教师应该创造一个惬意的语言学习环境，满足学生的心理需要，并把焦虑降低到最低限度。

(5) 外在的奖励应该成为外语教学设计的一部分，当然更重要的是逐步引导学生建立自己的内因动机。

Dörnyei & Csizér (1998) 对 200 名外语教师进行了调查，结果表明，有十项宏观策略是教师认为最重要且使用最频繁的：

(1) 以身作则，树立榜样。
(2) 创造轻松、惬意的课堂语言学习环境。
(3) 正确说明学习任务。
(4) 与学生建立良好关系。
(5) 增强学生的语言学习信心。
(6) 使课堂语言学习充满乐趣。
(7) 促进学生的自主语言学习能力。
(8) 使语言学习活动个性化。
(9) 增强学生的学习目标意识。
(10) 让学生熟悉目的语文化。

从这些研究和讨论中我们可以看出，语言焦虑跟教师和课堂教学有密切的关系；学习动机既有社会性的一面，也有个体性的一面；既有相对稳定的静态特征，又具有动态的特征；而且二语和外语学习情境中学习者所表现出的学习动机也不尽相同。学习者情感动机的复杂性决定了教师必须创造一个生动活泼、低压力的课堂环境，一切从学生出发来设计课程，组织安排课堂教学，降低学习者的语言焦虑，激发他们的语言学习动机。换言之，提高语言教学效率的关键就在于创造和谐且充满个性化的语言学习环境，培养学生的学习兴趣，让他们树立明确的语言学习目标和语言学习信心。

思考讨论题

1. 为什么要研究学习者的个体因素？个体因素反映在哪些方面？
2. 试比较以下几种外语学习的动机模式：Gardner 的社会教育模式，Trambley & Gardner 扩展的第二语言学习动机模式，Dörnyei 的外语学习动机概念化的组织结构。这些模式有哪些共同点和不同点？造成它们之间不同的原因是什么？
3. 外语焦虑有怎样的表现？对学习有什么影响？
4. 第二语言的习得受到学习者个体因素的影响，这些因素包括语言能力、年龄、学习动机与动力、人格特点、认知技能等。如果你想调查这些因素与语言学习的关系，应该怎样设计你的实验调查？应该怎样衡量这些因素？请在上述几个因素中选一个来分析。
5. 如果成人学习者有不同的学习目的，比如有的只想学习口语，只需要进行口头交际；有的则想全面掌握四项语言技能，那么在教学中该如何对待学习者不同的学习目的和学习兴趣？
6. 如何创造一个轻松愉快的汉语语言课堂？列举四个调动学习者积极性、减少学习者焦虑的教学方法或技巧，说明你是在怎样的情况下运用这些方法和技巧的。

第八章 第二语言习得研究对汉语教学的启示

语言习得理论研究的目的不仅在于揭示和阐明语言学习过程中的各种现象，提高我们对学习者如何学习语言的综合认识，而且在于提供教学指导或启示，提高我们教学理念的正确性和方法技巧的有效性。虽然本书的每一章都试图把理论研究与汉语教学紧密地结合起来，但在本章中，这种结合的重点放在教学途径、方式方法上。第一节回顾工作记忆的"语音环"假说和Baddeley的工作记忆模式、语言的分解处理过程和图式理论，进而把这些理论运用于听说、理解教学中。第二节讨论任务型教学在汉语教学中的运用，首先指出任务型教学的六个特点，然后介绍任务的组成与程序、任务的内容与实现过程，还分析了任务型教学的理论基础，以及在教学中如何帮助学生主动学习、积极互动。第三节讨论汉语教学面临的挑战与应对策略，指出学生背景和学习目的的多元给教学提出了更多、更高的要求。教师的理念要不断地发展，教学必须多样化，机构必须互相衔接，资源同享；教学路子必须拓展，丰富多彩，博取众长。

第一节 听说互动的教学理论与方法

在交际语言教学（Communicative Language Teaching）的框架下，听、说两项技能在课堂中以"会话"的形式出现，天衣无缝地合二为一。语言交流的双向性使得"听""说"交织穿梭，即时发生。当甲发出一个信号给乙时，乙不但要接收这一信号，而且要在特定的语境中理解，进行意义上的诠释。不清楚的地方需要询问，不理解的地方要进一步协商，双方互动，直到把信息表达、传递清楚。互动中彼此交换思想，认同看法，确定、保留各自不同的意见。

从心理语言学的角度讲,听力和口头表达是两种不同的途径,有着不同的大脑解码和编码过程,对信息的处理和表达有着不同的手段。比如听力有三个步骤,尽管这三个步骤几乎在同时发生:既要"听"(listen),又要"听懂"(comprehend),还要从个人的角度出发做出诠释,赋予新的意义(interpret)。比如,当全家人听到妈妈说"饭做好了!"这句话时,每个人的理解诠释不尽相同。爸爸的诠释是:"把饭桌收拾好,餐具摆好,准备吃饭。"哥哥的诠释是:"好饿啊,饭终于做好了,我快去吃。"妹妹的诠释是:"什么饭?是不是我喜欢的?"弟弟的诠释是:"怎么饭又做好了?我们又不能去麦当劳吃饭了。"

从语言习得过程看,听说两者既有先后,又充满了互动与彼此的推进。吕必松(2007:139)指出:"听总是先于说。只有首先听到别人说话,才能跟着别人学说话,听不懂也就学不会。"确实,不仅仅幼儿在习得第一语言、在说第一个字以前已经接收过大量的语料,花了一年的时间做"听力练习"(Gleason, Hay & Cain, 1989),第二语言学习者在课堂上花时间最多的也是听别人说话。"听的能力总是大于说的能力"(吕必松,2007),接受大量的语言输入是语言学习的根本。"听"和"说"互动,"说"源于"听"而又促进了"听"的能力,依次循环增进了语言习得。

一、听说的基础理论研究

1. 信息处理中"听"与"说"的互动关系

工作记忆的"语音环"假说(Baddeley, Gathercole & Papagno, 1998)从认知加工和记忆力的角度提出了"听"和"说"的密切互动关系。语音表征、重述和加工的质量及发音的清楚流利程度会影响信息处理过程,影响对听的理解。在对输入语言的加工处理过程中,储存是基本条件。无论是几秒钟的短期记忆,还是几十年的长期记忆都时时呈现于编码和解码之中。比如我们听到一个电话留言:"到会代表于6月9号下午3点乘联合航空公司179号班机抵达首都机场,请届时到机场接他们。"听话者在接受线性传递的语音时,不停地解码,把语音处理、转换、生成为语义信息,并储存起来。在解码句尾内容时,听话者必须仍然记得句首的信息。这样我们从记忆中随时提取有关句型和词汇的意义，使上下文中的信息和储存于记忆中的内容协调一致。由于意义储存在或是长期或是短期的记忆中，所以使提取和理解成为可能。

短期记忆只有几秒钟。第二语言的短期记忆要比第一语言更为有限（Cook，1977）。短期记忆水平与"工作记忆"（Working memory）有直接的关系。Gathercole & Baddeley（1993）提出了"工作记忆模式"。在这一模式中，中央执行系统（Central executive）控制着信息如何与记忆系统互动。语音模板控制着听觉语音的解码、储存；视觉/空间模板控制视觉的解码与储存（见图 8.1）。在语音存储中，外部信息可能稍纵即逝。要想使信息保持长久，需要有声或无声地重复，或循环词汇、短语和句子的语音信息，使得语音信息重新返回语音储存。发音环（Ariticulatory loop）的作用在于储存不熟悉的语音形式，同时在长期记忆的结构中把它们建造起来。从这个意义上说，短时记忆与语音的重复速度有直接的关系。

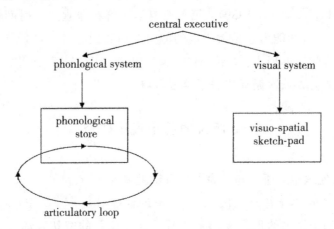

图 8.1　Baddeley's Working Memory Model（simplified）
（转引自 Cook，2001：84）

学习外语的经验也告诉了我们这一点。语音的长短和对内容的熟悉程度与记忆有关。短一点的词汇短语比长一点的容易记，因为重述得要快一些。熟悉的和常用的比不熟悉的容易记，因为熟悉的内容可以直接从记忆结构中提取，节省了记忆力的工作强度，加快了输入信息的加工处理。比如"王朋"这个名字比"古波"容易记，也比"王朋九"容易记。

听力理解过程和语音的流利程度、语音的环路有直接的关系，这对教学的一个重要启示就是：发音的准确、语音的流利能够加快听力解码的正确、迅速。发音的准确和口头表达能力建立在听力的基础上，并以语音重述的形式反作用于听力，增进短期记忆，使信息建立并进入长期记忆中，从而促进听说双向能力。

2. 语言的分解处理过程（Parsing）

语言的分解是指"根据句法、语义和指称信息对一篇章做语法分析"（戴维等，2004：257）。当我们听到一个句子时，思维活动会根据短语结构来分解句子，同时赋以语义。在语言自动分解过程中，首先我们知道什么（主语或主题）怎么样（谓语短语，或是由动宾组成，或由动词或别的词类组成），或施事对受事采取了什么行为。其中，动词不是跟主语，而是跟宾语联为同一短语结构。语法操作自动地把句子分解成不同的语法部分，以互动、关联的形式从我们的词汇记忆库中提取合适的语言信息，分析处理短语之间的关系，并建立起新意义、新信息。从这个意义上讲，语音、语法、语义不是被动的知识，而是作为操作系统，迅速自动地处理输入的内容。

分析操作大致可分为两个途径：自下而上或自上而下。自下而上是从词汇开始，把语音的输入转化生成为词汇。首先，要把听到的词从大脑的词汇索引中提取出来，并根据上下文的语境赋予意义。比如，"凤爪"中的"凤"会唤起脑中"鸟的一种，有闪亮的羽毛、漂亮的尾巴，可以展翅"的联想。从上下文中，听话的人会做出判断，"凤"在"凤爪"中只是一个修饰语，并从语境中猜测到"凤爪"是一种食品。在词汇的基础上连锁加工为词组，最后达到对整个句子的理解。

自上而下是从篇章的大框架开始来分析处理输入内容的中心大意。首先考虑"什么"，然后关心"怎么样"，再进一步查看"以怎样的方式方法从事什么行为"。我们通过语音、语调、语气的轻重等标记把话语记录储存在短期记忆里。语调可以让听话者把词汇和句式结合起来，对句子的大意有一个猜测。比如，当听到"我们村里的年轻人"这一新闻题目时，我们可能在一瞬间对要听到的内容有一个猜测：可能是关于农村的、年轻人的、当代的，文体可能是记叙报道，表达方式可能是以人物为主线。

3. 图式（Schema）理论——背景知识与理解的互动

听、读的能力并不是一种被动的接收能力。70年代后期，研究者（Clarke & Silberstein, 1977; Bransford & Johnson, 1982; Carrell, 1984）提出了图式理论，说明听力和阅读理解是积极的脑力过程。听话者和阅读者用自己的经验、语言知识和对目的语文化的理解对输入材料进行加工处理，并产生新的意义概念。在这一过程中，听话者始终处于一个积极的地位，从自己的记忆结构、经验组合中提取的内容远远超过了输入的本身，正如 Clarke & Silberstein（1977：136）所指出的："Research has shown that reading is only incidentally visual. More information is contributed by the reader than by the print on the page. That is, readers understand what they read because they are able to take the stimulus beyond its graphic representation and assign it membership to an appropriate group of concepts already stored in their memories." 虽然 Clarke & Silberstein 讨论的是阅读，但图式理论对听力理解同样适用。比如上文所举的例子，全家四口人对妈妈说的"饭做好了！"这句话各做了积极的听力处理，结果各有不同的反应。之所以反应不同，是因为每个人的背景不一样，因此脑子里对所听到的进行的联想也各有差异。在理解过程中，我们有选择地通过联想把自己认为有关的信息从记忆中提取出来，触类旁通，举一反三，并通过推理，在听到的内容上构造出新认识。

在听力理解过程中，听话者在各个层次与输入语言互动。听话者要"从话中听出音"，理解说话者的真实意图。比如，某抽烟者问"有火吗？"意思是"是否可以借用一下你的火？"而不是字面的"你是否有火？"其中，句子中的"火"是特定的，指打火机。如果听话者不明白"火"的所指，就会产生误解。此外，如果听话者把"有火吗？"当成一个简单问句而不是一个祈使句，双方的交际就无法进行。由此可见，当我们对所听到的语言内容或非语言内容不熟悉、没有什么背景知识时，就会出现"听不懂"或误解。根据语境、上下文、说话内容、方式等，我们在听话的过程中不断地推测说话者的意图。比如，说话者说"麻烦你很不好意思"时是想表示感谢，还是想请求帮忙？说话者的意图、语用功能往往要依赖听话人的感觉和背景知识，通过推理猜测而获得。可见听力理解不仅仅只是对语言文字的解码，更是根据语境、说话人和听话人的背景知识与个人的生活经验而获得的一种认识。

图式在记忆中以不同的联想分门别类,彼此相连互动。某一图式被激活提取时,相联的信息也会活跃起来变得容易提取,有关的一系列图式都有可能被激活,这就是为什么理解过程中有上下文要比没有上下文容易记忆。新内容如果能跟已有的知识相联,产生一定的内在关系,就比较容易理解储存。比如,在记人名时,例句1要比例句2容易记,因为前一句比后一句有更多的内在联系,容易在意义上唤起联想。

(1) 琳达的家有5口人,爸爸、妈妈、哥哥、琳达和妹妹,他们的名字是约翰、玛丽、大卫、琳达和莎若。
(2) 他们的名字是约翰、玛丽、大卫、琳达和莎若。

图式理论对培养学习者的听力理解力有直接的启示意义。

首先,听力解码不仅是一个语言处理程序,而且也是一个分析问题、解决问题的过程。教师在培养学生的语言技能和认知技能时,给学生的任务一方面不应该超出他们第二语言的能力范围,另一方面应该做引导疏通,帮助学习者具备一定的背景知识。当学习者对内容不熟悉时,就容易把注意力停留在个别语音、词汇方面而不能随着说话人的语速自动解码。结果所听到的往往是支离破碎的词汇或与重点关系甚微的细节。如果对听力内容比较熟悉,听话者不停地与储存在大脑中的有关内容系统互动提取、依靠整体性结构的知识做全局性的理解,注意力就不再停留在某个词汇上。比如,如果学习者是美国人且没有一定的语言和饮食文化背景知识,在听例句3时,除了对词汇不理解外,上菜的程序也会成为理解的障碍:"为什么不先喝汤、吃饺子,再吃菜、饭呢?"

(3) 几个中国朋友请丽莎吃饭。他们先点了三个冷盘:凤爪、猪脚、雀巢海鲜。然后点了四样热菜:琵琶豆腐、铁板牛柳、香菠甜酸骨、左公鸡,接着点了两盘饺子,最后要了雪花翡翠汤。

其次,新的内容要和学习者已有的知识建立起有机的联系。这样可以加速解码操作速度,提高听力理解的质量。这些联系可能是多方位、多层次的。比如在语言上的分门别类、在信息上的连锁反应、在涉世知识方面的认知联想、对目的语文化习俗方面的觉察了解等。

二、理论研究对听说教学的启示

"语音环"学说指出话语的解码处理和发音的流利程度有密切的关系。发音的准确、流利能够加快语音的循环、解码速度。发音和口语表达建立在听力的基础上，并以语音循环的形式反作用于听力，从而促进听说双向能力。这一理论给我们两点启示：（1）听说结合，以听带说；（2）以理解为主，以理解带速度。语言的分解（Parsing）理论认为，不论是理解还是表达都要抓住句子的主干。疏通理解的难度可以通过短语结构，把复杂的句子简单化。熟练掌握词语之间的关系，掌握词语的搭配，特别是动宾搭配很重要。图式（Schema）理论对听说教学有两点启示：一是要从语言本身入手，帮助学生建立和积累语言知识。理解，说到底，是依靠大脑对语言意义信息和各种知识结构的储存与提取来操作的。二是要从认知、文化的角度帮助学习者进行跨文化学习，促进理解能力。

1. 听说结合，以听带说

在初级阶段，要辨别语音的轻重，注重发音的正确与语流的特征，比如重读、节奏、停顿、语气、语调。要求学生在听的基础上加以模仿，使得学生既能在听觉上辨别，又能在口头上生成。在听力上能辨别就能加速"语音循环"，使信息保留在语音库中的时间长一点，促进加工提取。正如杨惠元（1996）所指出的："提高听的能力需要听后模仿，提高说的能力也需要听后模仿。大量的听后模仿是提高听说能力的必由之路。听后模仿首先是听准，其次是说对。"语句重音是传递信息的基本途径。胡波（2004）建议教学中把语音和语法结合起来，并提出汉语短句的重音规律。

(1) 在主谓句中，谓语常重读。

你说吧！

你喜欢就拿上。

(2) 简单句中有宾语时，宾语常重读。

他说出了她的名字。

我不用手机。

(3) 主谓补句子中,补语常常重读。
张老师解释得很清楚。
他说得有理,做得对。
(4) 修饰语常重读。
我想安安静静地读书。
他就喜欢说大话。
我喜欢听刘欢唱的歌。
(5) 疑问词常重读。
谁在说话?
你怎么去那儿?
你怎么什么都没带来?

学生在听力理解的同时把听到的说出来,就能在口语重复时进一步体会语音、语调和语句重音,这样既提高了听力理解,又练习了发音的准确和表达的流利。

中级阶段仍然要给学生提供听说结合的训练。在做听力练习时提示学生注意重音及辨别语调的变化,理解以后用自己的话表达出来。语音的特点(如重读、节奏、停顿、语气、语调)起着传递信息的基本作用,对听和说都很重要。以关联词为例,在句子和篇章里,关联词在语音上常重读,在语法上构建着句子,在语义上常常引出关键内容,或是并列,或是转折,或是递进,或是次序排列,给理解提供了有用的提示。

听懂了的语言说出来会加深理解。听后可要求学习者或是复述,或是保留篇章中的关联词结构,但改变内容把自己的故事加进去。

2. 以理解为主,以理解带速度

听话时,语音输入快速连续呈现,要求解码必须迅速。解码的迅速建立在理解的基础上,没有理解也就谈不上速度。教学在提供输入材料方面,要注意"可懂输入"(Comprehensible Input),也就是说,要接近学习者的语言、认知、背景知识水平。在输入速度方面,应该有不同的速度,既考虑到第二语言学习者听话的能力,又考虑到交际的要求。在教学方法上要引导学习者注意对理解有帮助的重读、语气、语义和起承转合的结构关系。

可懂输入表现在语言方面，根据学习者的程度，生词不宜过多、过偏，句法不宜过难，句子不宜过复杂。首先，生词是听力中的障碍之一，是不可避免的现实。对生词的处理，或是跳过去（对不妨碍意义理解的词），或是从上下文中猜测其意思（对重要的词、关键词）。如果生词太多，就无从跳起。比如，例句3的听力材料不适合初级水平的学生。除了生词多以外，提供的在上下文中猜测的线索也比较少。当较多生词是关键词时，教师在做听力练习前要预先提供一个生词表，对重要的生词进行预习。这样有利于消除障碍，降低难度。其次，根据学生的语言水平，语法和句子结构不宜过难过长。尽管理解过程中要大量地运用猜想、预测和推理，但如果句式结构很复杂，在语言水平较低的情况下，猜测就变得艰巨起来。储存信息的提取很慢或不可能，这势必成倍地增加记忆的工作量，使得理解过程因艰难而中断。

在认知和背景知识方面，输入的材料应该考虑到即使第二语言的学习者是成人，在运用第二语言时，他们的认知技能也会有变化，理解速度会变慢。但这些技能将随着第二语言水平的提高而递增（Cook, 2001）。背景知识，或是涉世经验，或是对目的语文化的了解，在理解中起着至关重要的作用。只有当我们在记忆中储存了大量的与听力内容有关的知识后，才能在解码操作中迅速提取，完成信息处理过程。如果学习者缺乏必要的有关知识，教师应该先做知识方面的介绍，疏通理解的渠道，加快理解的速度。

输入速度应该考虑到第二语言学习者听话的能力。Long（1983b）的研究说明，人们跟第二语言的学习者说话时，会自觉或不自觉地做一定的调整，或是减慢语速，或是简化句子。Long 提出了互动调节模式（Interactional modifications），促使输入的语言有效地被学生理解吸收。首先是对输入的语速进行不同的调整。要达到让学生理解大意、掌握重要信息这一目的，速度在第一次听时应该稍微放慢一点。吕必松（2007）提出，第一遍用慢速，每分钟160个字左右。听完让学生做听力练习，或是口头，或是书面。重点在于把事情的来龙去脉、表层意思理解清楚。第二遍用中速，每分钟180个字左右。可以带着问题有针对性地听，听后做练习。引导听者把注意力集中在一个方向，重点在于对深层意思的理解和推理（infer），鼓励学习者进行逻辑预测和联想。第三遍用正常速度，每分钟200个字左右。听后把练习都做完，并可用小组讨论的方式对内容做口头上的分析评论，在班上报告。整个过程从听力开始，到口语讨论结束，学习者通过表达加深理解，对新的语言和文化信息进行组织重建。在这一过程中，输入和输出之间起到了互动的作用，以听带说，培养了听说的双向能力。

三、听说课的教学计划

学习者通过互动学习知识、掌握技能。学习的互动性决定了教学方法的互动性。教学计划的制订、课堂活动的设计、语言技能的培养，无不体现一个互动的原则。从听力输入到学习者的语言运用表达，教学所要计划的是如何把语言的输入（language input）变成学习者的吸收（language intake），进一步生成为学习者的语言输出（language output）。第三、四部分要讨论的是从听力理解开始到学生的表达结束这样一个听说互动的教学过程。

1. 选材（Instructional Input）

选材的第一个标准应是趣味性。能把学习者的兴趣和积极性极大限度地调动起来的内容为上选。假如输入内容与学习者的日常生活紧密相连，内容鲜活，实用性强，那么听话者在理解时就能够产生情感、意义、思想上的共鸣。正如周质平指出的："我们不可低估学汉语的美国学生的思辨能力，不可高估他们的汉语语言能力。"第二个标准是"可懂性"（Comprehensible Input），即输入要接近学习者的语言和背景知识水平。既具有一定的难度与挑战性，又可以在正确的引导下通过各种学习策略进行有效解码。材料的难度不应该超出学习者的理解能力；能够对新内容产生联想，激活并提取自己大脑中储存的知识，使新内容与已有的知识互动，进行重组，从而达到高层次的认识。第三个标准是内容丰富、信息性强，学习者从中能够容易地增长知识，得到启发。"真实语料"（Authentic materials），即说本族语的人听或读的材料，往往具有这一特征。"真实语料"不但信息丰富，而且常常蕴含着文化特征。

2. 听前准备（Pre-listening）

根据输入材料的内容和难度，教师在听前可提供或引导有关背景知识和范围，以开拓学生的联想，把他们已有的相关知识调动起来。引导得当，学生就能够围绕题目进行积极的联想猜测，在听前或听力活动一开始就有正确的导向。此外,"听前活动"也是一种调动听者好奇心和积极性的途径。

(1) 对题目的联想(教学形式:师生、生生口语互动)

图式理论对教学的一个启示是用"自上而下"的策略,从全局、大框架(如题目、篇章、段落)出发来做猜测推论。可以从题目入手,题目往往是故事的总结或文章的主题。虽然题目只是短短几个词语,却能引起听话者的联想,激活储存在大脑里的一系列相关内容和背景知识,使听话者进入状态。Bransford & Johnson (1982) 的调查实验说明了这一点。比如"春天的故事"这个题目可能说的是发生在春天的事情,自然界万物苏醒,物物争春;也可能是象征性的,或是表现人们对生命的追求,如医生救活了患绝症的病人,或是对美好生活的渴望及所做的努力,或是国家领导人为国家制定的宏图大略,引导整个民族走向春天等。属于哪一种类型,往往可以从小标题和听力材料的一开始预测出来。

(2) 调动认知结构与背景知识(教学形式:师生、生生口语互动)

输入解码的基本操作需要把储存在记忆结构中的相关信息调动起来、提取出来,以便处理所听到的新信息。教师要用各种方式来调动学生已有的认知系统和信息储存结构,或是用一幅生动的图片,或是用启发、引导式的提问,帮助学生产生正确的联想,调动脑中的知识图式。比如,对下面一段对话("你的车找到了"),教师在听之前可用提问的方式引导学生做语言和认知方面的准备:

1. 如果你的自行车丢了,你会做什么?

学生会众说纷纭:没办法;贴纸条告诉别人,希望别人送回来;去告诉 police ("警察"可能是生词。教师引导:警察工作的地方是——派出所。由于"警察、派出所"是关键生词,又由于听后练习是做角色表演或用故事的形式口头叙述,教师把"警察、派出所"二词写到黑板上以缓解语言表达上的障碍)。

2. 谁可能把你的车找到?(警察)
3. 警察会问什么问题呢?

听力练习:你的车找到了(摘自《新实用汉语课本2》,刘珣等,2002)

女:喂,是马大为吗?

男:是啊,您是哪位?

女：我是东升派出所的警察，我姓刘。
男：刘小姐您好。找我有什么事儿吗？
女：我们想问一下，你是不是上个星期丢了一辆自行车？
男：对啊，就是上个星期六晚上丢的。
女：你的车是放在什么地方的？
男：那天我到城里去看朋友，车放在学院前边的公共汽车站了。
女：你的车是什么牌子的？什么颜色？
男：黑色的，永久牌。
女：你是哪天告诉派出所的？
男：我是星期天早上就告诉派出所了。
女：你的车已经找到了，你现在就可以到派出所来取。
男：真的？太好了！谢谢你们，我马上就去拿。

3. 听力过程 (Listening)

听的过程是通过语言和非语言知识及学习策略进行理解的过程。与听力内容有关的语言和背景知识及认知策略要自动化，时时刻刻呈现于理解的过程中。上文所讨论的"联想""猜测""找关键词语""推断""自上而下""自下而上"等都是理解中必不可少的策略，属于分析问题和解决问题的认知策略。

（1）从意义着手

除了对题目的联想和预测，在段落、句子中找线索也是理解的重要途径。在获取主要线索时要辨别和理解人物和事物的相互关系、主次轻重关系等。重点内容的寻找应从意义线索着手，如时间、地点、人物、前因、后果、伏笔、证明等，顺着意义把找到的关键内容连贯起来，主要意思就清楚明朗了。根据听力材料的不同，关键词语可能是动词，也可能是表达认知概念的系列词语。关键词语和线索多重读，在输入的语音展现中有时可以分辨出来。

（2）跳过障碍抓重点

O'Malley等（1985）对英语为第二语言的初级和中级水平学习者的学习策略进行了调查。他们发现，中级水平的学习者既使用"自上而下"的学习策略，比如把语调和短语结构作为理解的提示，又使用"自下而上"的学习策略，比如注意词的意思。而初级水平的学习者只是把注意力集中在词汇上，不能迅速地分解句子。听力材料中出现生词是正常现象,如何对待生词反映了不同的理解能力、认知策略和学习技巧。首先,在听的过程中要敢于、乐于放弃对某些信息的听辨处理,因为这些信息和生词对主要意思的理解无关紧要,应该把它们"跳过去"。要能够采取一个容忍和冒险的态度,既能容忍知识的模糊性和理解的不确定性,又敢于通过上下文来猜测生词的意思、推断内容的主题。

(3)以图助听,听说互动

根据内容的不同,对难度较大的听力材料除了做必要的背景提示,用自上而下的各种策略来预测中心意思外,在听的过程中还可给学生提供图像辅助,以减轻工作记忆力的负担,增加听力的趣味性。图像可以是简单的图表、作息表、工作或学习计划、地图等。其中可有文字内容,学生在听时可做挑选和辨别;也可以是一个有题目的大框架,听者边听边把有关的内容填在表格里。图表作为辅助手段,可以帮助学习者理顺内容,抓住中心意思,起到辅导和引导的作用,如图 8.2:

8:00am 8:30am 10:30am 2:00pm 4:00pm 9:00pm

图 8.2 张明的一天

学生在做完听力练习后，根据自己所做的图表内容，以两人或小组的形式进行口头讨论。这一过程从听力开始，用陈述表达加深理解，然后以协商讨论结束。

（4）做中学：以做助听，听说互动

作为对初级水平学生的一种教学方法，动作反应法（Total Physical Response）可以让他们做听力练习，用行为来加深理解。比如在开始教"把"字句时，应先让学生"动起来"，提供机会让他们看到或感觉到动作给宾语带来的结果。内容可就地取材，要求学生边听边做，如"请把门关上/打开""请把灯关上/打开""请把你的手机拿出来""请把你的电话号写在黑板上""请把你的钱包拿出来""请把你的钱给我"等。也可以在词组、词语的层次上，对动补结构进行练习。比如先给学生指令，要求学生边听边做，在做中体会语序和语言形式。如"请走到教室前面来""走过去，走到那儿去""走上来""走下去""开门出去""往前走三步""往后退一步"等。对方位词的练习也可用同样的方式。先给学生指令，要求学生边听边做，在做中体会语序和表达。如"你的笔在书上""你的笔在书里""你的书包在桌子上面""你的手机在书包里面，不在书包外面""你站在丽莎的后面，斯蒂文的前面"等。听力—动作反应法所练习的词组和句子结构有一定的难度（如"把"字句、方位概念的表达、动补结构），脑力处理时可能会慢一些，所以应该给予学习者大量的机会边听边理解，体会语言的意义和形式。这儿种练习以师生、生生互动的形式出现。指令可先由教师给，学生跟着指令动。接着让学生每人想三个指令，轮流让别的同学完成。这样每个同学都有练习听和说的机会。

（5）以笔助听

另一种培养抓重点的学习策略是边听边画或做笔记，以笔记辅助听力理解。笔记可用拼音或学习者的母语。这样做有两个优点：一是减低了记忆的工作强度，从而加快了信息处理的速度；二是练习了找关键内容的学习策略。仍以学习地点方位表达为例。教师可先让学生做听力练习，所听的内容要求学生用画图的形式记录下来。然后以小组的形式，互相传阅每人所画的地图，看看听了同样的内容后大家是否画出了同样的画儿，并分析讨论大家不一致的地方。最后要求学生每人想好五句话，口头描述大家所熟悉的校园里某一建筑的位置，比如书店、体育馆，或本城市的某一条街、某一个人人都喜欢去的饭馆的位置,让大家猜猜这个地方的名字,这属于识别、发现性的学习。可以以班级或小组的形式让每个人轮流发言,这样每个学生既练习了听力又练习了口头表达。下面是一个学生的发言:

> 这个饭馆在 Calhound 街上。这个饭馆的旁边有一个加油站。这个饭馆的对面是法学院。这个饭馆的左边有 Wendy's。这个饭馆离 45 号公路不远。你知道这个饭馆吗?

需要记笔记的内容因听力材料的不同而不同。一般说来,给认知增加负担的(比如:数字,抽象概念,如方位的表达、物体在空间的关系)以及一些或是语言、或是非语言的重点信息,如动词短语、关联词组、事物之间的关系等常常需要记笔记。笔记的形式可以是拼音或母语、线条或图画。此外,有经验的听者会从重音、停顿、语气、语调中听出重点,记下关键词语。

4. 听后活动(Post-listening)

听后活动可以有若干个目的,如:(1)测验理解的质量;(2)进一步加深理解;(3)把学习策略融汇在练习中,引导学习者进一步运用认知技能;(4)通过口语讨论的方式,把学到的新信息、新认识表达输出。这四个目的可以在同一任务中兼顾,关键在于教学的设计。比如在听以前,教师要给学生明确的要求:"(1)听完以后请做发给你的练习;(2)请你和同桌互相检查;(3)讨论你们练习中不同的地方;(4)把你们不同的看法在班上做汇报。"

练习的设计很重要,首先,要尽可能地把学习策略和认知技能的运用设计进去,帮助学生在做练习的时候意识到怎样寻找线索,抓住关键内容,并通过上下文来推断作者的观点。比如,要求学生清楚语义的层次,复合结构的关系,承接转折、对称对比、前因后果的关系,找出表达作者态度的提示词语。其次,听力练习还应当帮助学生对课文内容有融会贯通的理解,提高通过字面表层意思来推论主题的能力。

练习的形式要多样化。根据材料的内容和教学的目的,练习题除了包括常用的判断、选择、问答、选词填空、复述外,还应该根据汉语的特点来设计,比如练习句首的话题短语、动宾搭配、对文化语义的理解、从篇章的角度出发按照顺序连接句子。此外,也应该有交际性的练习活动,如角色扮演。或者请几个同学扮演"记者"采访听者对内容的总结与看法,或者要求他们根据同样的题目去采访不同的人（如朋友、家庭成员），然后概括总结，整理后向全班口头汇报。一方面，听力练习要有听力理解的特点，训练听力策略和理解技能；另一方面，听力和学习者的整个语言能力要融为一体，练习要有综合性、基础性的部分。

　　练习的内容也要多样化。根据材料的不同，既应该包括字面和事实方面的问题，又应该有推理、分析方面的问题。对前者的回答属于是非性的，注重学习者是否理解了内容；后者意在调动学习者的预测、推断等策略的运用，激发学习者的逻辑思维和创造性，所以问题往往没有特定的答案，而是根据每个人的理解得出不同的答案。另外，对问题的回答有时不一定要用文字。根据内容，可以完成一幅图画、制作一份地图、根据图画来安排故事的顺序、根据几幅图画做比较等。在设计练习时，形式、内容都应该灵活多样。这样不但能给学生提供比较全面的技能训练，调动他们学习的积极性和趣味性，而且能够建立起听后讨论的内容。由于对问题有不同的理解和推断，大家的观点不甚相同，于是就有了讨论的必要性和积极性。

四、听说互动的教学活动设计

　　在我们日常的交际中，听说以互动的形式出现，既要听得懂，还要被听懂。在交际性的语言教学（Communicative Language Teaching）框架下，我们提倡教学互动，鼓励学习者积极地运用语言，不断地进行判断、假设，并在反复的语言体验中求证自己的假设是否正确。听说技能的训练，以听为先导。之后立刻给学生提供进一步的理解和口语交流的机会，通过大量的语言输入和输出，学习者有更多的机会对语言的形式、意义和特征进行深入观察、分类、比较、抽象提取、实际运用。这样的教学理念和方法符合语言学习的特点，可以促进语言习得的过程。

　　这就需要输入的听力内容对不同的学习者来说在信息上有差异或在意义上能够产生不同的反响。如何提供输入的内容及怎样运用输入是教学设计的重点。教师在设计活动时要通过制造信息（Information）、推理（Reasoning）、观点（Opinion）上的差异（Prabhu, 1987），促进学生在活动中积极地传递信息，交换意见，达到新的共识。因此听说活动的设计有高度的组织性。在信息差活动中,双方进行语义协商,做语言和内容方面的交流;在推理活动中,学习者对自己已知的和从互动中咨询来的新信息进行推理、分析、概括、总结,使两部分的内容合为一体,融会贯通;在意见表达的活动中,学习者在理解输入的基础上分析讨论,阐明自己的观点。

制造信息方面的差异有很多途径。比如给A、B两组不同的听力输入,每组的输入中只包括一部分或完全不同的信息。学生必须向他人打听询问才能完成学习任务。下面的例子是给学生完全不同的输入。A、B、C三组学生都要买从休斯敦到上海的往返机票。三组学生分别听不同的对话。A组听的是与大陆航空公司的售票员的对话,B组听的是与韩航公司售票员的对话,C组听的是与西北航空公司暨日航的售票员的对话。听完后让A、B、C三组学生一起决定买哪一家公司的票,这时他们之间必然会形成热烈的讨论。三人不但要向小组汇报说明所听到的信息,如要把行程和价格这两点交代清楚,而且要听懂他人的信息,然后比较价格和行程的方便程度,最后决定买哪家的票。在这一过程中,学习者从事了真实的交际活动,既要听清楚,又要问明白,彼此进行意义协商。最后每个小组要把他们所做的决定在班上报告。

由于每个人的背景和看法不尽一致,对输入内容的分析、判断、推理也各有差异。"推理差""观点差"正是在这一认识的基础上发展出的教学途径。仍以上面的"买机票"活动为例。每个小组所做的决定可能一致,比如大家都想买到最便宜的机票,但是价格却不是每个人考虑的唯一因素。有的注重时间(他们在暑期打工、修课,或去了其他州),有的关心行程(如不喜欢多次转机),还有的时间充足,乐于换机,所以只注重价格。由于必须买集体票,彼此要协商、说服、让步,在"推理差"的基础上得到一种共识。在这一过程中,学习者再一次以会话的形式听说互动,不但练习了交际能力(如解释、说服、询问、协商等),而且运用了不同的学习策略、认知技能(如猜测、推论、概括等)。

制造"推理差""观点差"还可以通过学习者记忆上的有限性和听力材料内容上的争议性来完成。正如Willis(2004)提出的,在限定的时间内我们的记忆力是有限的。比如在听完一次材料后,每个人会根据各自的兴趣和特长记住不同的内容。如果学习任务是要把所有的信息、人物、细节都描述出来的话,大家必须讨论,互通有无。听说互动成为最基本的途径。

内容上的争议性是制造"观点差"的得力助手。听力材料并不一定要多么复杂才能表现出"争议性"。听力材料可能是一段父母和孩子的对话，也可能是不同文化背景的两个朋友之间的交谈，或是一段有争论性的短文。学习者喜欢有"争议性"的内容，因为这样的内容往往蕴含着文化信息、价值观念，能激发学习者的思辨能力，调动他们的内在兴趣。

听说互动活动是在语言意义上做协调（Negotiation of meaning）。互动中，双方的调节能够疏通交流中的障碍，帮助理解，促进语言的习得。当学习者在恰当的语境中不断地征得对方的同意或否定，明确对方的意思，清楚对方的用意时，他们也会注意到（notice）输入中语言的特征。他们就能把语流分解为段、分解为语音和语法的不同短语成分，从而理解吸收。培养学习者的听说能力和交际能力（communicative competence）要求教师首先营造一个热情鼓励学生运用语言的互动课堂，强调对输入的理解，重视培养在理解过程中所要用到的一系列学习策略和认知技能。在课堂教学中，教师要有意识地调节语言的输入，调动学生的兴趣和参与的积极性，使教学内容和教学环境更有利于学生的理解、习得。

第二节　任务型教学在汉语教学中的运用

任务型教学（Task-based Language Instruction）是外语教学运用的一种教学模式。20世纪80年代，任务型教学大纲与教学途径被几位学者提出后，很快在世界范围内得到语言学习理论和第二语言习得研究的重视，并在教学中得到积极的推广。近三十年来，任务型教学被越来越广泛地采纳与接受。

任务型教学以"学习任务"为主导。"任务"的特点在外语教学中至少包括六项（Long, 1985a; Prabhu, 1987; Willis, 2004）：

（1）主题。Long（1985a）提出，"任务"指人们在日常的工作与生活中不断重复的各项活动。因此课堂内的"任务"以课堂外的真实世界为参照。

（2）意义。任务活动出自意义，以理解为基点。互动的双方进行可懂输入、输出。以意义交流为核心体现了交际的真实性，促进了学习者的积极参与和想发言表达的愿望。

（3）目标与结果。任务是为达到具体的学习目标而设计的一系列活动，要有具体的结果。任务的完成会给学习者带来喜悦。

（4）方式。学习者在接近自然的语言学习环境中，以互动的方式进行意义协商。互动包括在完成任务中所用的语言技能（听说读写）、学习策略、认知技能、材料资源（教师提供的输入、参考书、网上提供的材料）、参与活动的形式（任务由个人还是由小组来完成）。

（5）条件。从教学的角度来讲，如何提供输入的内容与怎样运用输入是任务设计的重点。教师在设计活动时制造信息（Information）、推理（Reasoning）、观点（Opinion）上的差异（Prabhu，1987），促进学生在活动中积极地传递信息，交换意见，达到新的共识，因此任务有高度的组织性（Any structured language learning endeavor；Breen，1987）。比如任务有顺序安排，完成任务时学习者有程序步骤。

（6）评估。一项任务包含广泛的评估内容，如学习者对题目的熟悉程度，对输入的理解程度，表达输出的准确性，语言方面的难度，认知、学习策略的运用，词汇量的运用，课文的长度与难度，文化背景等。评估是学习的一部分，任务完成的同时也给学习者带来一个自我评价的机会。

以上六项的一个共同特点是，从学习者的角度出发，重视对交际能力、语言技能、认知策略、分析问题、解决问题等各项能力的培养。教学理念着重于语言学习的实用性，基于学习者的兴趣和学习特点来启发诱导，促进其学习过程。最后两项虽然讨论的是教学，但仍然是从"学"着手的，要求所设计的任务活动组织严密、步骤分明、循序渐进、评估有标准。

一个教学模式往往建立在一定的理论基础上，对"教"与"学"的认识体现在对语言本质的认识、语言的能力、语言学习过程等方面。本节试图从语言习得的角度来探讨任务型教学的指导思想与课堂实践。从对任务型教学的理论研究入手，分析任务设计的原则、方法、技巧，把研究结果与课堂教学实践联系起来，探讨任务型教学的目的、途径，课堂活动的组织安排与教学技巧。

一、任务型教学的理论基础

任务型教学的理论基础是社会语言学（如 Vygotsky，1978；Hymes，1971）和系统功能语言学（Halliday，1975、1978）。这一学派所注重的是语言的社会功能与动态使用。社会语言学和系统功能语言学出现于转换生成语言学的鼎盛时期，很多观点与转换生成语言学一致。但从另一个方面来说，社会语言学和系统功能语言学对转换生成语言学来说是异军突起，他们认为语言是表示意义的系统，语法和词汇只是表达意义的手段。语言的意义在于运用。语言的作用和语言的运用是语言本质性的属性，它解释了语言的目的和人们用语言的意义。语言是一种社会行为，通过对语言行为的研究，我们可以了解语言之外的现实存在，如社会结构、语言和在社会中语用的关系、语言使用者如何通过语言建立或维护社会关系、文化准则等。

Hymes（1971）提出了"交际能力"这一学说。他认为转换生成语言学所研究的语言能力只是"交际能力"的一部分。交际能力既包括对语言规则的掌握，也包括在一定的语境中恰当地运用语言的能力。语言的能力主要表现在具体的使用过程中，使用者明白在一定的篇章和语境中语言的功能和所指。

交际能力所涉及的是动态的语言，是言语的功能。建立在 Chomsky 和 Hymes 对语言和语言能力不同学说的基础上，Canale & Swain（1980）把语言能力分为四个范畴（Modules）：语法能力，其中包括了乔氏的语言能力和 Hymes 的语法能力；社会语言能力，指对产生交际行为的社会环境的理解，包括人际关系、社交语用中的交际目的等；话语篇章能力，指在一定的语境下选择、衔接、排列、连贯清晰的表达；语言运用的策略，指说话者使用语言策略的交际能力，如开始、维持、中止话语，更改话题等。Savignon（1983）进一步把交际能力分解为三项：理解（Interpretation）、表达（Expression）和意义上的协商沟通（Negotiation of meaning）。理解和表达是过程，协商沟通是目的。Savignon 强调了互动的交际形式，即协商沟通要求双方能够在一定的情景下和语境中进行信息交流。

20 世纪 80 年代从事语言习得研究和第二语言教学的工作者对交际能力重

新认识，把这一学说运用于第二语言教学的研究和课堂实践中。社会语言学和系统功能语言学成为奠定交际语言教学（Communicative Language Teaching）的理论基石。任务型教学则是交际语言教学大框架下一个新的教学途径。

比如，传统的语言课常用"看图说话"来诱导学生叙述图中的画面，学生可以用口头和书面的方式表达，或两人对话谈论。这一活动是给学生带来了开口说话的机会，但缺乏真实的互动，不能有效地培养学习者的交际能力。当一个学生叙述时，另一个学生可以不听对方的发言而去想自己的下一个要描述图画的句子，双方是"就图说话"，活动没有结果。如果把这一活动任务化，对学生提出明确的交际目的与结果，学习者就必须互动起来，必须在听了他人的意见后才能决定自己说什么。任务使得交际难度变高了，真实性变强了。表8.2就是这样一个任务设计的例子。

表8.2　任务：谁的衣服是红色的？

内容输入： 这是一张人们在公园娱乐的图画。请看图并记住人们所穿的衣服的颜色，如："那个唱歌的人穿着红上衣，蓝裤子""玩球的小孩的衣服是黄色的"。你有30秒来看图记忆。
记忆测验： 在同样的图画但没有颜色的纸上，用彩笔把你所记得的人们所穿的衣服颜色填出来。最少要给6个人的衣服填色。
执行任务：两人一组互动。 a) 看着自己填好的颜色告诉对方"谁穿着什么颜色的衣服"或"谁的衣服是什么颜色的"； b) 如果两人所填的颜色有分歧，要进行讨论，看看是否能得到一致的意见； c) 除了已经填好的颜色外，讨论是否还记得但记得不是很清楚的信息； d) 把结果组织成一段话在班上汇报。
汇报任务结果： 两人汇报。看看别的同学是否同意，把大家都同意的画掉，对不同意的进行讨论。每个同学看看自己是否有别人没有填的颜色，有多少，谁的最多。
评估：重新看一下输入的图画，检查做对了多少。

这一活动有四个特点：

（1）利用记忆力的有限性制造信息差，使得互动成为必须的交际。

（2）整个任务活动由三个步骤组成：任务前活动（内容和语言形式方面的输入，为任务的执行做好准备）；任务中活动（双人互动交流，用指定的语言形式进行意义交流，把双方一致的意见准备好向全班汇报，不同的意见保留起来做进一步探讨）；任务后活动（以全班为单位，汇报任务结果，最后为检查评估）。

（3）任务活动之间有紧密的逻辑上的连续性，方便任务的完成。比如先给图画填色，再用语言表达，在表达时可以看着自己填的颜色叙述，减轻了记忆上的负担，促进了语言的运用。

（4）把语言的形式（定语从句："那个唱歌的人穿着红上衣、蓝裤子"；"的"字短语的用法："玩球的小孩的衣服是黄色的"；颜色词；方位词）、语言的内容和功能结合在了一起。

二、任务型教学与语言习得过程

早期语言习得实证研究发现，第二语言的习得在很大程度上并没有受到母语或教学的影响，而是学习者自成的一种过程。甚至在正式的教学环境中，习得也独立于教学而发展（Pienemann，1987、1989）。中介语的提出和偏误研究就说明了这一点。中介语有大量与目的语不同的形式，如偏误。偏误说明学习者在习得过程中充满创造性，他们能够举一反三，对大量的语料输入进行推理假设。Smith（1994）总结了中介语的三个特点：（1）学习者的语言习得自成体系，是独立的；（2）学习者的语言系统存在内在连续性；（3）学习者有一个复杂的、抽象的、创造性的学习机制。Pienemann（1987）的实验研究说明，学习者在掌握语法时有一个自然的顺序。这种顺序决定了学习者先掌握某些简单的语序，在其基础上再掌握更复杂的语序。换句话说，语言习得需按照心理语言处理能力，有一定的先后顺序。如果向学生介绍的语法超过了他们目前的水平，即使教师在课堂上做了讲解练习，学生也不能习得这些语法。

这些早期的研究为任务型教学提供了习得方面的理论基础，即教师和教材并不能使所教的内容成为学生学习的结果。教学必须适应学习者的习得阶段，必须有一个循序渐进的过程。任务型教学的一个鲜明特点就是语境、情景的设计和任务的安排都围绕着学习者，设计任务让学习者自己去完成，重点放在促进学习的过程上。

现代认知心理学把知识划分为两种性质：陈述性知识和程序性知识。前者讨论"是什么"（what）的内容，可通过记忆、理解来获得；后者是关于"怎么样"（how）和"为什么"（why）的逻辑推理，是知识的转化、实际的运用，表现在分析问题、解决问题的能力方面。语言学习者缺乏的往往不是陈述性语法知识，而是如何把陈述性知识转变为程序性知识的自动化过程。教学能够促进这一途径的转换，如为学习者提供在真实交际情景中运用语言知识的条件，让学习者有大量的机会观察、证实和体验语言。

以"把"字句为例。只知道其句式结构"主语＋把＋名词＋动词＋补语"是远远不够的，还要知道在什么情形下用"把"字句，在什么情形下不用。这些知识的掌握并非一次就能完成，需要在大量的语言输入和输出过程中对语言进行观察、分类、比较、实际运用并抽象提取。通过对语言形式特征和意义功能的观察体验，学习者会发现：某类动词，如"放"和表示移位的动词常常需要用"把"字句，而"爱"等表示心理活动的动词不能用"把"字句；在一定的语用语境中往往要用"把"字句（如在请求、命令句中，或是在描述、陈述句中，表示由于动作的作用，事物出现了怎样的结果或状态），在有的语境中不能用"把"字句（如在不强调动作的结果或宾语受到的处置时）。对语言的学习或是对程序性知识的掌握，是学习者在不断地对语言进行判断、假设，并在反复的语言体验中证明自己的判断是否正确的过程中进行的。

语言习得的过程性给教学带来的启示是：不能仅通过讲解、告知的方式要求学生掌握课文出现过及作业练习过的语言点，教学应该给学生提供更多的分析、对比、观察、假设的机会，辅助学习者进行过程性的习得。

比如在高年级复习"把"字句时，给学生的一项任务的题目是：（1）怎样做宫保鸡丁？（2）怎样做蛋炒饭？任务要求学生两人一组，每人只做两道题目中的一个。学生要告诉对方自己所知道的一道题目，然后把从对方那儿学到的讲给全班同学听。

任务前活动：

1. 练习活动目的：(1) 明白"把"字句的形式和意义功能；(2) 能够运用"把"字句；(3) 掌握必要的词汇和动词补语来为任务的完成做好准备。
2. 学生分为两组（A、B），各组看不同的录像。A 组看怎样做宫保鸡丁，B 组看怎样做蛋炒饭。看完后以小组的形式来叙述所看的内容。（也可以让学生课后在网上看，这样不占用课堂时间。）

执行任务：

两人（A、B）一组，分别告诉对方怎么做宫保鸡丁和蛋炒饭。两人要进行互动性的信息交换，不明白的词句和操作过程要问明白，要从对方那里学到所有的内容，并把学的内容组织成一个段落，准备以口头报告的形式告诉全班同学。

任务后活动：

1. 检查完成任务的情况：教师请几个同学分别把自己从任务活动中学到的信息告诉大家。
2. 布置家庭作业：请你详细说明一个你最喜欢吃的中国菜的做法，并把你的食谱上传到网络上，跟全班同学分享。

马箭飞（2002）提出了交际任务的几项主要组织因素。建立在组织因素的基础上，表 8.3 总结了这一任务活动所涉及的从语言、认知、学习技能到交际技能等方面的因素。

表 8.3　任务：怎么做宫保鸡丁和蛋炒饭？

任务	叙述如何做宫保鸡丁和蛋炒饭
任务目的	听力理解 从对方获得需要的信息 口语和书面语表达
交际功能	询问、请求、解释、澄清、陈述

(续表)

任务	叙述如何做宫保鸡丁和蛋炒饭
交际情景	两人讨论咨询，课堂演讲，用电脑输出
互动形式	生生双向交谈
认知技能	对语言的特征加以注意，综合、归纳、假设、求证、推理
语言技能	理解（听）、表达（说、写）
语义功能	陈述做中国菜的程序
语言形式	"把"字句、移位动词的运用

三、任务的互动

互动之所以重要是因为它强化了语言习得的过程，为学习者提供了大量的语料输入、信息处理和语言产出的机会，有助于学习者注意到语言的特征，促进他们积极主动地参与语言活动，有效完成任务。正如 Brown（1994：28）所说："在对语言教学进行了几十年的研究后，我们发现互动途径本身是学会交际的最有效的方法。互动性指两人或两人以上相互交流思想、情感或想法的活动，其结果是交流的各方从中受益。"从 20 世纪 80 年代中期开始，探讨课堂教学中语言习得需要怎样的前提和条件成为二语习得研究的重要任务。其目的是使理论研究结果直接服务于课堂教学，有效地辅助、促进学习者的第二语言习得。

互动中言语者双方有三项任务：（1）理解输入（当然输入本身首先应该是可理解的，Comprehensible Input）；（2）正确、恰当的表达（表达也应该容易被他人理解，Comprehensible Output）；（3）双方进行意义上的协商（Negotiation of meaning），有疑问的要澄清，不懂的要咨询，觉得他人不清楚的地方要解释说明。语言之所以能够习得的一个重要条件是能够理解输入的信息，而互动则是这一过程中的有效手段。信息差、推理差、观点差的活动要求学习者的交际方式是互动性的。互动有单向和双向两种形式，后者比前者更为有效（Long，1989）。

比如教师给学生的任务是写一份对阅读内容的总结评论，老师可以把一份阅读材料分为两个部分分别发给 A、B 两组同学。由于学生所得到的内容不完整，必须向对方咨询自己缺少的那一部分。在互相输入中，他们会对语言、意义、内容等方面缺少或不懂的地方进行提问、解释，向对方索取信息，直到自己觉得满意为止。得来的信息还要做过程性的处理，经过推理、分析、概括，使之与自己已有的那一部分内容相吻合，在意义上能够合理地衔接。在此基础上，学生还要对全篇内容加以概括总结，提出自己的见解；同时对文中的某些内容、观点进行评论。在执行任务的过程中，学生要完成三项活动：在信息差活动中，双方进行语义协商；在推理活动中，学习者对自己已知的和互动中咨询所得的新信息进行推理、分析、概括、总结，使两部分的内容融为一体；在意见表达活动中，学习者在理解文章的基础上分析讨论，阐明自己的观点。

比如阅读材料"老的年轻，年轻的老"就可以用来做这样的任务活动设计（选自教材《发展汉语》，罗青松，2005）。文中分别对青年人和老年人的生活内容、生活情趣、身体健康、心理状态和基于生活表面现象的对生活的不同态度与目的做了介绍与分析。教师可根据内容先把文章分为关于青年人和老年人的两部分，分别发给 A、B 两组同学。

任务：
1. 阅读："老的年轻，年轻的老"。
2. 生生互动：发给两组学生的内容均不完整，阅读后双方互相咨询，把各自缺少的部分补齐。
3. 推理总结：在理解全文的基础上回答阅读理解问题，并写出一段总结。

以上三项任务中，互动贯穿了每一项任务的完成。第一、三项任务是学习者与学习材料内容的互动。首先，要理解教师提供的阅读内容。以前的观点认为理解是接受性（receptive）的学习，事实上理解是互动性的。学习者在与阅读内容的互动中形成自己的观点与见解，对阅读的内容加以诠释。学习者用各种阅读策略、认知技能不断地与输入内容互动，猜测、比较、推理、推断，"理解"只是这种互动过程的结果。其次，学习者要在阅读理解的基础上写出总结（第三项任务），这既是理解升华、概念形成、去粗取精的过程，又是运用表达技能输出观点的过程。第二项任务的互动方式是双向的，学习者互相提供自己所知道的信息并询问自己的疑难,进行意义协商。

互动要有真实性和交际性。判断互动的真实性在于信息的交流是必须的还是可有可无的。从上例我们可以看出,如果没有互动,三项任务中的任何一项都不能完成。互动不论是在执行任务的过程中,还是在语言习得的过程中都是一个必需的条件、基本的内容。

四、任务的组成与程序

任务可由三个部分组成:任务前活动、任务活动和任务后活动。每一项任务都建立在前一项任务完成的基础上,任务与任务之间环环相扣,循序渐进。

任务前活动。首先确定任务,然后根据任务来决定在执行任务中所要用到的语言项目。任务型教学并不排斥对语言形式的练习与学习。任务型教学重视学生表达的正确与得体。语言训练的目的是使学习者用正确的语言形式去完成任务(Willis, 2004)。比如教师可以先演示或用多媒体来展示任务的内容和结果,帮助学生对任务的要求有一个清晰的认识,知道怎么去做。同时对可能要用到的词汇、句型、表达方式进行语言方面的训练。任务前活动直接关系到任务的完成是否可能、是否顺利。

任务中学习者自己来完成任务。如两人一组或以小组的方式,互相咨询、解释、澄清、陈述。由于以意义为主,学习者在互动中处于一种积极主动的心理状态,既有理解的要求,又有表达的愿望,常常是双向互动。另外,学习者会自然地运用语言环境,调动各种语言和非语言的资源来解决问题,完成任务。教师在这一过程中可与学习者互动,如提供有关语言项目和必要信息,检验他们是否在用目的语交际等。教师通过启发诱导让学习者自己来独立地完成任务。教师参与的多少取决于任务的难度、学生的水平等因素。

任务后活动把任务的结果展现出来,主要以表达的形式展现给他人(pushed output),学以致用。这一阶段可以是任务的扩展和引申,为学习者创造更多的真实交际机会。对任务"产品"的准备常常可以作为家庭作业布置给学生。任务"产品"形式可多种多样,或是书面总结,或像一页宣传品,或是口语展现,或是自制的电视、广播节目,或是采访录像,或是用目的语做的新颖游戏。任务后活动也是对任务完成的检验评估过程。当学习者在班上做汇报时，班上所有的学生都要参与检验。这对每个学生来说都是一个取长补短的机会。

比如，在学习方位、地点的表达时，可以做"我常去的地方"的任务，见表8.4。

表8.4 任务：我常去的地方是哪儿？

任务前活动	1. 练习有关方位词和表达方位的句式特征：A 在 B 的方位词结构。/A 的方位词结构是 B。/某地方有 NP。 2. 让学生快速看一幅商业区的地图。时间不超过三分钟。记住自己最常去的四个地方的位置和一个最不常去的位置。如"美国银行"/"运餐馆"在幼儿园的北边；公共图书馆的左边是商场。
任务活动（学习者四人一组进行活动）	1. 根据地图，写出四个自己常去的地方的位置。 2. 把所写内容互相交换，讨论自己和他人的记忆是否一致，所写内容是否准确、清楚。 3. 比较哪些是四人都常去的，写下来。并比较在语言表达上的异同。准备向全班汇报本小组最常去的四个地方，以及最不常去的地方的位置。
任务后活动	1. 四人分工，向全班汇报。看看班里的其他同学是否同意你们的描述，他们所记的位置是否与你们相同，表达是否一致。 2. 全班再看一次地图，来检验谁的记忆最精确，表达最准确。

从这一活动中我们可以看出任务的组成与程序性。这一活动的特点是利用学习者记忆上的有限性制造输入信息上的差异，使学习者在完成任务时进行真实的、必需的交际，而且不断地用表示方位的句式和词汇进行输入与输出的互动。

五、任务的内容与实现

任务教学的内容应出自真实世界，目的是培养学生应对生活的交际能力。语言的运用是首要的，既是教学内容又是教学手段，还是教学的目的。

Willis（1996）提出，任务应是真实世界活动的再现（Replication activities of the real world）。语言学习不是传授性的而是经验性的。课堂教学内容就是要为学生提供认识、体验、实践的机会和真实的语言环境，引导他们积极参与。任务是帮助教师组织教学、促进学习者习得语言的一个有力途径。

每个人在社会中都扮演着不同的角色。在语言课堂中，角色的扮演既给学习者提供了运用语言的机会，又帮助学习者体验生活，体验语言，锻炼交际能力。比如，任务的主题是旅行，订机票、订旅馆就是任务的内容。任务应避免模拟，因为在模拟活动中，交流往往成为语言的展示，交际成为可有可无的过程。任务应是真实意义上的交流。在交流过程中学习者会发现问题，解决问题，统一意见，达成协议。表 8.5 是角色扮演的一些范例。角色扮演的优点是只要设计合理，就容易激发学习者的兴趣，也容易操作。此外，角色扮演的内容可深可浅，难度的伸缩性很强，可用于不同语言水平的学习者。比如，主题是订旅馆，任务要求为：（1）把你要订旅馆的有关要求和你要提供的各项信息都列出来；（2）学生两人一组，互相比较对方所写的内容，然后写一个对话。对话中一人是游客，一人是旅馆的接待人员。

表 8.5 角色扮演（Role play）

主题	情景	角色	主要的语言形式	语言的意义功能
订旅馆房间	在旅馆前台	旅游者 旅馆人员	价格、单位	询问、要求、讲价
找工作	面试	申请者 面试者	动词后缀 "了" "过"、句尾 "了"	自我介绍、陈述、说服、解释
买房子	在卖房人办公室	买房者 卖房者	存现句、方位词、地理位置	提出异议、咨询、赞美
卖车	在卖车的地方	买车者 卖车者	比较句、形容词、副词、动补结构	比较、辨别、澄清、鼓动
订机票或火车票	打电话	买票者 卖票者	时间、地点的语序表达、"从 NP 到 NP"	介绍、要求、推荐、商议

(续表)

主题	情景	角色	主要的语言形式	语言的意义功能
用名片交朋友	在晚会上互相介绍认识	三个人	姓名、工作、爱好、兴趣的表达方式	认识、了解、邀请、表扬
请假	在教师办公室	学生 老师	关联词、复合句、逻辑关系的表达	抱歉、请求、保证、感谢
暑期旅行计划	收集广告信息，利用信息定计划	想一起旅行的朋友	系列活动的表达、补语结构	商议、说服、同意、否定
导游	用一张地图来介绍说明	导游 旅游者	段落结构的组织，表达生动、简练，商品、价钱的表达	篇章性的陈述、特点性的介绍、提供信息

"任务是真实世界活动的再现"也意味着任务的内容、过程、完成的方式方法要多样，因为现实生活中人们的活动形式是综合的，既有目的又有结果，既有口语又有书面语形式，既运用语言技能又训练认知策略。教学中，学习者的语言水平有异，词汇量和语法习得程度不一，语言运用能力不同，但有一样却是常量：不论什么样的题目都会用到认知技能。任务的完成过程就是培养语言运用能力和认知能力的过程。Willis（1996）总结了六个主要的认知活动过程：

（1）通过个人或是小组的头脑风暴（Brain storming）列出有关的事物项目。

（2）排列整理。对所列的项目进行初步的逻辑分类、排列、整理。

（3）把罗列整理后的项目进行比较对比，分析出彼此的共性与不同。

（4）分析解决问题。对事物进行假设、比较、检验、评估。

（5）分享个人的经验、观点。学习者运用语言来表达、讨论，进行意义交流。

（6）任务的再创造与延伸。比如在完成任务"怎么做宫保鸡丁"后，写一份自己最喜欢的菜谱，用电子邮件的形式发给全班同学。

这些活动把培养学生的语言运用能力和认知技能自然地联系起来，在帮助教师设计任务时很有借鉴作用。任务的设计以题目为主导，围绕题目可设计出一系列任务活动、围绕任务活动可想象到几组相关的词汇和句式、可能用到的语言形式和认知技能。教师在设计任务时除了要考虑任务的具体情景与要求、任务的实用性和趣味性、活动安排的合理性以外，也要想到如何把语言的内容、形式、意义和功能结合起来，使一项任务服务于若干个功能与目的。任务型教学不只是让学习者来做事情，更重要的是利用任务创造出最适宜的学习条件，鼓励学生踊跃参加，促进语言输入和输出的积极互动。

由此可见，任务型教学的优势正在于把外界的生活搬进课堂，使课堂成为一个大家熟悉的真实的小世界，并把这个小世界用语言的形式表达出来。

本节从语言习得的角度出发，探讨任务型教学的理念、原则、目的和途径。以对外汉语教学为例，讨论设计任务时要考虑的几个要素，即：以真实的、必需的语言交流为纲；以日常生活的内容为题材；以意义上的理解和语言运用为基础；以双向互动为方式；强调"做中学"；学习任务有明确的目的和结果。这些理念建立在以学生为中心，尊重他们的习得过程以及培养他们的语言、认知、社交的综合能力的基础上。本节举例演示了如何制造信息、推理、观点上的差异，使语言环境成为真实意义上的交际；如何用任务前、任务和任务后一系列活动使教学循序渐进；如何设计不同的话题和语言环境来把语言的形式、内容与功能自然地联系在一起，帮助学习者不但表达得清楚、准确，而且恰当得体。

上世纪在教育领域的一个重大突破是从"教"转到了"学"，从对语言进行知识性的教授转变为对语言技能和交际能力的培养，从强调学习的结果转移到促进学习的过程上。任务型教学体现的正是以学习者为中心，以互动为形式，以尊重学习者习得过程以及培养语言、认知、社交的综合能力为基础的理念。任务型教学可以说这次语言教育观念转变的重要体现。

第三节　汉语教学面临的挑战与应对策略[①]

美国的中文教育在过去的十几年中经历了空前的发展。这些发展，不论

---

① 文章初稿发表于 2011 年 University of Wisconsin-Madison 的 Professional Development Workshop for Chinese Language Teachers 会议。文章的题目出自张洪明教授，特此感谢！曾健君博士对文章的初稿提出了宝贵意见并做了修改，深表谢忱！

起始于政府还是来自民间,都给我们带来了欣喜和机会。机会本身常常蕴含着挑战。这些挑战,有的表现在较宏观的层面,如集中在领导者、校方或行政的决策与协调上;有的表现在微观的层面,直接涉及教师的课堂教学。本节旨在讨论后者。本节从三个方面探讨美国的中文教师所面临的挑战与应战策略:(1)挑战的背景;(2)美国的中文教学面临的挑战;(3)应战的策略与思考。

一、挑战的背景

众所周知,中文教育飞速发展的背景是中国经济的崛起和中国在国际关系中日益重要的作用。在短短三十年中,中国的经济奇迹般地发展起来,从"世界工厂"转变为"世界市场",从"技术输入"转变为"产品输出"。中国的经济令世人瞩目,而了解中国,与中国建立商业伙伴、贸易关系的一个得力工具便是汉语。学习汉语的需求不仅仅来自和中国做生意的商界或是研究中国的政界,同时也来自教育界,来自广大的学生和家长。

美国中文教育发展的另一个背景来源于近年来华裔和亚裔人口的迅速增加。这一点我们可以从美国人口普查的数据资料中获得。如表 8.6 所示,1990 年在家说中文(包括方言)的人数约为 125 万,2000 年是 202.2 万,2003 为 219 万,2007 年为 247 万,平均每年增长 5.75%。另一个指标是在中国出生但在美国居住的人口,1990 年为 53 万,而在 2000 年就增加到了 152 万,10 年的增长率为 187%。表 8.7 表明至 2000 年华裔和亚裔在美国人口中的比例。华裔占亚裔人口的 23.7%,占美国总人口的 0.9%,亚裔人口占美国总人口的 3.6%。华裔和亚裔人口的不断增加对其子女的中文学习无疑起到了促进作用。然而随之而来的问题是,学习者的文化背景差异加大,语言水平参差不齐,这些成为对中文教学提出的一个严峻挑战。

表 8.6　美国人口普查信息（US Census Bureau, 1990、2000、2003、2007）

	1990	2000	2003	2007	Annual rate
speaking Chinese at home in USA	1,249,213	2,022,143	2,190,000	2,470,000	5.75%
born in China and living in USA	530,000	1,520,000			187%

表 8.7　亚裔和华裔的比例（US Census Bureau, 2000）

Asian American	10,200,000	3.6% of the US population	
Chinese American	2,430,000	0.9% of the US population	23.7% of the Asians

在上述两个大背景之下，美国中文教育领域出现了三个重要发展，即：SAT II 中文考试、AP 中文考试和 AP 中文课程的建立，中文被美国政府认定为关键语言（Critical Language）。它们在给中文教育带来根本性突破的同时也带来了挑战。

首先是 1994 年 SAT II 中文考试的首次举行，这使中文成为美国大学入学外语考试的选择之一。这说明中文教育受到各阶层的重视，进入了美国的主流教育。SAT II 中文考试有力地推动了全美中文学校的发展。美国两大中文学校协会（全美中文学校联合总会 National Council of Associations of Chinese Language Schools；全美中文学校协会 Chinese School Association in the United States）正是在 1994 年分别成立的。美国各地的中文学校如雨后春笋般出现，如火如荼地发展起来。但是中文学校面临着众多的挑战。对于教师来说，其中一项挑战是如何用教授第二语言（而不是第一语言）的方式方法来教美国的华裔儿童。尽管绝大多数儿童能够听懂而且似乎也能讲不少，但他们的汉语有着中介语的特征，是他们的第二语言。

第二项重要发展是 2003 年底，美国大学委员会（The College Board）为

"响应相互联系正在不断增加的全球经济以及美国日益成长的多元文化的需要",做出了开发 AP 中文项目的决定。这是一件对美国中文教育影响深远的决定。此后在各方的积极努力下,从美国大学委员会、中国国家汉办到全美各州的地方学区,筹备 AP 中文考试和开设 AP 中文课程的工作紧锣密鼓地开展起来。不少高中在 2006 年开始教授 AP 中文课程。2007 年 5 月首次举办 AP 中文测试,参试人数以平均每年 25% 的速度递增(陈亚芬,2009)。AP 中文考试的设立使得美国的中学必须正视主流教育中开设中文课这一问题,这也促进了美国中小学开设中文课和中文项目的进程。也就是在 2002 到 2006 四年间,学习中文的人数剧增,这一点可以从美国现代语言学会(Modern Language Association)开展的高校学习中文的人数调查中体现出来。1998 年至 2002 年的增长率为 20%,而 2002 年到 2006 年的增长率一跃为 51%(见表 8.8,Furman,Goldberg & Lusin,2010:19)。学习中文人数的飞跃给从事中文教育者提出了多方面的要求,不仅仅包括高中与大学课程的衔接、教学标准的一致等"宏观"方面的问题,而且包括如何组织进行大班课教学等"微观"的问题。

表 8.8 美国高等教育机构外语课学习人数(Fall 1998, 2002, 2006, 2009 Language Course Enrollments in US Institutions of Higher Education)

Language	% Change 1998—2002	2002	2006	% Change 2002—2006	2009	% Change 2006—2009
西班牙语	13.7	746,267	822,985	10.3	864,986	5.1
法语	1.5	201,979	206,426	2.2	216,419	4.8
德语	2.3	91,100	94,264	3.5	96,349	2.2
美国手语	432.2	60,781	78,829	29.7	91,763	16.4
意大利语	29.6	63,899	78,368	22.6	80,752	3.0
日语	21.1	52,238	66,605	27.5	73,434	10.3
中文	20.0	34,153	51,582	51.0	60,976	18.2

(续表)

Language	% Change 1998—2002	2002	2006	% Change 2002—2006	2009	% Change 2006—2009
阿拉伯语	92.3	10,584	23,974	126.5	35,083	46.3
拉丁语	14.1	29,841	32,191	7.9	32,606	1.3
俄语	0.5	23,921	24,845	3.9	26,883	8.2
古希腊语	24.2	20,376	22,849	12.1	20,695	-9.4
希伯来语	55.9	14,183	14,140	-0.3	13,807	-2.4
葡萄牙语	21.1	8,385	10,267	22.4	11,371	10.8
韩语	16.3	5,211	7,145	37.1	8,511	19.1
现代希伯来语	28.0	8,619	9,612	11.5	8,245	-14.2
其他	44.7	25,716	33,728	31.2	40,747	20.8
总数	17.0	1,397,253	1,577,810	12.9	1,682,627	6.6

第三项重要发展是中文作为"关键语言"受到美国政府的高度重视，同时作为"宏观战略的组成部分"（崔希亮，2010）受到中国政府的有力支持。在美国方面，布什总统2006年初提出国家安全语言计划（National Security Language Initiative），旨在提高美国学生的外语水平。这一项目由美国的国务部、教育部、国防部和国家情报局联合管理执行。其目标有三个：第一是普及，增加从小就掌握关键语言的学习者人数；第二是提高，提高达到高级外语水平的人数；第三是师资培训，扩充外语教师的人数和教学资源。比如已经连续进行了六年（2007—2012）的STARTALK旨在通过组织K-16的暑期语言学习班和对教师的培训来扩大学习汉语的人数。再比如Flagship Language Program，作为一个长期的学校语言项目，不仅仅在大学，还分布于中小学，实行从幼儿园到大学（K-16）的一贯制；并与学习者的专业对口，还提供去中国进行语言沉浸学习及自己专业实习的机会。在中国方面，政府资助的各种项目，如孔子学院、孔子课堂、中文教师志愿者等，也为开设或巩固已有的中文项目带来了一派生机。从2004年底在韩国建立起第一所孔

子学院,截至 2011 年 8 月底,全世界已有 353 所孔子学院和 473 个孔子课堂,仅在美国就有 86 所孔子学院和 51 个孔子课堂。两国政府从不同的角度、根据不同的利益需求开拓了中文教育事业。而目前的当务之急,就是海外中文教育能否办好,能否健康地持续下去。

二、美国的中文教学面临的挑战

上述的决策、项目以及华裔和亚裔人口的发展情况都给美国的汉语教学带来了空前的机会,同时也给教师带来了尖锐的挑战。这种挑战可总结为如下四点:(1)学生语言文化背景和学习动机的多元化要求教师必须了解自己的学生并适应这样的环境;(2)由学习动机的多元化和中文的难度较大而引起的生源流失和升班率低的趋向;(3)急速扩大的中文师资队伍,亟待坚实的文化素质和较高的专业水平;(4)建立从小学、初高中到大学的完整的中文教学体系和课程衔接已经提到了日程上。具体论述如下。

第一,学生语言文化背景的差异和学习动机的多元化。这一现象要求教师必须能够因材施教,而"因材施教"的第一步是对"材"的了解。首先是学生成分的问题。就语言文化背景而言,有的有较强的语言背景,同时也对中国的文化习俗有一定的了解;有的只能听懂或会说简单的中文;还有的既不会说也基本上听不懂,比如生长在混合民族的家庭,只有父亲或母亲说汉语或某一方言,或者先辈较早移民到美国,父母虽然都是华裔却并不说汉语,他们都属于具有一定的华裔家族背景(with a particular family relevance; Fishman, 2001: 169)或是有中华民族传承性动机的学习者(learners with a heritage motivation; Van Deusen-Scholl, 2003)。根据笔者最近对分布在北卡莱罗纳州、德克萨斯州、加利福尼亚州三所州立大学 317 名修初、中、高级汉语课的学生所做的语言背景和学习动机的调查,学生中基本属于双语者的 118 名,占总人数的 37.2%;在家中有一定的中国文化接触但没有什么语言接触的 58 名(18.3%);完全没有语言文化背景的学生(非华、亚裔者)141 名(44.5%)。如果我们能把学生按不同的背景分班当然最好,但很多学校没有这样的条件。而且即使分班以后,教学仍然存在因材施教的问题。

学生背景的不同,除了表现在汉语能力方面外,还反映在心理、社会、情感如学习动机和学习态度上。Kondo-Brown (2005) 调查了日裔的后代在美国学习日语的情况，发现日裔学生虽然与非日裔学生在语言的学习掌握过程上没有显著的差别，但在学习者的情感方面却存在着较大的不同。而学习者的学习动机和学习目的直接影响到他们在学习过程中所付出的努力和学习成绩的取得 (Gardener, 1985; Wen, 1997b)。Wen (2011a) 在对上述 317 名修中文课的学生所做的学习态度和动机的调查中，确定了六项学习态度和动机：①正面的学习态度与体验；②工具型动机；③对当代文化有兴趣；④主观的策略性努力；⑤社会氛围；⑥外语是必修课。[①] Wen 的调查结果说明以下几点：

(1) 有一些文化背景的学生，在六项学习态度、动机方面介于华裔双语者和无背景群体之间，在更多的方面更接近于前者（见图 8.3）；

(2) 没有背景的学生更明显地呈现出正面的学习态度与体验，更多的人计划继续修中文；

(3) 有背景的学生更多地受到家庭的影响或"社会氛围"的鼓励，但他们的学习动机却不如没背景的学生持久；

(4) 不论是什么背景的学生，都希望能够通过掌握中文技能，为将来的工作或生活带来好处或机会（工具型动机）；

(5) 正面的学习态度和学习体验最能预测学习者是否要继续修中文课。

总结起来，学生语言文化背景和学习情感动机的多元化，要求我们必须首先承认、了解学生的类型与学习特点，才能在中文教育中尽可能顾及和满足各类学生的汉语水平与学习动机。这不但要求灵活多样的教学内容和课程设计，更要求教师有意识地了解学生，并提供对应的教学措施。

---

① 六项学习态度和动机来源于 Gardner (1985、2001) 的社会教育模式和 Dörnyei 等的内在动机结构研究框架 (Dörnyei & Clément, 2001; Dörnyei & Csizér, 2002; Csizér & Dörnyei, 2005)，并考虑到美国的中文学习环境及学习者的特点，由实验得出。

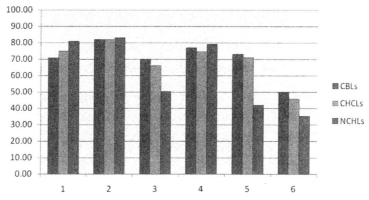

① 正面的学习态度与体验 Positive learning attitudes and experience
② 工具型动机 Instrumentality
③ 对当代文化有兴趣 Interest in current culture
④ 主观的策略性努力 Intended strategic efforts
⑤ 社会氛围 Social milieu
⑥ 外语是必修课 Language requirement
CBLs：Chinese bilingual learners
CHCLs：Chinese heritage connected learners
NCHLs：Non-Chinese heritage learners

图 8.3　不同背景的学生汉语学习动机平均值
Means for motivational factors as a function of heritage groups

第二，生源的流失是另一个尖锐的挑战。尽管政府、社会、家长和学生强烈要求开设中文课，并积极地支持、参与，但到 2009 年为止，在大学学习汉语的人数仅占学习外语总人数的 3.6%（Furman, Goldberg & Lusin, 2010：26），这无疑与初级学生不能持续升班学习中文有关。以大学为例，从一年级升二年级时，60% 以上的学生就不继续修中文课或日语课了（Samimy & Tabuse, 1992）。保持率低的原因是多方面的，而普遍原因有三点。

（1）对母语为英语的学习者来说，中文的难度比较高。美国外事局的数据统计把汉语列为第 4 类语言，意味着美国人学习汉语所要花费的时间是学习法语或西班牙语的三倍以上（见表 8.9）。虽然这些数据来源于怎样的教学环境与教学途径有待考究①，但它从一个侧面给我们提供了参考数据。

表 8.9 The US Foreign Service Institute
Level of difficulty for English-speaking learners

Difficulty level	Target Languages	Time to reach General Professional Proficiency Speaking/Reading (S3, R3)
Category 1	French, Spanish, Italian	23～24 weeks (575～600 class hrs)
Category 2	German, Indonesian, Swahili	30～36 weeks (750～900 class hrs)
Category 3	Czech, Greek, Hebrew, Hindi, Russian	44 weeks (1100 class hrs)
Category 4	Arabic, Chinese, Japanese	88 weeks (2200 class hrs)

(2) 学生对学习难度估计不足，特别是有背景的学生。Wen (2011a) 的调查结果说明，有背景的学生对"社会氛围"的打分很高（见图 8.3），然而"社会氛围"在判断是否继续修汉语课时却是负预测指标。这个发现和之前的研究结果不一致 (Clément, 1980; Csizér & Dörnyei, 2005; Gardner, 1985)，尽管 Wen 在研究中所采用的社会氛围的概念和内涵与前人的研究是一致的，都是关于父母和家人对学习者的学习动机的作用。研究结果的不一致可以用两个因素来解释，首要因素跟中国、亚洲的文化价值观有关。在看重孝道文化的价值观里，不管孩子的个人喜好如何，听从父母的建议都是很重要的。这种动机从本质上带着外在性和被动性，并不能激励学生继续汉语学习。因此这种价值观只起到激励学习者开始学习汉语的作用（见表 8.10）。另一个因素是对汉语学习的期望值。许多有中国背景的学生对中国的某种方言有一定的语言基础。由于这种背景，他们可能期望自己在班上有优势，和没有背景的学生相比，他们需要付出的努力会少一些。但是，当发现实际汉语课的要求

---

① 吕必松先生在字本位理论的基础上提出了"二合的生成机制"和"组合汉语"的新概念。"组合汉语"既是一种汉语语法体系，也是一种汉语教学的方法。这一方法从认识科学的角度出发分析汉语语言特征，从事语言教学。其精髓之一是学习者总是在已知的基础上学习未知，对新内容的学习建立在自己现有的认知框架下，组合渐进，使得汉语学习变得容易起来。

与他们所期待的差距甚大,要投入更多努力才能完成汉语课的要求时,那些不愿意付出更多努力的学生就可能中断汉语学习。

(3) 不同年级的学生对学习中文有不同的目的。Wen(2011b)的研究表明(见表 8.10),大学一、二年级的学生学习目的相近,预测他们是否能继续学习的显著变量都是工具型动机(汉语的用处和感受到的汉语水平的实用效应,比如有利于今后找工作)。他们在达到或是自认为进入某一水平,即能够进行简单交际时,可能就不继续修中文课了。三年级的显著变量与一、二年级不一样,是语言学习的自信心,是一种内在的、对自己能力与成功把握的驱使,即一种自尊心效应。

表 8.10 多元回归:不同汉语水平对将来的汉语学习的预测

Coefficients	Elementary		Intermediate		Advanced	
	Beta	t	Beta	t	Beta	t
1. 自信心	.13	1.67	-.03	-.26	.28	2.18*
2. 正面的学习态度与体验	.25	2.69**	.17	1.56	.29	1.94
3. 工具型动机	.27	3.04**	.42	3.62***	-.21	-1.49
4. 社会氛围	-.28	-3.07**	-.20	-1.73	-.05	-.33
5. 主观的策略性努力	.06	.75	.02	.16	.05	.42
6. 融入型动机	.08	.92	.19	1.70	.24	1.59
R^2	.30		.27		.28	
F	10.50***		5.08***		4.18***	

*** $p \leqslant .001$, ** $p \leqslant .01$, * $p \leqslant .05$

Wen 的调查结果表明,"正面的学习态度与学习体验"(其中子项目包括学习中文是一种脑力挑战、学中文有意思、想与班上的同学说中文、喜欢交际性的课堂活动等)是预测是否继续修中文的第一变量指标;"工具型动机"是预测是否继续修中文的第二变量指标,这两个变量在避免生源流失方面至关重要。这就需要教师设计好课堂教学,培养学生积极的学习态度并提供给他们正面的学习体验;也需要在教学中强调语言的运用,让学生明显地感到自己能用语言做事情，完成任务，感觉到自己语言能力的进步，这样会有利于他们做出继续修中文的决定。

第三，海外中文教师的素质亟待提高。近几年来，随着美国中文教师队伍的不断扩大，对中文教师的培训也更加丰富多彩，内容侧重教学法和教学内容，涉及从课程设置到课堂活动的组织安排等各个环节；培训组织者包括民间组织（如各地的中文教师学会、中文学校协会）和教育机构［如大学理事会下的全国各地的暑期培训（Summer Institute）以及孔子学院、STARTALK等提供的培训］；培训时间各异，从几个小时到数天；参加者的背景具有多元的特点，从正要改行当汉语教师的预备队员到有多年经验的教师都有。众多的师资培训对中小学和社区大学因为缺中文教师而不能开设中文课的燃眉之急无疑起到了雪中送炭的作用，使得中文教育从星星之火发展成燎原之势。但这种救急型的师资培训，本身已蕴藏着某些不稳定和不巩固的因素。例如，以母语优势而进入中文教师队伍的人，缺乏汉语语法知识，也不了解中文作为第二语言的习得规律，用学习母语的方法教授外语。这样的课堂把语言当成内容来传授，不但缺少互动和学生的积极参与，而且教师自己也不时地觉得窘迫，严重地影响了教学的有效性。

第四，小学、中学和大学中文教育课程的衔接问题亟待解决。美国中学的AP课程允许学生在高中阶段先修大学课程，如通过AP考试就可获大学学分。这就意味着高中的课程与大学的课程必须有较好的衔接，这样既有利于学生的学习和升入大学后的水平分级，又有益于不同教育机构的沟通协作。而高中中文课程与大学中文课程的衔接绝非一件易事。此外，建立从小学、初中、高中到大学K－12的中文教学整体系统也需要课程的衔接，在Flagship Language Program的K－12以及出国学习的Immersion、FLAP Programs等项目之间都需要衔接，就是社区的中文学校与公立学校之间也需要衔接。即使在同一教学机构中，这种衔接也是非常重要的。比如一所高中的AP中文课，是四年八个学期的成果。从一年级起，每一级和上一级都必须紧密衔接才能有AP中文课的开设。而我们面临的现状是，在不同教育体系、学校之间没有一个正式的平台供中文教师进行广泛交流和多方协调。这种沟通衔接的缺乏，将教师限制在自己所处的局部教学环节之内，容易使教学设计和实践片面狭窄，缺乏效率和效果，与当前美国汉语教学发展的良好势头不匹配。

三、应对挑战的策略与思考

虽然下文中对上述各项挑战的回应措施侧重在微观层面上,但在宏观层面上的举措也很重要。比如各个教学机构和层次的中文教育的衔接问题,就必须有行政决策的参与和互动才可能顺利进行。在微观层面上,一个重要的任务是要认同一个科学的、综合互补且针对性强的教学理念和由此而建立的教学环境。所谓"综合互补",是指教学理念和方法应是开放的、多样的,能博采众长,有较高的普适性和较强的包容性。"针对性强"指教师要能够针对自己具体的学生和教学情景,把理论研究、新的教学理念、多种教学方法和技巧有选择地、创造性地运用于教学中。为此,本文提出"一个中心、两项重点"的教学策略和加强师资培训的应对措施。

1. "一个中心"

"一个中心"是以学生为中心。以学生为中心既是教学理念又是教学方式,这一观点的提出已有 30 年的历史。Prabhu(1987)认为,语言学习是一种"做中学"的体验;Piaget(1973)认为,认知发展是一个同化(assimilation)和顺应/调节(accomodation)的过程。此外还有 Vygotsky(1978)的社会文化取向观点,以及 Deci & Ryan(1985)的自我决定理论(Self-determination Theory,SDT)。这些理论研究均表明,学习是一个学生的自主过程。但现在为什么要继续强调以学生为中心这一观点呢?第一是传统的教学观念和教学方法(教师中心论,如教学是知识的传授,学习是知识的接受)延续了几千年,成为一种习惯的自动衍生。即使明确了以学生为中心的观念,在教学中还会常常出现以教师为中心的行为。第二是教师对"以学生为中心"这一理念的认识并不一致,对其定义没有明确的认同。"以学生为中心"应该强调两点:(1)了解自己的学生,尊重他们的语言水平、语言习得阶段以及社会、情感等个体因素;(2)强调互动的教学原则。具体做法是:

第一,要了解自己的学生,不仅仅在他们的语言能力方面,还应该在社会背景、文化兴趣、心理情感、学习动机和学习方法等方面都予以重视。比如,在文化兴趣方面,不少学生喜好交友,喜欢社团活动,教师要着意提供机会发展他们的兴趣。比如鼓励他们成立一个团体,如中文俱乐部,让这些学生有机会在一起感受中国文化，并促进他们之间的相互帮助、彼此鼓励。再比如，在心理情感方面，学习外语的学生都容易有较高的焦虑，教师要尊重学生的情感个性，可以在学期伊始用几分钟的时间，请学生填写一个问卷调查表，内容应该包括可能的焦虑来源、个性需要和学习动机，以便对他们的心理情感需求做一个摸底，在教学中给他们提供一个压力最小、鼓励他们参与的教学环境。在课堂上，无论是学生的对话还是发言都应给予表扬，提供正面的反馈。即使学生说错了，也要以"Nice try"来鼓励他们继续积极参与。

教师对学生的了解还表现在对他们习得进程的了解上，这样才能适时提供教学输入与引导。教学进度并不一定是学习进度。教材中出现过、课堂上练习了不一定就意味着学生学到了（Pienemann，1987、2003）。如果向学生介绍的语法超过了他们目前的习得水平，即使在课堂上做了讲解练习，学生也仍不能习得。过早地教授学习者语言水平还达不到的内容，或过急改正学习者某方面的错误，有可能造成事倍功半的结果。

第二，以学生为中心就要强调互动的语境设计和具有灵活性和独创性的课堂活动。互动是学习的一个基本特征，是教学的一个基本原则。认知心理学的研究（Ellis，2010；Pütz & Sicola，2010）表明，在语言学习的过程中，从对输入信息的加工处理、储存、内化到语言的输出，无一不是学习者与内容和环境积极互动的结果。以 Long 为代表的学者（Long，1981、1983a、1996；Pica & Doughty，1985）提出了互动假设，认为在会话中（或是学习者和本族语者，或是学习者与学习者），学习者所从事的不仅仅是一般的会话练习，更是意义的协商沟通（Negotiation of meaning）、语言的生成。协商的过程把输入信息和学习者内在的语言能力以及有选择的注意力都调动了起来，再加上语境的提示，学习者就能够对输入信息做出较迅速、准确的理解吸收。Long（1983b）进而提出，互动调节（Interactional modifications）能促使输入的语言材料有效地被学生理解吸收。在互动活动中，双方的调节能够疏通交流中的障碍。不理解的地方或是提问、或是澄清、或是确认，不断地得到反馈，从而明确对方的意思，清楚对方的用意。Nation（2001）在综合评价这方面的研究时指出，意义协商的价值在于它能帮助学习者在不同的、新的语境中注意并明白词汇和一些句式的意义及用法。换句话说，新语境中的用法帮助学习者有选择地注意到了输入信息，包括语言形式的信息，获得了较深的理解吸收，从而促进了语言的生成。

在学生的语言文化背景多元、程度参差不齐的情况下，以学生为中心的教学途径，比如合作学习、生生互动，更显出其优越性和必要性。教育学方面的研究（Oakley, Felder, Brent & Elhajj, 2004; Slavin, 1996）表明，合作学习、积极学习和交际语言教学（Felder & Brent, 2009; Lee & Van Patten, 2003; Spada, 2007）等不仅有利于学习者语言运用能力的培养，而且有益于认知、情感及社会各因素的发展。语言习得研究结果（Gass & Serlinker, 2008）表明，提供丰富多样、容易理解并能引起学习者注意的教学输入（comprehensible input; noticing hypothesis）能够有效地帮助学习者获得正确得体、成段的表达（pushed output）。体验学习和合作学习（collaborative learning）建立在建构主义学习理论（constructivist theory of learning）的基础上，要求教师提供相应的情境和恰当的社会文化环境，从而使学生通过意义理解来构建自己的学习，并与同学讨论交换意见，通过互动达到共识。合作学习鼓励学习者之间的互相讨论，活动或是两人一组，或是3～5人一组，可在课上或课后完成。在组织学生掌握语言形式练习后，应给学生提出语言上的具体要求和活动上的明确任务。活动可长可短，只要设计得好（条件是能引起说话者双方意义上的互动、有信息的传递、目的清楚、要求明确），都适合学生之间的互动合作。这样的活动包括：采访，申请工作、学校或奖学金等的面试，讨价还价，协商，按指令行动，角色扮演，侦探调查，辩论，互动阅读，语言游戏等。组织互动合作学习时需要注意以下五点：

（1）小组活动前要先有对语言形式的练习，以使学生互动时在语言上能较顺利地进行；

（2）教师在设计活动时要创造互动的条件，要顾及到实用性和趣味性；

（3）活动要有一定的步骤，由易到难，循序渐进；

（4）合作学习任务完成后应有不同形式的检查，比如在班上汇报或口头表演，作为对学习结果的评估；

（5）一般来说，应该把有背景和无背景的学生、程度高的和程度低的学生搭配起来，以有利于学生之间互相学习、取长补短。这样也缓解了学生语言程度不齐的挑战。

以学生为中心的课堂活动，讲究的是灵活性和独创性，在科学性的基础上，教学方法和课堂活动要综合运用。只要效果好，使用容易，能激发学习者兴趣的都是可取的。比如，虽然人们对听说法的理论基础——行为主义心理语言学提出了批评，认为其致命弱点是把学生看作被动的，把学习看作接受性的，但是，听说法的教学活动还是很有借鉴作用的。例如替换练习可以从初级开始；又可以用于中级水平的学生，启发他们用句型说长一点的句子，使语言形式与内容相结合，成为有意义的交际活动。运用哪一种层次的练习取决于学生的水平、课堂活动的目的等具体教学情况。因此教师必须创造性地运用教材，创造性地针对自己的学生和不同的教学情景做调整，以把所有的学生都调动起来。

2．"两项重点"

教学策略的"两项重点"是培养学生对语言的使用能力和对学习策略的使用能力。1999年美国ACTFL（American Council on the Teaching of Foreign Languages）提出了"21世纪外语学习标准"（下文简称为"标准"）。"标准"把三种交际模式、四项语言技能、五个标准范围有机地连为一体（见图8.4）。该标准侧重于两点：一是对语言的运用和对交际能力的培养（communication，cultures，communities）；二是对学习策略的培养（comparisons，connections）。

图8.4

Framework for the 2004 Foreign Language National Assessment of Educational Progress，Figure 2，p. 25，Center for Applied Linguistics

学生的交际能力是通过对语言形式、意义与功能（form, meaning and function）的映射练习和对语言的使用而获得的。近年来人们讨论的热点之一是注重语言形式的教学（Form-focused instruction，如 Doughty & Williams, 1998; Williams, 2005），这一教学观念建立在培养交际能力的基础上，在交际语言教学的框架下进行（Communicative Language Teaching, CLT）。教学的第一项重点应放在语言形式和与其对应的语用功能规则（mapping rules）的练习上。从交际情景出发，把语用情境化，以意义交流协商为内容，以语言的形式为重点。语言的内容、功能和形式往往有内在的一致性。比如交际题目是求职面试，语言的内容就会包括谈论自己的经历，语用的功能为强调性的陈述，语言的形式方面则会用到某些句式，如"是……的"、动词后缀"过、了"、句尾"了"、时间短语及语序等。教学的组织从练习单句开始，到具体情景会话交际，再到角色扮演模拟找工作面试，螺旋式循序渐进。表 8.11a 列举了求职面试以及定面试时间和地点的例子，表 8.11b 是"把"字句的语境、功能范畴和形式之间的映射关系。

表 8.11a 语言内容、功能、形式的三统一：找工作

交际情景	意义	语用功能	语言形式
求职面试 申请奖学金/学校面试	1. 谈自己的经历 2. 叙述过去的经验	请求、强调、表白	1. 是……的 2. Subj. V 过……。 3. Subj. V (Obj. V) 了 time duration（了）。 4. Subj. V 了 time duration（的）Obj.。 5. 时间短语；……以前/以后，句子。
定约	确定时间、地点、事情	请求、提问、允许、建议	1. Subj. 有时间 V(Obj.)。 2. Subj. Time PLV(Obj.)。 3. Sentence，好吗？能不能……？ 4. N 呢？

(续表)

交际情景	意义	语用功能	语言形式
问方向 找地方	1. 描述方位、寻找地方 2. 问方向	询问、请求、描述、说明、澄清	1. Subj. 在 PL(Adv.)。 2. Modifier 的 N 3. Subj. 在 N 的方位词。 4. N /(在)N 的方位词有 N。 5. N 的方位词是 N。

表 8.11b　"把"字句的语境、功能和形式之间的映射关系

交际情景	意义	语用功能	语言形式
听指令行动	"把"字句和常用的动词：拿、放、带	请求、命令	把 Obj. V Compl.。 V Compl.。 请把你的书从书包里拿出来。
老师把什么带来了？	"把"字句和常用的动词：拿、放、带	陈述、描述	老师把苹果带来了。 老师把烤鸡带来了。 老师把巧克力给安迪了。
布置会场	用"把"字句分配任务："谁把什么怎么样？"	陈述、描述	Subj. 把 Obj. V Comple. Sarah 把 Obj. 搬出去, 搬到 PL。 Mary 把 Obj. 带来,放在 PL。 John 把 Obj. 拿出来,挂在 PL。
怎么做 N "怎么做炒米饭"	用"把"字句说明某种技巧	介绍、说明	先把 Obj. 放在 PL.。 再把 Obj. V Compl.。 然后把 Obj. V Compl.。 最后把 Obj. V Compl.。

第二项重点是培养学习策略的使用能力。学习者的语言水平有异,词汇量和语法习得程度不一,但有一样却是常量,即:不论什么样的学习任务都会用到认知技能和学习策略。对这方面的培养训练关系到学习者能否自发地、有目的地运用认知技能,独立地分析解决问题。有效地运用学习技能,能够使困难的中文学习任务变得容易起来,因此应对了中文班生源难以为继的挑战。这一点在第二语言学习中显得尤为重要。学习策略的使用虽然在第一语言中时时用到,但开始学习第二语言时,甚至中级汉语水平的学生都不常用到。开始学习一种新语言时,学生缺乏安全感,不愿意冒险,也怕出错。由于猜测意思有出错的可能,所以学习者常常回避。随着第二语言水平的提高,这些学习策略才渐渐地得到发展。

对学习策略和认知技能的培养应该与汉语语言的特征结合起来。"在已知的基础上学习未知"是认知心理学的一个重要观念。新内容的导入要是能够与学习者现有的知识结构连接起来,学习任务就变得容易起来(吕必松,待发表)。学习者的语言习得从同一形式和意义(one form, one meaning/function; Andersen, 1984)开始,在同一个形式的基础上逐渐加入多义项(相同的形式、不同的意义,如多义词),或在同一意义的基础上逐渐学习不同的形式(相同的意义、不同的形式,如同义词)。汉语的一个特点是形式或意义上的组装性(吕必松,2007;赵金铭,1994)。比如语言组块是出现频率高,可作为整体记忆储存、提取和运用的单位。语言组块由一系列固定搭配成分组合而成,使得大脑有限的记忆单位扩大,从而可以存储和记忆更多的信息。我们平常语言的使用就是对这些语块定式进行选择组构,将这些语言单位串联起来的过程(Nattinger & DeCarrico, 1992)。赵金铭(1994)提出的语法教学的六项重要原则之一就是组装语法。作为一个主题突出的语言,汉语以主题形式确定谈话的中心,引出谈话内容,而且建立相对的语境。语境的建立又帮助学习者做猜测与推论,通过对语言形式的识别而达到对语言内容的理解。比如下列的"完成句子"练习学习者对句中主题内容和语序位置的敏感性:

1. 根据新的经济政策,_____。
2. 作为国家代表团,_____。

3. 到上月 30 日, _____。
4. 为了 _____, _____。

汉语句法如此，词汇也如此，汉语的复合词可以以不同的形式出现（如偏正、动补、联合），在单字的基础上生成新的意义。复合字的构成也如此，如左右、上下、里外结构等。用这样的组合方式来教学，可以帮助学生把要学的新内容有机地建立在已知的基础上，使学习有意义而且变得容易起来。

对认知技能、学习策略的培养还应该放在对学习者母语和目的语的类比上，以及学习者容易出现偏误的地方。采用分类比较的认知技能，引导学生注意到汉语和英语中有关动词的不同特征非常必要。比如离合动词就是母语为英语的学生经常会遇到的障碍。学习者无论从语义上还是逻辑上都得不到提示："进步"不可以离合，但是"跑步""散步"可以；"休息""退休"不可以离合，但"睡觉"可以；"工作""学习"不可以离合，但"打工""游泳""洗澡"可以。再如，一个动词是否能带宾语在英语和汉语之间差距颇大。语义上的提示并不能告诉学习者为什么某些动词必须带宾语，某些可带可不带，某些不能带。动词"走"和"离开"与英文中意义相对的是一个词"leave"，但英文的"leave"用法要灵活得多。类似的动词还有"见面""结婚""服务""介绍"等。另外，"帮忙"和"帮助"一字之差，意义相同但语法不一样。在学生积累了一定的经验后，教师应引导学生把已学的内容加以比较、归纳，概括总结，使之成为学习者自己语言系统的一部分并能根据不同的语境和交际目的来运用。表 8.12（Chi，2006）所列的是学习第二语言时常用的认知技能和学习策略。

表 8.12　认知技能和学习策略

认知技能	学习策略
分类　categorizing	预测　predicting
比较　comparing	猜测　guessing
综合　synthesizing	扫读　skimming for gist
分析　analyzing	寻读　scanning specific info
假设　hypothesizing	跳读　skipping unimportant and unknown words

(续表)

认知技能	学习策略
求证 testing	从上下文中找线索 looking for clues from the context
推理 inferring	找关键词句 looking for key words/sentences
归纳 generalizing	找关联词 looking for connectors
构建 constructing	容忍度 tolerating ambiguity
概括 summarizing	自我检查 self-monitoring
总结 concluding	自我评估 self-assessing

3. 加强师资培训

能否继续汉语教学的良好发展之势，关键之一是教师。外语教学走过了漫长的道路，涌现了众多的教学法，中文教学也借鉴了很多其他外语教学的理论和方法，近年来中文教学界出版了多种多样的教材，教材的作者既有本土也有海外，教材的对象从学前儿童到成人高级班，应有尽有。多样的教学资源和多种教学途径对教师来说固然是好事，但采用怎样的教学法、选择什么教材、组织怎样的课堂教学活动等问题，都考验着教师的教学理念和专业水平。因此以"一个中心、两项重点"为基本内容，强化师资的培训，就是对上述四项挑战的回应。

教师不但要随着理论研究的发展不断更新自己的教学理念，还要根据各自具体的教学环境、学生的不同而做出调节，提高对教学方法和教材使用的有效性。正如崔希亮（2010：76）所指出的："汉语教师不仅仅要擅长教书，还应该兼善研究，因为有很多问题是没有现成答案的，需要我们自己去研究，寻找答案。"只有当教师能够从理论研究中发展自己的见解，才能对五花八门的教学资源和多媒体资源有一个清楚的认识、有鉴赏水平，才能不盲从，才有能力去选择，才能独立地发现、解决问题。

学生是否继续修中文常常取决于他们是否喜欢中文课，是否喜欢中文课的课堂氛围和教师的组织教学。不少研究（Dörnyei, 1994；Dörnyei & Ottó, 1998；Mandell, 2002；Wen, 2011a）表明，学生之所以继续学外语是因为他们有正面的学习态度和学习体验。而正面的学习体验来自中文课的组织是否新颖,活动是否有意义,教学是否有效率,从而能让学生感到自己的语言能力在提高(Dörnyei & Ottó, 1998; Mandell, 2002)。正如崔希亮(2010:76)所说,在三教(教师、教法、教材)问题中,教师是核心,"因为好的教材是好的教师编写出来的,教学法也要靠教师来实践。换言之,没有合格的教师,就不会有优秀的教材和教学法。即使有了好的教材和教学法,一个没有经过训练的教师也可能会把学生吓跑"。

针对上文所讨论的挑战,我们对师资培训提出三点建议。第一,培训应该更系统化,改变"一阵春风一阵雨,桃花开完杏花开"的现状。培训应该用课程设计的方式,面向不同文化背景、教育程度和教学经验的中文老师,系统地、循序渐进地进行。以美国为例,要做到这一点,每一个州应有一个协调服务机构,其作用是提供建议或计划,协调不同机构组织的培训。各机构组织在设计培训前可先向他们咨询,知道哪些题目在什么时候哪些地区已培训过了。建立在已培训的基础上,以后的培训在内容上循序渐进,过一定的时间有所轮换与改变。第二,不论是什么题目的培训或是怎样的培训,都需要给参加者提供充分交流互动的机会,让他们彼此之间交流经验和信息,内容可以是对教材的处理方面(如进度、自做的补充材料、裁剪增加不同形式的内容等),如何把具体的教学内容巧妙地与某种教学手段结合起来;也可以是对教学标准、课堂管理、考试或教学评估等方面的某些感触。交流形式可以是小规模的座谈,也可以是三五人一组的专题,互通有无。通过这样的交流,教师能够在 K-12 的中文教育衔接问题上获得感性知识和具体的帮助。第三,培训的内容不应仅限于理论知识和课堂实践方面,也要注重开拓一些对语言教师基本素质的培养。一名汉语教师所需要的是对理论知识的了解,以及如何把理论研究贯穿到教学实践中(research-based instruction),从而具备语言教师的素质与专业技能,那么培训的内容就应该以这些为重点,从不同的角度来满足需要。对中文教师基本素质的培养包括语言表达能力、组织能力、现代教育技术运用能力,能够熟练变换教学方法而且明白变换的原因与结果,能够预测学生在学习过程中可能遇到的语法障碍和语用困扰,而且能够采取针对性的措施,对学生有亲和力等等,这些在培训中都需要有针对性和示范性的统筹安排。

本节探讨了中文教学所面临的挑战与应战策略。总之，中文教学的飞速发展给我们带来了空前的机遇，同时也带来严峻的挑战，包括：(1) 学生语言文化背景和学习动机的多元化，教师要了解自己的学生并能适应如此的环境；(2) 生源流失、升班率低的问题；(3) 师资培养要帮助教师发展坚实的基本素质和较高的专业水平；(4) 中小学、高中到大学整体系统的建立和课程的衔接问题。应对这些挑战既需要宏观层面的措施，也需要微观层面的，要以科学的、综合互补且针对性强的教学理念和教学环境来应对。本书提出"一个中心、两项重点"及加强师资培训的建议。"一个中心"是以学生为中心，强调互动的教学原则和博采众长的教学途径，鼓励学生的积极参与和合作学习。"两项重点"为培养语言的使用能力、培养学习策略的使用能力。对语言使用能力的培养要从交际情景出发，以意义协商为内容，以语言的形式为重点，把语言的内容、功能和形式融为一体。对学习策略使用的培养要与汉语语言的特征结合起来，"在已知的基础上学习未知"。在加强师资培训方面，建议向系统化发展，面向教师的不同程度，循序渐进地进行。另外，培训要给参加者提供充分的交流机会，促进课程在不同机构中的衔接。

思考讨论题

1. "工作记忆模式"的内容是什么？对教学有什么启示、指导作用？
2. 如何把语言的分解处理过程运用到听力、阅读理解教学中？
3. 图式理论有什么特征？对教学有什么指导作用？
4. 任务型教学是建立在怎样的理论基础之上的？有什么特点？
5. 以交际为目的教学是互动的双方在传递信息的过程中进行表达、理解、意义协商。你认为在教学中应该重视什么样的信息？

引用文献（中文）

陈凡凡（2010）语言习得中的主题突出特征，《语言教学与研究》第1期。

陈雅芬（2009）美国大学先修（AP）中文考试趋势分析：比较其他AP外语考试结果，第九届世界化语文教学研讨会，台湾。

程乐乐（2006）日本留学生"把"字句习得情况考察与探析，《云南师范大学学报》（对外汉语教学与研究版）第4期。

程棠（2000）《对外汉语教学目的原则方法》，华语教学出版社。

崔希亮（1995）"把"字句的若干句法语义问题，《世界汉语教学》第3期。

崔希亮（2010）汉语国际教育"三教"问题的核心与基础，《世界汉语教学》第1期。

崔永华（2003）汉语中介语中"把……放……"短语分析，《汉语学习》第1期。

戴维、克里斯特尔（2004）《现代语言学词典》，沈家煊译，商务印书馆。

冯丽萍（2006）外国留学生正字法意识发展的实验研究，《云南师范大学学报》第1期。

高立群、李凌（2004）外国学生汉语"把"字句认知图式的实验研究，《汉语口语与书面语教学》，赵金铭主编，北京大学出版社。

桂诗春（2000）《新编心理语言学》，上海外语教育出版社。

郝美玲（2007）留学生汉字正字法意识的萌芽与发展，《世界汉语教学》第1期。

郝美玲、范慧琴（2008）部件特征与结构类型对留学生汉字书写的影响，《语言教学与研究》第5期。

郝美玲、舒华（2005）声旁语音信息在留学生汉字学习中的作用，《语言教学与研究》第4期。

胡波（2004）谈在听力训练中抓主要信息能力的培养，《云南师范大学学报》（增刊）。

胡明扬（2000）对外汉语教学中语汇教学的若干问题，《回眸与思考》，张德鑫主编，外语教学与研究出版社。

黄月圆、杨素英（2004）汉语作为第二语言的"把"字句习得研究，《世界汉语教学》第1期。

江新（2001）外国留学生生字表音线索的意识及其发展的实验研究，《世界汉语教学》第2期。

江新（2003）汉字正字法意识的实验研究，《对外汉语研究的跨学科探索》，赵金铭主编，北京语言大学出版社。

江新（2005）中级阶段欧美学生汉语阅读中字形和字音的作用，《对外汉语阅读研究》，周小兵、宋永波编，北京大学出版社。

江新（2006）汉字频率和构词数对非汉字圈学生汉字学习的影响，《心理学报》第4期。

江新（2007）《对外汉语教学的心理学》，科学教育出版社。

柯传仁、沈禾玲（2003）回顾与展望：美国汉语教学理论研究述评，《语言教学与研究》第3期。

李兴亚（1989）试说动态助词"了"的自由隐现，《中国语文》第5期。

李宇明（1991）儿童习得语言的偏向性策略，《华中师范大学学报》（哲社版）第4期。

李宇明（1995）《儿童语言的发展》，华中师范大学出版社。

林崇德、杨治良、黄希庭主编（2007）《心理学大辞典》，上海教育出版社。

刘颂浩、汪燕（2002）"把"字句练习设计中的语境问题，《中国对外汉语教学学会第七次学术讨论会论文选》，中国对外汉语教学学会编，人民教育出版社。

刘珣（1999）语言教育学是一门重要的独立学科，《语言教育问题研究论文集》，吕必松主编，华语教学出版社。

刘珣、张凯、刘社会、陈曦、左珊丹、施家炜（2002）《新实用汉语课本》，北京语言文化大学出版社。

刘月华、潘文娱、故韡（2001）《实用汉语语法》（增订本），商务印书馆。

柳燕梅（2002）生词重现率对欧美学生汉语词汇学习的影响，《语言教学与研究》第5期。

陆俭明（2000）对外汉语教学中经常要思考的问题，《回眸与思考》，张德鑫主编，外语教学与研究出版社。

鹿士义（2002）母语为拼音文字的学习者汉字正字法意识发展的研究，《语言教学与研究》第3期。

吕必松（1992）《华语教学讲习》，北京语言学院出版社。

吕必松（2007）《汉语与汉语作为第二语言教学》，北京大学出版社。

吕必松（2008）《书面汉语基础》，首都师范大学出版社。

吕必松（2010）《48小时汉语速成》，北京大学出版社。

吕必松（待发表）《组合汉语和组合汉语教学》。

罗青松（2002）《对外汉语写作教学研究》，中国社会科学出版社。

罗青松（2005）《发展汉语：高级汉语阅读》，北京语言大学出版社。

罗青松（2006）AP Chinese师资培训讲义。

马箭飞（2002）任务式大纲与汉语交际任务，《中国对外汉语教学学会第七次学术讨论会论文选》,中国对外汉语教学学会编,人民教育出版社。

彭聃龄(2003)汉字识别与连接主义模型,《对外汉语研究的跨学科探索》,赵金铭主编,北京语言大学出版社。

全香兰(2004)汉韩同形词偏误分析,《汉语学习》第3期。

冉永平(2006)外语学习的语用学综览与管见,《外语研究》第1期。

沈禾玲、蔡真慧、徐丽莎、朱殊(2011)《汉语字词教学》,北京大学出版社。

沈禾玲、王平、蔡真慧(2009)《汉字部首教程》,北京大学出版社。

施家炜(1998)外国留学生22类现代汉语句式的习得顺序研究,《世界汉语教学》第1期。

孙德金(2000)外国学生汉语体标记"了"、"着"、"过"习得情况的考察,《第六届国际汉语教学讨论会论文选》,北京大学出版社。

孙德坤(1993)外国学生现代汉语"了le"的习得过程初步分析,《语言教学与研究》第2期。

孙晓曦、张东波(2008)美国大学生汉语"请求"言语行为能力研究,《世界汉语教学》第3期。

谭力海、彭聃龄(1991)汉字的视觉识别过程:对形码和音码作用的考察,《心理学报》第3期。

王建勤(1997)"不"和"没"否定结构的习得过程,《世界汉语教学》第3期。

王建勤(1999)表差异比较的否定结构的习得过程研究,《世界汉语教学》第4期。

王建勤(2005)外国学生汉字构形意识发展模拟研究,《世界汉语教学》第4期。

王建勤主编(2006)《汉语作为第二语言的学习者语言系统研究》,商务印书馆。

王建勤主编(2009)《第二语言习得研究》,商务印书馆。

温晓虹(1995)主题突出与言语存现句的习得,《世界汉语教学》第2期。

温晓虹(2008)《汉语作为外语的习得研究:理论基础与课堂实践》,北京大学出版社。

吴门吉、胡明光(2004)越南学生汉语声调偏误溯因,《世界汉语教学》第2期。

武和平(2001)九十年代外语/二语学习动机研究述略,《外语教学与研究》第2期。

肖奚强(2001)外国学生汉语照应偏误分析,《汉语学习》第1期。

邢红兵(2003)留学生形声字声旁规则性效应调查,《对外汉语研究的跨学科探索》,赵金铭主编,北京语言大学出版社。

邢红兵(2011)汉字的统计研究与对外汉字教学,《汉字教学与研究》第一辑,北京语言大学出版社。

杨晖、彭聃龄(2000)汉语认知研究的一些新趋势,《国际学术动态》第2期。

杨惠元(1996)《汉语听力说话教学法》,北京语言大学出版社。

杨素英、黄月圆、孙德金（1999）汉语作为第二语言的体标记习得，*Journal of the Chinese Language Teachers Association*, Vol. 34: 1。

尤浩杰（2003）笔画数、部件数和拓扑结构类型对非汉字文化圈学习者汉字掌握的影响，《世界汉语教学》第2期。

余文青（2000）留学生使用"把"字句的调查报告，《汉语学习》第5期。

袁博平（1995）第二语言习得研究的回顾与展望，《世界汉语教学》第4期。

张旺熹（2001）"把"字句的位移图式，《语言教学与研究》第3期。

赵果（2003）初级阶段美国留学生"吗"字是非问的习得，《世界汉语教学》第1期。

赵金铭（1994）教外国人汉语语法的一些原则问题，《语言教学与研究》第2期。

赵金铭（2002）外国人语法偏误句子的等级序列，《语言教学与研究》第2期。

赵立江（1996）留学生"了"的习得过程考察和分析，《语言教学与研究》第2期。

赵淑华（1990）连动句中动态助词"了"的位置，《语言教学与研究》第1期。

周小兵、张世涛、干红梅（2008）《汉语阅读教学理论与方法》，北京大学出版社。

周晓林（1997）语义激活中语音的有限作用，《汉语认知研究》，彭聃龄、舒华、陈烜之主编，山东教育出版社。

引用文献（英文）

Achiba, M. (2002). *Learning to request in a second language: Child interlanguage pragmatics*. Clevedon, England: Multilingual Matters.

ACTFL (1999). Standards for Foreign Language Learning in the 21st Century. Lawrence, KS: Allen Press. Inc.

Alcon-Soler, E. (2005). Does instruction work for learning pragmatics in the EFL context? *System*, 33, 417—435.

Allen, Swain, Harley & Cummins (1990). Aspects of classroom treatment: toward a more comprehensive view of second language education. In B. Harley, P. Allen, J. Cummins & M. Swain (Eds.), *The development of Second Language Proficiency*, Cambridge: Cambridge University Press.

Andersen, R. W. (1984). The one to one principle of interlanguage construction. *Language Learning*, 34, 77—95.

Andersen, R. W. (1989). The theoretical status of variation in interlanguage development. In S. Gass, C. Madden, D. Preston & L. Selinker (Eds.), *Variation in second language acquisition*, 2, *Psycholinguistic issues* (pp. 46—64). Philadelphia, PA: Multilingual Matters Ltd.

Andersen, R. W. (1990). Models, processes, principles and strategies: second language acquisition inside and outside the classroom. In B. VanPatten & J. Lee (Eds.), *Second Language Acquisition and Foreign Language Learning* (pp. 45—68). Clevedon, England: Multilingual Matters.

Anderson, J. (1980). *Cognitive psychology and its implications*. San Francisco: Freeman.

Anderson, J. (1993). *Rules of the mind*. Hillsdale, New Jersey: Lawrence Erlbaum Associates.

Asher, J. J. (1982). *Learning another language through actions*. Los Gatos, CA: Sky Oaks Productions.

Austin, J. L. (1962). *How to do things with words*. London: Oxford University Press.

Bachman, L. (1990). *Fundamental Considerations in Language Testing*. Oxford

University Press.

Baddeley, A., Gathercole, S. & Papagno, C. (1998). The phonological loop as a language learning device. *Psychological Review*, 105, 158—173.

Bailey, N. (1989). Theoretical implications of the acquisition of English simple past and past progressive: putting together the pieces of the puzzle. In S. Gass, C. Madden, D. Preston & L. Selinker (Eds.), *Variation in second language acquisition, 2, Psycholinguistic issues* (pp. 109—124). Philadelphia, PA: Multilingual Matters Ltd.

Bailey, N., Madden, C. & Krashen, S. D. (1974). Is there a "natural sequence" in adult second language learning? *Language Learning*, 24, 235—243.

Bailey, P., Onwuegbuzie, A. J. & Daley, C. E. (2003). Foreign language anxiety and student attrition. *Academic Exchange Quarterly*, 7, 304—308.

Baker, C. L. (1979). Syntactic theory and the projection problem. *Linguistic Inquiry*, 10, 533—581.

Bardovi-Harlig, K. (1992). The relationship of form and meaning: a cross sectional study of tense and aspect in the interlanguage of learners of English as a second language. *Applied psycholinguistics*, 13, 253—278.

Bardovi-Harlig, K. (1995). The interaction of pedagogy and natural sequences in the acquisition of tense and aspect. In F. Eckman, D. Highland, P. Lee, J. Milcham & R. Weber (Eds.), *Second Language Acquisition Theory and Pedagogy*. Mahwah, NJ: Lawrence Erlbaum Associates Publishers.

Bardovi-Harlig, K. (2002). A new starting point? Investigating formulaic use and input in future expression. *Studies of Second Language Acquisition*, 24, 189—198. Cambridge University Press.

Bardovi-Harlig, K. (2005). The Future of Desire: Lexical futures and modality in L2 English future expression. In L. Dekydtspotter et al. (Eds.), *Proceedings of the 7th Generative Approaches to Second Language Acquisition, Conference (GASLA 2004)* (pp. 1—12). Somerville, MA: Cascadilla Proceedings.

Bardovi-Harlig, K. & Hartford, B. S. (1996). Input in an Institutional Setting. *Studies in Second Language Acquisition*, 18: 2, 171—188.

Baron, J. (1977). Mechanisms for pronouncing printed words: use and acquisition. In D. LaBerge & S. J. Samuels (Eds.), *Basic processes in reading: Perception and comprehension* (pp. 175—216). Hillsdale, NJ: Erlbaum.

Barron, R. (1986). Word recognition in early reading: A review of the direct and indirect access hypotheses. *Cognition*, 24, 93—119.

Bates, E. (1976). Pragmatics and sociolinguistics in child language. In D. Morehead & A. Morehead (Eds.), *Normal and deficient child language* (pp. 247—307). Baltimore: University Park Press.

Bates, E. & MacWhinney, B. (1982). Functionalist Approaches to Grammar. In L. Gleitman & E. Wanner (Eds.), *Language acquisition: the State of the Art*. New York: Cambridge University Press.

Bean, J. P. (2005). Nine themes of college student retention. In S. Alan (Ed.), *College Student Retention: Formula for Student Success* (pp. 215—244). Greenwood Publishing Group.

Beebe, L. M. & Cummings, M. C. (1996). Natural speech act data versus written questionnaire data: How data collection method affects speech act performance. In S. M. Gass & J. Neu (Eds.), *Speech acts across cultures* (pp. 65—86). Berlin: Mouton de Gruyter. (Original version, 1985.)

Bernhardt, E. B. (1986). A model of L2 text reconstruction: the recall of literary text by learners of German. In A. LaBarca (Ed.), *Issues in L2: Theory as practice/practice as theory*. Norwood, NJ: Ablex Publishing Corp.

Bernhardt, E. B. (1991). *Reading development in a second language: Theoretical, empirical, and classroom perspectives*. Norwood, NJ: Ablex Publishing Corp.

Birdsong, D. (1989). *Metalinguistic performance and interlinguistic competence*. New York: Springer.

Block, E. & Kessel, F. (1980). Determinants of the acquisition order of grammatical morphemes: A reanalysis and reinterpretation. *Journal of Child Language*, 7, 181—189.

Bloom, L. (1970). *Language development: Form and function in emerging grammars*. Cambridge MA: The MIT Press.

Blum-Kulka, S., House, J. & Kasper, G. (1989). *Cross-cultural pragmatics: Requests and apologies*. Norwood, NJ: Ablex.

Bowerman, M. (1982). Reorganizational processes in lexical and syntactic development. In E. Wanner & L. Gleitman (Eds.), *Language Acquisition: The State of the Art*. New York: Cambridge University Press.

Bowerman, M. (1983). Hidden meanings: The role of covert conceptual structures in children's development of language. In D. R. Rogers & J. A. Sloboda (Eds.), *Acquisition of Symbolic Skills*. New York: Plenum.

Bowerman, M. (1987). Commentary: Mechanisms of language acquisition. In B. MacWhinney (Ed.), *Mechanisms of language acquisition* (pp. 443—466). Hillsdale, NJ: Lawrence Erlbaum.

Bowerman, M. (1989). Learning a semantic system: what role do cognitive predispositions play? In M. Rice & R. Schiefelbusch (Eds.), *The teachability of language* (pp. 133—171). Baltimore: Brookes Publishing Company.

Bowerman, M. (2000). Where do children's meanings come from? Rethinking the role of cognition in early semantic development. In L. P. Nucci, G. Saxe & E. Turiel (Eds.), *Culture, thought, and development* (pp. 199—230). Mahwah, NJ: Lawrence Erlbaum.

Bowerman, M. & Brown, P. (2008). Introduction. In M. Bowerman & P. Brown (Eds.), *Crosslinguistic perspectives on argument structure: Implications for learnability* (pp. 1—26). Mahwah, NJ: Erlbaum.

Bransford, J. D. & Johnson, M. K. (1982). Contextual prerequisites for understanding: some investigations of comprehension and recall. *Journal of Verbal Language and Verbal Behavior*, 11, 717—726.

Breen, M. P. (1987). Learner contributions to task design. In Candlin, Christopher & Murphy (Eds.), *Language Learning Tasks*. Prentice Hall.

Bresnan, J. (1982). The Passive in Lexical Theory. In Bresnan (Ed.), *The Mental Representation of Grammatical Relations*. Cambridge, Massachusetts: MIT Press.

Bresnan, J. (2001). *Lexical Functional Syntax*. Oxford: Blackwell.

Brown, D. (1994). *Teaching by Principles: An Interactive Approach to Language Pedagogy*. Englewood Cliffs, NJ: Prentice Hall Regents.

Brown, P. & Levinson, S. C. (1987). *Politeness: some universals in language usage*. Cambridge: Cambridge University Press.

Brown, R. (1973). *A First Language: The Early Stages*. Cambridge: Harvard University Press.

Bruner, J. (1975). The ontogenesis of speech acts. *Journal of Child Language*, 2, 1—19.

Call, M. E. (1985). Auditory short term memory, listening comprehension, and the input hypothesis. *TESOL Quarterly*, 19: 4, 765—781.

Canale, M. & Swain, M. (1980). *The theoretical bases of communicative approaches to second language teaching and testing.* Applied Linguistics, 1, 1—47.

Carrell, P. L. (1984). Evidence of a formal schema in second language comprehension. *Language Learning*, 34, 87—111.

Carroll, J. & Sapon, S. (2002). *Modern Language Aptitude Test: Manual 2002 Edition.* Bethesda, MD: Second Language Testing, Inc.

Carroll, S. & Swain, M. (1993). Explicit and implicit negative feedback. *Studies in Second Language Acquisition*, 15, 357—386.

Chafe, W. L. (1970). *Meaning and the Structure of Language.* Chicago: The University of Chicago Press.

Chang, C. (2010). See how they read: An investigation into the cognitive and metacognitive strategies of nonnative readers of Chinese. In M. Everson & H. Shen (Eds.), *Research among Chinese learners as a foreign language (Chinese language teachers association monograph series IV)* (pp. 93—116). Honolulu: University of Hawaii, National Foreign Language Resource Center.

Chaudron, C. & Parker, K. (1990). Discourse markedness and structural markedness. *Studies in Second Language Acquisition*, 12, 43—64.

Chen, H. C. & Shu, H. (2001). Lexical activation during the recognition of Chinese characters: Evidence against early phonological activation. *Psychonomic Bulletin & Review*, 8, 511—518.

Chen, J., Warden, C. & Chang, H. (2005). Motivators that do not motivate: the case of Chinese EFL learners and the influence of culture on motivation. *TESOL Quarterly*, 39: 4, 609—633.

Chi, T. R. (2006). AP Chinese language and Culture Teacher Training Program, lecture notes.

Chomsky, N. (1959). Review of B. F. Skinner, Verbal Behavior. *Language*, 35, 26—58.

Chomsky, N. (1965). *Aspects of Theory of Syntax.* Cambridge: MIT Press.

Chomsky, N. (1981). Principles and Parameters in Syntactic Theory. In N. Hornstein & D. Lightfoot (Eds.), *Explanation in Linguistics: The Logical Problem of Language Acquisition.* London: Longman.

Chomsky, N. (1986). *Knowledge of Language: Its Nature, Origin and Use.* New York:

Praeger.

Chomsky, N. (1995). *The Minimalist Program*. Cambridge: MIT Press.

Chu, C. C. (1998). *A discourse Grammar of Mandarin Chinese*. Bern: Peter Lang.

Chun, J. (1980). A survey of research in second language acquisition, In K. Croft (Ed.), *Readings on English as a Second Language*. Boston: Little, Brown and Company.

Clahsen, H. (1984). The acquisition of German word order: A test case for cognitive approaches to second language acquisition. In R. W. Anderser (Ed.), *Second Languages: A Cross Linguistic Perspective*. Rowley, MA: Newbury House.

Clahsen, H. (1987). Connecting theories of language processing and (second) language acquisition. In C. W. Pfaff (Ed.), *First and Second Language Acquisition Processes*. Rowley, MA: Newbury House.

Clark, E. V. (1977). Strategies and the mapping problem in first language acquisition. In J. Macnamara (Ed.), *Language learning and thought* (pp. 147 — 168). New York: Academic Press.

Clark, E. V. (1982). The young word-maker: A case study of innovation in the child's lexicon. In E. Wanner & L. R. Gleitman (Eds.), *Language acquisition: The state of the art* (pp. 390—425). Cambridge: Cambridge University Press.

Clark, E. V. (2002). *First Language Acquisition*. Cambridge University Press.

Clarke, M. A. & Silberstein, S. (1977). Toward a realization of psycholinguistic principles for the ESL reading class. *Language Learning*, 27, 135—154.

Clément, R. (1980). Ethnicity, contact, and communicative competence in a second language. In H. M. Giles, W. P. Robinson & P. M. Smith (Eds.), *Language: Social psychological perspectives* (pp. 147—154). Oxford, UK: Pergamon.

Clément, R. (1986). Second language proficiency and acculturation: An investigation of the effects of language status and individual characteristics. *Journal of Language and Social Psychology*, 5, 271—290.

Clément, R. D., Dörnyei, Z. & Noels, K. (1994). Motivation, self-confidence, and group cohesion in the foreign language classroom. *Language Learning*, 44, 417—448.

Clément, R. & Kruidenier, B. G. (1983). Orientations in second language acquisition: I. The effects of ethnicity, milieu, and target language on their emergence. *Language Learning*, 33, 273—291.

Coltheart, M. (1978). Lexical access in simple reading tasks. In G. Underwood (Ed.),

Strategies of information processing (pp. 151—216). San Diego: Academic Press.

Coltheart, M. (2005). Modeling reading: the Dual-route approach. In M. J. Snowling & C. Hulme (Eds.), *The Science of Reading: A Handbook* (pp. 6 — 23). Oxford: Blackwell Publishing Ltd.

Comanaru, R. & Noels, K. (2009). Self-determination, motivation, and the learning of Chinese as a heritage language. *The Canadian Modern Language Review*, 66: 1, 131—158.

Cook, V. (1977). Cognitive processes in second language learning. *International Review of Applied Linguisiics*, 15, 1—20.

Cook, V. (1985). Universal Grammar and second language learning. *Applied Linguistics*, 6, 2—18.

Cook, V. (2001). *Second Language Learning and Language Teaching*. London: Arnold.

Corder, S. P. (1967). The Significance of Learner's Errors. *IRAL*, 5, 161—170.

Corder, S. P. (1971). Idiosyncratic Errors and Error Analysis. *IRAL*, 9, 147—159.

Corder, S. P. (1977). "Simple Code" and the source of the learner's initial heuristic hypothesis. *Studies in Second Language Acquisition*, 1: 1, 1—10.

Corder, S. P. (1981). *Error Analysis and Interlanguage*. Oxford: Oxford University Press.

Crookes, G. & Schmidt, R. (1991). Motivation: Reopening the research agenda. *Language Learning*, 41, 470—513.

Csizér K. & Dörnyei, Z. (2005). The internal structure of language learning motivation and its relationship with language choice and learning effort. *The Modern Language Journal*, 89, 19—36.

Curtiss, S. (1977). *Genie: A psycholinguistic study of a modern day "wild child"*. New York: Academic Press.

Curtiss, S. (1981). Dissociations between language and cognition: cases and implications. *Journal of Autism and Developmental Disorders*, 2, 15—30.

Dale, P. (1976). *Language Development: Structure and Function*. New York: Holt, Rinehart, and Winston.

Deci, E. L. & Ryan, R. M. (1985). *Intrinsic Motivation and Self-determination in Human Behavior*. New York: Plenum Press.

DeFrancis, J. (1984). *The Chinese language: Fact and fantasy*. The press of University of

Hawaii.

DeKeyser, R. (1997). Beyond explicit rule learning: Automatizing second language morphosyntax. *Studies in Second Language Acquisition*, 19, 195—221.

DeKeyser, R. (2005). What makes learning second language grammar difficult? A Review of Issues. *Language Learning*, 55: 1, 1—25.

DeKeyser, R. (2006). A critique of recent arguments against the critical period hypothesis. In C. Abello-Contesse, R. Chacón-Beltrán, M. D. López-Jiménez & M. M. Torreblanca-López (Eds.), *Age in L 2 acquisition and teaching* (pp. 49—58). Bern: Peter Lang.

DeKeyser, R. (2007). Skill acquisition theory. In B. VanPatten & J. Williams (Eds.), *Theories in Second language acquisition: An introduction* (pp. 94—113). Mahwah, New Jersey: Lawrence Erlbaum Associates.

Dennis, M. & Whitaker, H. A. (1976). Language acquisition following hemidecortication: Linguistic superiority of the left over the right hemisphere. *Brain and Language*, 3, 404—433.

Dewaele, J., Petrides, K. V. & Furnham, A. (2008). The effects of trait emotional intelligence and sociobiographical variables on communicative anxiety and foreign language anxiety among adult multilinguals: A review and empirical investigation. *Language Learning*, 58: 4, 911—960.

Dörnyei, Z. (1990). Conceptualizing motivation in foreign language learning. Language effort: A theoretical, methodological, and empirical appraisal. *Psychological Bulletin*, 81, 1053—1077.

Dörnyei, Z. (1994). Motivation and motivating in the foreign language classroom. *The Modern Language Journal*, 78: 3, 273—284.

Dörnyei, Z. (1998). Survey Article: Motivation in second and foreign language learning. *Language Teaching*, 31, 117—135.

Dörnyei, Z. (2001). *Teaching and researching motivation*. Harlow, UK: Longman.

Dörnyei, Z. & Clément, R. (2001). Motivational characteristics of learning different target languages: Results of a nationwide survey. In Z. Dörnyei & R. Schmidt (Eds.), *Motivation and second language acquisition* (Tech. Rep. No. 23, pp. 391—424). Honolulu, HI: The University of Hawaii, Second Language Teaching and Curriculum Center.

Dörnyei, Z. & Csizér, K. (1998). Ten commandments for motivating language learners: Results of an empirical study. *Language Teaching Research*, 2: 3, 203—229.

Dörnyei, Z. & Csizér, K. (2002). Some dynamics of language attitudes and motivation: Results of a longitudinal nationwide survey. *Applied Linguistics*, 23: 4, 421−462.

Dörnyei, Z. & Ottó, I. (1998). Motivation in action: A process model of L2 motivation. *Working Papers in Applied Linguistics*, 4, 43−69.

Dörnyei, Z. & Ushioda, E. (Eds.) (2009) *Motivation, Language Identity and the L2 Self*. Multilingual Matters.

Doughty, C. & Pica, T. (1986). Information gap tasks: Do they facilitate acquisition? *TESOL Quarterly*, 20, 305−326.

Doughty, C. & Williams, J. (Eds.) (1998). *Focus on Form in Classroom Second Language Acquisition*. Cambridge University Press.

Du, H. (2010). The acquisition of the *ba* construction by adult English speakers. In M. Everson & H. Shen (Eds.), *Research among Learners of Chinese as a Foreign Language*. NFLRC, the University of Hawaii Press.

Duff, P. (1990). Subject (and topics) in Chinese students' English. *Monday Morning*, 3: 1, 10−15.

Duff, P. & Li, D. (2002). The acquisition and use of perfective aspect in Mandarin. In R. Salaberry & Y. Shirai (Eds.), *The L2 [second language] acquisition of tense-aspect morphology* (pp. 417−453). Amsterdam: John Benjamins.

Dulay, H. & Burt, M. (1974). Natural sequence in child second language acquisition. *Language Learning*, 24, 37−53.

Dulay, H. & Burt, M. (1977). Remarks on creativity in second language acquisition. In M. Burt, H. Dulay & M. Pinocchiaro (Eds.), *Viewpoints on English as a Second Language*. New York: Regents.

Eccles, J. & Wigfield, A. (1995). In the Mind of the Actor: The Structure of Adolescents' Achievement Task Values and Expectancy-Related Beliefs. *Personality and Social Psychology Bulletin*, 21: 3, 215−225.

Eckman, F., Highland, D., Lee, P., Mileham, J. & Rutkowski Weber, R. (Eds.) (1995). *Second Language Theory and Pedagogy*. Lawrence Erlbaum Associates.

Ehri, L. C. (1992). Reconceptualizing the development of sight word reading and its relationship to recoding. In P. Gough, L. C. Ehri & R. Treiman (Eds.), *Reading acquisition* (pp. 107−143). Hillsdale, NJ: Erlbaum.

Ehri, L. C. & Robbins, C. (1992). Beginners need some decoding skill to read words by analogy. *Reading Research Quarterly*, 27, 12—26.

Ellis, N. C. (2002). Frequency effects in language acquisition: A review with implications for theories of implicit and explicit language acquisition. (Target article.) *Studies in Second Language Acquisition*, 24, 143—188.

Ellis, N. C. (2010). Construction learning as category learning. In M. Pütz & L. Sicola (Eds.), *Cognitive Processing and Second Language Acquisition: Inside the Learner's Mind*. Amsterdam: John Benjamins.

Ellis, N. & Large, B. (1988). The early stages of reading: A longitudinal study. *Applied Cognitive Psychology*, 2, 47—76.

Ellis, R. (1989). Sources of intra-learner variability in language use. In S. Gass, C. Madden, D. Preston & L. Selinker (Eds.), *Variation in second language acquisition*, 2, *Psycholinguistic issues* (pp. 22—45). Philadelphia, PA: Multilingual Matters Ltd.

Ellis, R. (1992). Learning to communicate in the classroom. *Studies in Second Language Acquisition*, 14, 1—23.

Ellis, R. (1994). *The study of second Language Acquisition*. Oxford, England: Oxford University Press.

Ellis, R. (2002). The place of grammar instruction in the second/foreign language curriculum. In E. Hinkel & S. Fotos (Eds.), *New Perspectives on Grammar Teaching in Second Language Classrooms*. New Jersey: Lawrence Erlbaum Associates.

Ellis, R. (2003). *The study of second language acquisition*. Oxford England: Oxford University Press.

Ellis, R. & He, X. (1999). The roles of modified input and output in the incidental acquisition of word meanings. *Studies in Second Language Acquisition*, 21, 285—301.

Ellis, R., Tanaka, Y. & Yamazaki, A. (1994). Classroom Interaction, Comprehension, and the Acquisition of L2 Word Meanings. *Language Learning*, 44, 449—491.

Eubank, L. & Gregg, K. R. (1999). Critical periods and (second) language acquisition: Divide et impera. in D. Birdsong (Ed.), *Second language acquisition and the critical period hypothesis* (pp. 65—99). Mahwah, NJ: Lawrence Erlbaum Associates.

Everson, M. E. (1998). Word recognition among learners of Chinese as a foreign language: Investigating the relationship between naming and knowing. *Modern Language Journal*, 82, 194—204.

Everson, M. E. & Ke, C. (1997). An inquiry into the reading strategies of intermediate and advanced learners of Chinese as a foreign language. *Journal of the Chinese Language Teachers Association*, 32, 1—22.

Fang, S. P., Horng, R. Y. & Tzeng, O. (1986). Consistency effects in the Chinese character and pseudo-character naming tasks. In H. S. R. Kao & R. Hoosian (Eds.), *Linguistics, Psychology, and the Chinese Language* (pp. 11—21). Hong Kong: Center of Asia Studies.

Farch, C. & Kasper, G. (1986). The role of comprehension in second language learning. *Applied Linguistics* 7: 3, 257—274.

Felder, R. M. & Brent, R. (2009). Active Learning: An Introduction. *ASQ Higher Education Brief*, 2: 4.

Feng, S. (2001). Prosodically construned bare-verb in BA constructions. *Journal of Chinese Linguistics*, 29: 2, 243—280.

Fillmore, C. (1968). The case for case. In E. Bach & R. T. Harms (Eds.), *Universals in Linguistic Theory* (pp. 1—88). New York: Holt, Rinehart, and Winston.

Fishman, J. (2001). 300-plus years of heritage language education in the United States. In J. K. Peyton, D. A. Ranard & S. McGinnis (Eds.), *Heritage languages in America: Preserving a national resource*. McHenry, IL: CAL.

Flores d'Areais, G. B. (1992). Graphemic, phonological, and semantic activation of processes during the recognition of Chinese characters. In H. C. Chen & O. J. L. Tzeng (Eds.), *Language processing in Chinese* (pp. 37—66). North Holland: Elsevier Science Publishers B. V.

Fodor, J., Bever, T. & Garrett, M. (1974). *The Psychology of Language*. New York: McGraw Hill.

Forster, K. I. & Chambers, S. M. (1973). Lexical access and naming time. *Journal of Verbal Learning and Verbal Behavior*, 12, 627—635.

Fuligni, A. J., Witkow, M. & Garcia, C. (2005). Ethnic identity and the academic adjustment of adolescents from Mexican, Chinese, and European backgrounds. *Developmental Psychology*, 41: 5, 799—811.

Fuller, J. & Gundel, J. K. (1987). Topic-prominence in interlanguage. *Language Learning*, 37, 1—17.

Furman, N., Goldberg, D. & Lusin, N. (2007). Enrollments in languages other than English in United States institutions of higher education, Fall 2006. *Modern Language*

Association. Downloaded from http://www. mla. org/homepage on November 29, 2007.

Furman, N., Goldberg, D. & Lusin, N. (2010). Enrollments in Languages Other Than English in United States Institutions of Higher Education. *Modern Language Association*. Downloaded from http://www. mla. org/homepage.

Gardner, R. C. (1985). *Social Psychology and Second Language Learning*. Baltimore, Maryland: Edward Arnold.

Gardner, R. C. (2001). Language learning motivation: The student, the teacher, and the researcher. The key-note address to the Texas Foreign Language Education Conference, University of Texas at Austin, Austin, Texas, March 23, 2001. Web page: http://publish. uwo. ca/~gardner/.

Gardner, R. C. (2006). Motivation for second language acquisition. Retrieved June 16, 2007, from http://publish. uwo. ca/~gardner/SPAINTALK. pdf.

Gardner, R. C. & Lambert, W. E. (1959). Motivational variables in second language acquisition. *Canadian Journal of Psychology*, 13, 266—272.

Gardner, R. C. & Lambert, W. E. (1972). *Attitude and Motivation in Second Language Learning*. Rowley, Mass: Newbury House.

Gardner, R. C. & MacIntyre, P. D. (1991). An instrumental motivation in language studies: "who says it isn't effective?". *Studies in Second Language Acquisition*, 13, 57—72.

Gardner, R. C. & MacIntyre, P. D. (1993). On the measurement of affective variables in second language learning. *Language Learning*, 43, 157—194.

Gardner, R. C., Moorcroft, R. & MacIntyre, P. D. (1987). *The role of anxiety in second language performance of language dropouts (Research Bulletin No. 657)*. London, Ontario, Canada: The University of Western Ontario.

Gass, S. (1987). The resolution of conflicts among competing systems: A directional perspective. *Applied Psycholinguistics*, 8, 329—350.

Gass, S. (1988). Integrating research areas: a framework for second language studies. *Applied Linguistics 9*, 198—217.

Gass, S. (1997). Input, interaction, and the second language learner. Mahwah, NJ: Lawrence Erlbaum Associates.

Gass, S. & Madden, C. (1985). *Input in second language acquisition*. Rowley, MA:

Newbury House.

Gass, S. & Selinker, L. (2008). *Second Language Acquisition: An Introductory Course*. Mahwah, NJ: Lawrence Erlbaum Associates. (Previous edition, 2003.)

Gass, S. M. & Magnan, S. (1993). Second-language production: SLA research in speaking and writing. In A. O. Hadley (Ed.), *Research in Language Learning, Principles, Processes, and Prospects*. Lincolnwood, IL: National Textbook Company.

Gass, S., Mackey, A. & Pica, T. (1998). The Role of Input and Interaction in Second Language Acquisition: Introduction to the Special Issue. *The Modern Language Journal*, 82, 299−305.

Gathercole, S. E. & Baddeley, A. (1993). *Working memory and language*. Hove, UK: Lawrence Erlbaum.

Gentner, D. (1982). Why nouns are learned before verbs: Linguistic relativity versus natural partitioning. In S. A. Kuczaj (Ed.), *Language development: Vol. 2. Language, thought and culture* (pp. 301−334). Hillsdale, NJ: Erlbaum.

Givón, T. (1984). Universals of discourse structure and second language acquisition. In W. Rutherford (Ed.), *Language universals and second language acquisition* (pp. 109−136). Amsterdam, The Netherlands: John Benjamins.

Gleason, J. B., Hay, D. & Cain, L. (1989). Social and affective determinants of language acquisition. In M. Rice & R. Chiefelbusch (Eds.), *The teachability of language*. Paul Brookes Publishing Co.

Goldin-Meadow, S. & Feldman, H. (1977). The development of language-like communication without a language model. *Science*, 197, 401−403.

Goldin-Meadow, S., Seligmen, M. & Gelman, R. (1976). Language in the two year old. *Cognition*, 4, 198−202.

Goodman, K. S. (1967). Reading: A psycholinguistic guessing game. *Journal of Reading Specialist*, 6, 126−135.

Gough, P. B. (1972). One second of reading. In E. Kavanagh & L. G. Mattingly (Eds.), *Language by ear and by eye*. Cambridge: MIT Press.

Greenberg (1966). Synchronic and diachronic universals in phonology. *Language* 42: 2, 508−517.

Greenfield, P. M. & Smith, J. H. (1976). *The structure of communication in early language development*. New York: Academic Press.

Gregersen, T. S. & Horwitz, E. K. (2002). Language learning and perfectionism: Anxious and non-anxious language learners' reactions to their own oral performance. *Modern Language Journal*, 86: 3, 562—570.

Griffiths, C. (2008). *Lessons from Good Language Learners*. Cambridge University Press.

Gundel, J. K. (1988). Universals of topic-comment structure. In M. Hammond, E. Moravcsik & J. Wirth (Eds.), *Studies in Syntactic Typology*. Amsterdam, The Netherlands: John Benjamins B. V.

Hadley, A. O. (1993). *Teaching Language in Context*. Boston, MA: Heinle & Heinle.

Hakuta, K., Bialystok, E. & Siley, E. (2003). Critical evidence: A test of the critical-period hypothesis for second-language acquisition. *Psychological Science*, 14, 31—38.

Halliday, M. A. K. (1975). *Learning how to mean*. London: Edward Arnold.

Halliday, M. A. K. (1978). *Language as Social Semiotic: The Social Interpretation of Language and Meaning*. Baltimore: University Park Press.

Han, Z. (2002). A study of the impact of recasts on tense consistency in L2 output. *TESOL Quarterly*, 36, 543—572.

Hanania, E. (1974). Acquisition of English structure: A case study of an adult native speaker of Arabic in an English-speaking environment. Unpolished doctoral dissertation, Indiana University, Bloomington.

Hayes, E. (1988). Encoding strategies used by native and non-native readers of Chinese Mandarin. *Modern Language Journal*, 72, 188—195.

He, A. (2008). Chinese as a heritage language: An introduction. In A. He & X. Yun (Eds.), *Chinese as a Heritage Language* (pp. 1—12). NFLRC, the University of Hawaii Press.

Hirsch-Pasek, K., Treiman, R. & Schneiderman, M. (1984). Brown and Hanlon revisited: Mothers' sensitivity to ungrammatical forms. *Journal of child language*, 2, 81—88.

Ho, C. H. & Bryant, P. (1997a). Learning to read Chinese beyond the logographic phase. *Reading Research Quarterly*, 3, 276—289.

Ho, C. H. & Bryant, P. (1997b). Phonological skills are important in learning to read Chinese. *Developmental Psychology*, 33, 119—147.

Hong, W. (1997). Socio-pragmatics in language teaching: with examples of Chinese request. *Journal of Chinese Language Teachers Association*, 32: 1, 95—107.

Hong, W. (1998). An Empirical study of Chinese business writing. *Journal of Chinese Language Teachers Association*, 3: 3, 1—13.

Hong, W. (2001). Refusals in Chinese: How do L1 and L2 differ. *Foreign Language Annals*, 44, 122—136.

Hoosain, R. (1986). Language, orthography and cognitive processes: Chinese perspectives for the Sapir Whorf hypothesis. *International Journal of Behavioral Development*, 9, 507—525.

Hoosain, R. (1991). *Psycholinguistic implications for linguistic relativity: A case study of Chinese*. Hillsdale, NJ: Erlbaum.

Horwitz, E. K. (1986). Preliminary evidence for the reliability and validity of a foreign language anxiety scale. *TESOL Quarterly*, 20, 559—562.

Horwitz, E. K., Horwitz, M. B. & Cope, J. (1986). Foreign language classroom anxiety. *Modern Language Journal*, 70, 125—132.

Horwitz, E. K. & Young, D. J. (1991). *Language Anxiety: From Theory and Research to Classroom Implications*. Englewood Cliffs, NJ: Prentice Hall.

House, J. (1996). Developing pragmatic fluency in English as a foreign language: Routines and metapragmatic awareness. *Studies in Second Language Acquisition*, 18, 225—252.

Hsieh, P. H. & Schallert, D. L. (2008). Implications from self-efficacy and attribution theories for an understanding of undergraduates' motivation in a foreign language course. *Contemporary Educational Psychology*, 33, 513—532.

Huang, H. S. & Hanley, J. R. (1994). Phonological awareness and visual skills in learning to read Chinese and English. *Cognition*, 54, 73—98.

Huebner, T. (1983). Linguistic systems and linguistic change in an interlanguage. *Studies in Second Language Acquisition*, 6, 33—53.

Hymes, D. (1971). *On Communicative Competence*. Philadelphia: University of Pennsylvania Press.

Jackson, N., Everson, M. & Ke, C. (2003). Beginning readers' awareness of the orthographic structure of semantic-phonetic compounds: Lessons from a study of learners of Chinese as a foreign language. In C. McBride-Chang & H. C. Chen (Eds.), *Reading development in Chinese children* (pp. 142—153). Westport, CT: Praeger Publishers.

Jia, G., Aaronson, D. & Wu, Y. (2002). Long-term language attainment of bilingual immigrants: Predictive variables and language group differences. *Applied Psycho-

  linguistics, 23: 4, 131—161.
Jin, H. (1992). Pragmaticization and the L2 acquisition of Chinese *Ba* Constructions. *Journal of Chinese Language Teachers Association*, 28: 3, 33—52.
Jin, H. (1994). Topic-prominence and subject-prominence in L2 acquisition: Evidence of English-to-Chinese typological transfer. *Language Learning*, 44: 1, 101—122.
Kasper, G. (1997). Can pragmatic competence be taught? NFLRCNetWork #6 Second Language Teaching & Curriculum Center, University of Hawaii.
Kasper, G. & Rose, K. R. (2002). *Pragmatic development in a second language*. Oxford: Blackwell Publishing.
Kasper, G. & Rover, C. (2005). Pragmatics in second language learning. In E. Hinkel (Ed.), *Handbook of research in second language teaching and learning* (pp. 317—334). Mahwah, NJ: Lawrence Erlbaum Publishing.
Kasper, G. & Zhang, Y. (1995). It's good to be a bit Chinese: Foreign students' experience of Chinese pragmatics. In G. Kasper (Ed.), *Pragmatics of Chinese as Native and Target Language*. Second Language Teaching and Curriculum Center, University of Hawaii at Manoa.
Katz, J. & Fodor, J. (1963). The structure of a semantic theory. *Language*, 39, 170—210.
Ke, C. (1996). An empirical study on the relationship between Chinese character recognition and production. *Modern Language Journal*, 80, 340—349.
Ke, C. (1998a). Effects of language background on the learning of Chinese characters among foreign language students. *Foreign Language Annals*, 31, 91—100.
Ke, C. (1998b). Effects of strategies on the learning of Chinese characters among foreign language students. *Journal of the Chinese language Teachers Association*, 33, 93—113.
Ke, C. (2005). Patterns of acquisition of Chinese linguistic features by CFL learners. *Journal of The Chinese Language Teachers Association*, 40, 1—25.
Koda, K. (1988). Cognitive process in second language reading: transfer of L1 reading skills and strategies. *Second Language Research*, 4, 133—156.
Koda, K. (1989). The effects of transferred vocabulary knowledge on the development of L2 reading proficiency. *Foreign Language Annals*, 22, 529—540.
Koda, K. (1997). Orthographic knowledge in L2 lexical processing: A cross-linguistic perspective. In J. Coady & T. Huckin (Eds.), *Second Language Vocabulary*

Acquisition: A Rational for Pedagogy. Cambridge University Press.

Kondo-Brown, K. (2005). Differences in language skills: Heritage language learner subgroups and foreign language learners. *The Modern Language Journal*, 89, 563-581.

Krashen, S. (1973). Lateralization, Language learning, and the critical period: some new evidence. *Language Learning*, 23, 63-74.

Krashen, S. (1979). The Monitor Model for second language acquisition. In R. Gingras (Ed.), *Second Language Acquisition and Foreign Language Teaching*. CAL.

Krashen, S. (1982). *Principles and Practice in Second Language Acquisition*. New York: Pergamon Press.

Krashen, S. (1985). *The Input Hypothesis: Issues and Implications*. Longman.

Kuo, J. (2000). Strategies for learning classifiers. In B. Swierzbin et al. (Eds.), *Social and Cognitive Factors in Second Language Acquisition* (pp. 424-442). Somerville, MA: Cascadilla Press.

Lado, R. (1957). *Linguistics across cultures: Applied linguistics for language teachers*. Ann Arbor: University of Michigan Press.

Laine, E. (1984). Variations in FL. Learning motivation: some theoretical considerations. *Language Learning*, 40, 45-78.

Lalande, J. F. (1982). Reducing composition errors: An experiment. *Modern Language Journal*, 66, 140-149.

Larsen-Freeman, D. (1976). An explanation for the morpheme acquisition order of second language learners. *Language learning*, 26, 125-134.

Larsen-Freeman, D. & Long, M. H. (1991). *An introduction to second language acquisition theory and research*. London: Longman.

Leaver, B. & Willis, J. (2004). *Task-based Instruction in Foreign Language Education*. Georgetown University Press.

Leck, K. J., Weekes, B. S. & Chen, M. J. (1995). Visual and phonological pathways to the lexicon: Evidence from Chinese readers. *Memory & Cognition*, 23, 446-476.

Lee, J. & VanPatten, B. (2003). *Making Communicative Language Teaching Happen* (2nd edition). McGraw-Hill.

Leech, G. N. (1983). *Principle of Pragmatics*. London: Longman.

Lenneberg, E. (1967). *Biological Foundations of Language*. New York: John Wiley.

Levelt, W. J. M. (1989). *Speaking: From Intention to Articulation*. Cambridge, MA: MIT Press.

Lewin, K. (1951). *Field Theory in Social Science*. New York: Harper and Row Publishers.

Li, C. & Thompson, S. (1976). Subject and topic: A new typology of languages. In C. Li (Ed.), *Subject and topic* (pp. 457—498). New York: Academic Press.

Li, C. & Thompson, S. (1981). *Mandarin Chinese: A Functional Reference Grammar*. Berkeley and Los Angeles: University of California Press.

Li, D. & Duff, P. (2008). Issues in Chinese heritage language education and research at the postsecondary level. In A. W. He & X. Yun (Eds.), *Chinese a a Heritage Language*. NFLRC-Hawaii.

Li, S. (2010). The effectiveness of corrective feedback in SLA: a Meta-analysis. *Language Learning*, 60: 2, 309—365.

Li, S. (2011), The Effects of Input-Based Practice on Pragmatic Development of Requests in L2 Chinese. Language Learning, 61: no. doi:10.1111/j.1467-9922.2011.00629.x.

Liu, H., Bates, E. & Li, P. (1992). Sentence interpretation in bilingual speakers of English and Chinese. *Applied Psycholinguistics*, 13, 451—484.

Long, M. (1981). Questions in foreigner talk discourse. *Language Learning*, 31, 135—157.

Long, M. (1983a). Does second language instruction make a difference: A review of the research. *TESOL Quarterly*, 17, 359—382.

Long, M. (1983b). Native speaker/non-native speaker conversation and the negotiation of comprehensible input. *Applied Linguistics*, 4, 126—141.

Long, M. (1985a). A role for instruction in second language acquisition: task based language teaching. In K. Hyltenstam & M. Pienemann (Eds.), *Modeling and Assessing Second Language Acquisition*. Clevedon, Avon: Multilingual Matters.

Long, M. (1985b). Input and second language acquisition theory. In S. M. Gass & C. G. Madden (Eds.), *Input in second language acquisition*. Cambridge, MA: Newbury House Publishers.

Long, M. (1989). Task, group, and task-group interactions. *University of Hawaii Working Papers in ESL*, 8, 1—26.

Long, M. (1990). Maturational constraints on language development. *Studies in Second*

Language Acquisition, 12, 251—286.

Long, M. (1996). The role of the linguistic environment in second language acquisition. In W. C. Ritchie & T. K. Bahtia (Eds.), *Handbook of second language acquisition* (pp. 413—468). New York: Academic Press.

Long, M. (2007). *Problems in SLA*. Mahwah, NJ: Erlbaum.

Lu, X. & Li, G. (2008). Motivation and achievement in Chinese language learning: A comparative analysis of heritage and non-heritage college students in mixed classrooms in the United States. In A. He & X. Yun (Eds.), *Chinese as a Heritage Language* (pp. 89—108). NFLRC-University of Hawaii.

Luo, H. (2011). Construction of a Chinese as a Foreign Language (CFL) Anxiety Scale: Towards a Theoretical Model of Foreign Language Anxiety. Unpublished dissertation, UT-Austin.

Lyster, R. & Ranta, L. (1997). Corrective feedback and learner uptake: Negotiation of form in communicative classrooms. *Studies in Second Language Acquisition*, 19, 37—66.

MacIntyre, P. D. (1999). Language anxiety: A review of the research for language teachers. In D. J. Young (Ed.), *Affect in foreign language and second language learning: A practical guide to creating a low-anxiety classroom atmosphere* (pp. 24—45). Boston, MA: McGraw-Hill College.

MacIntyre, P. D. (2007). Willingness to Communicate in the Second Language: Understanding the Decision to Speak as a Volitional Process. *The Modern Language Journal*, 91: 4, 564—576.

MacIntyre, P. D. & Charos, C. (1996). Personality, attitudes, and affect as predictors of second language communication. *Journal of Language and Social Psychology*, 15, 3—26.

MacIntyre, P. D., Clément, R., Dörnyei, Z. & Noels, K. A. (1998). Conceptualising willingness to communicate in a L2: A situational model of L2 confidence and affiliation. *Modern Language Journal*, 82, 545—562.

MacIntyre, P. D. & Gardner, R. C. (1994). The subtle effects of language anxiety on cognitive processing in the second language. *Language Learning*, 44, 283—305.

MacIntyre, P. D., Noels, K. A. & Clément, R. (1997). Biases in self-ratings of second language proficiency: The role of language anxiety. *Language Learning*, 47, 265—287.

MacWhinney, B. (1989). Competition and Teachability. In M. Rice & R. Schiefelbusch (Eds.), *The Teachability of Language*. Baltimore: Brookes Publishing Co.

Mandell, P. (2002). On the background and motivation of students in a beginning Spanish program. *Foreign Language Annals*, 35: 5, 530—542.

Marshall, J. C. & Newcombe, F. (1973). Patterns of paralexia: A psycholinguistic approach. *Journal of Psycholinguistic Research*, 2, 175—199.

McLaughlin, B. (1990). Restructuring. *Applied Linguistics*, 11, 113—128.

Meisel, J. M., Clahsen, H. & Pienemann, M. (1981). On determining developmental stages in natural second language acquisition. *SSLA*, 3: 2, 109—135.

Miao, X. (1981). Word order and semantic strategies in Chinese sentence comprehension. *International Journal of Psycholinguistics*, 8, 109—122.

Mitchell, T. R. (1974). Expectancy models of job satisfaction, occupational preference and effort: A theoretical, methodological, and empirical appraisal. *Psychological Bulletin*, 81, 1053—1077.

Mitchell, T. R. & Nebeker, D. M. (1973). Expectancy theory predictions of academic effort and performance. *Journal of Applied Psychology*, 53, 61—67.

MLA (Modern Language Association) (1991). Results of the Modern Language Association's fall 1990 survey of foreign language enrollments in U. S. colleges and universities, News bulletin, 23.

Molfese, D. L., Molfese, V. & Carrell, P. (1982). Infant language development. In B. B. Wolman & G. Stricker (Eds.), *Handbook of Developmental Psychology*. New York: Prentice Hall.

Nation, P. (2001). *Learning Vocabulary in Another Language*. Cambridge: Cambridge University Press.

Nattinger, J. R. & DeCarrico, J. S. (1992). *Lexical Phrases and Language Teaching*. Oxford: Oxford University Press.

Nelson, K. (1977). The Conceptual basis of naming. In J. Macnamara (Ed.), *Language Learning and Thought*. New York: Academic Press.

Nelson, K. (1981). Toward a rare-event cognitive comparison theory of syntax acquisition. In P. Dale & D. Ingram (Eds.), *Child Language: An International Perspective*. Baltimore: University Park Press.

Nemser, W. (1971). Approximative systems of foreign language learners. *International Review of Applied Linguistics*, 9, 115—123.

Nobuyoshi, J. & Ellis, R. (1993). Focused communication tasks and second language acquisition. *ELT Journal*, 47: 3, 203—210.

Noels, K. A., Pon, G. & Clement, R. (1996). Language, identity and adjustment: The role of linguistic self-confidence in the acculturation process. *Journal of Language and Social Psychology*, 15: 3, 246—264.

Noels, K., Pelletier, L., Clément, R. & Vallerand, R. (2000). Why are you learning a second language? Motivational orientations and self-determination theory. *Language Learning*, 50: 1, 57—85.

O'Malley, J. M., Chamot, A. U., Stewner Manzares, G., Kupper, L. & Russo, R. P. (1985). Learning strategies used by beginning and intermediate ESL students. *Language Learning*, 35, 21—46.

Oakley, B., Felder, R., Brent, R. & Elhajj, I. (2004). Turning Student Groups into Effective Teams. *Journal of Student-Centered Learning*, 2: 1, 9—34.

Oller, J. W. (1981). Research on the measurement of affective variables: Some remaining questions. In R. Andersen (Ed.), *New Dimensions in Second Language Acquisition Research* (pp. 114—127). Rowley, Mass.: Newbury House.

Onwuegbuzie, A. J., Bailey, P. & Daley, C. E. (1999). Factors associated with foreign language anxiety. *Applied Psycholinguistics*, 20, 217—239.

Oxford, R. & Lee, K. (2008). Understanding EFL Learner's Strategy Use and Strategy Awareness. *Asain EFL Journal*, 10, 7—32.

Oxford, R. & Shearin, J. (1994). Language learning motivation: expanding the theoretical framework. *The Modern Language Journal*, 78, 12—28.

Perfetti, C. A. & Tan, L. H. (1998). The time-course of graphic, phonological, and semantic activation in Chinese character identification. *Journal of Experimental Psychology: Learning, Memory, and Cognition*, 24, 1—18.

Perfetti, C. A. & Zhang, S. (1995). Very early phonological activation in Chinese reading. *Journal of Experimental Psychology: Learning, Memory, and Cognition*, 21, 24—33.

Perfetti, C. A., Zhang, S. & Berent, I. (1992). Reading in English and Chinese: Evidence for a "universal" phonological principle. In R. Frost & L. Katz (Eds.), *Orthography, phonology, morphology, and meaning* (pp. 227—248). Amsterdam: North-Holland.

Piaget, J. (1973). *The Child and Reality*. New York: Penguin Books.

Pica, T. (1988). Interactive adjustments as an outcome of NS-NNS negotiated interaction. *Language Learning*, 38, 45—73.

Pica, T. & Doughty, C. (1985). Input and interaction in the communicative classroom: a comparison of teacher-fronted and group activities. In S. Gass & C. Madden (Eds.), *Input in second language acquisition*. Rowley, MA: Newbury House.

Pica, T., Holliday, L., Lewis, N. & Morgenthaler, L. (1989). Comprehensible output as a consequence of linguistic demands on the learner. *Studies in Second Language Acquisition*, 11, 63—90.

Pienemann, M. (1987). Psychological constraints on the teachability of language. In C. W. Pfaff (Ed.), *First and Second Language Acquisition Processes*. Rowley, MA.: Newbury House.

Pienemann, M. (1989). Is language teachable? Psycholinguistic experiments and hypotheses. *Applied Linguistics*, 10, 52—79.

Pienemann, M. (1998). *Language Processing and Second Language Development: Processability Theory*. Amsterdam: John Benjamins.

Pienemann, M. (2003). Language processing capacity. In C. Doughty & M. Long (Eds.), *The handbook of Second Language Acquisition*. Blackwell Publishing.

Pienemann, M., Di Biase, B., Kawaguchi, S. & Hakansson, G. (2005). Processing constraints on L1 Transfer. In J. F. Kroll & A. M. B. de Groot (Eds.), *Handbook of Bilingualism: Psychological Approaches* (pp. 128—153). Oxford: Oxford University Press.

Pierson, H. D., Fu, G. S. & Lee, A. (1980). An analysis of the relationship between language attitudes and English attainment of secondary students in Hong Kong. *Language learning*, 30, 289—316.

Pinker, S. (1989). Resolving a learnability paradox in the acquisition of the verb lexicon. In M. Rice & R. Schiefelbusch (Eds.), *The Teachability of Language*. Baltimore: Brookes Publishing Company.

Pinker, S. (1990). Language acquisition. In L. R. Gleitman, M. Liberman & D. N. Osherson (Eds.), *An Invitation to Cognitive Science*, 2nd Ed. Volume 1: Language. Cambridge, MA: MIT Press.

Polio, C. (1994). Non-native speakers' use of nominal classifiers in Mandarin Chinese. *Journal of the Chinese Language Teachers Association*, 29, 51—66.

Polio, C. (1995). Acquiring nothing? The use of zero pronouns by nonnative speakers of Chinese and the implications for the acquisition of nominal reference. *Studies of Second*

Language Acquisition, 17, 353—377.

Prabhu, N. (1987). *Second language pedagogy*. Oxford: Oxford University Press.

Pütz, M. & Sicola, L. (2010). *Cognitive Processing and Second Language Acquisition: Inside the Learner's Mind*. Amsterdam: John Benjamins.

Reber, A. S. (1989). Implicit learning and tacit knowledge. *Journal of experimental psychology: General*, 114, 17—24.

Rice, M. L. (1989). Children's language acquisition. *American Psychology*, 44, 149—156.

Richards, J. C., Platt, J. & Weber, H. (1985). *Longman dictionary of applied linguistics*. Harlow: Longman.

Robertson, P. (2002). The Critical Age Hypothesis. *Asian EFL Journal*. http://www.asian-efl-journal.com/marcharticles _ pr. php.

Rubin, J. (1975). What the "good language learner" can teach us. *TESOL Quarterly*, 9: 1, 41—51.

Rutherford, W. (1983). Language typology and language transfer. In S. M. Gass & L. Selinker (Eds.), *Language transfer in language learning* (pp. 358—370). Rowley, Massachusetts: Newbury House Publishers.

Sachs, J. & Johnson, M. (1976). Language development in a hearing child of deaf parents. In W. von Raffler-Engel & Y. Lebrun (Eds.), *Baby Talk and Infant Speech*. Amsterdam: Swets and Zeitlinger.

Sadoski, M. & Paivio, A. (2001). *Imagery and Text: A Dual Coding Theory of Reading and Writing*. Mahwah, NJ: Lawrence Erlbaum Associates.

Saito, Y., Horwitz, E. K. & Garza, T. J. (1999). Foreign language reading anxiety. *Modern Language Journal*, 83, 202—218.

Samimy, K. & Tabuse, M. (1992). Affective Variables and a less commonly taught language study in beginning Japanese classes. *Language learning*, 42, 377—399.

Sasaki, M. (1990). Topic prominence in Japanese EFL students' existential constructions. *Language Learning*, 40, 337—368.

Sasaki, Y. (1994). Paths of processing strategy transfers in learning Japanese and English as foreign languages. *Studies of Second Language Acquisition*, 16, 43—72.

Savignon, S. (1983). *Communicative Competence: Theory and Classroom Practice*. Reading, Mass.: Addison Wesley.

Schachter, J. (1986). Three approaches to the study of input. *Language Learning*, 36, 211—225.

Schachter, J. (1996). Maturation and universal grammar. In W. C. Ritchie & T. K. Bhatia (Eds.), *Handbook of Second Language Acquisition*. San Diego: Academic Press.

Schmidt, R. (1990). The role of consciousness in second language learning. *Applied Linguistics*, 11, 129—158.

Schmidt, R. (1992). Psychological mechanisms underlying second language fluency. *Studies in Second Language Acquisition*, 14, 357—385.

Schmidt, R. (1993). Consciousness, learning, and interlanguage pragmatics. In G. Kasper & S. Blum-Kulka (Eds.), *Interlanguage pragmatics* (pp. 43—57). New York, NY: Oxford University Press.

Schmidt, R. (2001). Attention. In P. Robinson (Ed.), *Cognition and second language instruction* (pp. 3—32). Cambridge: Cambridge University Press.

Schumann, J. (1979). The acquisition of English negation by speakers of Spanish: A review of the literature. In R. Andersen (Ed.), *The acquisition and use of Spanish and English as first and second languages* (pp. 3—32). Washington, DC: TESOL.

Schwartz, B. D. (1993). On explicit and negative data effecting and affecting "competence" and "linguistic behavior". *Studies in Second Language Acquisition*, 20, 147—163.

Schwartz, B. D. & Gubala-Ryzak, M. (1992). Learnability and grammar reorganization in L2A: Against negative evidence causing the unlearning of verb movement. *SLR 8*: 1, 1—38.

Schwartz, B. D. & Sprouse, R. A. (1996). L2 cognitive states and the full transfer/full access model. *Second Language Research*, 12, 40—72.

Schwarzer, R. (1986). Self-related cognition in anxiety and motivation: An introduction. In R. Schwarzer (Ed.), *Self-related cognition in anxiety and motivation* (pp. 1—17). Hillsdale, NJ: Erlbaum.

Searle, J. R. (1975). Indirect speech acts. In P. Cole & J. L. Morgan (Eds.), *Syntax and semantics 3: Speech Acts* (pp. 59—82). New York: Academic Press.

Seidenberg, M. S. (1985). The time course of phonological code activation in two writing systems. *Cognition*, 19, 1—30.

Selinker, L. (1969). Language transfer. *General Linguistics*, 9, 67—92.

Selinker, L. (1972). Interlanguage. *International Review of Applied Linguistics*, 10, 209—231.

Sergent, W. K. & Everson, M. (1992). The effects of frequency and density on character recognition speed and accuracy by elementary and advanced L2 readers of Chinese. *Journal of Chinese Language Teachers Association*, 27, 29—44.

Shen, H. H. (2000). The interconnections of reading text based writing and reading comprehension among college intermediate learners of Chinese as a foreign language. *Journal of the Chinese Language Teachers Association*, 35, 29—48.

Shen, H. (2010). Analysis of radical knowledge development among beginning CFL learners. In M. E. Everson & H. H. Shen (Eds.), *Research Among Learners of Chinese as a Foreign Language*. National Foreign Language Resource Center, University of Hawaii at Manoa.

Shen, H. & Ke, C. (2007). An investigation of radical awareness and word acquisition among non-native learners of Chinese. *The Modern Language Journal*, 91, 97—111.

Shih, C. (2006). The language class as a community: A task design for speaking proficiency tanning. *Journal of the Chinese Language Teachers Associaiton*, 41, 1—22.

Shu, H., Anderson, R. C. & Wu, N. (2000). Phonetic awareness: Knowledge of orthography-phonology relationships in the character acquisition of Chinese children. *Journal of Educational Psychology*, 92, 56—62.

Sinclair-de-Zwart, H. (1973). Language acquisition and cognitive development. In T. Moore (Ed.), *Cognitive development and the acquisition of language*. New York: Academic Press.

Singleton, D. (1995). A critical look at the critical period hypothesis in second language acquisition research. In D. Singleton & Z. Lengyel (Eds.), *The Age Factor in Second Language Acquisition: A critical look at the critical period hypothesis* (pp. 1—29). Clevedon: Multilingual Matters.

Skinner, B. F. (1957). *Verbal Behavior*. New York: Appleton-Century-Crofts.

Slavin, R. (1996). Research on Cooperative Learning and Achievement: What We Know, What We Need to Know. *Contempory Educational Psychology*, 21, 43—69.

Slobin, D. I. (1979). *Psycholinguistics* (2nd edition). Glenview, IL: Scott, Foresman.

Slobin, D. I. (1985). Crosslinguistic evidence for the language making capacity. In D. Slobin (Ed.), *The Crosslinguistic Study of Langauge Acquisiton Volume 2: Theoretical Issues*. New Jersey: Lawrence Erlbaum Associates Publishers.

Slobin, D. I. (1996). From "thought and language" to "thinking to speaking". In J. J. Gumperz & S. C. Levinson (Eds.), *Rethinking linguistic relativity* (pp. 70—96).

Cambridge: Cambridge University Press.

Slobin, D. I. & Bever, T. G. (1982). Children use canonical sentence schemas: A crosslinguistic study of word order and inflections. *Cognition*, 12, 229—265.

Smith, M. S. (1994). *Second Language Learning: The Theoretical Foundations*. London, New York: Longman.

Snow, C. (1977). Mothers speech research: from input to interaction. In C. Snow & C. Ferguson (Eds.), *Talking to Children: Language Input and Acquisition*. New York: Cambridge University Press.

Snow, C. E. (1999). Social perspectives on the emergence of language. In B. MacWhinney (Ed.), *The emergence of language* (pp. 257—276). Mahwah, New Jersey: Lawrence Erlbaum.

Spada. N. (2007). Communicative language teaching: Current status and future prospects. In J. Cummins & C. Davison (Eds.), *International Handbook of English Language Teaching*. Springer.

Steinberg, F. S. & Horwitz, E. K. (1986). The effect of induced anxiety on the denotative and interpretative content of second language speech. *TESOL Quarterly*, 20.1, 131—136.

Sun, C. (1995). Transitivity, the *Ba* construction and its history. *Journal of Chinese Linguistics*, 23: 1, 159—195.

Svanes, B. (1987). Motivation and cultural distance in second language acquisition. *Language Learning*, 37, 341—359.

Swain, M. (1985). Communicative competence: Some roles of comprehensible input and comprehensible output in its development. In S. Gass & C. Madden (Eds.), *Input in Second Language Acquisition*. Rowley, MA: Newbury House.

Swain, M. (1995). Three functions of output in second language learning. In G. Cook & B. Seidlehofer (Eds.), *Principles and practice in the study of language*. Oxford: Oxford University Press.

Swain, M. (2005). The output hypothesis: theory and research. In E. Hinkel (Ed.), *Handbook of Research in Second Language Teaching and Learning*. London: Lawrence Erlbaum Associates.

Swain, M. & Lapkin, S. (1995). Problems in output and the cognitive processes they generate: A step towards second language learning. *Applied Linguistics*, 16, 371—391.

Taft, M. & Chung, K. (1999). Using radicals in teaching Chinese characters to second language learners. *Psychologia: An International Journal of Psychology in the Orient*. 42 (4), 243—251.

Taguchi, N. (2007). Development of speed and accuracy in pragmatic comprehension in English as a foreign language. *TESOL Quarterly*, 41, 313—338.

Takahashi, S. (2010). The effect of pragmatic instruction on speech act performance. In A. Martinez-Flor & E. Uso-Juan (Eds.), *Speech act performance: Theoretical, empirical and methodological issues* (pp. 126—142). Amsterdam: John Benjamins.

Takimoto, M. (2009). The effects of input-based tasks on the development of learners' pragmatic proficiency. *Applied Linguistics*, 30, 1—25.

Tan, L. H., Hoosain, R. & Peng, D. L. (1995). Role of early presemantic phonological code in Chinese character identification. *Journal of Experimental Psychology: Learning, Memory, and Cognition*, 21, 43—54.

Tan, L., Spinks, J., Gao, J., Liu, H., Perfetti, C., Xiong, J., Stofer, K., Pu, Y., Liu, Y. & Fox, P. (2000). Brain Activation in the Processing of Chinese Characters and Words: A Functional MRI Study. *Human Brain Mapping*, 10, 16—27.

Tateyama, Y., Kasper, G., Mui, L., Tay, H. & Thananart, O. (1997). Explicit and implicit teaching of pragmatics routines. In L. Bouton (Ed.), *Pragmatics and language learning*, Vol. 8. Urbana, IL: University of Illinois at Urbana-Champaign.

Teng, S. (1999). The acquisition of *le* in L2 Chinese. 《世界汉语教学》, 47: 1, 56—64.

Terrell, T. (1977). A natural approach to second language acquisition and learning. *Modern Language Journal*, 61, 325—337.

Thomas, J. (1983). Cross cultural pragmatic failure. *Applied Linguistics*, 4: 2, 91—112.

Tobias, S. (1986). Anxiety and cognitive processing of instruction. In R. Schwarzer (Ed.), *Self-related cognition in anxiety and motivation* (pp. 35—54). Hillsdale, NJ: Erlbaum.

Trahey, T. & White, L. (1993). Positive evidence and preemption in the second language classroom. *Studies in Second Language Acquisition*, 15, 181—204.

Tremblay, P. F. & Gardner, R. C. (1995). Expanding the motivation construct in language learning. *The Modern Language Journal*, 79, 505—518.

Truscott, J. (2007). The effect of error correction on learners' ability to write accurately. *System*, 16, 255—272.

Vallerand, R. J. (1997). Toward a hierarchical model of intrinsic and extrinsic motivation. In M. P. Zanna (Ed.), *Advances in experimental social psychology* (Vol. 29, pp. 271 —360). San Diego, CA: Academic Press.

VanPatten, B. (1991). The foreign language classroom as a place to communicate, In B. Freed (Ed.), *Foreign Language Acquisition Research and the Classroom (Series on Foreign Language Acquisition Research and Instruct)*. Lexington, Mass.: D. C. Heath.

VanPatten, B. (1995). Cognitive aspects of input processing in second language acquisition. In P. Hashemipour, R. Maldonado & M. Van Naerssen (Eds.), *Studies in second language learning and Spanish linguistics in honor of Tracy D. Terrell* (pp. 170 —183). New York: McGraw Hill.

VanPatten, B. (2003). *From Input to Output: A Teacher's Guide to Second Language Acquisition*. New York: McGraw Hill.

VanPatten, B. (2004). Input Processing in SLA. In B. VanPatten (Ed.), *Processing Instruction: Theory, Research, and Commentary* (pp. 1—31). Mahwah, NJ: Erlbaum.

VanPatten, B. (2007). Input processing in adult second language acquisition. In B. VanPatten & J. Williams (Eds.), *Theories in Second language acquisition: An introduction* (pp. 115—135). Mahwah, Jersey: Lawrence Erlbaum Associates.

VanPatten, B. & Sanz, C. (1995). From input to output: Processing instruction and communicative tasks. In F. Eckman, D. Highland, P. Lee, J. Mileham & R. Weber (Eds.), *Second Language Acquisition Theory and Pedagogy*. Mahwah, NJ: Lawrence Erlbaum Associates.

Vroom, V. H. (1964). *Work and Motivation*. New York: Wiley.

Vygotsky, L. S. (1978). *Mind and society: The development of higher mental processes*. Cambridge, MA: Harvard University Press.

Walker, G. & Noda, M. (2000). Remembering the future: Compiling knowledge of another culture. In D. W. Birckbichler & R. M. Terry (Eds.), *Reflecting on the Past to Shape the Future* (pp. 187—212). Lincolnwood, IL: National Textbook Company.

Wang, M., Perfetti, C. A. & Liu, Y. (2003). Alphabetic readers quickly acquire orthographic structure in learning to read Chinese. *Scientific Studies in Reading*, 72, 183—207.

Weber-Fox, C. M. & Neville, H. J. (1996). Maturational constraints on functional specializations for language processing: ERP evidence in bilingual speakers. *Journal of*

Cognitive Neuroscience, 8, 231—256.

Wen, X. (1995a). Second language acquisition of the Chinese partic le. *International Journal of Applied Linguistics*, 5: 1, 45—62.

Wen, X. (1995b). Chinese and English language processing strategies with individuals. *Journal of Chinese Language Teachers Association*, 30, 127—145.

Wen, X. (1997a). Acquisition of Chinese aspect: an analysis of the interlanguage of learners of Chinese as a foreign language. *ITL Review of Applied Linguistics*, 117—118, 1—26.

Wen, X. (1997b). Motivation and language learning with students of Chinese. *Foreign Language Annals*, 30: 2, 235—251.

Wen, X. (1999). Chinese learning motivation: a comparative study of different ethnic groups. In M. Chu (Ed.) *Mapping the Course of the Chinese Language Field* (pp. 121—150). The Chinese Language Teachers Association Monograph Series, Vol. III.

Wen, X. (2006). Acquisition sequence of three constructions: An analysis of the interlanguage of learners of Chinese as a foreign language. *Journal of Chinese Language Teachers Association*, 41: 3, 89—114.

Wen, X. (2010). Acquisition of the displacement *Ba*-construction by English-speaking learners of Chinese. *Journal of the Chinese Language Teachers Association*, 45: 2, 73—100.

Wen, X. (2011a). Chinese language learning motivation: A comparative study of heritage and non-heritage learners. *Heritage Language Journal*, 8 (3), 41—66.

Wen, X. (2011b) Chinese Language Learning Motivation: Studies of Ethnic Background and Proficiency Level. An unpublished manuscript.

Wen, X. (2012). A daunting task: The acquisition of the Chinese *Ba*-construction by nonnative speakers of Chinese. *Journal of Chinese Linguistics*. 216—240. The Chinese University Press of Hong Kong.

White, L. (1990). Second language acquisition and universal grammar. *Studies in Second Language Acquisition*, 12, 121—133.

White, L. (1991). Adverb placement in second language acquisition: Some effects of positive and negative evidence in the classroom. *Second Language Research*, 7: 2, 133—162.

Williams, J. (2005). Form-focused instruction. In E. Hinkel (Ed.), *Handbook of research in second language teaching and learning* (pp. 671—691). Mahwah, NJ: Lawrence Erlbaum.

Willis, J. (1996). *A framework for task based learning*. Harlow: Longman.

Willis, J. (2004). Perspectives on Task based instruction: understanding our practices, acknowledging different practitioners. In B. Leaver & J. Willis (Eds.), *Task-based Instruction in Foreign Language Education, Practices and Programs*. Georgetown University Press.

Wode, H. (1981). *Learning a Second Language 1: an Integrated View of Language Acquisition*. Tubingen: Gunter Narr.

Yang, J. (2003). Motivational orientations and selected learner variables of East Asian language learners in the United States. *Foreign Language Annals*, 36, 44—55.

Young, D. J. (1991). Creating a low-anxiety classroom environment: What does the anxiety research suggest? *Modern Language Journal*, 75, 426—439.

Yuan, B. (2004). Negation in French-Chinese, German-Chinese and English-Chinese Interlanguages. *Transactions of the Philological Society*, 102: 2, 169—197.

Yuan, B. (2007). Behaviours of wh-words in English speakers' L2 Chinese wh-questions: Evidence of no variability, temporary variability and persistent variability in L2 grammars. *Bilingualism: Language and Cognition*, 10: 3, 277—298.

Yuan, B. (2008). Discrepancy in English Speakers' L2 Acquisition of Chinese Wh-Words as Existential Polarity Words: The L1-Dependent Interface Hypothesis. In R. Slabakova, J. Rothman, P. Kempchinsky & E. Gavruseva (Eds.), *Proceedings of the 9th Generative Approaches to Second Language Acquisition Conference (GASLA 2007)* (pp. 272—284). Somerville, MA: Cascadilla Press.

Zhang, Y. (2004). Processing constraints, categorical analysis, and the second language acquisition of Chinese adjective suffix *-de* (ADJ). *Language Learning*, 54: 3, 437—468.

Zhang, Y. (2005). Processing and formal instruction in the L2 acquisition of five Chinese grammatical morphemes. In M. Pienemann (Ed.), *Cross-linguistic Aspects of Processability Theory* (pp. 155—178). Amsterdam: Benjamins.

Zhang, Y. (2008). Adverb-placement and wh-questions in the L2 Chinese of English speakers: Is transfer a structural property or a processing constraint. In J. Kessler (Ed.), *Processability Approaches to Second Language Development and Second Language Learning* (pp. 115—136). Newcastle upon Tyne: Cambridge Scholars Press.

Zhou, X. & Marslen-Wilson, W. (1996). Direct visual access is the only way to access the

Chinese mental lexicon. In G. W. Cottrell (Ed.), *Proceedings of the Eighteenth Annual Conference of the Cognitive Science Society* (pp. 714—719). NJ: Lawrence Erlbaum.

Zhou, X. & Marslen-Wilson, W. (1997). The abstractness of phonological representation in the Chinese mental lexicon. In H. C. Chen (Ed.), *Cognitive Processing of Chinese and other Asian languages* (pp. 3—26). Hong Kong: The Chinese University Press.

Zhou, X. & Marslen-Wilson, W. (1999). Sublexical processing in reading Chinese characters. In J. Wang, A. Inhoff & H. C. Chen (Eds.), *Reading Chinese script: A cognitive analysis* (pp. 37—64). NJ: Lawrence Erlbaum.

Zhou, X., Shu, H., Bi, Y. & Shi, D. (1999). Is there phonologically mediated access to lexical semantics in reading Chinese? In J. Wang, A. Inhoff & H. C. Chen (Eds.), *Reading Chinese script: A cognitive analysis* (pp. 135—172). NJ: Lawrence Erlbaum.

Zock, M., Laroui, A. & Francopoulo, G. (1989). SWIM: A "Natural" Interface for the Scientifically Minded Language Learner. *Computers and the Humanities*, 23, 411—422.

索　引

A

AP中文　324-325，332
安全感　17-18，214，242，287，339

B

"把"字句　5，42，76-81，93-97，
　108-128，157，159-161，305，
　314-316，337-339
背景知识　44，192-193，196，202，225，
　296-297，299-303
编码　170-174，176，179-181，189，
　283，293
变量因素　166，245，254，256-257，
　270，284
标记性　2，92，98-101，106，122，
　127，146

C

参数设定　12-14，21，24
常用语　237-238
陈述性知识　218-224，239-240，314
程序　66，82-84，88，137-139
程序性知识　194，218，221-222，
　239-240，314
词汇功能语法　82，84
存现句　10，48，84，103-107，139，
　320，347

D

导读教学　56，203-204
第二语言动机过程模式　251-254
典型范畴　154-157
动机变量　254-256，266-270，271-279

动机过程模式　247，251
动机强度　244-245，266
动机意图的形成　251，253
读后活动　203，205
短期记忆　294-295
段落　57-58，140，152-153，192，196，
　198-204，302-303，315，321
对比分析法　1-3，12
多元发展模式　2，63，73，76，84，
　91，97
多元化　242，257，327-328，343

E

儿童语言习得　19-20，21-34

F

泛用　5-6，10-11，25，31，100，129-130，
　142-143，152，154，230，232-233
方位词　60，93-96，110，119，121-125，
　305，313，319-320，338
否定句　38-41，98，128-133
辅助行为语　214-215，223-225，230-233

G

个体因素　8，90，157，195，210，242，
　284，291，333
跟踪测验　14，220-222，239
工具型动机　245，248，266-269，272-281，
　328-329，331
工作记忆模式　4，172，292-294，304，343
公式化言语　131-132，237
关联词　58-59，201，204，299，306，
　321，341

观点差 308-309, 316
归因理论 257-258
规约性手段 208, 223-224
规约性形式 208, 223

H

汉语学习人数 325-326
汉字结构 164, 180
汉字学习 162, 168-169, 175-176, 180-181, 348-349
汉字语音规则性 174-175, 179-185, 187
核心行为语 215, 219, 223-226, 229-230, 236
互动的条件 46, 335
互动假说 50
互动教学 51, 307-309
互动课堂 15, 51, 309
华裔和亚裔人口 323-324, 327
话语填充任务 213, 219-220, 225

J

记忆力 196, 207, 293-294, 304, 308, 313
技能习得理论 221-222
加工策略 3, 75-76, 84, 90, 176, 178, 180-182, 189, 193-194
监控模式 2, 12, 35-37, 42-46, 62
交际策略 5, 6, 9, 35, 91, 239, 242
交际功能 85, 132, 235-237, 240-241, 314
交际能力 61, 206-209, 244, 259, 284-285, 308-312, 319-320, 336-337
交际意愿 283-285
交际语言教学 238, 292, 312, 335, 339
教材 5, 195-196, 214, 240-241, 301, 314, 334, 336, 341-342
教学策略 4, 216, 282, 333, 336
教学法 2, 3, 12, 48, 61, 332, 341-342, 346
教学活动 51, 57, 60-61, 205, 297, 336, 341
教学介入 217, 220, 251
教学理念 3, 19, 51, 54-62, 190, 216, 292, 307, 310, 333, 341, 343
教学模式 54, 309-310
教学情景 56, 60, 247-249, 257, 263, 268, 333, 336
教学输入 33, 48, 51, 62, 90, 126, 196, 221, 235, 239-240, 335
教学训练 5, 219, 234
解码 52, 170, 185, 189, 283, 293-302
竞争模式 2, 63-64, 67, 71-72, 91, 97
纠正偏误 2, 8, 11, 15

K

可教性 2, 63, 76, 89-90, 97, 196, 234, 380
可理解输出 46, 48-50, 60
可理解输入 35, 43-44, 46, 48
课程衔接 292, 325, 327, 332-333, 342-343
课堂环境 289-290
控制组 13, 136, 219-222

L

离合动词 340
礼貌理论 214, 222
理解策略 2, 63, 65-66, 68, 70-71, 75, 202
联想 57, 198, 201, 218, 295-297, 300-303
量词 82, 84, 98, 140, 153-156, 161
临界期 1, 2, 6-8, 26-28
零代词 98-102, 161
流利度 218, 237

M

密集训练组 219-221
面子 209, 213-216, 222-223
民族背景 225, 242, 260, 265-280

N

内部修正 223-224, 229-230, 233
内化 2, 41, 44-46, 60-61, 64, 263, 334
内因动机 257, 260-261, 263, 290
内隐的语言知识 2, 44-45, 53

P

偏误分析 1-2, 8, 18-19, 34, 160, 346
篇章 55, 57, 72, 101, 115, 140, 142, 148, 152-153, 192-194, 199-202, 295
评估 147, 241, 259, 289, 310, 312-313, 319, 321, 335, 341-342
普遍语法 1-2, 4, 12, 20-26, 33-35, 38, 45, 46, 52-53, 98, 132, 137, 158
普遍语音原则 171-172

Q

强加度 213-216, 219-220, 222-238
情感过滤假说 36, 41, 62
情感因素 41, 44, 62, 242-243, 265, 282
"请求"策略 214, 217, 226, 233
趣味性 253, 301, 304, 307, 322, 335
权势关系 208, 213-214, 217, 222, 224, 232-233, 235
全身反应法 48, 127, 305

R

人际功能 208
人类联想记忆模型 218
认知概念 23, 28, 30, 204, 303
认知技能 72, 170, 177, 202, 205, 218, 308-317, 321-322, 339-341
认知心理科学 1-2, 19, 27, 33, 46, 63, 98, 158

任务的内容 292, 318-321
任务的组成与程序 292, 318-319
任务型教学 48, 59, 61, 292, 309-314, 318, 322, 343
融入动机 243-248, 254-257, 266

S

三维建构模式 249-251
社会教育模式 244-245, 266-267, 291, 328
社会距离 208, 213-214, 219, 222-227, 229-237
社会权势 216, 236
社会心理模式 243-245, 263
社会因素 246, 251, 265-267
社会语境 235, 240
社会语言学 6, 160, 206, 311-312
社会语用 208-209, 217-218, 222, 225-227, 232-236, 239-241
升班保持率 265, 279-280, 327, 343
生成语言学 19-22, 27-29, 33-35, 38, 63, 207-208, 311
生词 5, 56, 175-176, 195-198, 201, 204-205, 300-304, 345
声符因素 170-173
师资培训 341-342
石化现象 2, 6-8, 157
实用性 72, 105, 243, 301, 310, 322, 335
"是……的" 16, 57, 58, 85, 143, 156, 337
适应性控制模式 218
输出假说 35, 43, 48-50, 62
输入假说 35-36, 43, 46, 62
输入训练 220-221
述补结构 77, 80-81
顺应 52-53, 72, 91, 135, 206-208,

218-219，235，239，333

T

套语 74，210，212，214，234

体标记 98，112，139-141，148-153，157，346-347

听力练习 128，288，293，299，300，303-307

听说法 2，3，34，336

听说课 301-309

图式理论 292，296-297，302，343

推理差 308，316

W

外部修正 213-214，223

外国人话语 44，47

外因动机 257，263

外语学习动机三维建构模式 249-251

X

习得顺序 35，39-41，75-77，81，97-98，146-147，153，160，346

习得/学习假说 36-38

系统功能语言学 206-208，311-312

效价 258-260，262，264

心理词典 170-172，178

心理/内在机制 9，19，24，35，98

心理因素 74，252，266

信息差 308，313，316-317

行为主义理论 1，12，19，35

形容词后缀"的" 84-89

形声字 167-186，190，346

学习策略 5-6，88，154-157，260-262，266-267，303，305-310，336，339-343

学习动机 51，195，242-272，279，282，284-291，327-330，333-334，343，346

学习动机结构 245-247，250

学习焦虑 282-283，286

学习态度 242-245，259，262，265-270，272-281，284，286，288，328-329，331

Y

言语行为 4，206-229，233-241

一般训练组 219-221

一对一运作 63，84，92-93，95-97，124，126-127

依变量 181，255，277

疑问句 38，76-80，90，98，134-139，208，216，223-224，227-237

已理解的语言输入 44-45

以学生为中心 34，81，216，253，288，322，333-335，343

义符因素 167-170

意义功能 96，147，208，218-219，235，314-315，320-321

映射关系 96，170，219-220，236，240，337-338

映射问题 30，80，124

语言的摄入 218-219

语言分解处理过程 4，292，295，343

语言环境 7，19，23-24，27，30-31，33-34，40-41，46，51，59，92，218，289，320，322

语言可加工性 63，76，81-86，88，91，97，138

语言可教性 63，89，97

语言迁移 98，100，135，137-138

语言迁移的条件 2，3，98

语言输出 4，35，37，44-45，49-53，57-59，89，270，283，301

语言输入 12，33-36，41，43，46，51-54，61-64，72，124，137，283，293，314

语言习得过程 11-12，17，23-24，29-31，34，43-51，64，91-92，128，293，313

语言习得能力 1，22，26-30，33-34

语言形式和功能 80，220，234，236-237

语言形式和意义 53，92，121，128，152，157，235，239

语言形式和语境 239

语言形式特征 45，51，314

语义语言学 21-22，28

语音 1-4，27，162-164，170-190，192，205-207，292-295，298-299，309

语音激活 171-173，179，189

语用间接策略 208，213-214，223，227-230，233-237

语用教学 221，234-236，239-241

语用能力 206-211，218，221，223，234-235，237-241

语用听力判断 219-220，222

语用语言 208-210，218-219，223，225-226，230，234-241

预期价值理论 257，259

元认知 168，192-194

元语言 15，37，42，44，46，192

元语用 219，221，235，239-240

阅读材料 199，202-203，205，317

阅读策略 162，174，191-196，204-205，317

阅读理解 36，72，162，171，176，191-192，194-196，203，259，262，296，317，342

阅读模式 191-192，205

运作原则 63，91-93，95，97

Z

真实性 48，219，283，309，312，318

真实语料 159，204，301

正字法 162-166，171-174，176-178，180，189，192，194，344-345

直接策略 208，213-214，226-228，233，236

中介语的发展过程 92，289

中介语理论 1-3，6，46

中介语系统 44-45，53，61，81，91-93，133，136

中介语语用学 209-210

重读 91，298-299，303

主述题 8-9，24，47-48，66，98-100，103-109，139，156

主题突出 9-10，48，99-108，198，200，339，344，346

注意理论 43-45，48-53，235，309

转变过程 51-53

准确度 217-218，221，226，233

自变量 181，277-278

自动化 42，50，83，135，156，218-219，222，303，314

自动激活 172-173，179

自然顺序假说 36，38，41，62

自上而下 191-193，293，302-304

自我决定理论 251，257，262-263，333

自我效能 249，253，257-259，264，266，273

自下而上 64，191，193，295，303

自信心 13，242-243，252-256，266-289，331

字形因素 163-166

字义通达 162

字音 177-181，189，345

组块 75，94，218，339

做中学 56，59，288，305，322，333